Twentieth-Century American History

アメリカ20世紀史

秋元英一
菅　英輝

東京大学出版会

Twentieth-Century American History
Eiichi AKIMOTO and Hideki KAN
University of Tokyo Press, 2003
ISBN 4-13-022020-9

はしがき

　20世紀前半の世界は短い間奏曲のような平和の時期をはさんで二度の世界戦争と恐慌に押しまくられた．20世紀後半は冷戦の時代となり，その間アメリカ，ソ連をはじめとする大国がアジア，アフリカ，ラテン・アメリカ，東ヨーロッパへ自らの勢力圏拡張を求めて局地介入を繰り返す時代が続いた．だが，1989年以降のソ連や東ヨーロッパ諸国の社会主義の崩壊によって，20世紀最後の10年間に急激な変化が起きた．本書はこの20世紀のアメリカ合衆国（以下では断らないかぎりアメリカと略称する）の歩みを歴史実証的にふりかえろうという試みである．

　多くのアメリカ人は2001年9月11日の同時テロ以降，すべてが変わってしまった，と言う．多くの人々が，テロ攻撃からの安全を至上の価値とせざるを得なくなり，そのためには，卑近な例では，空港での身体検査時間が長くなって空港に到着する時間を早めることが必要になり，また貨物の安全点検の必要から商品の輸送時間が長くなるという変化が起きた．人によっては空の旅を控える，という対応もある．語彙が豊富で演説が上手だが，軍事攻撃に慎重なクリントンのような大統領よりも，テロリストの敵か味方か，彼らを支持するかしないかどっちなのかと問いつめ，あるいは，イギリスの少年に「ホワイトハウスってどんなところ？」と聞かれて「白色だ」と答え，そして決断してから武力行使までの時間が短いブッシュ大統領のほうが国民に支持されるという変化も起きた．だが，今回のイラク戦争の根拠だった大量破壊兵器の問題についての説明が二転三転するなか，ブッシュに対する国民の支持率は低下しはじめた．また，他方で，複雑な国際社会を黒か白かの論法で乗り切るには無理があり，国内の人気とは裏腹に国際社会のブッシュ政権を見つめる目は厳しい．

　1970年代頃から社会的影響力を増大させてきたアメリカの保守主義者たちも，軍備拡張の必要から，かつてのように連邦予算均衡至上主義でなく，国土

の安全確保のためなら，軍事費の増加も，官僚機構の拡大も，あるいは，予算の巨額の赤字もやむを得ない，と考えるに至った．他方で，巨額の軍事費，兵站費を捻出するために内政面で福祉費削減，受益者負担，自助努力が唱えられて政府サービスの低下をもたらし，それらは中産階級や貧困者に対するわずかな減税と引き換えに，アメリカの通常の風景となりつつあるかにみえる．

　最近のアメリカに起きている上のような変化をどう考えたらいいのか．アメリカ政府がある特定のイデオロギー集団によって乗っ取られた結果だ，と解釈するのは，いかにも皮相な理解である．また，ブッシュ政権が環境保護をはじめとする国際協調にきわめて冷淡なことも，世界中の多くの人々を嘆かせる材料である．政治外交史をひもとけば，アメリカの外交が強固な孤立主義的傾向と，自らの自由と民主主義のシステムに対する信頼からその価値を世界中に広めたいとするいわば宣教師的な態度とが交錯することによって織りなされてきたことがわかる．ブッシュ外交は，これまでのアメリカ外交の一つの現れにすぎないのであり，それが多少逸脱した姿をとっている，ということもわかってくる．思えば，フランシス・フクヤマがソ連と東ヨーロッパ社会主義諸国の崩壊を「歴史の終り」と断じてから10数年しかたっていない．フクヤマにとって歴史の始まりとは，フランス革命やピューリタン革命ではなく，アメリカ革命，つまりアメリカのイギリス王権からの独立，そして新憲法の採択だったのである．アメリカの歴史にしか見られないとして自由や民主主義の価値を至上のものと考える思考様式は保守派イデオロギーに共通する特徴である．

　だが他方で，イラク戦争直前には多くのアメリカの都市で相当規模の反戦デモが繰り広げられ，それらはインターネットを通して世界の反戦運動と連携していた．反戦エリートたちも，たしかに今は時利あらず，逼塞を余儀なくされているが，彼らとて適切なリーダーシップによって将来影響力を回復することもありえよう．

　そこで本書は，アメリカ外交がある選択をする場合の理念とその背景の変遷，主流となるエリート集団の特性，外側世界（ある場合には日本であり，ドイツであり，ソ連だった）の状況，アメリカの国内世論の動向などに注意を払い，なるべく最新の研究成果に依拠してそのプロセスを明らかにしようとつとめた．また，社会経済史については，本書の時期区分に沿って，その時代の民衆や指導

者エリートの経済的環境や心理的状況の特徴を踏まえて，彼らが政治や外交によって大枠が設定されている世界でそれにどう向き合おうとしていたか，現状をどう変えようとしていたかを軸に，やはりなるべく最新の内外の研究成果を取り入れることによって，これまでの解釈を何歩かでも前進させようと努力した．むろん，民衆の動向がアメリカ政治の動向に大きなインパクトを与えた1930年代や1960年代に対して，1920年代や1950年代，そして1980年代のようにもっぱら受け身に近い状況に置かれた時期もあった．

　以下の叙述をご覧になればわかるとおり，本書はアメリカ外交史専攻の菅英輝とアメリカ経済史専攻の秋元英一によるオムニバス方式の20世紀アメリカの歴史書である．全体として八つの時期に区分して章立てを編成し，それぞれの章の前半に菅が外交政治史を，後半に秋元が社会経済史を叙述する形をとっている．本書が著者の意図として，類書に比べてどのような特色を持たせようとしたかを述べれば，以下のようになろう．第一に，共著者の共通項をみちびく基礎的な了解として時期区分を行い，それぞれの時代についての統一したイメージづくりを心がけたこと．第二に，共著者ともに，自己の専門領域にかかわる点については，一次史料による史実の再構成を踏まえた叙述をこころみ，さらに専門領域外でもなるべく最新の研究成果を摂取するよう心がけた．第三に，大きなトピックについては共著者による再三の討議から，問題点をなるべく洗い出し，読者にやさしい叙述を心がけたが，それぞれの領域についての解釈は，究極的には菅，秋元それぞれが責任をもつことになろう．第四に，最近必ずしも史実に基礎を置かない大上段的な議論が多いなか，あくまで史実や実証を重視する態度を心がけ，その面から読者に説明責任を果たそうとした．第五に，とくに外交史では，日本との関係に意を用いた．

　あらかじめ，主要な論点について，俯瞰しておこう．
　まず，20世紀がアメリカの世紀だというメッセージに対しては多くの人々が同意するであろうが，その意味は，論者によってさまざまでありうる．本書は軍事・外交および経済面でアメリカがヘゲモンとなるプロセスについて，19世紀末のアメリカの帝国への発進から説き起こして，グローバリゼーションの急進展する20世紀末までを叙述している．ヘゲモンに至る軌跡を追うことに

よってわれわれが得た知見は，アメリカが軍事面において優越しつつ，理念や物質的生活面でも他国にとってのモデルでありえたことの特異性である．むろん，軍事外交と経済の優越の時期は微妙にずれている．第一次世界大戦と第二次世界大戦とが優越への踏み台だったのに反して，ベトナム戦争はアメリカの経済を疲弊させ，その覇権を揺るがした．

社会経済史の面では，主流のアメリカ人がどのような階層意識を持ち，それらがどのように維持され，あるいは変化したかを中心に論述したが，それは，アメリカの中産階級がどのように生まれ，どのように変容していったかを論述の軸にすることにつながった．同時に，主流でないアメリカ人，下層農民，組織労働者，黒人，女性，貧困者などがどのように問題解決の標的として浮上したかについても追跡した．第一次世界大戦前後の大量生産，大量販売，そして大量消費の確立，大恐慌下での失業の発見，第二次世界大戦後の「アメリカ的生活様式」の普及，ベトナム戦争の経験と諸権利獲得運動の本格的展開，1970年代におけるケインズ的経済政策の権威失墜，「害悪」としてのインフレーションと保守派の本格的登場，1980年代における資本主義救済のための政策体系であるレーガノミックスの実験，1990年代に入って，冷戦後のグローバリゼーションを追い風にしての「ニューエコノミー」の展開などが主要トピックとなろう．

外交政治史の面では，アメリカ帝国主義の発生を議論の出発点とした．アメリカが帝国への道を歩みはじめるにさいして，対外政策を形成したエリートたちが，当時の国際環境だけでなく，アメリカ社会のその時々の変化にも大きな影響を受けた点に注目した．本書全体を通して，内政と外交と国際環境の相互作用という文脈を重視した．具体的には，門戸開放宣言の与えた衝撃，革新主義政治が「新しい帝国」の建設に対してどのように関連していたのか．また，第一次世界大戦参戦とそれにつづくウィルソン大統領の戦後構想とその挫折，1920年代の共和党政権によるパックス・アメリカーナの史上はじめての模索とその失敗，孤立主義と国際主義のあいだの緊張関係，世界戦争への道程と戦後構想などが第二次世界大戦までの主要トピックとなるであろう．

第二次世界大戦後に，アメリカ社会が冷戦体制の構築に向けて再編されていく過程に注目し，そうした国内政治の変容が対外政策面で，アメリカのめざす

国際秩序形成に非リベラルな要素を内包させることになった点を描こうとした．戦後のアメリカは，その反植民地主義という理念にもかかわらず，なぜアジア・アフリカ諸国が脱植民地化する過程にあいまいな態度をとったのか．それだけでなく，アメリカは1960年代に入って，なぜベトナム戦争への介入を深め，ついには反植民地主義の衣を脱ぎ捨てて民族解放運動と敵対することになったのか．ベトナム戦争はアメリカの覇権の動揺に大きな影響を及ぼしたが，それは米ソデタント（緊張緩和）にどのような影響を及ぼしたのか，また1970年代半ば以降のアメリカはベトナム戦争の敗北から何を学びとり，いかにして冷戦後のヘゲモンの復活への道を模索したのか．こうした問いを念頭におきながら議論を展開した．外交政治史の面では，20世紀に入って，アメリカは独立革命以来の理念や価値観を国際秩序にどのように反映させようとしたのか，その過程でどのような問題や課題に直面し，冷戦後の今日にいたっているのか，その軌跡を描くことに力点をおいた．

人はなぜ歴史を学ぶのか．言うまでもなく，過去の歴史には，すでに結論が出されている．条件A, Bがあったために，結果Cが導かれたのだ，という言い方すらできよう．歴史を学ぶことを通じて，人はこれから先の歴史の進行の仕方について，ある程度の予測をすることが可能になる．それは，条件A'とB'があるのだから，C'という結末が大きい確率で予測されるだろう，というふうに言いかえることもできる．こうした思考実験は，多くの人々の意志決定のたすけとなるであろう．歴史を学ぶことのいま一つの意味は，今日のたとえばアメリカの成り立ちを勉強することで，現状についての理解を深めることができる，という点である．

21世紀に入った現在の時点で，アメリカ社会がどのような方向に進もうとしているかを占うには，20世紀アメリカの歩みについてのトータルな理解がなくてはならない．本書は多角的に歴史をふり返ることによって，読者がそうした認識を持つ一助となることを期待している．

本書の構想のきっかけは，先行した姫田光義他著『中国20世紀史』の出版（東京大学出版会，1993年）だった．東京大学出版会から秋元に20世紀アメリカ史を政治外交史の専門家と共著で書いてみないか，と話があったのが秋元の

『アメリカ経済の歴史』出版の直後だったように思う．菅英輝と出版の基本線で合意に達したのが1997年末，ところが主として秋元の事情で原稿執筆が大幅に遅れてしまった．この遅れのために，9.11という歴史書の踏み絵みたいなものによって本書が価値を問われる厳しさに直面しなくてはならないのは，皮肉である．この間，忍耐強く風向きの変わるのを待ちつづけてこられ，読者の立場から何度も，そして何カ所もの書き直しを求められ，見事な編集ぶりを発揮された東京大学出版会編集部の高木宏氏には感謝の言葉もない．

2003年盛夏

著　者

アメリカ20世紀史　目次

はしがき

アメリカ全図

第1章　革新主義と帝国主義　1898-1920年 ─────1

1　米西戦争と海洋帝国への道　2

2　門戸開放宣言と「反帝国主義」運動　4

3　革新主義と帝国主義　7

4　革新主義と対外政策　10

5　第一次世界大戦への参戦とロシア革命の影響　18

6　組織資本主義と革新主義エリート　23

7　郊外化の進展とホワイトカラー労働者　29

8　女性の職場進出とフェミニズムの誕生　33

9　母親と子供のための年金・福祉制度　36

10　自然の再発見と環境保護政策　40

11　労働者と消費　43

第2章　「国際平和」の間奏曲　1920年代 ─────47

1　パリ講和会議とウィルソン構想の挫折　48

2　1920年選挙と共和党政権の復活　53

3　共和党政権とパックス・アメリカーナの模索　55

4　ワシントン体制の成立と日米関係　60

5　1920年代の国際主義と孤立主義　65

6　平和と孤立を謳歌するアメリカ人　68

7　戦争とアメリカニズム　74
　　　8　T型車とアメリカ的生活の萌芽　76
　　　9　産業構造の変化　79
　　10　消費者資本主義の進化　82
　　11　福祉資本主義と労働者，農民　87
　　12　住宅と自動車の飽和とバブルの発生　91

第3章　大恐慌とニューディール　1930年代────95
　　　1　大恐慌とフーヴァー政権の外交　96
　　　2　正統性の危機とローズヴェルト外交　100
　　　3　政権第二期目の外交　107
　　　4　大恐慌とニューディール──エリートの議論の射程　114

第4章　第二次世界大戦と戦後体制の構築　1941-45年
　　　　────────────────135
　　　1　世界戦争への道　136
　　　2　日米交渉の決裂とパールハーバー攻撃　143
　　　3　戦後構想と自由主義的世界秩序　146
　　　4　ニューディールから戦時体制へ　156
　　　5　組織労働の後退と労働の移動　160
　　　6　航空機産業の躍進　163
　　　7　軍事技術とその波及　164
　　　8　戦後通貨システムの構想　167
　　　9　ブレトンウッズ体制の構築へ　171

第5章　冷戦体制と大衆社会　1945-60年────175
　　　1　「アメリカの世紀」の幕開けと冷戦の発生　176
　　　2　トルーマン・ドクトリン，マーシャル・プラン，冷戦の国際的組織化　180
　　　3　北大西洋条約機構の成立と冷戦の軍事化　185

4　1952年大統領選挙とアイゼンハワー政権の誕生　188
　　　5　冷戦の性格の変化　191
　　　6　脱植民地化過程への対応とアメリカ帝国の深層心理　194
　　　7　1950年代アメリカの経済と社会　198
　　　8　冷戦の影　206
　　　9　人種平等社会への胎動　209
　　　10　郊外住宅と女性　212

第6章　ヴェトナム戦争と諸権利獲得のための運動 1960年代 ——215

　　　1　柔軟反応戦略と自由主義帝国のディレンマ　216
　　　2　ケネディ政権と「期待革命」の管理　220
　　　3　キューバ危機とその国際政治への影響　223
　　　4　ジョンソンのヴェトナム戦争とアメリカ「帝国」の苦悩　228
　　　5　1968年の意味　231
　　　6　1960年代の歴史上の位置　236
　　　7　諸権利獲得のための運動とその政治的成果　244
　　　8　フェミニズムの再生　256

第7章　危機の時代とレーガン革命　1970-90年 ——259

　　　1　ニクソン政権の誕生とヘゲモニー回復の模索　260
　　　2　ニクソン訪中と米中冷戦の終焉　262
　　　3　第三世界の挑戦　266
　　　4　多元的世界のなかのカーター外交　269
　　　5　レーガン革命と「丘の上の輝ける町」　276
　　　6　ベビーブーマーの苦難　286
　　　7　サンベルトとスノーベルト　291
　　　8　税金をめぐる闘争　292
　　　9　フェミニズム運動の多様化　294

10　ミドル・アメリカン・ラディカル　296
　　　11　環境保護運動と政策の新たなうねり　299
　　　12　レーガノミックスとアメリカ社会　302

第8章　グローバリゼーション下のアメリカ　1990年代——309
　　　1　冷戦の終焉とブッシュ政権　310
　　　2　ブッシュ政権と湾岸戦争　313
　　　3　クリントン政権の「拡大と関与」戦略　316
　　　4　クリントン政権と東アジア　320
　　　5　ブッシュ政権と9.11テロ　326
　　　6　ブッシュ・ドクトリンとアメリカ外交の伝統　330
　　　7　世界秩序形成における正統性の問題　334
　　　8　グローバリゼーションと情報技術革命　337
　　　9　クリントン政権の福祉見直し政策　344
　　　10　アメリカ中産階級の変質　346

終章　21世紀アメリカと世界のゆくえ——————355

　文献目録　363
　年表　373
　索引（事項・人名）　382

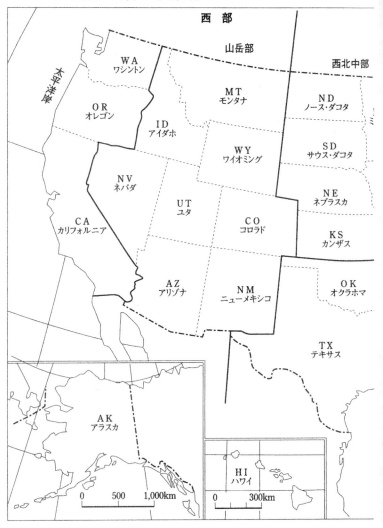

アメリカ全図　州名と地域区分

第 1 章
革新主義と帝国主義
1898-1920 年

山高帽をかぶって就任演説をする W. ウィルソン大統領．1917 年 3 月 5 日．
http://memory.loc.gov/pnp/ppmsc/02900/02903v.jpg

1 米西戦争と海洋帝国への道

(1) 高まる外部世界への関心

　アメリカの多くの大学では，広い意味での国際関係の分野は19世紀半ば以降にカリキュラムのなかに組み入れられるようになった．その中心が国際法だったことも特徴である．外交や国際関係分野の講義が始まったのは，1898年の米西戦争以降であった．アメリカ外交の分野では，コロンビア大学（1885年），ハーヴァード大学（1897年），ウィスコンシン大学（1900年）の順序で開講され，1910年までに，その数は約40にのぼった．国際政治のコースは，ウィスコンシン大学が最も早く，1899年に開講され，つづいて，コロンビア大学で1910年に「世界政治」というタイトルの講義が開始された．

　対外政策形成に携わっていたエリートや一部の利害関係者を除くと，19世紀末までは，アメリカ人の多くが主として国内問題に関心を向けており，アメリカと外部世界との関係には目を向けていなかったのである．

　しかしながら，19世紀末になると，アメリカを取り巻く国際環境は大きな変化をとげた．1873年のイギリスの金融恐慌に始まる世界経済の長期停滞局面のあいだに，イギリスのヘゲモニー国家としての地位は動揺しはじめ，アメリカ，ドイツ，フランス，ロシア，日本などの新興工業諸国が頭角をあらわすなかで，国際社会における各国の相対的地位に大きな変化が起きた．アメリカ経済は南北戦争終了後，急速な拡大を続け，世界経済における地位を急上昇させ，世紀転換期に世界一の工業生産力を誇る国に成長した．アメリカの国際社会に及ぼす影響も大きくなった．アメリカ国民が意識すると否とにかかわらず，アメリカは外部世界にとって無視できない存在になった．

　一方，1873年から90年代半ばまでの経済不況のもとで，多くの資本主義国は保護主義的傾向を強めるとともに，問題の解決を求めて市場，原材料供給地としての植民地獲得に乗り出した．帝国主義[1]の時代である．ヨーロッパの帝国主義諸国が獲得した植民地総面積は1876年の4,697万平方キロメートルから1900年には7,290万平方キロメートルに拡大した．

19世紀末ヨーロッパの帝国主義的膨張とそれを支える思想は，アメリカ人の態度にも大きな影響を及ぼし，アメリカの積極的な対外膨張の必要性を唱えはじめるものもあらわれた．リンカン（Abraham Lincoln, 1809-65），ジョンソン（Andrew Johnson, 1808-75）両政権のもとで国務長官を務めたシュワード（William H. Seward, 1801-72）はすでにこの時期，カリブ海域から太平洋・東アジアに達する遠大な「海洋帝国」の構想を抱いていた．彼は1867年アラスカの購入を実現し，ミッドウェー島を併合した．ロッジ（Henry Cabot Lodge, 1850-1924），セオドア・ローズヴェルト（Theodore Roosevelt, 1858-1919），アメリカ海軍のマハン（Alfred T. Mahan, 1840-1914）提督，ブルックス・アダムズ（Brooks Adams, 1848-1927）など帝国主義者たちは，国の安全と市場開拓のために，カリブ海域における海軍基地の建設，大西洋と太平洋を結ぶ地峡運河の建設，中国市場をにらんだ拠点として戦略的にも重要なハワイの獲得を主張していた．

　そうしたなかで，アメリカを国際政治の舞台に登場させることになったのが1898年の米西戦争である．それは，キューバ問題に端を発していたが，アメリカのラテン・アメリカへの関与を深めたのみならず，アメリカが太平洋国家として，東アジアに進出する契機となった．

　最初の戦闘がそれまでのスペイン領フィリピンにおいて戦われたことに示されているように，この戦争はじつは，スペイン＝キューバ＝アメリカ戦争ならびにスペイン＝フィリピン＝アメリカ戦争としての性格をもっていた．1898年のスペインとの戦争（米西戦争）はアメリカの圧倒的勝利に終わったが，その後，アメリカはキューバとフィリピンにおいて独立を求める革命軍とゲリラ戦を戦った．それゆえ，米西戦争は帝国主義戦争であると同時に，キューバやフィリピンから見れば，民族解放戦争としての側面をもっていた．米西戦争で勝利したアメリカは，カリブ海では，同年12月，スペイン領プエルトリコを領有し，その後キューバを保護国とした（1901年）．太平洋地域では，同年7月ハワイを併合したのにつづいて，12月，グアムおよびフィリピンを領有した．

---

1) **帝国主義**　19世紀後半からヨーロッパ列強やアメリカ，日本が植民地や勢力圏の獲得競争を開始し，世界を分割していった動きをいう．しかし，20世紀以降のアメリカ外交に関しては，領土獲得よりも経済的・イデオロギー的支配を特徴とすることから，帝国主義＝植民地主義と区別して，「非公式の帝国」形成をめざす「門戸開放」型帝国主義とよばれることがある．

2 門戸開放宣言と「反帝国主義」運動

(1) 外交原則の表明

　米西戦争の結果，アメリカはカリブ海域への進出をはたしただけでなく，太平洋国家として国際政治の舞台に登場し，大陸帝国から海洋帝国への道を歩みはじめた．その過程で，20世紀アメリカ外交の基調となっていくきわめて注目すべき原則が発表されることになった．

　この原則とは，1899年と1900年の2度にわたって，当時の国務長官ヘイ (John Milton Hay, 1838-1905) によって発表された門戸開放通牒にもとづく宣言である．1899年9月の第一次通牒 (circular) は，各国の中国における「勢力範囲」は認めつつも，いかなる場合も貿易の機会を均等にすべきことを内容とする．1900年7月に発表された第二次通牒は，中国における通商上の機会均等に加えて，中国の行政的・領土的保全をうたった．その当面の目的は列強による中国分割の危機が迫るなかで，「勢力圏」ないし「利益圏」を既成事実として認めながらも，条約で保証されている権利を擁護することにあったが，より長期的に見れば，同宣言はいずれかの国による排他的な「勢力圏」の除去をめざすもので，そのことと中国の行政的・領土的保全の尊重とは表裏一体の関係にあった．

　門戸開放宣言は対中国政策，対東アジア政策の原則の表明という性格を超えて，「20世紀におけるアメリカの帝国的膨張のための基本的な戦略・戦術」(W. A. ウィリアムズ) となるが，それは，この宣言が当時アメリカ社会に形成されつつあった帝国主義的な傾向を包摂しうる性格をもっていたからである．帝国主義者たちは対外的進出を積極的に進めるという点では門戸開放膨張主義論者と同じであった．1890年代の10年間はまた，プロテスタント諸教派が海外での布教活動を増大させた時期であり，1870年から1900年にプロテスタントによる海外伝道団員は5倍に増加した．中国への伝道団員数も倍増し，1,000人を超えた．彼らもアメリカの中国への進出を歓迎し，支持した．中国に強い利害関心をもつ金融・製造・商業部門の指導者たちや，南部の綿花生産者たちは，通商の機会均等が保証されれば，ヨーロッパ列強との競争に勝つこ

2 門戸開放宣言と「反帝国主義」運動

図1-1 アメリカの西半球への膨張，1889-1939年

資料：Walter LaFeber, *The American Age*, p. 233, をもとに作成．

図1-2 アメリカの太平洋地域への膨張，1867-1903年

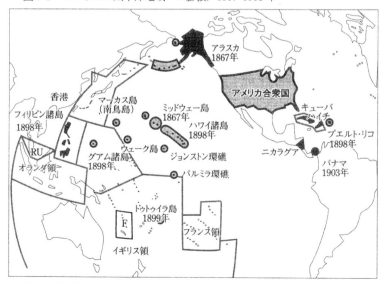

資料：『三省堂世界歴史地図』（三省堂，1995年），p. 257, をもとに作成．

とができるという信念と見通しのもとに，政府の積極的支持を要求し，世論形成にも努めた．このような見方は政府や議会関係者にも共通したものであった．したがって，外交史家ロイド・ガードナーも指摘するように，門戸開放政策は，「理論のうえでも，また事実の面でも自信に満ちた工業大国の対外政策」であった．

(2) 門戸開放帝国主義

門戸開放宣言の背景には，たとえば，1873年，1873-79年，1882-85年，1892-96年の経済不況の経験やそれにともなう社会的，政治的危機の体験が繰り返されていた事情があった．このようなアメリカ社会の抱える諸問題の解決策として，体制安定および国民統合という観点からも，海外市場の獲得がめざされるようになった．しかしながら，対外的膨張は「反帝国主義」運動をも惹起することになり，国内では「帝国主義」論争が起こった．

この時期の対外進出をめぐる論争において重要なのは，「反帝国主義者」たちが反対したのはフィリピンの併合であり，膨張それ自体ではなかったことである．「反帝国主義」の立場に立った民主党の綱領は「平和的で正当な手段による通商上の膨張」は，これを欲するというものであり，農民も海外市場の拡大を支持していた．当時の「反帝国主義者」たちは，帝国主義の概念を狭義の植民地主義という意味で理解していた．その結果，1898年から1900年秋の大統領選挙までアメリカ国内を沸かせた「帝国主義」論争を通して，帝国主義＝植民地主義という理解がアメリカ社会内に定着することになった．したがって，この論争以降，アメリカ人は，植民地支配を行わず，領土の併合をともなわない経済的支配，独立は与えるが金融的に支配し，それを通して原料資源の支配や市場の確保をめざす政策は帝国主義ではないと考えるようになり，門戸開放政策もそのような観点から支持されたのである．

したがって，アメリカの場合は，他の帝国主義列強とは異なり，海外植民地帝国の建設をめざしてはいなかった．「海洋帝国」の基本路線は，戦略上・通商上の必要最小限の海外拠点を確保しつつ，主として金融的・通商的進出により世界覇権（ヘゲモニー）を達成しようとするものであった．そのような特質を持つアメリカ外交の基本戦略や基本路線を示すものとして，20世紀アメリ

カ外交は「門戸開放帝国主義」と呼ばれる.

　中国に対するアメリカの政策が門戸開放型膨張主義を反映していたとすれば，アメリカのヘゲモニーが確立されていたカリブ海，中米に対する行動はそれとは異なっていた．アメリカは「カリブ中米地域や太平洋では他の帝国主義国ととくに異ならない行動をとっていた」[1] との指摘のように，カリブ中米地域と太平洋諸島へのアメリカの対応は，ヨーロッパの帝国主義列強の行動に近く，勢力圏の形成や領土的支配をともなったことに留意する必要がある．すなわち，20世紀アメリカの対外政策の基調は門戸開放型だとしても，アメリカの対外膨張が植民地主義から無縁だったわけではない．領土支配や併合の形をとったアメリカの領土的拡大の規模がヨーロッパ帝国主義諸国のそれと比べて小さいからといって，アメリカの国益促進という観点から見た場合の重要性が低かったわけではない．そのことは，たとえば，第二次世界大戦の戦後処理にさいして，太平洋諸島に対するアメリカの支配と管理を認めた信託統治制度がアメリカの戦略にとって有した重要性を考えれば，明らかであろう．

3　革新主義と帝国主義

(1) アメリカ・ナショナリズムの発露

　世紀転換期の急速な工業化の進展，海外からの大量移民の流入，資本と生産の集中に伴う巨大企業（独占）の出現，急速な都市化，などによって引き起こされる社会経済の急激な変化は，貧富の格差の拡大，苛酷な労働条件，生活環境の悪化，政治の腐敗など社会，政治，経済問題を発生させた．それに伴い，こうした諸問題に対処しようとする動きも活発化し，19世紀末からさまざまな集団による改革運動が起こった．

　市政・州政レベルから始まった改革運動は20世紀に入って，セオドア・ローズヴェルト大統領の登場により全国政治の舞台で展開されることになった．1901年9月，前年の選挙で再選されたマッキンレー（William Mckinley, 1843-1901）が暗殺され，副大統領だったローズヴェルトが大統領に就任した[2]．ロ

---

1)　有賀貞『アメリカ政治史』（福村出版，1985年），56頁．
2)　大統領の規定　　アメリカ合衆国憲法第2条6項は，大統領が死亡などでその権限，義務を遂

ーズヴェルトにつづくタフト (William Howard Taft, 1857-1930) そして 1912 年に大統領に就任した民主党のウィルソン (Woodrow Wilson, 1856-1924) の第一期までの時期，すなわち 1901 年から 1917 年までの時期は一般に，「革新主義[1] の時代 (the Age of Progressivism)」といわれる．この時期は，革新主義者たちによる国内の諸改革が行われると同時に，外に向かっては，積極的な対外進出が推進された時期であり，革新主義のドラマは，両者が密接に絡み合いながら演じられた．

歴史家ウィリアム・ルクテンバーグは 1967 年の論文のなかで革新主義と帝国主義はその自由主義的イデオロギーにおいて表裏一体の関係にあると主張したが，革新主義者といわれる人たちの考えや行動のなかにはそうした傾向を顕著に認めることができる．たとえば，革新主義議員たちは国内での民主主義政治の推進，反独占，企業規制，労働条件の改善など国内改革に情熱を傾けたが，同時に彼らの多くはまた，自由，平等，民主主義など彼らがアメリカ的とみなす価値観を国の内外に普及させようという使命感をもっていた．アメリカ人にしばしばみられるこうした衝動は，開発の遅れている国々をアメリカナイゼーションの対象としてとらえる傾向となってあらわれた．アメリカ・ナショナリズムの発露としてのこうした使命感は，ウィスコンシン州を「民主主義の実験場」，州改革の模範といわれるまでにしたラフォレット (Robert Marion LaFollette, 1855-1925) 上院議員の場合においても認められ，彼もまた，「(アメリカ政府の拡張政策は) 植民地体制を維持するためでも，帝国建設のためでもなく，自由な政府の領域を拡大するためであり，なるべく多くのわが同胞に対して，啓発された自由の恩恵を付与するためであった」，と主張した．

(2) 実験場としての中国

国内改革よりも国外における改革に熱心な人々もいた．なかでも，中国は

行する能力を失った場合は，その職務権限は副大統領に移り属する，と規定している．
  1) 革新主義　19 世紀末からアメリカの第一次世界大戦への参戦の頃までに展開された全国的改革運動で，市政・州政レベルから始まり，20 世紀に入って，国政レベルに広まった．改革の対象は政治制度の問題から社会福祉，禁酒，教育，女性の権利，独占の規制など多岐にわたり，その担い手もまた，専門家や知識人層，都市中産層，都市労働者，農民，実業家と多様であった．このため，革新主義の厳密な定義は困難だという見解もある．

3 革新主義と帝国主義

「20世紀初頭のあらゆるタイプのアメリカの革新主義的改革にとっての市場でもあった」(ジェリー・イズラエル). これらの革新主義的改革者たちは, 中国をアメリカ国内における改革運動の実験の場としてイメージしていた. 中国において, 国内的態度と対外的態度とが密接に結びつけられた. 革新主義者たちにとって, 中国はアメリカのイメージに合わせて作り変えられるべき対象であった. イェール・イン・チャイナ, 北京のYMCAセツルメント・ハウスのような改革諸団体は, 教育を通して, 中国の古い習慣を改めさせようとした. 宣教師たちのなかには, 中国人をキリスト教に改宗させることによって, アメリカ人の生活様式を身につけさせれば, それはアメリカの製品の需要につながると考える者もいた. 中国のアメリカ化をめざすこれらの活動はまた, 中国に経済的・商業的・金融的関心を持つ実業家たちに歓迎された.

全米赤十字社会長メイベル・ボードマン (Mabel T. Bordman) は, 中国の水害防止や河川保存を目的とした淮河流域灌漑工事計画に参加していた. ボードマンの動機そのものは慈善から出たもので, 人道的かつ利他的な性格をもっていた. しかし, 彼女は, スタンダード・オイル社の目的が明らかに中国における石油掘削の独占権の獲得にあったということを知っていたにもかかわらず, 同社に資金援助を求めた. 彼女はまた, ニューヨークのナショナル・シティ銀行, 国際金融公社 (International Banking Corporation), 米国国際会社 (American International Corporation) を通して, 中国に対する2千万ドルの借款を斡旋した. 同借款は, すべての開墾された土地の改良, 販売, 貸付から得られる収益金でまかなわれるという内容のものであった. このような形で, ボードマンは企業や銀行の中国進出に手を貸したのである. しかも, 彼女はアメリカの銀行や企業から同プロジェクトの資金援助を受けることの意味を十分理解していた. 彼女はロックフェラー (John D. Rockefeller, 1839-1937) 宛の手紙のなかで, 次のように述べている. 「われわれの方から援助の申し出をするほうがより容易に事が運ぶでしょう……(なぜならすべての人々は) 米国赤十字派遣の技術者は利他的動機以外の何ものも持っていないということをより進んで信じるでしょうから」と. 中国において奉仕活動に従事する米国赤十字の目的と利潤獲得をめざす企業の利害の共通性をこの文言に認めることができる.

4 革新主義と対外政策

(1) ローズヴェルト政権の対外政策，1901－09 年

　ローズヴェルトの国際政治観はヨーロッパの国際関係の影響を強く受けており，力の均衡という観点から国際関係に接近した．また，大統領のみが対外政策を効果的に遂行できるとの信念の下に，そのために必要な大統領権限の拡大・強化につとめた．彼はまた，文明の観点を重視した．アングロ＝サクソン民族の優秀性を信じて疑わなかったローズヴェルトは，世界各地の後進地域の諸民族をより文明化されたものにする使命がある，と信じていた．文明の外への拡大は平和と繁栄をもたらすという彼の信念は，英米提携論の基礎となっていたし，後進地域への軍事干渉を正当化する論拠ともなった．くわえて，彼の国際関係認識は秩序をとくに重視する社会観と密接に結びついていた．彼は経済的・社会的混乱，無秩序，革命といった体制の安定を脅かす事態に対して強い危惧の念を抱いていた．このようなローズヴェルトの社会観は，国内的には，革新主義的改革への熱心な取り組みとなり，対外的には，後進地域の国内的混乱や革命を武力に訴えてでも阻止するという政策となってあらわれた．

　ローズヴェルトの展開した外交はしばしば，「棍棒外交」と称される．1901年に開催されたミネソタ州見本市で，彼は聴衆に向かって，「『おだやかに語り，大きな棍棒を携えて行け，そうすれば遠くまで行ける』という素朴な格言がある」，そしてアメリカがこの格言のように行動すれば，「モンロー・ドクトリン[1] は遠くまで行ける」，と語った．彼は棍棒を携えて西半球の他国の内政に干渉し，それを国際警察行動として正当化した．それが可能であったのは，この地域では，アメリカを中心とする帝国的秩序が成立しており，伝統的な主権国家間の国際関係秩序とは異なっていたからである．

　この格言の具体的表現がパナマ運河建設計画である．ローズヴェルトは1903 年 11 月，コロンビア領パナマ地区の独立を画策し，パナマが独立を宣言

[1) モンロー・ドクトリン　1823 年の教書においてジェームズ・モンロー（James Monroe, 1758-1831）大統領によって表明されたアメリカ外交の基本方針．西半球に対するヨーロッパ諸列強およびロシアの干渉の排除を主張，代わりにアメリカもヨーロッパの問題には干渉しないことを表明した．ローズヴェルトはこの原則を拡大解釈し，西半球諸国へのアメリカの干渉を正当化した．

すると，パナマから運河地帯の永久租借権を獲得した．04年に着工され14年に完成したパナマ運河は，海兵隊を現地に派遣し，武力を背景にした外交によって実現したもので，「棍棒外交」の典型である．また，04年末サントドミンゴ（ドミニカ共和国）の内政が混乱に陥ると，ローズヴェルトは革命の阻止を口実に同国に干渉した．さらに，翌年には同国を保護国化し，アメリカ政府が同国の関税収入を管理する協定を認めさせ，この関税収入を西欧列強からの債務返済にあてた．04年12月の年頭教書において，彼

図1-3 第26代大統領T.ローズヴェルト

44歳のときの写真
http://lcweb2.loc.gov/ammem/pihtml/images/pi03401.jpg

はこうした露骨な他国への内政干渉をモンロー・ドクトリンにもとづくアメリカの国際的警察活動として正当化した．しかも，ローズヴェルトの系論として定式化されるようになったこの地域におけるアメリカの警察行動は，自己管理能力を喪失した国々に対する文明諸国の責務とみなされていた．独立の権利は責任を伴うとの論拠の下に他国の主権を制限し内政干渉を正当化する考えは，カリブ海・中米政策におけるアメリカ帝国の秩序観を反映している．こうして，ローズヴェルトの系論は西半球へのヨーロッパ列強の内政干渉を排除する教義からアメリカによる西半球の帝国的秩序を維持し，正当化する教義に転化したのである．

　ローズヴェルトは，アメリカの未来はアジア情勢にも依拠していると考えていたが，この地域では，より伝統的なパワーポリティクスにもとづいた主権国家間の国際関係秩序が成立していた．アメリカの政治的，経済的，軍事的影響力が支配的だった西半球とは対照的に，アジアは帝国主義列強の勢力圏や植民地をめぐる利害が複雑に交錯している地域であり，そこではアメリカの影響力も限定されていた．したがって，ローズヴェルトは列強間の協調または勢力の均衡に配慮しながら門戸開放政策を追求しなければならなかった．それゆえ，アジアはアメリカが帝国主義諸列強との相互作用のなかから秩序を形成していく場となった．

ローズヴェルトの国際政治観に見られる勢力均衡的な発想は，中国市場の門戸開放を維持するにさいして，日本とロシアの勢力バランスをとる政策となってあらわれた．彼はこのような観点から1902年の日英同盟を支持したし，04年2月に日露戦争が勃発すると，ロシアの清国に対する圧力を抑制するというねらいから，日本に同情的な態度をとり，05年にはポーツマス講和会議を開催して日露戦争の終結を斡旋した．この調停の功績が認められて，ローズヴェルトはノーベル平和賞を授与された．しかし，日露戦争後のローズヴェルトは逆に，日本の海軍力に警戒心をいだくようになった．07年に作成されたアメリカ海軍の対日作戦計画（「オレンジ計画」）は，日本を将来の仮想敵国とみなしていたことに注目したい．

以上の点に加えて，この時期には，その後の日米関係に重要な影響を及ぼすことになる二つの傾向を指摘することができる．第一に，韓国の保護国化（1905年），南満州鉄道株式会社設立（1906年），韓国併合（1910年），という形をとった日本の大陸進出は，その排他的，独占的な性格のゆえに，アメリカの掲げる門戸開放政策との対立が避けられなかった．第二に，日露戦争後の日米関係は，アメリカ国内における日本人移民排斥運動によっても悪化した．サンフランシスコ市当局が1906年10月，日本人学童と白人の学童とが公立学校で一緒に勉強することを認めないとする市条例を制定すると，この措置に対して，日本側から強い対米非難の声が上がった．このためローズヴェルトは，この問題を州政府にまかせず，日米間で協議を重ねることによって危機を乗り切った．その結果，07年から08年にかけて一連の紳士協約が結ばれ，日本側は対米移民についての自主規制を行うことに同意した．

(2) タフト政権の対外政策，1909-13年

タフト政権の外交は，「弾丸にかえるにドルをもってする」と称されるように，ドル外交を特徴としたが，帝国的秩序が成立していた西半球においては基本的に，ローズヴェルト政権のそれを踏襲した．タフトは，カリブ海諸国がヨーロッパ諸国に負った債務をアメリカの銀行に肩代わりさせ，この地域を安定化させようとした．また，コスタリカやホンジュラスでは，ユナイテッド・フルーツ社はバナナ市場のみならず，鉄道，造船，金融を支配し，政府を牛耳る

ほどの影響力をふるった．ここでは，この巨大企業が事実上，秩序の維持者となった．

しかし，タフト政権の場合にも，軍事力の行使は秩序と権益を維持するための不可欠の一部であり，その意味で，前任者とタフトのアプローチの違いは本質的なものではない．ニカラグアで反乱が起こると，タフトは海兵隊を送り込み，保護国とした．海兵隊は1925年まで駐留しつづけた．ニカラグアではまさに，「弾丸とドル」による支配となった．

西半球の場合とは対照的に，タフト政権のアジア政策はドル外交の典型であっ

図1-4　第27代大統領R.タフト

http://media.nara.gov/media/images/40/19/40-1852a.gif

た．ローズヴェルトの対アジア外交が勢力均衡的な観点から展開されたのに対して，タフト政権のそれは最大の武器であるアメリカの経済力を門戸開放政策の実現のために積極的に行使しようとしたもので，20世紀型アメリカ外交の先駆をなすものとして注目される．

1907年に日露協約[1]が結ばれ，北満州をロシアの勢力圏，南満州を日本の勢力圏とする妥協が日本とロシアの間に成立したが，満州からアメリカ製品と投資の場が失われることを警戒した国務長官ノックス（Philander Knox, 1853-1921）は09年12月，ヨーロッパ諸国とともに資金的に中国を支援して満州の鉄道を中国が買い戻す計画，いわゆる「満州諸鉄道中立化」計画を提案した．しかし，日露の反対に加えて，英仏も冷淡であったことから，この中立化計画は挫折した．

---

[1] 日露協約　日露戦争後，国際情勢の新たな変化を踏まえて，外蒙古と韓国および満州に関して，日露間で相互の利益範囲と協同関係を定めた協約で，1907年から1916年まで前後4回にわたって締結された．第二次協約は，ノックスの満鉄中立化案に示されるようなアメリカの動きを警戒して，日露の満州における特殊権益を保持するために提携を緊密化する必要から締結された．第四次協約は3回とは異なり，日露両国の同盟関係を含んだものであった．1902年に締結された日英同盟とならんで第一次世界大戦前および大戦中における日本外交の重要な柱となった．

満州での門戸開放に失敗したノックスは，1910年，中国本土において英仏独の銀行団からなる国際借款団にアメリカの銀行の参加を実現させた．この四カ国借款団はアメリカの銀行資本に利潤追求の場を確保するだけでなく，アメリカ主導の下に協調的枠組みを構築し，中国における列強間の帝国主義的対立を抑制すると同時に，中国の領土的保全を確保しようとするものであった．また，借款団の資金を使って建設される鉄道は中国の近代化の基盤となることが期待された．これは，アメリカ国内の革新主義的リベラルの願望を反映したものである．しかし，11年の辛亥革命の勃発により中国国内が不安定となったことで，四カ国借款団の活動は事実上停止状態に陥った．さらにその翌年には新たに日本とロシアも参加し六カ国借款団を結成することになったこともあって，日露に対抗して中国市場へのアメリカの参入を図ろうとした計画は，タフト政権の思惑通りにはいかなかった．

アジア外交では挫折したとはいえ，タフト政権には20世紀型アメリカ外交の展開という観点からみた場合，注目すべき特徴が認められる．第一に，すでに指摘したように，この政権はアメリカの経済力を意識的に外交の手段として活用した．対中国政策においては，国際借款団という多国間の枠組みのなかに帝国主義列強をからめとるというアプローチを追求した．このような外交スタイルは，その後のアメリカが一層重視することになる対外政策アプローチを先取りするものであった．

タフト政権の経済外交をローズヴェルト政権のそれと比較してみよう．後者はヨーロッパ流の国際政治観を色濃く反映させた勢力均衡概念を軸とした外交を展開したが，同時にルート（Elihu Root, 1845-1937）国務長官の情勢認識に顕著に認められるように，タフト政権のドル外交を先取りするような外交も含んでいた．その意味で，ローズヴェルト政権の下での対外政策は，アメリカ外交の基調が勢力均衡型外交から20世紀型外交，すなわちアメリカ資本の優位性を生かした多国間主義的枠組みを重視する経済外交に転換していく過渡期の外交であったといえよう．もっとも，だからといって経済主義的外交が勢力均衡型外交に取って代わったわけではない．むしろ，共和党政権を引き継ぐことになるウィルソン民主党政権に顕著にあらわれたイデオロギーや理念重視の外交スタイルともあいまって，20世紀アメリカ外交はこれらの特徴を併せもつ混

合型として展開されたことに注意すべきであろう.

　第二に, ローズヴェルト, タフト両共和党政権の時期において, 日米関係に新たな紛争要因が持ちこまれたことに留意する必要がある. 日露協約の更新(1910年7月の第二次日露協約)による両国関係の強化は一方で, 東アジアの国際秩序形成における日米のアプローチの違い(門戸開放対勢力圏)を際立たせることになった. それだけでなく, 日米関係の悪化は, 日英関係にも微妙な影響を及ぼし, 1911年に第三次日英同盟条約が更新されるさいに, イギリスは日米開戦の場合, 日本への援助義務を負う意思のないことを明らかにした. イギリスが日米対立で局外に立つことを明確にしたことは将来の日米関係に暗い影を投げかけるものであった. くわえて, 11年頃からは, カリフォルニアで日系人の土地所有や賃借を制限・禁止する動きがしだいに強まり, ついに13年春に同州議会で排日土地法(日系1世の土地所有の禁止)が通過し, 日本人排斥運動の根強さを示した.

　このように, 20世紀初頭の共和党政権期は, 海軍軍拡競争, 日本人移民問題とアメリカ国内の排日運動, 満州問題をめぐる日米対立といった, 日米関係を紛糾させる要因が出そろった時期であった. そしてこれらの争点はこれ以降, 日米関係の対立を激化させる流れを形成していく.

(3) ウィルソン政権の対外政策, 1913-17年

　1911年の辛亥革命によって清朝が打倒され, 翌年中華民国が誕生したことはアメリカ国民の中国イメージを好転させ, 中国の近代化を支援すべきだという声がアメリカ国内でさらに強まった. 革新主義的な改革に取り組んでいる人たちのあいだでは, 中国は改革の対象として強い関心を呼び起こした. 社会改革者, 教育者, 教会関係者は改革に成功したアメリカのシカゴにならって, 広東から犯罪や腐敗や貧困をなくすべきだと考えた. シカゴ大学その他の大学から多くの使節団が中国での科学教育の近代化のために派遣され, ロックフェラー財団は近代医学や病院制度の導入に取り組んだ. 08年には義和団事件の賠償金をもとに義和団奨学金制度が設立され, 10年からはこの制度を利用して中国からの留学生がアメリカの大学に受け入れられるようになった. 中国は彼らにとって, 革新主義的イメージに沿った国家建設の実験場であった.

ウィルソン大統領にとっても，中国近代化の促進は望ましいことであった．彼は，フロンティア学説で著名な歴史家ターナー（Frederick Jackson Turner, 1861-1932）とはジョンズ・ホプキンス大学の大学院時代のクラスメートであり，フロンティア消滅のもつ意味をこの偉大な歴史家から直接学んでいた．中国の近代化はまた，巨大な市場の可能性という観点からも魅力的な課題であった．

　タフトが借款団の枠組みを重視し国際協調路線をとったのに対して，ウィルソンは大統領就任当初，中国政策では，より単独主義的な路線をとった．六カ国借款団の構成メンバーである日本とロシアが門戸開放政策を尊重する気がないとみたウィルソンは，まず1913年10月，六カ国借款団からアメリカの銀行団を撤退させた．アメリカの行動の自由をできるだけ保持しながら，中国に対する門戸開放政策を推進しようと考えたためである．彼はまた，13年5月，他の列強に先駆けて単独で中華民国の国家承認に踏み切った．この決定の背後には，中国の近代化の促進を支援することによって，中国人の対米イメージを高め，中国に対する影響力を確保していこうとするウィルソンの思惑があった．

　しかし，ウィルソンの中国政策は1914年7月，ヨーロッパで戦争が開始されたことによって大きな障害に直面した．日本はヨーロッパでの戦争が作り出した状況を巧みに利用して，大陸に帝国主義的進出の足場を確保する行動に出た．ヨーロッパでの戦争勃発後1カ月も経たない8月，日英同盟を根拠にドイツに宣戦布告した日本は，ドイツ南洋諸島の占領，山東半島の占領，膠州湾の獲得に乗り出した．さらに，15年1月には中国に対して21カ条の要求を突きつけ，ついには満蒙の既得権益の年限延長，山東省のドイツ権益の継承を中国に認めさせた．

　このような日本の行動に対して，ブライアン（William Jennings Bryan, 1860-1925）国務長官は1915年3月の第1次覚書では容認したものの，5月の第2次覚書では，日中両国政府に対して，門戸開放を侵害する取り決めは承認しない旨の「不承認政策」を公表した．これは31年1月，スティムソン（Henry L. Stimson, 1867-1950）国務長官によって発表されることになる「不承認政策」（スティムソン・ドクトリン）の先駆けをなすものであった．しかし，ヨーロッパの戦局がアメリカにとっても重大な局面を迎えつつあったことから，ウィルソンはその後日本との妥協に転じ，17年11月，石井＝ランシング協定を締結し，アメリ

カが「領土的隣接性」を理由に，山東省，南満州，および内蒙古に対する日本の「特殊な関係」を認める代わりに，日本は門戸開放の原則を認めた．つづいて，ウィルソンは1913年以来のアメリカ銀行団に対する冷淡な態度を改め，合衆国の巨大な資本の力を利用して，日本の行動を封じ込める行動に出た．ウィルソンはアメリカの銀行資本家を組織し，米，英，仏，日からなる新国際借款団を結成することによって，日本の中国大陸における単独行動を抑制し，ヘイ国務長官以来の門戸開放主義を中国で実践しようとした．新国際借款団の結成は，ウィルソンがタフト政権の外交アプローチに復帰したことを意味した．すなわち，これまでのように親中国的な政策を通してアメリカ単独で門戸開放政策を追求するというのではなく，米，英，仏，日が東アジアにおいて相互に協調しながら中国の近代化と中国市場の確保をめざそうとするものであった．

　国際協調路線への復帰のもう一つの理由は，ウィルソンがこの時期，中国，メキシコ，カリブ海域における革命への対応に追われたためである．ウィルソンは秩序維持およびアメリカの銀行資本家の利益を確保するために，カリブ海域に海兵隊を派遣し，海兵隊外交を展開した．このため，西半球諸国の人々は海兵隊を「国務省の軍隊」と揶揄した．1905年にアメリカはサントドミンゴを保護国としていたが，ウィルソンは16年5月，同国の混乱の再発に乗じて海兵隊を上陸させた．しかし，同国内は一向に安定せず，結局，海兵隊は25年まで占領をつづけた．

　ウィルソンによる西半球諸国に対する再三にわたる内政干渉は，アメリカ国内の革新主義リベラルの期待を裏切るものであり，彼らの大きな失望を買った．ウィルソンは国際秩序と国内秩序を結びつけて考える傾向が顕著だったが，彼がめざした改革と安定，そしてそれを実現するための方法としての民主的選挙という目標の達成がいかに困難であるかを示したのが，メキシコ革命への対応であった．ウィルソンが大統領に就任した1913年，メキシコでは，革命政権の指導者マデロ (Francisco I. Madero, 1873-1913) を殺害したウェルタ (Victoriano Huerta, 1854-1916) が権力を掌握した．諸外国は同政権を承認したが，ウィルソンはウェルタを「殺人者」と呼んで承認を拒否した．ウィルソンは，このような非民主的手段による政権掌握の事例が他のラテン・アメリカ諸国に波及することを恐れ，民主的な選挙を実施するよう要求した．

政府承認に関するウィルソンのアプローチはアメリカ外交の先例を変更するものであった．すなわち，ウィルソンは政府承認と国内の政治体制の性格とを結びつけ，民主的選挙を政府承認の条件としたのである．ウィルソンは，国内においてリベラル・デモクラシーが繁栄するためには，国外においても自由主義的，民主主義的制度と価値を普及させる必要があると信じていたからである．こうしたウィルソン外交は「宣教師外交」ともよばれる．

5 第一次世界大戦への参戦とロシア革命の影響

(1) 中立から参戦へ——リベラリズム擁護の選択

　第一次世界大戦が勃発すると，ウィルソン大統領は「厳正なる中立」政策を発表，兵器類の輸出禁止と交戦国への貸し付け禁止措置をとった．しかし，ウィルソン政権の対応は実際には「親英中立」となった．この点でとくに重要であったのは，協商側に有利にはたらく二つの決定がなされたことである．第一に，兵器類を禁輸リストからはずした．第二に，交戦国への資金貸し付けを解禁した．イギリス海軍が海上を制覇している状況下でこうした決定が行われたことは英仏に有利に働いた．その結果，1915 年までに資金が底をついて合衆国からの輸入品の支払いができなくなっていた英仏は必要な軍需物資と食料を輸入できるようになった．また，この間の英仏両国への融資額は合衆国が参戦を決意する 17 年 4 月までに約 25 億ドルにのぼったのに比して，ドイツへの融資は 3 億ドルにとどまった．こうしたことから，ドイツは合衆国が実質的に協商国の兵器工場であり，資金供給国だとみなすようになった．

　ウィルソンはドイツに対してなぜ厳しい態度をとったのか．ひとつは，自由主義についての強固な信念と，ドイツ帝政と軍国主義に対する反感であった．ウィルソンにとって，ドイツの勝利は安全保障上の脅威であると同時に，リベラリズムを危うくする世界の出現を意味した．国内における民主的諸制度と価値の存続はこれらの制度や価値が世界的に受容されるかどうかにかかっている，とウィルソンは考えた．こうした考えは，冷戦後の「デモクラティック・ピース（民主主義諸国間の平和）」論に通底する見方であり，大変興味深い．アメリカ外交の担い手たちがこれまでしばしば，ウィルソン外交を模範にしてきたこ

との理由の一つはまさにこの点にある.

　第一次世界大戦はまた，1917年3月のロシア革命（3月革命）の引き金となり，ロシアでは帝政が崩壊した．3月革命の結果，ロシアには社会民主主義的な臨時政府が誕生した．ウィルソンは，ロシアにおける新たな事態の出現を大いに歓迎し，ただちに臨時政府を承認した．ロシア帝政を批判してきたリベラルな雑誌『ニュー・リパブリック』は，この事態を「民主革命」の前兆だと捉えた．ウィルソンや革新主義リベラルは，新生ロシアをアメリカのパートナーだとみなしたのである．アメリカにおいては，3月革命は，国際社会が自由主義的国際秩序に向けてさらに前進したことを意味すると受けとめられた．それゆえ，アメリカの参戦によってドイツ帝政を打倒すれば，民主主義諸国が支配する世界となり，アメリカ国民は，リベラリズムにとって安全な世界が出現する可能性が高まったとの昂揚感につつまれた．4月2日にウィルソンが議会で読み上げた宣戦教書は，参戦の理由を，国民の意思によって統制をうけていない「専制政府」を粉砕し，「世界を民主主義にとって安全な場所にするため」だと説明したが，それは上述のような状況認識を反映したものであった．

　一方，ドイツの立場からみれば，ウィルソン政権の対応は，軍事的勝利によってしか戦争目的を達成できないと主張するドイツ軍部の立場を強化する結果になった．1917年1月，ドイツは無制限潜水艦作戦を再開し，ウィルソンはドイツとの国交断絶でこれに応じた．さらに，3月1日，メキシコに対して軍事同盟を提案したドイツ外相アーサー・ツィンメルマン（Arthur Zimmermann, 1864-1940）の極秘電報が暴露され，アメリカの世論の対独感情はさらに悪化した．ウィルソン個人はこの電報の政治的影響力を重視しなかったが，ハウス（Edward M. House, 1858-1938）顧問は17年4月，アーサー・バルフォア（Arthur James Balfour, 1848-1930）英外相に対して，この電報とロシアの政治的変化なしでは議会に宣戦布告の要請をすることは困難だっただろうと述べ，世論対策上効果的であったことを認めている．

　ウィルソンは参戦の決定にいたるまで，二つの判断のあいだで苦悩していた．ひとつは，公正な平和の実現に向けて調停者として影響力を発揮しつづけるためには，中立国の立場を維持しなければならないという考えであり，もうひとつは，講和会議において，アメリカの理念と原則を戦後秩序に反映させるため

には，参戦して交戦国としての権利を確保する必要があるという考えであった．1917年1月の有名な「勝利なき平和」演説は，そうした中立国の立場からの最後の調停努力だったといってよい．この演説のなかで，ウィルソンは全面的勝利ではなく，いずれの側も相手に条件を強制することのない平和を訴えたが，枢軸国も協商国もウィルソンの呼びかけに応じなかった．それゆえウィルソンは後者の考えにもとづいて参戦することになった．参戦に反対する著名な革新主義的社会改革者ジェーン・アダムズ (Jane Addams, 1860-1935) ら各種平和団体の代表にウィルソンが語ったように，講和会議の場で座席を確保したいのであれば，「ドアの隙間から叫ぶ」だけでなく参戦しなければならないのだった．

　参戦か否かの判断を迫られたウィルソンを悩ましたもうひとつの重要な問題は，参戦が革新主義とリベラリズムに及ぼす悪影響についてであった．ウィルソンには，参戦は巨大企業と「特殊利益」集団の復活をもたらすかもしれないとの不安があった．また，愛国心や排他的なナショナリズムが台頭し，政治的自由や市民的自由が脅かされることになる，という心配もあった．ウィルソンは深刻なディレンマに直面した．参戦はリベラルの政治的立場の後退を意味し，参戦しなければドイツ帝政と軍国主義の脅威が高まる．いずれを選択するにしても，リベラリズムにとっての将来は明るくないように思われた．ウィルソンの参戦は究極的には，ドイツ帝政の勝利がもたらす国際的帰結こそリベラリズムの生き残りにとって死活的だ，という判断にもとづいていた．

(2) ボルシェヴィキ革命の挑戦とウィルソン

　ところが，協商国側に立って参戦したウィルソンは予期しない挑戦に遭遇した．1917年11月にロシアでボルシェヴィキ革命[1]が勃発したのである．レーニン (Vladimir I. Lenin, 1870-1924) は「労働者・兵士・農民諸君へ」のなかで，ソヴィエト政権の樹立を宣言し，その行動綱領において，民主的講和，即時休戦，民族自決権の保障を掲げた．さらに，「平和についての布告」を発表

---

1) ボルシェヴィキ革命　1905年革命，1917年の3月革命につづくロシア革命の最終局面を指す．11月革命（ロシア暦では10月革命）ともよばれる．ボルシェヴィキはレーニンを指導者とするロシア社会民主労働党の一派の名称で，「多数派」を意味する．11月革命を指導して政権を握ったことからこの名称がある．1918年1月の第3回ソヴィエト大会でレーニンは「社会主義ソヴィエト共和国」（ソ連）の樹立を宣言した．

し，講和交渉の即時開始をすべての交戦国に提案するとともに，無併合，無賠償，民族自決の講和を主張したうえで，交渉を公開で行うこととし，秘密外交を廃止する，と宣言した．つづいて，ソヴィエト政府はドイツ，オーストリアとの単独講和の交渉を開始した．12月には帝政ロシアと協商国とのあいだに締結された秘密条約をすべて暴露し，さらに連合国側の政府と国民や，植民地の被支配民族に向かって，帝国主義的侵略戦争を批判する宣伝を開始した．

こうしたソヴィエト革命政府の行動は連合国の民衆および戦線に大きな影響を与えた．第一次世界大戦は国家総力戦となったため，多数の兵士，民衆が戦争に動員されていた（同盟国側兵力2,285万人，連合国側4,218万人，

図1-5 ウィルソン大統領の「14カ条」速記原稿の第一頁目

http://memory.loc.gov/mss/mcc/057/0001.gif

戦死者も比類のない数にのぼった）し，戦争による国民生活の破壊と犠牲は多大なものとなっていた．このため，連合国の指導者たちは，民衆に対して戦争目的や平和の目標を改めて表明する必要にせまられた．また，植民地の諸民族を兵力として動員していた帝国主義諸国は帝国支配下の諸民族に戦後の自治や独立を約束するなど，被抑圧民族の民族自決の要求[1]にある程度応えざるをえなくなった．

ウィルソンは1918年1月8日，レーニンの「平和に関する布告」に対抗するために，合衆国の戦争目的と戦後構想を発表することを決意したが，それが議会宛教書のなかで発表された有名な「14カ条」であった．ウィルソンの「14カ条」演説はボルシェヴィキ革命によって代表される民主主義的，反帝国

---

1) 民族自決権　一つの民族が自らの政治的運命を決定する権利のことである．この原則は，「一民族，一国民，一国家」が国際関係の基本単位であると想定しているが，現実には，「多民族，一国民，一国家」であることが一般的である．自決権についてのウィルソンの考えは，個人の自決なのか，集団の自決なのか，民族の自決なのかがあいまいなままである．この点は，国連憲章においても同様である．

図1-6 シベリアで戦死した17名のアメリカ兵の遺体を本国に送る葬列

Harold Evans, *The American Century* (1998), p. 165.

主義的な要求の高まりのなかで，ソヴィエト政権の発表した諸原則に対抗するために発表されたという側面をもっている．それは，「14カ条」が海洋の自由，関税障壁の撤廃，軍備の縮小の他に，秘密外交の廃止，無併合・無賠償，自決の原則をうたっていたことに示されている．「14カ条」の内容は，多くの点で，ウィルソン個人の思想の表明であったことは，「勝利なき平和」演説を含め彼がこれまで行ってきた演説からも確認できる．それはまた，多くの革新主義リベラルが支持してきた諸原則でもあった．しかし同時に，「14カ条」は，それまでの帝国主義的秩序への批判を含んだ自由主義的秩序を強調するものであったし，そういう形でウィルソンはロシア革命に対応したのである．

これ以降，ロシア革命から生まれた社会主義の国際秩序観とウィルソンの「14カ条」に示された自由主義的国際秩序観は，それまでの帝国主義の時代の国際関係を修正していくのに大きく貢献することになるのだが，当面の問題としては，ロシア革命はウィルソン外交と講和会議参加国間の国際政治に大きな影を投げかけた．それは革命対反革命の対立軸であり，その具体的表現が，西欧列強によるロシア革命に対する干渉戦争の開始であった．ソ連がドイツとの単独講和の締結によって戦線から離脱すると，英仏はドイツ軍が東部戦線から西部戦線へ移動することを心配しなければならなかった．それを阻止し，さら

にロシア国内の反ボルシェヴィキ勢力を支援するために，自らも軍隊を直接派遣して干渉戦争を開始した．また，ウィルソンも含めて，連合国の指導者たちがイデオロギー的にボルシェヴィキ政権に対して強い敵意を抱いていたことも干渉戦争の動機として重要だった．

そうした状況の下で，ウィルソンは介入か非介入かの間で苦悩していたが，チェコ軍団（4万5千）とボルシェヴィキ部隊とが衝突することになったチェリャビンスク事件は軍事介入を決断する契機となった．ウィルソンは1918年7月，チェコ部隊の救出を名目としてシベリア派兵を決定したが，その最大の理由は反ボルシェヴィキ勢力の支援であり，ボルシェヴィキ政権の打倒であった．レーニンが民族自決の原則を唱えたことは自由主義に対する重大な挑戦であることをウィルソンは理解していた．ボルシェヴィキ政権が存続しつづけることはこの挑戦が続くことを意味した．すなわち，リベラリズムは民族自決の理念を独占することができず，この原則をめぐってリベラリズムと社会主義が競合することを意味した．それゆえ，ウィルソンはロシア革命の挑戦に直面し，自ら掲げてきた自決の原則を無視する行動に出たのである．その意味で，ウィルソンにとって，シベリア出兵の決定は苦渋の決断であり，かつまたウィルソン的自由主義の限界を示すものであった．

6 組織資本主義と革新主義エリート

(1) 19世紀のアメリカと20世紀のアメリカ

経済社会史的な側面からアメリカ史をみていく場合，いくつかの座標軸を設定することが理解を助けるかもしれない．本書では，ほぼ10年ごとの時期区分を行ったうえで，それぞれの時代の特徴を明らかにするというやり方をとっているので，それよりも大きな時期区分が可能かどうかを考えてみたい．まず，アメリカ史の19世紀と20世紀はどうちがうのか．地理的にみれば，19世紀はもっぱらアメリカ大陸の中を西に向かう西漸運動や，南部と北部の対立に代表されるような地域的対抗関係に特徴づけられよう．南北戦争で国家分裂の危機にさらされたアメリカは，大きな犠牲をはらった後に，よりいっそう一体感を強めた国民経済のもとで，都市化[1]と西への開拓を続けた．

開拓の最前線で，人口密度が低いエリアをフロンティアと呼ぶが，1890年のセンサス（人口や工業などの国勢調査，この頃は10年おきに実施された）はそれの終わりを宣言した．歴史家フレデリック J. ターナーは，それをもってアメリカ史の第1期が終わったとした．たしかに，1890年代には時代の新旧交代を告げるかのようなさまざまなできごとが起きた．1892年には人民党（People's Party）がはじめて大統領選挙に候補者を出し，相当数の得票を獲得した（政治面での人民党の運動やそれに先行する中西部，南部の農民運動をポピュリズムと呼ぶ）し，翌年には全米を巻き込む経済恐慌がおそって，企業の倒産，失業が相次ぎ，労働争議も激化した．1896年大統領選挙では人民党は民主党候補ブライアン（William Jennings Bryan, 1860-1925）に相乗り支持したが，共和党候補マッキンレーに敗れた．しかし，皮肉なことにその後景気は上向き，ポピュリズム運動は衰退に向かう．それに呼応するかのように，前述のような帝国主義的進出が開始される．

つまり，19世紀は南北戦争やインディアン戦争，メキシコ戦争に象徴される大陸の支配をめぐる長い戦争と自由競争経済が特徴だったのに対して，20世紀はアメリカが最初は否応なしに，後にはヘゲモンをねらって積極的に世界と関わりをもった時代なのである．多くの人々が，19世紀には家族，近隣コミュニティを中心にした生活圏で生活していたのに対して，20世紀には地理的には都市圏の比重がしだいに大きくなり，個人というよりは大企業や労働組合などのより大きな団体や組織，そして州・地方や連邦政府の官僚機構との関わりを深くさせながら，それとの交渉のなかで生きることを余儀なくされた．

(2) 大衆と組織の時代

アメリカ史上，大衆が政治の前面に登場してメインストリームの政治を変えたことは何度かあるが，フロンティアと接する西部と南部地域における1880-90年代のポピュリズム運動もその一つである．ポピュリズムのばあい，指導者エリートが1896年の大統領選挙で民主党候補に合流するという選択を行ったために，農民を主とする民衆の運動エネルギーは収束に向かい，人民党が打

---

1) およそ2500人以上の人口があるせまい範囲に集住する場合，そこを都市と呼び，都市人口が人口全体のなかで増大することを都市化と呼ぶ．

破しようとした民主党・共和党の二大政党制はかえって強化された．1890年代後半からの物価上昇を伴う経済成長は，かつて銀貨の運用による通貨量の拡大（インフレーション）を要求した農民たちの苦難をやわらげ，やがて20世紀ともなれば，農業の黄金時代

図1-7 IWWのパターソン（N. J.）スト（1913年）
http://patersongreatfalls.com/

を迎える．逆に，重工業がますます比重を高め，巨大企業が不況時にあっても他企業との合併と集中，そして価格管理によって支配権を拡大するプロセスを眼前に見た人々は，デフレだけが悪いのではないということを理解させられる．

　ポピュリストたちは政府を民衆の利益になるように役立てようとしたが，20世紀初頭の革新主義改革運動を担ったエリートたちも，〈自由〉競争の環境を変えるために政府を登場させなくてはならないと考え，ポピュリズムの歴史的経験に学んだ．舞台は，フロンティア的な田舎ではなく，すでに相当に都市化の進展しつつあった地方都市や都市圏だった．都市民も必要に応じて動員されたが，ポピュリズムとはちがって，明らかにこの頃までに台頭の著しかった新中産階級（ホワイトカラー）エリート中心の運動だった．

　といって，この時代に民衆運動が沈静化していたわけではない．1901年にはアメリカ社会党（Socialist Party of America, SPA）が当時の社会主義勢力を糾合する形で結成され，05年には急進主義労働団体，「世界産業労働者同盟」（Industrial Workers of the World, IWW）が誕生し，激しいストライキや言論の自由闘争で一世を風靡した．だが，これらの運動は革新主義的な大きなコンセンサス（国民的合意）形成の枠組みの外にあった．

　ポピュリズムも社会主義運動も自らを組織化することによって目標を達成しようとしたのだが，こうした短命に終わる組織以外にも，多くの新しい団体や

組織が結成されたのが，1870年代から第一次世界大戦にかけての時代の注目すべき特徴である．それはとりわけ企業と専門職の人々の領域において顕著だった．1895年に「全米製造業者協会」(NAM) が巨大企業とトラストや労働組合に反対する方針を鮮明にして登場し，1912年には全米商工会議所 (U. S. Chamber of Commerce) が政治的中立と労働組合との共存の色合いをにじませて創設された．NAM会長ジョン・カービー (John Kirby) は「われわれは組織の時代にある．組織なしではほとんど何も達成できない時代だ．組織が組織と張り合う時代だ．また，組織だけではお互いの経済の自由もまもることはできない」と述べた[1]．1901年に全米医師会 (AMA) が創設された．AMAのメンバーは創設時に8,400人にすぎなかったが，10年には7万人を超え，20年には医師全体の60%を組織した．1878年には全米法律家協会 (American Bar Association, ABA) がつくられ，1890年以降加速的に組織化した．1905年に教員と行政職の人々が合体して全米教育協会 (National Education Association) が創設されたが，しだいに教員中心となった．歴史学，政治学，経済学などの分野では全国学会がつくられた．労働組合ではアメリカ労働総同盟 (American Federation of Labor, AFL) が創設 (1886年) されて政治に口出しせずに賃金等の経済的要求をもっぱら追求するという「純粋な組合主義」を掲げて職種別組合の主流になろうとしていた．革新主義の時期は，こうして，この時期の組織化の最終局面にあたる．

こうした恒常的な団体のほかに，「アメリカ保護関税同盟」(American Protective Tariff League) のように，国内産業保護をめざして，南北戦争以来の共和党政権による高関税政策を継続させるための組織もあった．だが，関税が国内消費者から余分の超過利潤を吸い上げて，特定の輸出業者をうるおしている，その経済的メカニズムが理解されるにつれ，関税障壁を低くする必要を唱える組織もつくられた (『アメリカ互恵関税同盟 [American Reciprocity Tariff League]』) が，影響力は限られていた．

(3) 政府の介入と規制

アメリカでは科学者が自然の法則や原理を探求し，市井の発明家や産業が新

---

1) Wiebe, *Businessmen*, p. 18.

製品や市場を発見するという〈分業〉関係にあったのだが，こうした傾向も変化を余儀なくされた．19世紀後半になって，新しい市場を発見するためには，ますます自然の諸法則理解が前提とされるようになり，分業が有効ではなくなったからだ．アメリカの大学は新設ラッシュを迎え，伝統ある大学もしだいに時代の波を受けて，科学工学の応用研究に乗り出し，専門化が進んだ．1870年にわずか52,300人だった大学卒業生は，1900年には236,000人に急増し，博士課程の学生もふえた．1900年にはドイツのやり方にならってゼネラル・エレクトリック社が自らの研究所を設立した．デュポン社は，02年に研究所を設立，アメリカ電話電信会社（AT&T）は07年に自前の研究所を開設した．

　農業は大規模化したものの，家族経営が依然として中心的な姿だったが，工業では新しい産業ほど会社の規模は大きくなり，鉄道業に代表されるように，いくつもの州にまたがって事業を営むことがあたりまえになった．だが，これまでアメリカの企業に対する政府の規制はほとんど州法の範囲内で行われていたから，新しい事態に対応するのは困難となった．1870年代に，連邦最高裁は各州が行っていた鉄道規制を合憲だとした．1887年には州間通商法が制定されて州間通商委員会（ICC）が発足した．90年にシャーマン法が制定され，数州におよぶ通商の制限を目的としたトラストを禁止したが，それが共和党の援護の下で行われたことは，トラスト禁止によって利益を得るはずの消費者の利益はもとより，とかくばらばらで相互に矛盾する州法規制に対して，企業者側自体が大きな不満を募らせていたことを示すものだろう．

　革新主義時代にビジネスに対する規制がいちだんと強化されたからといって，アメリカ人の考え方が急激に変わったわけではない．19世紀後半，多くのインテリ指導者たちは企業やその他の経済機構に対する政府規制を疑わしい目で見ていた．改革を叫ぶ人々は，問題を解決するには，政府のより多く，でなく，より少ない行動，が必要だと唱えた．これが，レッセフェール型自由主義の経済思想によって強化された．レッセフェール原理は，経済的成功が，労働，勤勉，良い道徳の結果だとするビクトリア時代的モラル観念[1]とも適合した．

　1）　ビクトリア時代的モラル観念　イギリスのビクトリア女王の治世（1837-1901）には，アメリカもイギリスと同様の価値観が支配的だったとされる．もっとも，アメリカの場合，南北戦争後から第一次世界大戦までの「後期」に力点がある．個人の尊厳，家族や家庭の尊重，男性は社会に，女性は家庭という性役割の固定化，などで特徴づけられるが，それらの観念は自らの経済活動の結果

立法府である議会，法律家，裁判官が自由なマーケットを推し進める規則を創り出してゆく．「通商の制限」や「独占」(自由な商品売買やサービス提供を妨げる行為)は明らかに，経済的自由と抵触する[1]．シャーマン法の制定はこうした論拠にもとづいていた．

鉄道やその他の全国的巨大企業が出現して新たな生産，分配技術を開発すると，多くのふつうのアメリカ人にとってそれらはあたかも，労働者，顧客，コミュニティにとっての前例のない脅威だと見えはじめる．政府は州レベルで，ふつうの人々の立場に立った企業規制を開始した．1887年にはすでに29の州に鉄道規制委員会があったし，1890年には21の州が反独占立法をもち，1914年には23の州が公益事業を規制する法律をもっていた．ポピュリスト的な規制や介入要求は革新主義時代までに政府の経済的機能を拡大させる有力な要因となった[2]．

だが，連邦政府や最高裁が経済活動の規制という新しい領域に踏み出したとはいっても，彼らの意図が州政府や州の裁判所の意向と調和していたわけではない．判決を通じてお互いに批判を繰り返しながら，試行錯誤の末に，なんとか新しい経済秩序に見合った，あるいはそれをサポートするような法体系を生み出していく．1895年の判決で連邦最高裁は，アメリカ砂糖精製会社が別の会社の株式を取得し，他と合わせて市場シェアを65%から98%へ引き上げた事例について，この会社は州間〈通商 (commerce)〉に従事していない，製造業であるから，シャーマン法は適用できないとした．

その後持株会社設立による企業合同が盛んとなった．これを合法化したニュージャージー州は，持株会社のメッカとなった．1905年には，連邦最高裁がニューヨーク州のパン屋の労働時間を10時間に制限する州法を違憲とした．そこでは商業と生産を峻別して，商業だけが州間通商の規制対象だと根拠づけた．11年に連邦最高裁は，スタンダード石油会社とアメリカ・タバコ会社の

に自ら責任をもつという点で，レッセフェール原理と調和した．
1) Michael Les Benedict, "Law and the Constitution in the Gilded Age," in Charles W. Calhoun ed., *The Gilded Age: Essays on the Origins of Modern America* (Scholarly Resources Inc., 1996), pp. 296-297.
2) Richard Sylla, "Experimental Federalism, 1789-1914," in Engerman & Gallman eds., *The Cambridge Economic History*, Vol. II, pp. 537-538.

解散を命じた．14年のクレイトン法は，購入者間の価格差別を禁止し，排他的販売契約，あるいは競争を制限する場合などのケースを非合法とした．同時に，連邦取引委員会（Federal Trade Commission）が創設され，カルテル（複数の企業間で協約により価格などを管理する）化を防ぐことで中小企業の利害を守った．

革新主義者は一方で小企業的な独立を尊重し，他方で，経営的集中による大企業が可能にした効率化による規模の経済（ある一定規模以上の生産や販売によってもっとも大きな効率が得られること）を重視し，そこから得られる消費者の利益をも尊重した[1]．1911年以降，連邦最高裁が採用した合理の原則（rule of reason）のもとでは，巨大さそのものでなく，市場の効率を妨げるような企業集中〈のみ〉を悪とした．トラスト自体が解体されることはあっても，合併によって寡占状態を生み出しやすい経営集中はむしろ強化された．かくして，アメリカの反トラスト法は，経営者支配を強化し，間接的に株主の影響力を弱めたのである．株主が十分な法的な保護を受けたイギリスと対照的に，アメリカでは第一次世界大戦までに，企業内の所有と経営の分離は会社法によって認められた．こうして，南北戦争後から革新主義時代に至る間に，工業化と企業規模の拡大にあわせて，法律面と行政面で競争的環境の再整備が行われ，試行錯誤を繰り返しながら，規模の経済による生産性上昇，合理化と中小企業，家族経営保護のあいだの最適な着地点を求めて，政策が揺れ動いた．

7 郊外化の進展とホワイトカラー労働者

(1) 〈郊外〉の形成と中産階級

南北戦争以降，都市化と工業化の加速的進行によって，アメリカをリードする集団が農民から都市住民に変わりつつあった．1900年には3,000万人が都市に住み，都市化率は40％に達していた．地理的に見ると，1870-1900年間に250万人の人々が東部から西部に移動（西漸運動）し，他方で，ヨーロッパからアメリカに大量の移民が到着しており，彼らの圧倒的多数は東部に定着した[2]．勃興しつつある都市の中心部は工場やオフィスが集中しており，到着後

---

[1] Tony A. Freyer, "Business Law and American Economic History," in *ibid.*, p. 475.

間もない移民たちや最底辺の労働者がテネメントと呼ばれる安い貸部屋にひしめくように住んでいた．テネメント (tenement) とは，もともと3ないし4家族が居住するどのような貸部屋をもさすものであった[1]．

　ところで，南北戦争後は一般に物価が停滞ないしは下がり気味で，自然災害や農業不況が定期的に起きて，農民にとって必ずしも事業の環境がよくなかった．都市近郊の農地所有者は農地購入希望者がいれば，債務を解消するために，喜んで土地を手放した．他方で，都心のビジネス地区は地価が高く，それらは郊外に向かうにしたがって下がる．住宅の郊外化への欲求が強まると，土地の需給はうまくバランスして住宅地開発を促進した．最初に，都心の上流階級が郊外に邸宅を求めた．

　南北戦争後鉄道はものすごい勢いで延伸した．1900年にはアメリカの鉄道延長マイル数は他の諸外国全体を合わせたものよりも長かった．1860-70年代以降，ペンシルヴェニア鉄道会社がフィラデルフィア郊外に通勤圏をもくろんで開通させたことから「メインライン」と呼ばれることになった路線は，他の都市にも広まり，ほぼ全国的に「鉄道の郊外」をつくりだした．ニューヨーク市のグランド・セントラル駅から北へ15マイル，28分のブロンクスビルはその広々とした公園や美しい景観を保全した郊外住宅地として有名である．こうした郊外の居住者の中心は，成功したビジネスマン・エリートだった．

　だが，一部労働者階級を含む中産階級の人々が郊外に移り住むためには，次の「市街電車の郊外」を待たなければならなかった．トロリーと呼ばれた市街電車は，典型的には今日のバスのほぼ半分の大きさで，電線から取り入れた電気でモーターを回して走る．頻繁な停止や加速が汽車よりはやりやすかったし，馬曳き鉄道より4倍も速く，時速14マイルで走った．平均的な運賃が馬車のときの10セントから5セントに下がったことが，その沿線の住宅開発を促進した一つの要因だった．市街電車のピークの時代は1888-1918年の30年間だ．

　都心部から放射状に伸びた市街電車の軌道は，周辺地区郊外化の導きの糸となった．鉄道で通勤するには，年間の交通費が35〜150ドルかかったから，裕福なエリートでなければ通勤は無理だった．1900年の製造業労働者の平均年

---

2) Schlereth, *Victorian America*, p. 13.
1) Jackson, *Crabgrass Frontier*, p. 90.

収が435ドル，ニューヨーク市労働者391家族の調査では，収入と職業のあいだには強い相関が見られた．つまり，年収1,500ドル以上の高所得層は専門職かホワイトカラー職であり，600ドル以下の人々の職業は不熟練ブルーカラーだった[1]．

ところが市街電車の場合，多くの電車会社が5セントの均一運賃を採用したために，中流から場合によっては労働者階級にまで郊外での自宅所有が可能となるかもしれないとの希望が生まれた．多少都心から離れても，地価の安さが何分かの余分の通勤時間を十分に補ってくれたのである．

郊外化をうながしたいま一つの要因は，住宅建築の規格化である．自分で建てようとする人々には工場であらかじめ必要な大きさに加工した資材が宅地まで届けられた．多くの住宅デザインを満載した書物や雑誌が売られ，通信販売会社のシアーズは「バンガロー」と呼ばれた企画住宅を最低価格475ドルの安さで販売した．バンガローは通常平屋建て，ないし1.5階分の高さで屋根の傾斜がゆるく，まわりには広いポーチがついていた．居間と台所スペースがくっついていた点が特徴で，その点今日の日本の住宅に似ている．デザインにはさまざまなバリエーションがあり，維持管理のしやすさも人気の秘密だった．カリフォルニア州南部の住宅不足に対応して広く売られ，しだいに東部に普及した．1900年以前は宅地も500ドルを超えるものは高い部類に入り，150ドル程度がふつうだった．融資は法律上制限のある商業銀行に代わって，住宅貸付会社が担当し，6年満期程度の低利資金を融資した．住宅の構造はバルーンフレームと呼ばれる，資材に大量生産が可能で耐久性のある方式が採用された．

1870年前後のブルックリンとマンハッタンを結ぶフェリーでの通勤風景はこう描かれた．「午前5時から，労働者たちのすさまじい大群が川にあふれ出てくる．6時以降，彼らの後を追うのは工場や商店の女性工員や事務員で，そのあとが小売店員とセールスマン，そして卸売店員が続き，最後に，ビジネスマンがしだいに地位の上がる順序であらわれ，ニューヨーク市に10時以後に到着する大資本家で頂点に達する」．ブルーカラー労働者のほうが出勤時間は早い．「フランネルやチェックのワイシャツを着た機械工や工場労働者が最初

---

[1] Daniel Horowitz, *The Morality of Spending: Attitudes toward the Consumer Society in America, 1875-1940* (The Johns Hopkins University Press, 1985), pp. 51-52.

で，それに続いて，フェリーに乗り込むのがセールスマン，会計係，店員である．乗客のワイシャツの色が白くなり始め，衣服が上等になる」[1]．

(2) エスニシティと階層

ヨーロッパ人たちは自らの身分制的社会の基準でアメリカ社会をも見ようとしたから，世紀転換期のアメリカ都市の両極化を語ることが多かった．たしかに，貧困は都心の低所得者住宅中心に広汎に広がっていたし，他方で，ヒエラルキーの頂点には，上流階級のエリートがいた．商業や土地投機で儲けた旧名家（ボストンのカボット家，フィラデルフィアのドレクセル家など），および新興成金の経営者や金融資本家（モルガン，ロックフェラーなど）がおり，1910年には，アメリカの最富裕者17人が富全体の16分の1を占有していた．だが，ジャクソン時代に労働者階級の勃興が注目を浴びたのと同様に，1900年前後には大規模小売店や会社のオフィス機能の拡大に伴って，新中産階級が大量に発生していることがだれの目にも明らかとなった．店員やオフィス労働者は1880年には50万人ほどだったが，世紀末には150万人となり，しかも，下層の労働者ほど増加率が高かった．デパートの女性店員やタイピストは週給6〜8ドルで働いた．男性店員の平均週給は10〜11ドルだった．職種間の配分を見ると，1900年頃，男性ホワイトカラー労働者が10人いると，そのなかには，上級，ないし中級の役員が3人，巡回セールスマンが1人，簿記係，キャッシャー，会計係が2人いたといわれる．

ドイツやアイルランド出身のいわゆる旧移民たちの2世代目は，彼らの親の属していた不熟練や半熟練職を抜け出して，熟練職やホワイトカラー職に上向することが多かった．東南ヨーロッパ出身の新移民（ないしは出稼ぎ労働者）はさしあたり不熟練のブルーカラー職に落ち着いた．新移民も2世代目が「出世」した場合としない場合とでは属するコミュニティや団体が違ってくる．こうして，ヨーロッパでは肉体労働者とホワイトカラー労働者の間で明瞭な階級線が形成されたのに対して，アメリカでは諸個人の経験の差異やもともとのエスニシティの違いによって，より複雑な社会的階層化が進んだ．ただし，一般

---

[1] Stuart M. Blumin, *The Emergence of the Middle Class: Social Experience in the American City, 1760-1900* (Cambridge University Press, 1989), p. 283.

的に移民の「アメリカ化」が進むにしたがって，当初見られたエスニシティと経済階級の相関は弱まっていく．

8 女性の職場進出とフェミニズムの誕生

(1)「新しい女」と「フラッパー」

この時代，女性の職業進出がめざましく，女性の労働力人口は，1890年には371万人，1900年には500万人，そして1920年には834万人となったし（表1-2），都市のオフィスでは女性の比率は1900年には全労働力の3分の1，1920年には半数を超えた．新しい職種への女性の進出は，19世紀のビクトリア的な「レディ」から脱皮した「新しい女 (new woman)」を生み出した．彼女らはより一層の独立を獲得し，生活の境界を拡大した．ファッションや社会行動の変化，短いスカートや異なったヘアスタイル，公共の場での喫煙なども同様である．女性のファッションにも大量生産の波が押し寄せ，モントゴメリー・ウォードのような大通信販売会社は既製服を安価に売り出した．女性労働者は新しいミシンを，型紙と一緒に購入した．

新しい女は人によって異なる意味をもった．彼女らは教育程度が高く，自らの生活を生き，自分で決断したのである．女性の教育環境の改善は目をみはるものがあった．1890年には18–21歳の女性50人に1人が大学に通っていたにすぎないが，学位をとるのは男性13,000人に対して女性は3,000人以下だった．1910年までに女性の大学進学者は3倍になり，次の10年間にさらに2倍以上になった[1]．新しい女たちの結婚率は低下した．こうして，1880–1920年間に中産階級の家庭の娘たちの世界は親たちの経験とは違うものとなった．

女性の労働進出の急増は，表1-1に示されている．19世紀女性労働の代名詞的な家内労働の比重が下がるにつれて，事務職や専門職が増加していることがみてとれる．ただ，結婚後の労働参加となると，黒人女性の比率が白人の4倍にも達した．

やがて1920年代にはいると，アメリカ社会が現代化への移行を完成させる

---

1) Linda W. Rosenzweig, *The Anchor of My Life: Middle-Class American Mothers and Daughters, 1880–1920* (New York University Press, 1993), p. 7.

のに応じて，新しい女に代わって，「フラッパー（おてんば娘）」が登場する．典型的なフラッパーは，ショートカットで，黒くない明るい色のストッキングを身につけ，その長さはしだいにひざ上20センチほどまでの長さになった．靴はローヒールのパンプスである．彼女らは前の世代と違って結婚と仕事を両立させようとした．フラッパーは，実体をあらわした言葉というよりは，ややフィクション化されたイメージに近いのだが，とはいえ，「新しい女」の時代には娘の進学への意志を支持するのに何らの困難も感じなかった母親たちは，フラッパーの時代には，教育機会のみならず，完全なセックスの自由を意味する，性（ジェンダー）の平等という概念を受け入れるのはより困難であった．また，華やかなイメージとは裏腹に，女性のオフィス・ワーカーの賃金や労働条件は満足のいくものではなかった．

表1-1 女性の非農業雇用，1870-1920年

(単位：％)

年	家事使用人	事務職	工場労働者	専門職	その他
1870	60.7	0.8	17.6	6.4	14.6
1880	47.3	1.9	20.9	8.5	21.4
1890	40.3	5.3	20.3	9.5	24.6
1900	33.0	9.1	22.3	10.0	25.7
1910	25.5	14.8	23.1	11.6	25.0
1920	18.2	25.6	23.8	13.3	19.1

資料：S. J. Kleinberg, *Women in the United States, 1830-1945* (Rutgers University Press, 1999), p. 112.

表1-2 女性労働者の割合，1890-1970年

年	女性労働者総数(千人)	女性の労働参加率（％）			
		総数	単身者	既婚者	離婚者，または未亡人
1890	3,712	18.9	40.5	4.6	29.9
1900	4,997	20.6	43.5	5.6	32.5
1910	7,640	25.4	51.1	10.7	34.1
1920	8,347	23.7	46.4	9.0	
1930	10,632	24.8	50.5	11.7	34.4
1940	13,007	25.8	45.5	15.6	30.2
1950	16,553	29.0	46.3	23.0	32.7
1960	22,410	34.5	42.9	31.7	36.1
1970	30,756	41.6	50.9	40.2	36.8

資料：*Historical Statistics of the U. S.* (1975), Part 1, p. 133.

(2) フェミニズムの展開

フェミニズム史研究者ナンシー・コット（Nancy F. Cott）によれば，アメリカで1913年前後に急速に普及しはじめたフェミニズムという用語は，歴史的に見て二つの淵源をもつ．一つはアメリカ19世紀の女性運動であり，いま一つは当時の社会運動としては最も影響力をもった女性参政権運動である[1]．女

---

1) Cott, *Grounding of Modern Feminism*, pp. 13-16.

性運動には，ほぼ三つの領域があり，第一は，慈善運動，社会的行動などを含む改革運動の領域である．第二は，女性の法的，政治経済的な権利の拡大を明示的に目標にする運動の領域である．第三は，より革命的な，既成の社会秩序，慣習，構造などからの女性の解放，ないしは自決をめざす領域である．これらの運動の諸側面は同時代に混在するから，一方では女性の社会的責務が主張され，他方で女性自身の自己革新が叫ばれるわけで，このことはフェミニズム運動にあいまいさと矛盾とをもちこむことになった．

よく知られているように，20世紀初頭の女性参政権運動は，イギリスや他のヨーロッパ諸国で同時的に起きた．とくにイギリスの「女性社会政治連合」(Women's Social and Political Union, WSPU) は，デモ行進，警官との衝突など，見た目の派手さもあって注目を集めた．アメリカではイギリスの影響も受けながら，しかしやや穏健な形で運動は進行した．1910年，キャリー・キャット (Carrie Chapman Catt, 1859-1947) の指導のもとに，ニューヨーク市に女性参政権党 (Woman Suffrage Party) が生まれた．キャットは女性が投票権を行使すべき理由を二つあげた．第一に，民主主義を担うアメリカ女性の権利としての投票権獲得であり，第二が，アメリカ政府が女性や母親の助力なしでは不十分な施策しかとれないと考えられる領域でのサービス拡大に不可欠だと考えられたことである．1910年代，運動は大衆的基盤をもつ運動として，ニューヨークから他地域に急速に広まった．当時やはり勃興期にあった社会主義運動としばしば共闘し，上流階級から労働者階級の女性まで，黒人女性も加わり，富裕な者と貧困者も共闘した．

1916年，キャットの指導のもとで，かねてから活動を続けていた全米女性参政権協会 (NAWSA) は運動の目標を州レベルでの女性参政権獲得を優先させる形で全米の憲法修正運動に合流させる計画が採用された．17年には東西の草の根団体が統一して，全米女性党 (National Woman's Party, NWP) が創設された．ウィルソン大統領の2期目の就任式の1917年3月，1,000人の女性たちがホワイトハウスの周囲に集結した．そこで彼女らは座り込みを一定期間行ったが，4月にアメリカが第一次世界大戦に参戦したため，あからさまに反政府的な行動は不人気となり，NWPも融和的な態度で請願を繰り返す戦術に転じた．20年8月，投票権を性の違いによって差別しないとする憲法第19修正

の成立によって，アメリカの女性参政権運動は果実を手にした．

図1-8　フローレンス・ケリー

フェミニスト運動家のフロレンス・ケリー（Florence Kelly, 1892-1979）は1898年に全米消費者連盟（National Consumers League, NCL）を結成した．この団体は，すでに1890年代初頭から，ニューヨークやシカゴで「ホワイト・ラベル・キャンペーン」を展開していた．衣料品の品質や工程の検査をその製造工場で実施し，一定の要件を満たしたと判定された商品に対して，白いラベルを貼ることで，その商品が適正な労働条件の下で製造されたことを消費者に知らせた．ラベルには，「清潔で健康的な条件の下で製造された」と書いてあった．このラベルが貼られた商品は，1) 州政府による工場法が遵守されていること．2) すべての商品が工場内で作られていること．3) 超過労働がなかったこと．4) 16歳未満の子供が雇われていないこと，を証明した．ケリーは，やがて対象となる商品を女性と子供用の綿の肌着に限定したが，この運動は大多数の購買者としての女性たちに商品が製造される工場の衛生状態，労働者の労働条件についての認識をあらたにさせ，彼女らが市場で「選択」することが一定の社会的な権限行使になりうることをも示したのである．この運動で対象となった商品が通常黒人などの消費の対象外だったなどの問題が残るが，ラベルを貼られた商品は「アメリカ的生活水準」をあらわしていた．

9　母親と子供のための年金・福祉制度

(1) 南北戦争と福祉政策

アメリカの社会保障制度の歩みをみるとき，しばしばなされる解説は，ヨーロッパに比べて制度化が「遅れた」理由を問うものである．遅れたことはまちがいないが，単純にヨーロッパが先行して，アメリカが追随した，と解釈してしまうと，歴史を学んだことにならない．歴史社会学者シーダ・スコッツポルの著書のタイトルにあるように，この国では，「兵士と母親」を選択的に保護

9 母親と子供のための年金・福祉制度

図 1-9 年金支出額と受給者

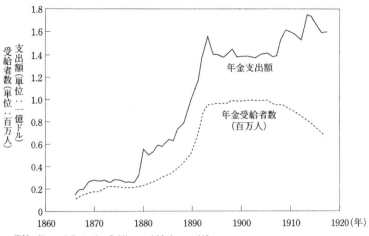

資料:Skocpol, *Protecting Soldiers and Mothers*, p. 110.

する道を選んだ結果,他の諸国にないような制度的な歪みが早くから生じてしまった[1]. じっさい,図1-9に見るとおり,1890年には全米で年金受給者は96万人,1910年には112万人に達し,連邦収入の41.5%を費消していた. ところが当時のアメリカの年金は高齢者が一律にカバーされるものでなく,傷害年金が主であり,65歳以上では18%が受給したにすぎない. しかも,年金受給者の受給額は,平均年収の30%(同じ頃のドイツの老齢年金では17%だった)という高額に達していた. こうしたアメリカの年金制度の直接の淵源は南北戦争にある.

南北戦争での北軍の従軍者は221万人に達し,それは当時の15-44歳人口の37%だった. 病死を含む戦死者は36万人,1,000人あたり18人が死んだ. 生き残ったが障害をもつ退役軍人は28万人だった. 戦中の1862年に従軍兵士とその扶養家族に対して年金を給付する法律が制定された. 直接間接に軍務で生じた身体障害者に対する年金と,戦死者の未亡人(または,子供,兄弟,親)に対する年金支出が決まった. 給付は後の法律によってしだいに受給範囲を広げて寛大なものになっていくが,とくに,1879年の未払年金法は,障害や死

---

[1] Theda Skocpol, *Protecting Soldiers and Mothers : the Political Origins of Social Policy in the United States*(Harvard University Press, 1992).

亡の発生した時点にさかのぼって支給することとし，非農業者の年収が400ドルの1881年には，当初の戦争による身体障害者への平均支給額は953.62ドルだった．

いうまでもなく，これらは何らか戦争に関連した国民にのみ支給されたので，地理的には北部，とくに北東部と中西部に集中していた．ある調査によれば，受給者は不比例的に本国生まれで，人口の安定した共和党支配地域に住み，非カトリックで，大都市よりは田舎に住んでいた．戦争後にヨーロッパから到着した新移民たちが集住する大都会では，受給資格者はあまりいなかった．1906年には退役軍人が老齢になった場合には半ば自動的に年金が給付されることになった．また，年金管理を連邦政府に一元化しようとする提案は拒否されたので，志願者の認定を含む手続きは依然として地方レベルで個々に行われ，そこにまた政治家や地方官僚の介入の余地が生まれた．共和党主導下で制定された1890年の被扶養年金法は，軍務と身体障害の要件を格段に緩和した．同じ年に，これまでで最高率のマッキンレー関税法が成立したこともこれとかかわる．つまり，保護関税で徴収した財政収入は，年々人数，支給額ともに拡大する戦争年金の支給に使われた．これはまさに，アメリカ版利益誘導型の政治であった．

だが，寛容な基準でともかくも年金を受給している国民が100万人もいるとなれば，標準化すれば金額が減少してしまうような，国民一律の老齢年金制度の新設をすでに受給している人々が支持するはずもない．また，退役軍人が年金に頼って非自律的な暮らしをしている姿は，それにかかわる政治腐敗の状況とともに，年金制度を拡大しようとする世論には逆行的だった．こうして，戦争に関連した年金システムの拡大は，ふつうの年金制度をアメリカに導入する妨げとなった．老齢年金制度についての報告の中で，マサチューセッツ州の調査委員会は，市民が国家から市民権として年金を要求できる原理は「非アメリカ的」だとして否定した．それは，「貧困者の利益のために金持ちに課税する」ような「階級的立法」であり，合憲性が疑われる，とした[1]．

---

1) *Ibid.*, pp. 269-270.

(2) 「母系型」制度

　アメリカ労働立法連盟 (American Association for Labor Legislation, AALL) は，イギリスの前例にならう形で全国的な老齢年金や，家計を支える男性家長のための健康保険制度を導入しようと運動した．その改革努力は実を結ばなかったが，逆に，母親と子供のための，いわば「母系型の」(maternal) 立法運動は社会的に受容され，成果を上げた．革新主義時代のエリート女性はのちの1960年代のフェミニストと異なり，「文化的ハイブリッド」だったのではないか[1]．彼女らはビクトリア的な性役割の観念をもち，女性の特別な使命を自覚し，女性どうしの団結の重要性を信じていた．彼女らを組織していた主な団体は，1897年に創設された，全米母親会議 (National Congress of Mothers) や全米消費者連盟 (NCL)，女性クラブ全国連盟 (General Federation of Women's Clubs) だった．それらの団体が推進した運動課題は，女性労働者の保護，女性労働者の労働時間規制，女性労働者の最低賃金，そして母親年金であった．

　1908年，連邦最高裁は，オレゴン州の女性労働者の10時間労働法を合憲とし，母親は公的保護を必要とするとの判断を示した．母親たちには，「母親であることの重荷」があり，「健康な母親は元気な子孫にとって必須」であるが，男性に対する同様の法的保護は支持されないのだとした．21年までに，41州が女性の労働時間を制限する法律を制定した．NCLなどの運動にこたえる形で，1912-13年，マサチューセッツ，オレゴン，ウィスコンシン各州が相ついで女性の最低賃金法を制定した．ところが，1923年に連邦最高裁は，ワシントンD.C.の最低賃金法を違憲とする判決を下した．自由主義的，企業指向の，最低賃金法は「民族の母」にとってさえ，契約の自由を侵害するものであるとの解釈であった．女性クラブ全国連盟などが強力に推進した母親年金は，1911-20年に40州で制度化された．1921-22年には45,800家族が，そして，1931年には93,600家族，253,300人の子供が年金を受給していた．8割が未亡人だった．

　こうしてビクトリア的な母親像に裏打ちされた形の母親保護は，ときには最高裁の支持をも受けたのに反して，男性労働者の本来的な労働時間立法や最低賃金，そしてなによりも働く人々の老齢年金や保険は革新主義時代に制度化さ

---

1) *Ibid.*, p. 343.

れることはなかった．唯一，労働者災害補償制度だけが州レベルで支持され，連邦での制度化を待つことになった．

10 自然の再発見と環境保護政策

(1) 国立公園と自然保護

アメリカの自然保護政策の登場は，1872年のイエローストーン地域を国立公園とする法律（イエローストーン公園法）に遡る．バイソンを絶滅に近い状態に追いやり，アメリカ・インディアンたちの土地を根こそぎにするような西部開発の最終局面の時代に，さしたる保護運動があったわけでもないのに，こうした歴史的法律が制定されたのはなぜか．1870年，金採掘目的の探検が失敗した後を受けて，イエローストーン地域に最初に組織的な探検をしたのは，モンタナ・テリトリ測量長官のウォッシュバーン（Henry D. Washburn）の率いるグループだった．翌1871年，連邦政府地理調査官ヘイデン（Ferdinand V. Hayden）が議会の任命によって探検を行い，あまりの美しさに魂を奪われたとされる．このパーティのなかに，画家と写真家がいたために，国民に視覚的にその美を伝達できたことも，のちの展開にとって意味がある．彼らは500ページの報告書を議会に提出した．しかし，この探検隊の組織化に大きな財政的援護を行ったのは，ノーザン・パシフィック鉄道会社であり，その大株主でもあったジェイ・クック（Jay Cooke）だった．イエローストーン公園を観光地化することによって，公園のすぐ北を通るこの鉄道が東部からの観光客輸送をほぼ独占できると会社やクックは考えたのである[1]．いずれにせよ，この220万エーカーの公園は民間資本の開発からは免れ，内務省の管轄下に置かれることになった．アメリカの国立公園のシステムには，はじめから観光客を呼び寄せながら資源管理を行うという二重の任務が課せられたのである．

やがて，セコイヤ，ヨセミテ，というカリフォルニア州の二大公園が国立公園の仲間入りをし，1899年にはワシントン州の秀麗なレイニャー山が国立公園の指定を受けた．1906年にはニューメキシコ州の先住民遺跡メサ・ヴェルデが国立公園に指定されるのと前後して，遺跡法が制定され，人類学的，歴史

[1) Sellars, *Preserving Nature in the National Parks*, p. 9.

的に貴重な「国立記念物」を大統領が指定できることになった．1916年には，内務省内に国立公園局（National Park Service, NPS）が創設され，それまでばらばらだった管理を一元化した．

図1-10　ジョン・ミューア

こうした政府やビジネスの動きと相対的に独立に自然保護思想を広め，運動を展開していたのが，スコットランド出身，ウィスコンシン育ちのジョン・ミューア（John Muir, 1838-1914）だった．ミューアの考え方は，次の引用の中によく表現されている．

「数千人の疲れ，神経を乱され，過剰に文明化された人々が，山にはいることは家に戻るようなものだということ，原生自然（wilderness）は必要物であり，山岳公園や保護区は木材の原産地や灌漑用の川としてのみならず，生命の泉として重要なのだということを発見しつつある．……岩から岩へと飛び移り，それらの命を感じ，それらの歌をならい，全身を傾けた運動に息を切らし，純粋自然の深く，長く引きずる息吹を楽しむこと，これは，すばらしく，自然で約束に満ちた行為である」[1]．ミューアは都市化，工業化が進めば進むほど人々が精神的な癒しの意味も込めて，自然に親しむ必要がますます増大するであろうこと，したがって，原生自然に近いものを保全することの大切さを語ったのである．

(2) 自然保護とその利用

革新主義改革の大波の中で，自然保護運動は連邦政府の課題ともなった．1908年5月，ホワイトハウスで自然保護にかんする会議が開かれた．それをリードしたのは，ミューアとともにイエローストーンを探訪したことのあるセオドア・ローズヴェルト大統領と全米森林局長官のギフォード・ピンチョット（Gifford Pinchot, 1865-1946）である．ローズヴェルトはこの会議冒頭の演説のなかで，かつて無尽蔵だと思われていた石炭，鉄，天然ガス，石油，金属がや

---

[1] Nash, *American Environmentalism*, pp. 94-95.

がては枯渇する可能性に気づいて，十分な先見の明をもって行動することの必要を訴えた．そうした天然資源のほかに，ローズヴェルトは，賢く利用すれば，改善すら可能なものとして，土壌，森林，そして水路をあげた．かつての開拓者時代，農家の子供は，親が耕した農場が肥沃でなくなれば，西に行って新しい農場を買えばよかった．いまや，子供は親の農場で生計を立てなくてはならない．「農場を賢く使わなければ，その肥沃度は枯渇する」．また，ピンチョットは天然資源の保護は，「最長の期間，最大多数の人々に対して最良のことを実行することを意味する」と述べた[1]．

世紀転換期の頃，アメリカ人たちは上流階級から始まって，自然回帰に共感を示し，冒険的な娯楽の中に，自然探索を加えた．その流れはしだいに中産階級の人々をも巻き込んで，大きなレジャー活動の一部をなすようになった．そうしたリゾートのなかには，ニューヨーク州のモホンク湖やメイン州のオールド・オーチャード海岸，ニュージャージー州のオーシャン・グローブなどがあった．「それらは，倫理と行動規範についての中産階級的な考え方が，都市化，工業化した国で諸個人を生活に適合させるのを助けるのに，余暇活動が積極的な役割を果たすのだという信念と融合するような，バケーションの場所である」[2]．レクリェーションの種類や機会が飛躍的に増大したことで，「レジャー革命」が生まれた．

20世紀初頭には，夏期休暇が中産階級のアメリカ人にとって普通のこととなった．期間はあまり長くはないが，事務職の場合には有給休暇もあった．1870年代にはローラースケートが，そして1890年代には自転車がブームとなった．1888年には5万人の男女が自転車に乗り，2年後にその数字は倍増した．この時アメリカの312の企業が1千万台の自転車を生産していた．自動車（「金持ちの玩具」）は1900年，8,000台が144マイルの舗装路を走った．1910年代になると，冒険旅行としての自動車によるドライブが中産階級の人々のあいだで楽しまれるようになった．そして1920年代には早くも，ジョン・ミューアが予測できなかった，各地の国立公園にあまりにも多くの自動車が殺到して，景観や空気を乱す事態が懸念されるようになる．

---

1) *Ibid.*, pp. 78, 88.
2) Grover, ed., *Hard at Play*, p. 8.

11　労働者と消費

(1)「暮らせる賃金」の要求

　市場社会のより一層の浸透によって，すべてのものがマーケットを通じて売買されるようになっていく様子を目の当たりにして，アメリカの労働者は脅威を感じていた．男性の賃金が低いために，家計を支える必要から，より多くの女性が労働現場に出ることを余儀なくされた．売春が手っ取り早い解決策として急増し，失業した男性労働者は浮浪者となってさまよう．女性の賃金は当初男性よりかなり低かったから，低い賃金で女性が働くことは，男性の賃金を圧下させる恐れもあった．女性労働に対する需要は，本来家庭にあって発揮されるはずの女性の女性らしさをそこない，男性を失業させるのだと論じる評論家もいた．

　結局のところ，これらの現実は，主として家長たる男性にとっての「暮らせる賃金」(living wage) への要求を強めていく．もともと労働運動を指導するエリートは，奴隷制との対比で「賃金奴隷制」と呼ばれることが多かったように，賃金労働そのものが不当であるという立場に立っていた．とはいっても，賃金制度の廃止はほぼ不可能なことがわかってくると，労働者が生産した価値と実現される賃金との差額，マルクスのいう「剰余価値」分だけが「奴隷制」の中身をあらわすものとして，批判の対象となった．労働組合は，「公正な労働」に対する「公正な賃金」を要求したが，それはいわば生産者的な立場からの理論づけに依拠していた．賃金制度の廃止を唱えていた AFL のゴンパース (Samuel Gompers, 1850-1924) は，その目標を達成するためには，現在の状況をたえず改善することが必須だと主張した．また，ポピュリストのヘンリー・デマレスト・ロイド (Henry Demarest Lloyd. 1843-1903) は 1893 年に出されたパンフレットの中で，労働者は暮らせる賃金を要求することで，真の市民権を主張しているのだと説いた．ところが，暮らせる賃金は，消費者的感覚で定義された．その賃金が労働者とその家族に提供できる生活の質（慣習的な必要によって規定される生活レベルを獲得できる権利）に着目している点で，消費者的観点だった．ゴンパースは，「消費の力は生産力が増大するのと比例しては，増大し

なかった」のだと述べた．

(2) 生活レベルの実現と消費者

ところで，暮らせる賃金とは，最低賃金でなく，その地域や国で伝統的にほどほどの生活を送るのに必要だと見られている生活レベルを実現するのに必要な賃金である．それこそが，労働者にアメリカ的生活レベルを実現可能にする．「アメリカ的生活レベル」は，1870年から約半世紀間，組織労働の運動目標となった．低い生活レベルは，いわば新たな奴隷制のようなものであり，アメリカ的生活レベルは，労働者の市民としての心地よき生活を意味した．生活レベルに見合うよう，労働者は多くの欲望をもつことが必要である．賃金は労働者の欲望の産物であって，その意味で労働者は市場に強制されるのでなく，市場をコントロールしている．その意味で欲望が大きければ大きいほど，賃金は高くなる可能性がある[1]．

また，高賃金は，民族的アイデンティティとも結合して論じられた．つまり，アメリカ人を他の国民から区別するものは，高い賃金の必要と消費する能力だというのである．組織労働者の立場からすれば，移民，黒人，女性はアメリカ的生活レベルを引き下げる役割を果たしている．19世紀末から活発化する組合ラベル運動（工場の労働条件などにある一定の基準を設けて，それを満たした工場からの製品に対して組合ラベルを貼ることで労働条件向上をはかる）は，8時間労働日運動とならんで，消費者としての労働者の立場を強めた．ここでは，買物は階級意識的行動となる．集団としてみれば，労働者階級全体の購買力（purchasing power）は，組織された消費行動をとりわけ重要なものとする．労働者は生産者としては，すでに組織されているのだから，消費者として組織することはとくに必要である．日々の買物は多くの場合，女性がになう．彼女らは一家の財布のひもをにぎっているのだから，新しい階級意識培養のためには，彼女らの役割は決定的となる．

こうしてアメリカ労働者は，暮らせる賃金から，アメリカ的生活レベルを満たす賃金へと目標を拡大していくにつれ，むしろ彼らの消費者としての行動が国民経済全体にとって有意味であり，経済を健全な方向にひっぱっていくのだ

---

1) Lawrence Glickman, *A Living Wage: American Workers and the Making of Consumer Society* (Cornell University Press, 1997), p. 82.

という感覚をもつことになり，いつの間にか，市場に対して大きな影響力を与えることも可能な論理を身につけていったのである．

　2001年4月，50人（のちに30人）ほどのハーバード大学の学生が本部建物を3週間にわたって占拠し，約千人の大学で働く清掃労働者，食堂従業員，警備員に対してケンブリッジ市が1999年に承認した「暮らせる賃金」である時給10.25ドルを支払うよう求めた．最終的に大学側は労組代表と話し合うとして，要求を受け入れ，座り込みは平和裏に終了した．全国の他の大学でも学生と労働者が同様の運動を続けている．

第 2 章
「国際平和」の間奏曲
1920 年代

1920年大統領選挙の共和党大統領候補ハーディングとクーリッジ副大統領候補.「平常への復帰」,「アメリカ第一」,「法と秩序」のスローガンに注目.
Arthur M. Schlesinger, Jr., ed., *Running for President: The Candidates and Their Images, 1900–1992*, vol. 2 (1994), p. 115.

1 パリ講和会議とウィルソン構想の挫折

(1) 戦後処理とボルシェヴィズム

　1918年11月に休戦協定が結ばれ，第一次世界大戦に終止符が打たれた．自由主義的講和を実現する機会が到来したとみなしたウィルソンは，戦争の勝利に多大な貢献をした戦勝国の指導者としてパリ講和会議に大きな期待をもって臨んだ．講和会議の目的はウィルソンにとっては明確で，「14カ条」に示された諸原則にもとづいて新たな世界秩序を構築することであった．そのような世界は自決の原則，自由貿易（門戸開放），そして国際連盟を通して実現されるべき平和であった．

　ウィルソンが自決の原則を自由主義的講和の重要な柱に据えたことは，ロシア革命の影響とともに，帝国支配のもとで抑圧されていた諸民族に大きな期待をいだかせた．被抑圧諸民族にとって，第一次世界大戦は民族解放戦争としての意味をもっていたからである．しかし，1919年1月講和会議が開始されるや，ウィルソンは英仏を中心とした連合国側からのさまざまな要求や反対に直面した．ウィルソンの「14カ条」の第5条は，植民地の処分問題について，植民地住民の利益を十分に考慮したうえで，「絶対的な公正さをもって処理する」とうたっていた．ところが，実際には，自決権の適用はきわめて恣意的で，ドイツやオーストリア＝ハンガリー帝国の解体につながる場合には援用されたが，反面，連合国の利益のためには，この原則を無視した国境の確定が行われた．ヴェルサイユ会議はこの点では，ウィルソンの意思に反してきわめて不十分なものとなった．

　その理由の第一は，イギリス，フランス，日本の要求である．とくに，英仏はこの度の戦争で多大な犠牲を払っていた（後出の表2-1を参照）．ドイツ軍兵士死者177万人に対して，フランス軍兵士の死者は135万人に達し，イギリス兵の死者も90万人にのぼった．くわえて，英仏の指導者からみれば，合衆国の国土は何ら被害を受けなかったという感情が強烈だった．そうした国民感情を背景に，ロイド・ジョージ（David Lloyd George, 1863-1945）英首相とクレマ

ンソー (Georges Clemenceau, 1841-1929) 仏首相は自国の利益を徹底的に追求する姿勢をとった．その結果，ドイツ，トルコの植民地は国際連盟の委任統治の下に置かれることになり，太平洋諸島の旧ドイツ植民地は日英に配分された．この委任統治方式は，実際上は帝国主義的植民地支配の新しい形態にほかならなかった．フランスは普仏戦争で失ったアルザス・ロレーヌを回復し，さらにドイツ人居住区ズデーデン地方のチェコスロヴァキアへの編入を認めるなど，民族自決の原則を無視して国境が確定された．アドルフ・ヒトラー (Adolf Hitler, 1889-1945) はのちに，ズデーデン地方の割譲を要求することになるが，それにはこうした歴史的背景があった．

一方，日本は山東半島の旧ドイツ利権の処理をめぐって中国と対立した．顧維均 (1888-1985)，王正廷 (1882-1961) ら中国代表は同島の主権回復を主張したが，国際連盟規約のなかに人種平等・人種差別撤廃条項を入れるよう主張した日本の要求をヨーロッパ戦勝国が拒否したこともあって，ウィルソンは国際連盟規約調印のボイコットをちらつかせる日本の要求をのまざるをえなかった．ウィルソンの妥協は合衆国内のリベラルを大いに失望させただけでなく，中国民衆の怒りを買い，抗議行動は全国に広がった．有名な五・四運動の開始である．講和会議の処遇に対する中国の不満はその後，中国ナショナリズムを先鋭化させることになり，東アジア国際政治の不安定要因となっていく．

自決の原則がウィルソンの意図に反した結果になった第二の理由はボルシェヴィズムの影響である．ボルシェヴィズムは講和会議の行方にも大きな影響を及ぼした．ランシング (Robert Lansing, 1864-1928) 国務長官は，「賠償とか，公正な報復とか，そういった種類のことは，私の念頭にはない．私の関心事はもっぱら，ボルシェビズム——社会の構造そのものを脅かす危険——を，いかに防止しうるかという問題である」，と語った[1]．また，ロイド・ジョージ英首相は講和会議宛覚書きのなかで，「ボルシェビキ帝国主義は，ロシア周辺の諸国に脅威となっているだけでなく，全アジアを脅かし，フランスにもアメリカにも近づいている．講和会議が，もしロシアを今日のままに放置するならば，ドイツといかに妥当な講和を整えようとも，講和会議が（この問題を）分離できると考えるのは愚かなことである」，と警鐘を鳴らした[2]．事実，ボルシェ

---

1) 細谷千博『ロシア革命と日本』(原書房，1972年)，194頁．

ヴィキの影は世界各地の革命運動を勢いづけていた．ドイツでは，1918年11月に起きたキール軍港での水兵の反乱が他の都市部に波及し，ドイツ革命[1]の導火線となった．また，19年3月，ハンガリーではクーン・ベラ (Kun Béla, 1886-1939) 政権のもとでハンガリー・ソヴィエト共和国が樹立された．ウィルソン大統領側近の顧問ハウス大佐は，こうしたヨーロッパの戦後の荒廃と革命的状況を見聞して，「われわれは開かれた火薬庫の上に座っている．それはいつか，火花一つで発火するだろう」，と書いている．

オーストリア＝ハンガリー帝国支配下の諸民族の独立・分離が承認されたことで，ユーゴスラヴィアやチェコスロヴァキアが誕生したが，これら東欧・中欧の小国の独立はボルシェヴィズムに対する防壁としてその独立が認められたものである．同様に，ポーランドは1920年4月対ソ干渉戦争に参加したことでもわかるように，ボルシェヴィキに対する西方の防壁の意味もあって，独立を獲得した．

ヴェルサイユ講和会議にソ連の革命政府が招かれなかったことは，会議の反ボリシェヴィキ的性格を示すものであった．パリ講和会議のなかから生まれた諸取り決めの総称であるヴェルサイユ体制は，ソヴィエトがめざす秩序を敵視する性格をもっていた．ウィルソンは1920年にはそうした姿勢を公然化するとともに，ソ連政府を承認しないと言明した．かかる文脈でみたとき，干渉戦争は第二次世界大戦後の米ソ冷戦の前哨戦であったということもできる．

ドイツにとっては，イギリスの経済学者ケインズ (John Maynard Kyenes, 1883-1946) が「カルタゴの講和」と呼んだ厳しい講和内容となった．ウィルソンの強硬な反対にもかかわらず，フランスはアルザス・ロレーヌを回復し，ドイツの西部国境にあるラインラント地方の15年占領が認められた．ドイツは陸軍兵力10万，軍艦保有量10万トン，海軍兵員1万5千に軍事力を制限されたうえに，天文学的数字といわれる賠償金[2]（1,320億金マルク）を課された．

---

2) 斉藤孝『戦間期国際政治史』（岩波書店，1978年），58-59頁．
1) ドイツ革命　11月革命とも言う．ロシア革命の影響のもとで，1918年11月初めキール軍港での水兵の蜂起にはじまり，その後労働者・兵士の革命運動がドイツ各地に波及した．皇帝ヴィルヘルム2世はオランダに亡命，ドイツ帝国は崩壊したが，スパルタクス団など社会主義をめざす急進派は民衆の支持を得られず，結局，ドイツ社会民主党を基盤としたワイマル共和国が樹立された．
2) ドイツの賠償金　1,320億金マルクは1921年の換算レートで528億円に相当する．1921年の日本のGNE（今日でいうGNPに近い）は148億円なので，ドイツの総賠償額は，その3.56倍である．

まさに，ある英国人が述べたように，「レモンの種がきしる音が聞こえるようになるまで，ドイツからレモンを搾りとりたい」という表現にふさわしい巨額の賠償金であった[1]．この他にも，ドイツは植民地を完全に放棄しただけでなく，ドイツ本土の13％，人口の10％を失った．懲罰的講和に対するドイツ国民の不満はやがて，ヒトラーとナチズムの台頭の重要な要因となる．

(2) ウィルソンの構想と限界

ウィルソンが譲歩や妥協を重ねた最大の理由は，彼が国際連盟に対する参加国の支持を得ることを最重要課題と位置づけていたからである．ウィルソンにとって，第一次世界大戦はヨーロッパ流の勢力均衡システムが世界の平和と安全を維持するメカニズムとしては現実的ではなくなったことを確信させるものであった．

ウィルソンは第一次世界大戦の意味についての深い思索のなかから，以下のような結論を導き出した．第一に，この戦争は，兵器の破壊力が未曾有の規模となったこと，くわえて国家のすべての資源を動員して戦われる総力戦となったことを誰の目にも明らかにした．それは，国家間戦争が外交の手段として有効なものではなくなったことを示した．ウィルソンは近代が到達したこの恐るべき現実を正面から受け止め，その解決策を模索した人物である．彼はパリから帰国後，国際連盟の必要性をアメリカ国民に訴える演説のなかで，今日の若者たちは「最終戦争を戦わなければならない世代に属しており」，しかもその最終戦争においては，「文明の存在そのものがどうなるかわからない」のだ，と語った言葉に上のことが示されている[2]．

第二に，この戦争はバルカン半島の地域紛争として開始されたにもかかわらず，世界の列強を巻き込む世界戦争に拡大した．結果的には，アメリカも20世紀の戦争から自由ではなくなった．第三に，これまでも勢力均衡の崩壊によって戦争が繰り返されてきたが，この戦争はそれ以前のものとはまったく性格を異にするものであり，人類は勢力均衡の準則にもう一度機会を与える余裕は

---

1) John Maynard Keynes, *The Economic Consequences of the Peace* (Macmillan, 1920), pp. 33, 131.

2) アーサー・リンク『地球時代の先駆者』(玉川大学出版会，1979年)，174-75頁．

図 2-1 パリ講和会議に出席した四大国首脳

左からロイド・ジョージ英首相，ヴィットリオ・オルランド伊首相，クレマンソー仏大統領，ウィルソン米大統領．
http://arcweb.archives.gov/arc/fasic_search.jsp　ARC Identifier: 530791.

ない．したがって，第四に，勢力の均衡による安全の確保ではなく，集団安全保障の考えにもとづく機構の設立が不可欠である．ウィルソンは，いかなる国家または同盟国の軍事力をも凌駕する連盟加盟国の集団的パワーを結集することによって侵略を抑止することができる，と考えた．

このウィルソンの国際連盟構想はまた，リベラルな革新主義者として，国内においても国際社会においても，自由主義が普遍的に通用するような国際環境の創出を意図するものだった．ウィルソンはリベラリズムと権力との関係について最も深い考察をくわえた政治家である．国内政治においては，彼は独占資本や反動的勢力によって自由競争が損なわれることに警戒心をいだいていた．他方，対外的には，彼は軍国主義や戦争が自由主義の存在そのものを脅かすことを洞察していた．したがって，社会主義でもなく，また戦争を繰り返してきた帝国主義でもない秩序に代わる自由主義的世界秩序の構築が不可欠であったし，国際連盟はそのような国際環境を生み出すための基礎となるべきものであ

った．ウィルソンは，国際連盟の集団安全保障が機能すれば，特定の国家による他国の内政への干渉は減少するだろうし，そうすれば自決の原則も尊重されることになる，と期待した．

しかし，ロシア革命の勃発はウィルソン構想のディレンマと限界を明らかにするものであった．ロシア革命はウィルソンが最も重視した自決の原則と，連盟による自由主義的世界秩序の構築という課題との間の矛盾をいかに解決するかという重大な問題を提起した．革命は主権国家の内部矛盾の具体的表現であり，革命への介入はただちに，内政干渉，自決権の侵害という問題を提起するからである．ウィルソンの連盟構想をもってしても，このディレンマを克服することは困難であった．

しかし，この点を考慮しても，ウィルソンが，20世紀の諸問題，すなわち，革命，戦争，平和，そしてリベラリズムはどのような国内的および国際的諸条件のもとで開花することが可能なのかについて鋭い洞察をくわえ，解決策を提示した政治家であったことは疑いのないことだろう．ウィルソンに続くアメリカの指導者たちが，たえずウィルソン外交に立ち戻ろうとしてきたのには十分な根拠があったのである．

2　1920年選挙と共和党政権の復活

(1) 革新主義の後退

アメリカの参戦をめぐって革新主義者のあいだに意見対立が生じたことは革新主義運動の衰退をもたらしたが，多くの革新主義者は戦争が始まると参戦を受け入れた．彼らは，参戦によって自由主義的世界秩序の形成をめざすとするウィルソンの指導力に期待した．しかし，パリ講和会議でウィルソンが次々と他の帝国主義列強の要求に屈服した結果，戦後は彼らの間に急速に幻滅感が広まった．

くわえて，国内においては，市民的自由は戦争遂行上の必要性から大きな制約を受け，革新主義的気運は衰えていった．1918年の中間選挙において，民主党は上院で26，下院で6議席を失い，両院の支配権を失った．この敗北は革新主義政治に対する世論の幻滅を示していた．戦争宣伝を担当する情宣委員

会 (CPI) 委員長を務めたウィルソン主義者クリール (George Creel) はウィルソン宛て書簡のなかで，この選挙結果を分析して次のように述べている．「貴殿の反帝国主義戦争政策のラディカルなあるいはリベラルな支持者はすべて沈黙させられたか，脅されて臆病になったのかどちらかであります．司法省と郵政省は彼らを威嚇し黙らせる権限を与えられておりました．貴殿の唱える平和を支持する声はもう残っていなかったのです」[1]，と．

1920年の大統領選挙は革新主義運動が大きく後退したなかで実施された．共和党はハーディング (Warren G. Harding, 1865-1923) を大統領候補に指名し，「平常への復帰」(return to normalcy) というスローガンを掲げて選挙に臨んだ．世論の講和会議への幻滅感の広がりを背景に共和党は1919年11月と翌年3月の2度にわたってヴェルサイユ条約の批准を拒否し，アメリカの国際連盟への参加を阻んでいた．また，国民は戦後の国内状況にも強い不満をもつようになっていた．その結果，選挙は共和党の圧勝となった．世論は平穏と安定に戻りたがっており，「正常への復帰」を選択した．

(2) 共和党優位の時代

1920年選挙は共和党優位の時代の幕開けとなった．1923年8月，講演旅行中に心不全で急死したハーディングに代わって，副大統領のクーリッジ (Calvin Coolidge, 1872-1933) が大統領に昇格した．ハーディング政権は閣僚や部下のスキャンダルに苦しんでいただけに，清廉潔白な政治家として知られたクーリッジの大統領就任は党のイメージ改善には好都合であった．この点は，1970年代にニクソン (Richard Nixon, 1913-94) 大統領がウォーターゲート事件を引き起こし辞任に追い込まれたとき，やはり清廉潔白な政治家として知られる副大統領のフォード (Gerald Ford, 1913-) が大統領に就任し，党のイメージの改善と国民の政治に対する信頼の回復を訴えたのと似ていた．

1922年の中間選挙でも共和党は議会多数派を維持した．そうした共和党優位のもとで実施された1924年選挙でクーリッジは革新党から出馬した革新主義者ロバート・M. ラフォレットおよび民主党候補の二人に圧勝した．戦時から平時への移行に伴う戦後不況が1922年末には底を打ち，その後好景気が訪

---

1) Thomas J. Knock, *To End All Wars* (Princeton University Press, 1992), p. 186.

れていたことが共和党には幸いした．以後，共和党はクーリッジを引き継ぐフーヴァー (Herbert C. Hoover, 1874-1964) が 1933 年に民主党政権と交代するまで政権を維持することになる．

ハーディング，クーリッジ両政権下では，大企業，富裕層本位の政策がとられた．アンドリュー・メロン財務長官 (Andrew W. Mellon, 1855-1937) は 1921 年と 1926 年に法人税と所得税の減税を行った．フーヴァー商務長官は輸出業者に対するサービスを強化し，米国製品の販売市場，原材料購入のための機会の拡大に努めた．また，共和党多数派議会のもとで，1922 年 9 月にはフォードニー＝マッカンバー関税法 (Fordney-McCumber Tariff Act) が成立し，税率をアメリカ史上最高の水準まで引き上げた．また，両政権は革新主義時代に設けられた企業活動規制のための政府機関（連邦準備局，連邦取引委員会，連邦電力委員会，関税委員会など）を財界・産業界の代表で固めることで，これらの政府規制機関に産業界・実業界の意向を反映させるようにした．全体として，企業への政府介入の回避，規制緩和，企業支援を重視するもので，逆に労働者保護は大幅な後退を意味した．

3 共和党政権とパックス・アメリカーナの模索

(1)「アメリカ独自の国際主義」

1920 年代の共和党政権の外交はしばしば，孤立主義外交だといわれてきた．たしかに，国際連盟への加盟反対，同盟の回避，ヨーロッパの問題への限定的関与といった点では孤立主義的傾向が強く反映している．しかし，共和党政権の担い手たちの多くは，アメリカの利益と安全は国際環境と密接に結びついていることを十分認識していたし，世界秩序の形成にアメリカが大きな責任をもっていることを理解していた．したがって，彼らはウィルソンと同様に，企業や銀行資本家の海外での活動を積極的に支持した．また，ハーディングが 1922 年の議会演説のなかで述べたように，第一次世界大戦を引き起こした「旧秩序」に代わって，新しい世界秩序の建設が必要になっているとの認識においてもウィルソンと共通するものがあった．彼らはまた，革新主義者の遺産ともいうべき特徴，すなわち効率性や専門的知識を重視し，学者や知識人など

専門家集団の活用によって，直面する諸問題の解決をめざすという意味でも，革新主義時代との連続性を認めることができる．

しかし共和党政権の外交アプローチはウィルソン政権のそれとは異なる特徴をもっていた．ハーディング，クーリッジ，フーヴァーらは「小さな政府」論の唱道者であり，政府の民間セクターへの介入には反対であった．したがって，第一に，彼らは民間の力を活かした外交を展開した．第二に，民間の力の活用とはいっても，20年代の共和党の経済外交はタフト政権のドル外交とは異なっていた．すなわち，企業経営者や銀行資本家の自由な利潤追求に追随するというのではなく，政府が国益や公共の利益という観点からある程度の計画性や方向性を示し，民間の力を外交目的に合致するよう調整する役割を重視した．第三に，世界秩序の形成にあたって，共和党政権は経営者や銀行資本家たちの目的（利潤追求）と国家目的（安全と繁栄の確保）とは概ね一致するとの前提にたった外交を展開した．しかし，両者の利益が一致する場合もあるが，そうでない場合もしばしばであり，この点では政府の期待した通りにはいかなかった．第四に，共和党政権の指導者たちは，以上のような意味で，決して孤立主義者ではなく，国際主義者であった．しかしそれは外交史家ジョアン・ホフ・ウィルソンのいう「アメリカ独自の国際主義 (independent internationalism)」[1] とでも称すべき性格のものであった．すなわち，政治的コミットメントを最小限にとどめ，行動の自由を保持しながら世界秩序の形成に積極的に関わっていくというものであった．さらに第四の特徴との関連で留意すべきは，20年代の共和党政権の外交はヨーロッパに対するアプローチにおいては，民間のイニシアチブを重視する外交を展開したものの，後述するワシントン体制の形成の場合にみられるように，東アジアの秩序形成においては政府が積極的イニシアチブを発揮し，それは政治的コミットメントを伴うものであった．

(2) 戦後ヨーロッパの再建

共和党政権にとって最大の課題はヨーロッパの再建であった．戦争に疲弊したヨーロッパの経済的再建と政治的安定はアメリカの繁栄に大きな意味をもっている，と考えられていた．ヨーロッパの旧連合国は戦争中から戦後にかけて

---

1) Joan Hoff Wilson, *Herbert Hoover* (Little, Brown & Co., 1975), p. 168.

100億ドルもの戦時借款をかかえていた．返済能力のない旧連合国は戦債を共同の戦争努力に対するアメリカの当然の負担とみなし，その帳消しを望んだ．しかしアメリカの世論や議会は帳消しには反対であったため，アメリカ政府は返済に固執した．「連中は金を借りたのじゃなかったのかね？」というクーリッジ大統領の有名なせりふは，こうした世論の声を反映していた．

フーヴァー商務長官が1923年に「戦債，賠償，軍縮という相互に結びついた問題の解決なしでは引き続く安定を確保することはできない」と述べたように，戦債の返済とドイツの賠償支払いとは密接に絡んでいた．問題解決の鍵はドイツにあった．

図2-2　フーヴァー商務長官（左）とヒューズ国務長官（右）

http://memory.loc.gov/service/pnp/cph/3c10000/3c11000/3c11300/3c11374v.jpg

ドイツが賠償金を支払うことができれば，旧連合国は賠償金を戦債の返済に充てることができるからだ．また，ドイツの復興はヨーロッパ全体の復興の鍵を握っており，ドイツ経済の立て直しが先決であった．しかし肝心のドイツは極度のインフレと経済的混乱に陥っており，賠償金の支払いは困難だった．1923年にはフランスとベルギーは賠償金の支払いを促すためにルール地方を占領したが，このような強硬措置は事態を一層悪化させた．

ハーディング政権の国務長官ヒューズ（Charles Evans Hughes, 1862-1948）の発案で1923年にシカゴの銀行家ドーズ（Charles G. Dawes, 1865-1951）を委員長とする専門家委員会が組織され，1924年にドーズ案がまとめられた．この案によると，ドイツの通貨安定のため2億ドルの国際的融資を行い，ドイツ経済の復興に応じて，賠償金支払いを初年度2億5千万ドルから5年間で6億2,500万ドルに漸増するというものであった．同年8月この案が関係国によっ

て承認された後，アメリカの投資銀行家 J. P. モーガン二世（John P. Morgan, Jr. 1867-1943）の協力をえて，アメリカ資本が大量にドイツに流入することになった．しかし，1929年には再びドイツ財政が悪化したため，ニューヨークの銀行家ヤング（Owen D. Young, 1874-1962）を委員長とする専門家委員会がヤング案をまとめ，ドイツの賠償額を大幅に軽減する措置が講じられた．

共和党政権のアプローチとして注目されるのは，ドーズ案もヤング案もアメリカ政府が直接関与するのではなく，イニシアチブは民間の投資銀行家に任せたという点である．ドーズ案は1929年の大恐慌までは比較的うまく機能し，ドイツ，旧連合国，アメリカ3者間の資金の還流がうまくいくようになっただけでなく，西ヨーロッパにおける国際的雰囲気の改善に寄与した．なかでも，1925年12月イギリス，フランス，ドイツ，イタリア，ベルギー5カ国がスイスのロカルノに集まり，地域的集団安全保障体制に関する合意に達したことはヨーロッパの国際関係の協調的雰囲気を象徴するものであった．上記5カ国間に締結された，ラインラントの現状維持に関する相互保障条約（ロカルノ条約）は，フランス，ドイツ，ベルギー間の相互不可侵，相互の不戦，ラインラントの軍備禁止などを規定したもので，「ロカルノの精神」といわれる協調的雰囲気を生み出した．それはまた，ドイツの国際連盟加盟（1926年9月）につながった．さらに，1928年にはクーリッジ政権の国務長官ケロッグ（Frank B. Kellogg, 1856-1937）と仏首相ブリアン（Aristide Briand, 1862-1932）との間にパリ不戦条約（ケロッグ＝ブリアン条約）が締結され，対外紛争を解決する手段として戦争を放棄する旨を宣言した．15カ国が署名した不戦条約は強制力をもたないという点で紛争解決能力に弱点をもっていたが，それでも当時のヨーロッパの「相対的安定期」（1924-29年）を象徴する出来事であった．

(3) 国際主義と孤立主義の狭間で

1920年代の共和党政権の外交が「アメリカ独自の国際主義」という性格を帯びることになったのは，アメリカの国内政治において，国際主義とナショナリズム（保護主義，孤立主義）という二大潮流がせめぎ合いの状況にあったことを反映している．第二次世界大戦を経て，アメリカはようやく国際主義が孤立主義を圧倒するようになるが，それも冷戦という外圧のあと押しがあって可能

図 2-3 ケロッグ=ブリアン条約締結のためにホワイトハウスに集まった参加国代表

立っているのは左からクーリッジ前大統領，フーヴァー商務長官，ケロッグ前国務長官．
http://memory.loc.gov/service/pnp/cph/3c10000/3c11000/3c11700/3c11722v.jpg

となったものである．

　アメリカ政治の文脈でみると，パリ不戦条約が強制力を伴わない内容になったことは，議会内の保守派議員や孤立主義者の要求を反映していた．アメリカの上院は不戦条約の審議にさいして報告書を作成したが，そこには，同条約はアメリカの自衛権を否定するものではないし，制裁を義務づけるものではないことなど，条文解釈上の留保を付していた．同報告への反対者がわずか一人であったことは，当時の上院では，アメリカの主権に対する制限を嫌い，行動の自由の確保を優先しようとする孤立主義のムードが強かったことを示していた．

　同様に，ナショナリズムの経済版である保護主義を主張する勢力も議会内で政治的に大きな発言力を持っていた．すでに述べたように，議会は 1922 年フォードニー=マッカンバー関税法を成立させ，税率をアメリカ史上最高の水準にまで引き上げた．さらに，フーヴァー政権のもとで，1930 年 6 月には 22 年関税法を上回る税率を規定したスムート=ホーレイ (Smoot-Hawley Tariff Act) 関税法が制定された．高関税法の復活は戦後復興に取り組むヨーロッパ経済の回復にマイナスの影響を及ぼすことになった．

　共和党政権下での高関税政策の復活は，アメリカの伝統的な門戸開放政策と矛盾するのみならず，戦債の返済を迫られている旧連合国と巨額の賠償支払いに苦しむドイツに与える影響を無視したものであった．これによって，アメリ

カ政府は賠償,戦債,ヨーロッパの再建という密接に絡み合った諸問題を解決するための重要な選択肢をみずから閉ざしてしまった.ヨーロッパ諸国がアメリカ市場に輸出できなければ,ヨーロッパの経済復興は不可能だからである.

高率の関税法の制定そのものは議会政治,国内政治の帰結である.しかし,それはアメリカの対外政策と国際政治に大きな影響を及ぼした.このように,国内政治の現実がアメリカの対外政策を大きく規定したことを反映して,対外行動は「アメリカ独自の国際主義」[1]に陥ることになった.

そのような傾向はまた,この時期がアメリカの国内政治において「孤立主義」から国際主義に移行する過渡期的な性格を持っていたことを意味している.言い換えると,アメリカはヘゲモニー国家としての道を歩みはじめたものの,それを阻む国内要因が根強く残存しており,その意味で,ヘゲモニー国家としても過渡期にあったというべきだろう.国内において経済的国際主義者と保護主義者の双方の要求を同時に満足させようとすれば,結局のところ,国際社会の安定と繁栄を維持するコストをアメリカが負担することを拒否せざるをえなくなるからである.

4 ワシントン体制の成立と日米関係

(1) ワシントン体制

ワシントン会議はアメリカの呼びかけに応じて日本,イギリス,フランスなどの代表がワシントンに集まり,1921年11月から翌年2月にかけて開催された.この会議の結果締結された一連の条約を基礎にして構築されたアジアにおける国際秩序をワシントン体制という.

ワシントン会議をアメリカ政府が召集した背景には以下のような事情があった.第一に,第一次世界大戦後は,日露戦争以降激化しつつあった日米間の海軍軍拡競争にイギリスも加わり,日,米,英の三大海軍国間に熾烈な海軍軍拡

---

[1] ジョアン・ホフは,近年の論文の中で,この用語を20世紀アメリカ外交に適用可能なものであるとして,「今世紀の大部分を通して,この国の第一の性向は,できる限り単独主義的に行動し,止むをえないときにのみ他国と協調することであった」,と述べている. Joan Hoff, "The American Century: From Sarajevo to Sarajevo," in Michael J. Hogan ed., *The Ambiguous Legacy* (Cambridge University Press, 1999), p. 185.

競争が演じられるようになった．その結果生じる膨大な軍事予算は各国の財政に重い負担となってのしかかり，軍備制限の要望が高まった．すでに述べたように，ヨーロッパ諸国は戦債の返済を迫られていたし，アメリカ経済は1920－21年の深刻な戦後不況に苦しみ，アメリカ政府としても軍縮を求める世論の声を無視できなくなっていた．

　第二に，ワシントン会議開催にハーディング政権がイニシアチブをとることになった背景には，日本問題があった．第一次世界大戦後の東アジアでは，帝国主義列強の勢力関係に著しい変化が生じていた．ドイツはこの地域から撤退し，フランスの関心はヨーロッパに向けられ，ソ連はロシア革命によって帝国主義圏外に去った．その結果，アジアの門戸開放を主張するアメリカが，満州と内蒙古の特殊権益を主張する日本と対立する構図が浮上し，アメリカはワシントン会議で日本の帝国主義的膨張に枠をはめようと考えるようになった．この点に関して，会議はまず，五カ国条約が米，英，日，仏，伊間で締結され，戦艦，航空母艦という主力艦の保有量を5，5，3，1.75，1.75の比率とすることで合意した．この結果，日本は西太平洋では制海権を掌握することになったが，反面，日本の将来の行動は著しい拘束をこうむることになった．日本は対米，英に対して7割を主張したが入れられず，日本海軍の内部に強い不満を残した．この時の不満はその後もくすぶり続け，1930年4月のロンドン海軍軍縮条約への不満から統帥権干犯論争が展開されることとあいまって，日本における反ワシントン体制派の重要な原動力となっていく．また，この条約を通して，アメリカは主力艦において，イギリスにパリティを認めさせた．このことは，第一次世界大戦後の英米建艦競争において，イギリスが財政的に建艦競争を続行できなくなったことを意味し，グローバル・ヘゲモニーがイギリスからアメリカに移行していく過程を浮かび上がらせることになった．

(2) 日英同盟の終了

　次に，この会議では中国問題を扱った九カ国条約が締結され，アメリカは門戸開放，機会均等を関係国に認めさせることに成功した．これによって，アメリカはヘイ国務長官以来の東アジア外交の原則を国際法として具体化したことになり，大きな外交的成果となった．この結果，満蒙における日本の特殊権益

を認めた石井＝ランシング協定は廃棄された．しかし日本側は九カ国条約第1条第4項の「安全保障条項」によって，南満州・東部蒙古における日本の特別の地位に暗黙の承認が与えられたと解釈した[1]．こうした異なる解釈の余地を残したことは，その後に問題を残すことになった．

以上の他に，ワシントン会議は四カ国条約で太平洋における平和の維持と領土の現状維持を約定した．この条約で注目されるのは，同条約第4条で日英同盟の廃棄が規定されたことである．アメリカは日米対立の場合に日英同盟がアメリカに対抗する性格をもつようになっていることを懸念し，その廃止をねらっていた．イギリスも第三次日英同盟の期限満了（1921年7月）を前にして，同様な懸念をもつようになっていた．この条約によって，アメリカはフィリピン諸島に対する日本の野心を放棄させ，日本の中国に対する帝国主義的進出の梃子の役割を演じていた日英同盟を廃棄させることに成功した．アメリカ外交史家フランコ・ニンコヴィッチは四カ国条約を評して，「政治原則として勢力均衡を葬った」ものである，と述べている．

(3)「大正デモクラシー時代」の日米関係

ワシントン体制はアメリカにとってきわめて満足すべきシステムとなった．アメリカの極東政策は，1900年から21年までは，中国に重点が置かれていた．しかし，ワシントン体制の成立に始まるハーディング政権期には，日本重視の姿勢が目立った．第一に，ハーディング政権が対外経済関係に重きをおいたことから日本の比重が高まった．第二には，すでに述べたように，民間の力を借りて外交目的を実現しようとしたことである．第三には，日本側にも日米関係の改善を促す方向での変化がみられた．

1920年，中国に対する日米英仏四カ国借款団が成立した．新四カ国借款団は中国発行の公債，債権を銀行団が共同で引き受けるもので，アメリカのねらいは，日英などが単独借款を通して，勢力範囲が拡大するのを阻止し，門戸開放・機会均等の原則を実質化することにあった．これに対して，日本側は満蒙の特殊権益の除外を要求し，交渉は難航したが，1920年，アメリカ銀行団代

---

1) 三谷太一郎「大正デモクラシーとワシントン体制」，細谷千博編『日米関係通史』（東京大学出版会，1995年），97-98頁．

表ラモント (Thomas W. Lamont, 1870-1948) と日本銀行総裁井上準之助 (1869-1932) との交渉によって，南満州の特定の諸鉄道敷設に対する日本の借款供与優越権を例外として認めるとしたことから，この借款団が成立した．

　これを契機として，巨額のアメリカ資本が日本に流入し，20年代末には，日本の外国借款の40%をアメリカが占めるにいたった．同じ時期に，日米貿易も飛躍的に増大し，日本の輸出の40%が対米向けであった．日米経済関係の緊密化はウォール・ストリートを中心に経済界で親日派の形成を促し，このことが日米関係の安定化に貢献した．一方，日本では政友会と憲政会＝民政党という二大政党制が確立し，1925年8月から1932年3月までの時期は「大正デモクラシー」の時代と呼ばれる．日本の経済界や政治家のなかにリベラル勢力が勢いを増してきたので，彼らとの提携の強化によって日米関係を安定化させていこうという期待をアメリカ政府内に生み出した．幣原喜重郎 (1872-1951) 外相によって推進された外交はそうした日本の国際派リベラルの国際協調路線を象徴していた．

　日米間の経済的絆が深まったことは両国間関係の安定に貢献したが，この時期の日米関係は別の方向から挑戦を受けた．最大の挑戦は中国の国権回復運動に対する日米の対応の違いに由来するものであった．ワシントン体制は列強間の国際協調体制の基礎をなすものであったが，この体制はまた，アジアの民族運動との対抗のうえに成立したものであった．中国はワシントン会議で関税自主権，治外法権の撤廃，租借地の還付などを要求したが，列強はこれを認めなかった．ワシントン体制成立後に中国のナショナリズムが高揚することは避けられず，それは列強間協調システムを動揺させることになった．

(4) 中国ナショナリズムと日米の対応

　1925年10月から翌年7月まで北京で開催された北京関税特別会議で，幣原外相は中国の関税自主権を原則的には承認する用意があるとの立場をとったものの，関税自主権獲得までの暫定措置をめぐって日本の経済的利益に拘泥しすぎたため，ワシントン条約調印国のあいだで孤立した．幣原外交は，不平等条約改正をめざす北京政府の積極外交にアメリカが呼応する姿勢を示したことでも孤立を深めた．25年3月にはヒューズに代わってケロッグが国務長官に就

任していたが，ケロッグは中国ナショナリズムの要求に理解を示し，北京政府の不平等条約改正の要求に前向きに対応した．また，同じく25年には，日本との協調を重視したマクマリー（John V. A. MacMurray）に代わって親中国派のジョンソン（Nelson T. Johnson）が国務省極東部長に就任していた．通常，ヒューズ＝マクマリー路線は親日路線であり，ケロッグ＝ジョンソン路線は親中国路線であると説明される．しかし，ケロッグは反日だったわけではない．ケロッグは英米の対立で挫折した27年のジュネーヴ海軍軍縮会議（補助艦の制限を目的とする）で日本側が示した協調的態度を高く評価していたし，30年の金解禁にいたる過程においてもアメリカ銀行家の対日融資を支持した．

したがって，門戸開放・機会均等の原則に関してアメリカ政府内に意見の一致がみられたことからすれば，中国ナショナリズムの新たな展開に対する日米の違いが，ヒューズ＝マクマリー路線とケロッグ＝ジョンソン路線の違いを生み出したとみるべきだろう．そこには，中国ナショナリズムをどう評価するかという難問が深くかかわっている．アメリカの中国政策には伝統的に中国の近代化に手をかしたいという衝動が根強く反映されてきたし，とくに清朝が共和国に生まれ変わって以降は，そのような願望はより強化されていた．クーリッジ政権下のケロッグ＝ジョンソン路線は，こうしたアメリカ人の中国願望が中国国権回復運動の高揚に呼応する形で出てきたものである．その意味で，1920年代の日米関係には，金融・貿易関係の相互依存の進展という要因だけでは説明しきれない政治力学が働いていた．その後の日米関係の展開を占ううえでは，中国ナショナリズムへの対応，すなわち中国問題が日米関係に及ぼす影響に注目する必要がある．

ケロッグ＝ジョンソン路線が誕生した1925年，日本の政友会は田中義一（1864-1929）を総裁に迎えた．幣原は，満州は中国の一部であり中国への内政には干渉すべきでないという考えのもとに中国外交を展開したが，田中はこれを批判し，満州は日本が特殊な利害関係を有する地域だと考えていた．田中の政友会総裁就任は日本の政治において，ワシントン体制の全面的受容から「既得権益擁護」（満蒙権益の擁護）へとシフトする流れが強まっていたことを示している．27年5月にはその田中政友会内閣が誕生し，日本はワシントン体制を修正する方向に歩みはじめた．

田中内閣が満蒙特殊地域論にもとづき満蒙権益の擁護，現状維持の帝国主義外交を展開している間に，英米の中国認識はさらに変化した．アメリカ政府は1927年1月，ケロッグ声明を発表し，即時，無条件で中国政府と不平等条約改定交渉を開始する用意のあることを明言した．28年6月北伐軍が北京に入城し，国民政府が7月7日不平等条約の廃棄を宣言すると，アメリカはいちはやく中国の関税自主権を承認した．英，独，仏，伊，蘭など他の主要国も同年中に相次いで中国の関税自主権を認めた．1929年7月田中内閣が崩壊するまでの田中外交の下で，日本の対中国政策は国際的にも立ち遅れ，アメリカの対応とのズレが顕在化することになった．

このように，20年代の日米関係には経済関係の相互依存を中心としたエリート・レベルでの関係の緊密化の進展が見られた反面，日本の国内政治においては，中国問題，海軍軍縮問題，米国排日移民法などを争点としてワシントン体制の修正をめざす勢力の形成が進行する時期でもあった．幣原外交は自由主義的政党である浜口雄幸（1870-1931）民政党内閣のもとでいったん復活するものの，金解禁（金本位制への復帰）による経済不況と満州事変の勃発に足元をすくわれ，保守政党である犬養毅（1855-1932）政友会内閣の誕生を招いた．その後の日本外交は反ワシントン体制，反国際主義路線，帝国主義的拡張の道を歩みはじめ，日米の対立を深めることになる[1]．

5 1920年代の国際主義と孤立主義

(1) 過渡期のアメリカ外交

20年代は20世紀アメリカ外交が孤立主義から国際主義へと転換する過渡期にあたる．しかも，共和党政権の外交は民間の力を公共政策の目的実現のため

---

1) 日本の政治勢力の分布と立場　第16回総選挙（1928年2月）：政友会217，民政党216，その他32．第17回総選挙（1930年2月）：政友会174，民政党273，その他19．第18回総選挙（1932年2月）：政友会301，民政党146，その他19．
この時期の民政党はワシントン体制の枠の中での国際協調路線（1930年4月のロンドン海軍軍縮条約調印），中国への内政不干渉政策を展開し，内政面では男子普通選挙制を支持するなど自由主義政党としての立場をとった．一方，政友会は田中義一を総裁に迎えたころから，満蒙権益の擁護など帝国主義外交路線に傾斜し，ワシントン体制を修正する方向に歩みはじめた．国内政治では男子普通選挙制度に反対するなど保守主義政党としての立場を示した．

に積極的,意図的に活用するもので,タフト政権の「ドル外交」よりも洗練された性格をもっていた.また,共和党政権の民活外交は「小さな政府」という党の理念と合致すると考えられた.その結果,この時期の外交は第一に,アジアを除くと,経済主義的国際主義の性格が濃厚であったし,政治的コミットメントを回避しようとする傾向が強かった.第二に,この時期には,実業界においても政府においても,民間の交流の増大によって国際協調の精神が育まれ,平和の促進が可能になるという考えが影響力をもった時代であった.このような考えは,冷戦終結後の今日,相互依存論や国際統合論にもとづく平和の実現という考えに通底するものである.

くわえて,注目されるのは,アメリカ外交における国家の比重が相対的に低くなり,非国家的アクターの役割が目立ったことである.アメリカの中国政策における新借款団形成ではたしたラモントの役割,日米経済関係の強化ではたしたウォール・ストリートの銀行資本家たちの貢献,ドイツ賠償金と連合国の戦時負債返済問題の解決策としてのドーズ案,ヤング案の作成と実施におけるモーガンら銀行家たちの貢献,などはそのことを示すものである.民間人が外交官としての役割をはたすことによって,フーヴァーも指摘したように,国益が前面に出ることが避けられる結果,国家が対立や紛争に巻き込まれる度合いが減少するという傾向が認められる.

(2) あらたな世界秩序の追求とその破綻

アメリカ外交における非国家的アクターの役割は経済人に限られたものではなく,紛争の平和的解決,戦争の違法化,軍縮を求める民間人の団体の活動も注目される.1920年に国際連盟の付属機関として常設国際司法裁判所が創設された.T.ローズヴェルト政権の国務長官ルートはアメリカの常設国際司法裁判所への参加を熱心に支持した.ハーディングはそれほどではなかったが,ヒューズ国務長官も同様に熱心であった.クーリッジはより積極的に参加を推進したが,議会の孤立主義勢力は参加に留保条件を付したため,加盟国はそのような条件付の参加を認めなかった.フーヴァー政権のもとでは,アメリカは25の新たな仲裁条約と17の調停条約を締結した.常設国際司法裁判所への参加や仲裁条約の締結を求める運動は,紛争の平和的解決が可能だと信じる世論

の声を反映していた．また，外交問題評議会（FR），太平洋問題調査会（IPR），カーネギー国際平和財団（CEIP）などは平和，軍縮などに関する専門的知識の提供を通して政府に影響を及ぼした．1925年末，国際連盟理事会が軍縮に関する予備会議への参加をアメリカに要請した折には，カーネギー国際平和財団は国務省の求めに応じて，同財団のショットウエル（James T. Shotwell, 1874-1965）を委員長とする「安全と軍縮に関する委員会」の研究報告書のすべてを国務省に提供した．同財団

図2-4　アンドリュー・カーネギー
(Andrew Carnegie, 1835-1951)

鉄鋼業で巨万の富を築いたアメリカの実業家．各種慈善事業に巨額の資金を寄贈した．カーネギー国際平和財団の創設はその一つ．
http://www.americaslibrary.gov/cgi-bin/page.cgi/aa/carnegie/phil_3

の前理事長でウィルソン政権の国務長官ルートが，同財団の活動を，「国務省の部局同然」と評したように，専門知識の提供という観点から民間の組織がアメリカ外交の形成に一定の役割をはたした．

1928年のパリ不戦条約もまた，アメリカ国内の平和運動に従事する民間団体の声を反映したものである．国家間紛争を解決する手段としての戦争を不法とするこの条約は民間外交の成果であった．従来，不戦条約は強制措置を伴わないためにその実効性に疑問がいだかれ，国際政治における権力政治の現実を無視するものとして，現実主義者といわれる人々の間では低い評価しか受けてこなかった．しかし第一次世界大戦がもたらした破壊の大きさと悲惨さを体験した人々は，クラウゼヴィッツ（Karl von Clausewitz, 1780-1831）が『戦争論』において提示した命題，すなわち戦争は外交の延長であるという考えが世界戦争の時代では通用しなくなったことを痛感したのである．パリ不戦条約において表明された第一次世界大戦の教訓が活かされなかったことが第二次世界大戦というもうひとつの世界戦争を阻止できなかった重要な背景となったといってよいだろう．戦争が外交目的を達成する手段として正当化され続ける限り，戦争はなくならない．パリ不戦条約は，強制措置を伴わなかったから戦争防止に

役に立たなかったと考えるのか，それとも戦争を外交の手段として正当化する思想や言説が戦争を発生させるのか，ケロッグ国務長官とフランスの外相の名を冠したケロッグ＝ブリアン条約は，世界戦争の時代を生き延びるためにはどのような方法があるのかを真剣に模索したウィルソン大統領と同様に，そのような問いを投げかけるものであった．

　しかし，ドル外交によって新たな世界秩序を形成し，平和を維持していこうとする1920年代のアメリカ外交は，29年10月のアメリカに端を発した世界大恐慌によって完全に足元をすくわれることになった．アメリカの金融システムの崩壊は共和党政権の外交が依拠した前提（国家目標と企業の私的利潤追求の一致）が，かならずしも期待通りにいかないことを示す最悪の事例となった．20世紀リベラリズムがいまだアメリカの社会システムのなかに十分埋め込まれていないことを示した．そのことによって，ドルの神通力に依存したドル外交の弱点を露呈することになった．29年9月17日の時点においても，フーヴァーはスティムソン（Henry L. Stimson, 1867-1950）国務長官に対して，「過去半世紀のいかなる時期にもまして今日われわれは平和に対するまたとない展望をもっているように思える」，と述べていた[1]．フーヴァーのこの発言のなかに，アメリカのドル外交への信頼と経済的繁栄が生み出した楽観主義を読み取ることは容易である．また，ウィルソンが孤立主義勢力の反対で国際連盟に加盟することに失敗した後も，共和党政権はアメリカの連盟不参加が戦争と平和にとってもつ含意を十分認識することができないまま，国際連盟の外で秩序形成の責任を担おうとした．このことも，世界恐慌の混乱のなかから生じた軍国主義とファシズムの台頭を許してしまう大きな原因となった．

6　平和と孤立を謳歌するアメリカ人

(1) 第一次世界大戦の余波

　1918年11月11日午前11時，ニューヨークやフィラデルフィアでは，数万人の大群衆が第一次世界大戦の休戦と勝利を祝うパレードに酔いしれていた．アメリカ人が戦争終結を祝うには，十分な根拠があった．17年4月というお

---

1) Joan Hoff Wilson, *Herbert Hoover, op. cit*, p. 192.

表 2-1 第一次世界大戦の国別死傷者数

(単位：千人)

国別	動員数	死者	負傷者	捕虜・行方不明	死傷者総数
ロシア	12,000	1,700	4,950	2,500	9,150
フランス	8,410	1,357	4,266	537	6,160
イギリス	8,904	908	2,090	191	3,190
イタリア	5,615	650	947	600	2,197
アメリカ合衆国	4,355	126	234	4	364
日本	800	*	*	*	1
連合国合計	42,188	5,152	12,831	4,121	22,104
ドイツ	11,000	1,773	4,216	1,152	7,142
オーストリア・ハンガリー	7,800	1,200	3,620	2,200	7,020
同盟国合計	22,850	3,386	8,388	3,629	15,404

注：軍における死者の総数（戦闘によらない死者もふくむ）．＊は千人未満．
資料：Microsoft (R) Encarta (R) Reference Library 2003. (C) 1993-2002 Microsoft Corporation.

そい時点で参戦したわりに，アメリカが連合軍の勝利に果たした貢献は決定的だった．この間，アメリカ軍は38万人弱から370万人にふくれあがり，17年5月には選抜徴兵法によって，21歳から30歳まで（のちに，18-45歳）の男性はすべて軍務登録が必要となった．ヨーロッパに派遣されたアメリカ兵士は200万人，そのうち，5万3千人が戦闘死し，6万6千人が従軍死，さらに，20万人を超える人々が負傷した（表1）．わずか1年半の戦争としては大きな犠牲だった．帰還した従軍兵士たちは，あるいは退役軍人となり，あるいは軍隊にとどまり，あるいは民間企業に転じたであろうが，とくに退役軍人たちはその後何十年にもわたって有力な政治団体として，恩給や特別手当を連邦政府に対して要求しつづけるであろう．

　戦費はどのように調達されたのだろうか．1917-19年間の戦費3,098万ドルのうち，国債発行によるものが最も大きく61.4％，課税によるものが24.5％，そして連邦準備局の間接的な信用創造によるものが14.1％だった（図2-5参照）．それまで，連邦政府歳入にさして大きな意味をもたなかった所得税が主たる増税の対象となった．1917年，所得税の最高税率は15％から67％に劇的に増加し，翌年には史上最高の77％となった．戦争が終わると，共和党政権のもとで最高税率は1928年の25％まで下がる．だが，第一次世界大戦によ

図2-5 第一次世界大戦の戦費調達, 1917-19年

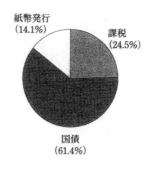

総額310億ドル＝100%
資料: Gary M. Walton & Hugh Rockoff, *History of the American Economy* (Southwestern, 2002), p. 457.

って所得税，とくに高所得者の負担率の高い所得税体系が関税や消費税に代わって政府財政を支えるという変化が確定した．

わずか1年半だけ参戦したアメリカに比べると，ヨーロッパ諸国の人的犠牲はすさまじいものだった．ドイツの177万人，フランスの135万人，イギリスの90万人，イタリーの65万人，ロシアは170万人，オーストリアーハンガリーは120万人，死者合計は900万人近くなった．ボルシェヴィキ革命の起きたロシアは，平和条約に参加せず，賠償金も要求しなかったが，革命前のロシアに多額の債権を持っていたフランスはそれを回収できず，「人口ピラミッド」の形を変えてしまうほどの人的犠牲のあと始末にも悩まなくてはならなかった．こうしてイギリス，フランスによる「年金までを含む」賠償要求がドイツに対してなされた．

(2) ヨーロッパの混乱とアメリカ

1918年末から翌年7月まで，ウィルソン大統領は心血を注いで平和条約と国際連盟の発足に向けてパリで努力したが，結果は戦勝国のエゴを通した形になり，ドイツは事実上「白紙委任状」署名を強いられたも同然となった．アメリカのリベラルな世論は条約の苛酷さにショックを受けた．他方で，フランスの一般民衆は，第一次世界大戦中のアメリカからの借金（戦債）を額面通り返

6 平和と孤立を謳歌するアメリカ人

済することに対しては抵抗を覚えた．フランス議会も（ドイツからの賠償取り立てを条件として戦債を支払う）「セーフガード条項」のないこの協定には不満だった．休戦後もフランスはアメリカから膨大な額の借款を供与されていた．1920－24年間の借入額は4.3億ドルに達した（うちフランス政府分が3億ドル）．

しかも国際連盟加盟はアメリカ議会によって拒否された．たとえ，大戦中および戦後にアメリカから連合国に与えられた借款がアメリカからヨーロッパへの輸出という形でかなりの程度カバーされたにせよ，アメリカの一般民衆からすれば，増税や国債購入によって彼らから徴収されたドルの相当部分がヨーロッパで費消され，さらに連合諸国は戦債の帳消しまでを要求していることに憤慨した．やっとヨーロッパの戦乱から身を引くことができた休戦のあと，国民のムードはこれ以上のかかわりはごめんだというものであったろう．こうして，ウィルソンの積極的国際主義は議会の叛乱によって拒否された．アメリカの国際的役割は第一次世界大戦前とは比較にならないほど国際主義に傾斜し，賠償問題の危機にさいして「ドーズ案」を提示したり，軍縮会議を主宰したり，あるいは，国際金本位制を維持するために中央銀行間で協力したり，ということはあったが，一般国民はヨーロッパのできごとを遠くに感じながら，孤立主義的気分にひたることができたのである．

第一次世界大戦前までのアメリカは，毎年30万人から130万人に達する移民がヨーロッパから到着しており，とくに第一次世界大戦前20年間ほどは加速的に増加する勢いにあった．したがって，南北戦争前には人口の自然増にはるかに及ばなかった移民の純増による人口増加に対する貢献は，1881－90年，および1901－10年には3分の2に達したほどである．正確な推計は困難だが，1880－1930年間に大西洋を渡ってアメリカに到達した移民のうち，3分の1から4分の1ほどが何年か（人によっては数カ月，あるいは数週間）の滞在ののちに，母国に帰国している．1880年以降は，新移民と呼ばれることの多い，東欧，中欧，および南欧出身の移民（イタリー，ポーランド，フィンランドなど北欧諸国，オーストリア-ハンガリー帝国出身者など）が急増したために，アメリカ国内の移民制限の議論に拍車をかけることになった．

第一次世界大戦は，ヨーロッパからの移民の流れを中断した（図2-6, 2-7参照）．しかも，戦後は1921年の緊急移民法にはじまって，1924年の移民割当

図 2-6 移入民の人口比，1820–1970 年

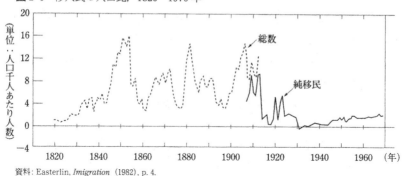

資料: Easterlin, *Imigration* (1982), p. 4.

図 2-7 移出民と純移民の数，1905–14 年

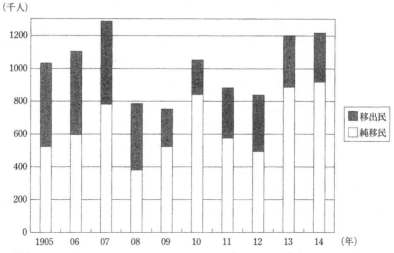

資料: Stanley I. Kutler, ed., *Dictionary of American History* [Third Edition] (Scribners, 2003, vol. 4, p. 226).

法がヨーロッパからの移民をそれぞれの出身国別に 1890 年センサスのアメリカ人口の 2% に限定したために，1920 年代から 1930 年代にかけての移民は急速に減少することになった．この法律によって制限を受けない西半球の国，メキシコやカナダからの移民が増加したが，かつての新移民のような勢いはなかった．

図 2-8 都市人口の増加, 1870－1990 年

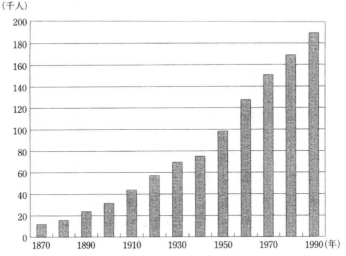

資料: Lance E. Davis, *American Economic Growth* (1972), p. 601.

(3) 1920 年代の経済と社会

他方で，1920 年はアメリカで都会人口が農村人口をはじめて上回った年である（図 2-8 では人口数を示す）．歴史的に見れば，産業革命前後にあたる 1820 －30 年頃からアメリカ人の出生率はゆっくりと減少する傾向が続いていたが，1920 年代の，とくに後半は出生率の低下が顕著になった．イースタリン（Richard A. Easterlin）によれば，白人人口の 1925－29 年間の出生率（この場合には，20－44 歳の白人女性千人当り出生数）の年平均は 22.4 で，1885－89 年の 35.3 から 3 割以上の低下である．これをさらに，白人の外国生まれと本国生まれに分けてみると，外国生まれのほうが下落率がはるかに高いことがわかる．しかも，もともと出産率の高い東南ヨーロッパ出身女性が激減したことが，この傾向に拍車をかけた[1]．都市化との関連では，都市化率が上昇して子供の数が少ない家庭を好む都市的文化が支配的となるにつれて，全米の出生率がマイナスの影響を受けた．アメリカの農村地域はもともと外国生まれ人口が少ないことで知られるが，農村の白人本国生まれ人口もこの時期，おそらくは農村所得の急激

---

1) Easterlin, *Population, Labor Force, and Long Swings in Economic Growth: The American Experience* (Columbia University Press, 1968), p. 83.

な低下によるとみられることが原因で、出産率の低下を経験した。

　以上のことは、1920年代の社会経済のあり方を見るうえで重要な背景となる。20年代のアメリカは、比較的貯蓄率が高かったアメリカ最後の時代だが、移民の突然の停止と、おそらくはそれに関連する、新所帯の形成の鈍化と出産率の低下は、新しく労働市場に参入する人口部分を減少させた。彼ら低所得の労働者世帯は生活の必要から、ほとんど貯蓄する余裕のない、逆に言えば、きわめて消費性向の高い集団である。また、これまでの自然増の高さと移民の急増によって、貯蓄性向の最も高い45-60歳レンジの人口がほかの年齢集団に比べて増加したことも、1920年代の貯蓄率の高さに影響したと見られる[1]。1920年代の新規住宅建築数の大きさと、貯蓄部分の増加とは、資産価格を急騰させ、資産効果を通じておそらくは中上層階層の消費をしばらくは拡大させたであろう。しかしやがて、高すぎる資産価格が調整される時期になると、多くの家計において貯蓄が一気にマイナスとなることが避けられなかった。

7　戦争とアメリカニズム

(1) 移民の増加とその排斥

　1890年以降の移民の急増は、アメリカ人たちの反移民感情を強めた。それは一つには、移民の多数の出身地がこれまでとは違ってきているためであった。3年間の移民調査を終え、膨大な報告書を1911年にまとめた移民委員会は、1890年以前に到着して移民の主流だった移民集団を旧移民と呼び、それ以降急増した移民集団を新移民（「望ましくない人々」の婉曲な表現、とも言われる）と呼んで区別した。その論調は、旧移民に比べて、新移民が同化しにくく、逆に仲間意識が強く、都市部に集中し、アメリカの生活レベルを低下させているので、旧移民よりも望ましくない、というものだった。ただ、この報告が英語の読み書きテスト以上の移民制限を勧告したわけではない。1894年には移民制限連盟（IRL）が組織され、読み書きテストの実現に向けて圧力を強めた。結局1917年2月に、読み書きテスト法がウィルソン大統領の拒否権を越えて成

---

1) Robert B. Zevin, "The Economics of Normalcy," *The Journal of Economic History*, Vol. 42, No. 1 (March, 1982), p. 48.

立した．

「旧移民」とは，これまでアメリカへの移民をもっぱら供給してきた地域，イギリス，アイルランド，ドイツ，そしてスウェーデン，ノルウェー，デンマークのスカンジナビア諸国である．なかでも，1850-60年代に全体の70％を占めたのが，ドイツとアイルランドだった．「新移民」とは，東南ヨーロッパ地域出身の人々で，イタリー（ほとんどが貧しい南部出身），オーストリア，ハンガリー，ロシア，ポーランド，スロバキア，ルーマニア，ギリシャ，東ヨーロッパ出身のユダヤ人などである．これとは別に，かなり早い段階からアメリカ経済に貢献するほど多く入国していながら，長く（1882-1943年）移民禁止のうえ，差別排斥されていた中国人や，少数の日本人などがいた．

第一次世界大戦へのアメリカの参戦とロシア革命の勃発は，「これから先は，わが国には2種類の人々——アメリカ人と裏切り者——しかありえない」[1] とするような雰囲気で，「敵国」ドイツ人をはじめ，外国人排斥の勢いが強まった．こうして，1921年の緊急移民法を経て，1924年の移民制限法の成立を迎え，基本的に1890年センサスの人口の2％を上限とした数に各国ごとの年々の割当数が決まり，大量移民の時代は終わり，日本人移民は禁止された．さらに，1919-20年には，パーマー（A. Mitchell Palmer, 1872-1936）司法長官や司法省による赤狩りによって，反戦運動を指導し，ボルシェヴィキ・シンパだと見られていたアメリカ社会党，IWW，その他のラディカルが「100％アメリカニズム」（セオドア・ローズヴェルトの言葉）の名の下に告発された．

女性参政権運動と一部支持母体を同じくして進められてきた「禁酒法」運動は，対ドイツ（ビール醸造業者はドイツ出身が多かった）戦争のさなかに穀物をビールなどへ加工することの「浪費」に対する批判が強まったことも追い風となって，1919年に禁酒法を成立させた．だが，禁酒法をきちんと遵守させるだけの人員も予算も連邦政府は与えられなかった．かくて，ギャングなどの格好の活躍舞台が用意された．

こうした状況が，必ずしも黒人差別だけが目的でない，北部中心のキュークラックスクラン（KKK）を「復活」させた要因の一つだった．KKKは，「一

---

1) David J. Goldberg, *Discontented America: The United States in the 1920s* (The Johns Hopkins University Press, 1999), p. 149.

つの旗，一つの宗派，一つの聖書」をスローガンにカトリック，ユダヤ人，外国人，黒人，非合法活動をする人々，不道徳な男女，その他の悪の諸力に対する攻撃を強めた．新着移民の集住する都市の人口が急増し，禁酒法が公然と破られ，女性が新しいファッションとともに社会進出し，といった社会の急激な変化がプロテスタント，白人，本国生まれで多く構成されるこの組織を「純粋のアメリカニズム」の旗の下に膨張させた．一時はテキサス，インディアナ，ミシガン，オハイオ，イリノイ，コロラド，オレゴン，などを中心に1924年には，300万人を超えるメンバーを全米に擁していた．それは，伝統的なアメリカの，「ビクトリア的」価値観を復活させる試みだともみられた．だが，先の移民制限法の成立は，クランの目的の一つを達成したことを意味した．そして，幹部エリートの金銭にまつわる汚職などの事実が広まるにつれ，KKKは急速に衰退した．

いずれにせよ，底流としての第一次世界大戦ショック，都市的生活様式の優位，したがって農村文化の後退，そして以下に述べるような電化製品や自動車による生活の革新などを抜きにしてこの時代を語れないことも確かである．

8　T型車とアメリカ的生活の萌芽

(1) フォード社の戦略と自動車の普及

フォード社が1908年にT型車を開発した前後から，アメリカでは4輪自家用車を中心とする自動車が猛烈な勢いで普及しはじめた．フォードはT型車の需要の中心が農民と中産階級レベルの所得を得ている人々だと考えた．自動車は農家世帯のほうが非農家世帯よりも普及が速かった．センサス局は1920年に農家世帯の32％が，そして非農家世帯の25％がクルマを所有していると発表した．地域別に見ると，富裕な中西部が最も高く (53％)，極西部がそれにつぎ (42％)，北東部が3番目だった (33％). 貧困な南部は少なかった (14％). 都会の規模で見ると，1927年の数字だが，10万人以上の都市で最も普及率が低く (54％)，人口千人未満の町でいちばん高かった (60％).

なぜ，農村世帯がこぞって車を買ったのだろうか．まず，歴史的背景から見ていくと，ポピュリズムの動乱をもたらした不況とデフレーションは，例の金

銀複本位制を争点とした1896年の大統領選挙以降,終りになった.アメリカは1900年の金本位法によって,金本位制を確立した.19世紀末から今世紀初頭にかけては,世界的な金生産の増加を背景に,農産物の供給は安定的だったが,都市部の需要が拡大しつづけたために,価格が上昇し,地価もそれにつれて上昇した.つまり,農業の交易条件(農産物出荷価格指数/非農産物価格指数×100)が大きく改善したのである.この「アメリカ農業の黄金時代」によって多くの農家がクルマを購入できるようになった.農家がクルマを必要とした事情は,クルマ以前の交通手段を考えてみればわかる.歩行ではせいぜい3マイルくらいが限度,馬曳きのバギーの場合は6-7マイル,ところがクルマなら,15-20マイルは楽々1日に往復可能だった.1920年当時,農家から教会までの平均的な距離は3マイル,直近のマーケットまで5マイル,高等学校や医者まで6マイル,病院までは14マイルあった[1].しかもそれらは距離的に農家が選ぶことのできない制約があったから,いずれのサービスも質が高いとはいえなかった.

農家の人々は,車で移動することによって,友人,買物,学校,教会,医療などを自分の予算や好みに応じて,選択することができるようになり,また農村生活につきものの孤立感をやわらげることができた.クルマに乗れても未舗装の悪路では,パンクしてばかりで,快適なドライブとはいかないが,アメリカでは世紀転換期から,革新主義者エリートを中心に道路建設運動がクルマの普及に先行して広がっていた.クルマが普及すると,クルマに乗る人々が道路建設に加担するので,運動はいっきょにはずみがついた.1921年の連邦道路法では全米の道路の7%未満,20万マイルの幹線道路が「1級」と認定され,建設コストの半額を連邦政府が負担することとなった.

(2) 生活の質の変容

数がもともと過剰気味だった教会は田舎の小さな教会から閉鎖が相ついだ.慢性疾患の患者が悪路を馬車で往復するのは寿命を縮めるといわれていたが,それまで往復2日間かかっていた病院通いが90分のドライブでできてしまう

---

1) Peter J. Ling, *America and the Automobile: Technology, Reform and Social Change, 1893-1923* (Manchester University Press, 1990), p. 18.

という変化もあった．患者数が減ったために，第一次世界大戦後には田舎の村を逃げ出す医者が急増したという．何よりも大きな変化は，クルマをもった消費者が選択権をもつことによって，19世紀末から始まっていた商品の地方市場から全国市場への統合の動きが加速したことである．自動車はアメリカの消費社会への本格的転換をあと押しした．都市の地理的わくぐみも変化した．それまでは，都市の中心はオフィス街（central business district, CBD）で，労働者の住居やショッピング・センターもそれに隣接していた．やがて，クルマの普及によって住宅の郊外化（suburbanization）がさらに加速する．いまや，生活，コミュニティ，買物，などが都心部よりも郊外を中心に行われるようになった．だが，住宅やクルマを購入するために，多くの世帯では働き手をふやして収入を上げなくてはならなかった．また，多くは分割払いによって購入したので，景気をよくする役割がある反面，不況の時には債務の過剰が回復を遅らせるという作用もあった．

　自動車は商品配達のスピードと頻度を高めたから，食品の鮮度が向上した．それまで考えられなかったような遠くの人々どうしが結婚できるようになった．中産階級の人々，一部の労働者も博物館，美術館，劇場公演などに足を運べるようになった．衣服の流行などもしだいに均等化の作用をした．道路脇にはガソリンスタンドや商店が建ちならび，広告看板が林立した．1922年にはオートキャンピングをする人が1,500万人に達した．若いカップルは，両親から離れてそれまでなかったプライバシーを獲得する機会を与えられた．1920年代半ばには自動車レースがスポーツとして定着した．買物がスーパーやショッピング・モールで行われるようになったことの反作用として，地域の小さな家族経営の雑貨店はしだいに減少することになった．

　1929年大恐慌の時期に大統領職にあったために，何かと旗色の悪いハーバート・フーヴァー（Herbert C. Hoover, 1874-1964）だが，彼が商務長官時代を過ごした政治家としての前半期は，経済効率の重視，規格化，標準化の推進，そしてアメリカ人のための消費の新しい意味づけの点において，1920年代という時代を体現しているようなところがあった．フーヴァーは，友人によると，古いタイプの経済学者のように「節倹を強調」するようなことはなかった[1]．

---

1) Kendrick A. Clements, *Hoover, Conservation, and Americanism: Engineering the Good*

彼は経済学者サイモン・パッテン（Simon N. Patten, 1852-1922）と同様，生産でなく分配と消費とが経済にとってもっと中心的となるべきだと考えた．セオドア・ローズヴェルトが先鞭をつけたアメリカの天然資源の保護と利用を，とくにそれのレクリェーション目的の利用に力点を置いたのがフーヴァーだった．1929年にフーヴァーが創設した社会の最近の動向についての委員会報告では，余暇やレクリェーションが「健康的生活の手段として認知された」ことに注意を促している．

1920年代が進むにつれて，高賃金―低物価の消費者経済を理想とするフーヴァーの観点は労使双方によってしだいに受け入れられていく．高い賃金は，自然に親しむようなより豊かな消費に向けられることによって，アメリカ人の生活の質を高めるとされた．

9　産業構造の変化

(1) 自動車産業を中心とした成長

1920年代の経済成長の中心となった産業は製造業と建築産業，そしてエネルギー産業である．この時期に自動車による鉄鋼消費が鉄道産業のそれを上回った．鉄鋼製品のなかでは，レールや鋼板の生産が激減して，薄板圧延鋼板などが増大し，重量構造材よりは，軽量材，および新合金へと需要がシフトした．缶詰製造のためのブリキ板生産も急成長した．自動車産業の後方連関としては鉄鋼のほかに，ゴム，板ガラス，石油などがある．

製造業全体では人・時間当りの産出は62.5%の上昇（1920-29年間）を経験したが，耐久財では72%，そして自動車では2.34倍，鉄鋼では1.95倍になった．平均価格の動きは，急激に下落した1920-23年間と，その後のやや停滞気味の低下の時期に分かれる．これはフォード社がT型モデルを中心に市場を支配して，価格を下げつづけた時期と，ゼネラル・モータース（GM）社のシェアが拡大して非価格競争が支配的になる時期とに対応している．寡占と新しい市場に支えられて，利潤は急増した．賃金は時間でみると，12%ほどの増加にとどまっており，労働分配率は減少した．生産性上昇は，何よりもべ

Life (University Press of Kansas, 2000), p. 52.

ルトコンベア上のスピードアップ（労働強化）と大量生産による規模の経済，および部品の点数の減少と標準化，規格化を通じた合理化によるところが大きい．ベスレヘム製鋼会社が導入した高速炭素鋼は，工作機械のスピードを2倍にした．フォードが1927年5月にT型車の生産を停止して，12月からA型車の生産に切り換えたのに対して，GMの場合には，大衆車シボレー生産用の新型の工作機械は最初から多能型だった．

鉄鋼業でも生産性上昇のメカニズムは自動車産業と似ている．1926年以降，連続圧延機の採用という技術革新があり，生産性は急上昇し，自動車用の薄板の大量生産が可能になった．時間賃金は23.7%の伸びにとどまり，利潤は増大した．他の産業，非鉄金属，セメント，タバコ，化学，石油でも同様だった．工作機械産業は，1920年代に輝かしい躍進をとげた．

以上はおもに少数大企業による寡占状態が維持されていた産業であるが，それ以外の産業の歩みはこれとやや異なる．たとえば綿工業の場合，価格下落（戦中と戦争直後を除く）と，産出額当りの労働量の減少とは，ほぼ並行しており，労働分配率はさして下がらなかった．セントラル・ヒーティングや暖房設備の普及で冬の服はしだいに薄く，軽くなった．そこで，毛織物や厚手の木綿製品は相対的に不調だった．1919-29年間に電気機器産業は55%，パン製造が42%，家具38%，石油精製37%，化学36%，自動車・部品が30%雇用労働者をふやした．逆に鉄道・修理，造船，製靴，ボイラー製造などでは労働者数が減少した．

新興産業では，自動車の普及に促迫されて，石油産業が隆盛をむかえた．オクラホマ，テキサス，カリフォルニアで相ついで油田が開発され，国内原油生産額は1929年には1919年の2.6倍，1914年の3.8倍の10億バレルとなった．家庭電化が急速に進んだのも，1920年代の特徴である．1880年当時のアメリカの住宅は，燃料として石炭を使っていたのが35%で，残りの65%は薪を使っていたが，1908年には石炭と薪の比率は逆転し，1940年には石油や天然ガスもそれぞれ11%を占めるようになった（図2-9参照）．他方，1900年には住宅の灯火は88%が灯油ないし石炭オイルだったが，1920年にはその比率は27%に下がり，ガスが35%，電気が79%を占めるようになった．全米の家庭電化率は，1910年の15%から1930年には68%に急上昇した．電力生産量

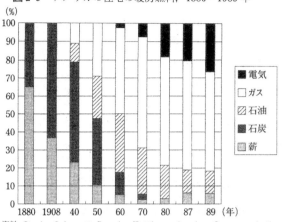

図2-9 アメリカの住宅の暖房燃料，1880-1989年

資料: Stanley Lebergott, *Pursuing Happiness: American Consumers in the Twentieth Century* (Princeton Univerity Press, 1993), p. 107.

は，1919-29年間に1.8倍の伸びを示した．

(2) マイホームの時代へ

1920年代は全体として所得分配の不公平が拡大したものの，1930年のフォード従業員100家族の調査では，平均年収1,700ドル，自動車は47家族が所有し，ラジオは36，ミシンは5，真空掃除機は19，電気洗濯機は49，アイロンは98家族が所有していた．さらに，59家族は，家具，電気製品，車などの購入に割賦契約を結んでいた．

1919年に，ウィルソン大統領の内務長官，フランク・レーン (Franklin K. Lane) は郊外の住宅建設を政府の優先施策にすべきだと進言した．それは，「土地のうえに大衆の真の基盤を与え，アパートを庭付き住宅に替える」ことの必要からだった．レーンの提案を真剣に受け止めたのは，住宅改革者ウィリアム・スマイズ (William Smythe) である．彼はソ連の社会主義の挑戦からアメリカの大衆を守るために，住宅所有をこそアメリカの平和の土台にすべきだと主張した．フーヴァーは商務長官時代，労働省による「マイホームを持とう」キャンペーンを支持した．民間不動産業者と郊外居住の中産階級が1928

年選挙でフーヴァーを勝利にみちびいたともいわれている．建設産業も，長期のサイクルのブーム期に当っていた．新建築のおよそ半分を占める住宅建築は1925-26年がピークとなり，その後は非居住建築や公共建築が増大し，1929年まで高水準にあった．しかしながら，先に見た事情によって，1924年以降人口増加率が鈍化し，

表2-3 家庭の電気器具普及率，1900-1989年（単位：％）

年	電灯	電気冷蔵庫	電気洗濯機
1900	3	0	
1910	15	0	
1920	35	1	8
1930	68	8	24
1940	79	44	
1950	94	80	
1960		90	73
1970	99	99	70
1989	100	100	75

資料：*Ibid.*, p. 113.

1926年以降は住宅建設が頭打ちになり，家賃も下がりはじめる．住宅ローン残高は，1919年の80億ドルから1929年の270億ドルへ急増している．

10 消費者資本主義の進化

(1) 女性の行動としての消費

　消費者資本主義が本格的に登場したのも，じつは，勤勉と節約を至上の価値として経済発展に邁進するアメリカ人から成り立つ19世紀的資本主義から，さまざまな商品・サービスの消費を目的とした支出行動を徳とする新たな経済倫理を核とする新しい資本主義への移行のひとこまだったともいえる．19世紀的な小さな町や農村のコミュニティを中心とした生活世界では，生産活動が生活と一体となっていた面があるが，商品の全国的大量生産や大量配送，大量販売は，しだいに消費購買活動を生活自体から切り離していく．いまや，アメリカ人にとって，最重要な価値は，消費者としての価値に置かれた．

　統計的には，全米小売市場における購買活動の圧倒的部分は女性が行っていたとされる．通常，広告掲載誌紙は消費者による支出全体の85％を女性が遂行したと想定して広告を制作した．消費者は「彼女」であった[1]．19世紀アメリカを支配していたとみられるビクトリア的価値観では，女性の領域は家庭にあり，その主たる役割は夫と子供のケアと家庭の維持だったが，現代的，都

---

1) Marchand, *Advertising the American Dream*, p. 66.

市的価値観では，女性は全国市場と向き合って，少なくとも買物や消費活動をリードするものであり，できれば自立して店やオフィスで働くべきであった．

この新しい，消費文化にもとづいた価値観を最も評価したのが，経済学者サイモン・パッテンだった．パッテンは1886年から1922年のあいだに「過去に対する拒絶とより良き未来への夢とを混合した，消費の理論を発展させた」．この新旧価値観の対立の時代にあって，古い価値体系，すなわち，忍従や禁欲の精神に満ちた，そして欲望の抑圧を強調するような価値体系はビジネスと商品と現代の市場から発生する新しい価値体系に転換すべきである．より多くの娯楽と支出こそがより大きな道徳性をもたらす．支出の増加は人々を新しくする．「新しい」商品をたえず買いつづけることによって，人々は彼らのあいだの差異を克服して，より良い人々になり，アメリカ社会で新たな統合と調和をもたらす基礎をつくる．消費は，同種のものについて考え，欲することによって人々を標準化する．この新しい消費者は世界を全体として見ることのできるゼネラリストだ．そうでない人々は，地方的な状況にとらわれて，一般化の力をもたない．したがって，消費に対するあらゆる伝統的な制約や奢侈品に対するあらゆるタブーは取り除かれるべきである．

(2) アメリカ消費社会の優位

いまや，「欠乏の時代」は終わることのない大量生産商品と娯楽に特徴づけられる「豊富の時代」に変わりつつある．労働は楽しくないので，労働者は仕事から満足をえるのは無理である．むしろ，休日の楽しみを確保するために，労働者は労働の苦難に耐える．良い消費者が良い労働者をつくる[1]．ハンガリー出身で結局アメリカに亡命したジョージ・カトナ (George Katona, 1901-81) は，ヨーロッパに比べたときのアメリカ消費社会の優位を言語化した．彼は1946-72年間にミシガン大学で消費者の期待感についての調査を続けながら，「中産階級的，消費社会としてのアメリカ」というヴィジョンを提供した．カトナは1920年代から1930年代にかけてのアメリカ消費社会に魅了された．

---

1) Jackson Lears, "Reconsidering Abundance: A Plan for Ambiguity," in Susan Strasser, et al. eds., *Getting and Spending: European and American Consumer Societies in the Twentieth Century* (Cambridge University Press, 1998), p. 453.

アメリカ・ビジネスマンの効率，現代性，そしてフレキシビリティが評価される．アメリカの消費者の熱望の高まりこそが，第二次世界大戦後の経済の健全性にとって決定的要因だった．経済が新たな刺激を求めているときに，需要を高めることによって，経済のインフレ傾向にブレーキをかけて，安定をもたらすのが消費者である．この，消費者による経済安定化の役割こそが，あの第一次世界大戦後の急激なインフレーションを経験したヨーロッパ人としてのカトナが何より評価すべき点だった．消費者の安定化に果たす役割を強めることによって，システムは民間人の自発的な行動によって支えられるのだから，政府による干渉は最小限でいい．消費者はインフレーション，全体主義，そして経済的不安定を防ぐ先頭に立つ[1]．

1920年代にいちだんと活発になった商品サービスの宣伝広告活動のなかで，宣伝する側は，便利さと家事の節約によって，消費がじつは女性の独立の手段でもある，と主張した．粉洗剤，台所・洗濯用品，せっけん，真空掃除機，加工食品などがそのようにして宣伝された．電気掃除機を「奴隷制からの解放」といった過激な文言で宣伝した会社もある．また，他方で消費はアメリカの社会民主主義のシンボルであり，社会的平等のエンジンだった．商品がだれにでも安価に平等にアクセス可能（「商品の民主主義」）であれば，階級制度は成り立たない．むろん，じっさいには，多くの新製品の販売ターゲットは，平均以上の所得階層のアメリカ人に限定されていた．逆に言えば，30％から65％の人々ははずされていた．このようにして，アメリカ市民と消費者が等置された．さまざまなエスニシティ，異なる時期におけるアメリカへの帰属で特徴づけられるアメリカ社会においては，均一商品の大量消費は，アメリカニズムという，統合的な文明に至るてっとりばやい方法だった．こうして，消費は新たな市民権の型とも言い換えることのできる，「アメリカ的生活様式の基礎となった」[2]．民間企業や市場レベルに限定されていた，消費の経済生活における意義が，景気回復政策との関連で政府のエリート・レベルに認識されるのが，ニューディール期（1933-39年）である．消費者の行動のなかにこそ，この不況

---

1) Horowitz, *The Morality of Spending*, pp. 149-155.
2) Charles McGovern, "Consumption and Citizenship in the United States, 1900-1940," in *Getting and Spending, ibid.*, pp. 50-55.

からの脱出のヒントがあると認識されていく．こうした流れのなかで，あらゆるエスニック・グループが多かれ少なかれ，新しい消費社会に適合していくのだが，とくに奴隷制から立ち上がってきたばかりの黒人社会にあっては，その経済生活への参加は苦難に満ちたものだった．農業では，黒人経営農場数がピークに達したのは1920年で，92.6万農場，農場全体の14.8%だったが，その後その数は年々激減している．

(3) エスニック・グループと消費社会

アメリカのエスニック・グループの多くは，少なくとも最初は，その主たる市場がその集団のメンバーで構成される，小企業家階層を生み出してきた．そこからより広汎な人口へとその市場を拡大していった．おそらくその典型が黒人の場合である．20世紀前半に黒人コミュニティが医療，宗教，教育，法律などの分野で基本的サービスを必要としたことが，黒人が専門職へ参入した契機となった．1910年という時点をとってみると，黒人の50%はシェアクロッパーなどの田舎の貧農であり，39%が不熟練とサービス労働者に集中しており，わずか3%のみがホワイトカラー身分（白人は24%）だった．熟練職のブルーカラー労働者は2.5%である．

第一次世界大戦による移民停止は，黒人労働者が北部工業地帯に大量移動するきっかけを与えた（大移動 the Great Migration）．1924年の移民法通過後は，移動は加速し，1910–30年間に約百万人が北部に移動した．1920年には，シカゴ，デトロイト，ニューヨーク，クリーブランド，シンシナティ，コロンバス，フィラデルフィア，ピッツバーグなどの大都市が北部黒人人口の40%を吸収した．たとえば，シカゴは，1917–18年の18カ月間に5万人ほどの黒人労働者を受け入れた．デトロイトの黒人人口は1910年代に6.1倍となった．このように黒人コミュニティが新しい都市に形成されると，教師，医師，歯科医，葬儀屋，不動産屋，保険代理店，牧師，新聞編集者，商店主などの黒人中産階級が黒人コミュニティにサービスするために生まれた．従来型の黒人エリートが北部白人社会とのコンタクトの中で立身出世してきたのとは対照的に，新エリートは，黒人コミュニティとの交渉の中から，黒人大衆とともに出現した．

新旧エリートの交替は1915年頃だと，バート・ランドリーは言う[1]．黒人所有企業は1898年の1,900から1930年には7万に増加した．むろん，大多数は，個人サービス分野の小商店であり，理髪店，美容室，クリーニング店，洋服屋，食堂，食料品店などだった．世紀転換期以降，黒人都市人口が増加したので，それらが市場を創出することによって，黒人企業発展のための触媒の役割を果たした．これらのビジネスは，もともと白人の個人サービス企業が黒人をきびしく差別したために，黒人が必要なサービスを受けられない不便を解消して，黒人コミュニティの需要をまかなうために，黒人企業家によって開始された．その意味で，「防衛的事業」(defensive enterprise) と言えるかもしれない．専門職の場合でも事情は似ている．1921年になってようやく連邦の補助を受けて，ハワード大学が黒人の大学院教育を始めることができた．1930年の黒人専門職135,964人のうち，半分が教師だった．世紀転換期を中心に急増していたホワイトカラーの事務セールス職への浸透も，1910年当時は限られていた．電話交換手はデトロイト市に1,186人いたが，黒人はゼロで，商店の店員は2,081人のうち1人，オフィスの事務員7,106人のうち，10人だった．

黒人教育家，改革者のブーカー・T. ワシントン (Booker T. Washington, 1856-1915) は，1900年，ボストンで「全米黒人企業同盟」(National Negro Business League) を創設してその会長となった．黒人企業の創設によって黒人の経済的解放をめざすのが組織の目的だった．この組織が物的な面で黒人起業家を援助できたかは疑問だが，企業人をめざす黒人にとって精神的なよりどころになったことはたしかである．ちょうどこの頃は，集団として都市に住む黒人たちがコミュニティ周辺の白人企業に対しても，その購買力を武器に黒人雇用キャンペーンが試みられた時期でもあった[2]．また，大恐慌期には，「黒人が働けないところで買うな」というスローガンで運動が起こされた[3]．

ところで，1920年代は「新黒人」(the New Negro) という言葉が生まれたことでも知られる．このころニューヨークのハーレム地区に集住した黒人インテリ，文学者，芸術家たちによる文化運動が「黒人ルネサンス」ないしは「ハ

---

1) Bart Landry, *The New Black Middle Class* (University of California Press, 1987), p. 39.
2) 樋口映美『アメリカ黒人と北部産業』第6章参照．
3) Franklin E. Frazier, *Black Bourgeoisie* (Collier Books, 1957), p. 140.

ーレム・ルネサンス」と呼ばれる，黒人文化をアフリカの原点にまでさかのぼって再評価しようとする運動を起こし，その中心になった人々が新黒人と重なる．その中心人物の1人によれば，黒人ルネサンスとは，以下の諸点に関わる文化運動だとされる．1) アフリカを黒人の誇りの源泉として発見する．2) アメリカ史から黒人の英雄や英雄的エピソードを引き出す．3) 抗議の表明．4) 黒人大衆をより深い理解とより少ない弁明をもって扱う．5) 率直，かつより深い自己実現．文化運動の中心がハーレムだったとすれば，タバコ産業で有名なノース・カロライナ州ダラムは一時黒人企業が集まる黒人資本家の首都のようだったとも言われる．

11　福祉資本主義と労働者，農民

(1) フォード社の高賃金と労働者管理

　1914年からフォード社は「日賃金5ドル制」を開始した．会社は1913年にまず従業員の賃金レートを熟練度に応じた客観的基準にもとづいて支給するための職種ヒエラルキーを作り直した．そして，翌年の1月に，1日5ドル最低賃金制の導入に踏み切った．会社は，「これまで産業界に知られたことのない，報酬の領域における最大の革命を開始する」と高らかに宣言した．これまで9時間労働の2交代制だったものを8時間労働の3交代制に変えた．現行従業員15,000人に加えて，4,000人を新規採用し，少なくとも10%の労働者に対してただちに5ドルを支払うとした．これを適用された幸運な労働者の場合，2.5ドルが賃金，残りの2.5ドルが利潤の配当という形をとった．つまり，当初の計画では5ドル制は，企業利潤の従業員への配当 (profit-sharing) だった．会社側は同時に従業員の生活調査を実施して，飲酒癖のあるもの，清潔な住宅に住んでいない者，貯金をしていない者，など健全なアメリカ的生活をしていないとみなされる労働者については，利潤分配部分の支給を先送りした．そして，その後観察を継続して，態度が改善したとみなされた時点から利潤部分の支給を少しずつ開始したのである．このころ，フォード社は前からあった医療部を社会学部に再編し，従業員の監視と更正を仕事とした．同時にフォード英語学校がつくられ，アメリカ到着間もない労働者たちに英語とアメリカ文化を教育

した．この新制度によって労働者の転職率，欠勤率などは目立って減少し，生産性も向上し，高賃金に惹かれて多くの労働者が職を求めて集まりはじめる．

フォード社の社会学部が行った調査のなかに，ポーランド出身のカトリック労働者の事例がある．彼は妻と4人の子供を抱えていた．1914年1月の最初の調査のとき，彼には飲酒・喫煙習慣があり，2階建てのアパートは数家族の雑居で不潔，妻は働き過ぎで，疲労困憊していた．夫はシェア支給の対象とならず，調査官はこの労働者にもっと環境の良い家に移って暮らしを改善するよう，アドバイスした．やがてその労働者は郊外に住宅地を買い，3部屋のマイホームを造った．今度は1家族だけの占有である．年末までに住宅が建てられ，家具も整えられ，家族はきちんとしていて清潔，従業員は英語学校に通ってアメリカの価値や習慣を学んだ．こうしてこの家族は1915年8月に，やっとシェア支給を受けられるようになった[1]．

その後，第一次世界大戦中のインフレーションによって労働者の実質賃金は減価し，1919年の6ドル制のあと，戦後はコスト削減に追い込まれたフォードは，21年には工場をいったん閉鎖して，労働者を6～7割に減らしてから再開する策をとった．業界全体としてみても，1919年から29年までに，自動車産業での付加価値中に占める賃金のシェアは，38.6%から27.8%に減少している．同じ時期に人・時間当りで見た生産性は234%も増加するが，賃金は112%の増加に止まっている．アメリカの工業労働者の賃金は当時世界一だが，それをはるかに上回る生産性の増加があったために，1920年代のアメリカの経済成長が可能になったと言える．

フレデリック・テイラー（Frederick Taylor, 1856-1915）はすでに1911年に『科学的管理の諸原理』を著して，工場の設計に適正な労働編成やストップウォッチによる時間動作研究が不可欠なことを論証した．これに対して，フォードのシステムにおいて決定的な役割を果たしたのは機械であり，生産工程における労働者の効率の改善を重視するテイラーのシステムとは位相を異にする．いずれにせよ，この時代の労働者は一方では組み立てラインのスピードに追い立てられたり，「科学的」分析に基づく労働強化を強いられたり，と守勢にま

---

1) Stephen Meyer III, *The Five Dollar Day: Labor Management and Social Control in the Ford Motor Company, 1908-1921* (State University of New York Press, 1981), pp. 133-134.

わる一方だった．

(2) 守勢にまわる労働者

　20世紀初めから，組織労働をめぐる情勢は不穏であった．職種別組合主義，経済的要求の最優先をモットーとするAFLは，アメリカ労働者の賃金が下がるおそれから，長いこと移民制限主張の急先鋒であったし，エリート熟練労働者以外の人々を組織化することには及び腰だったので，炭坑労働者や繊維といった産業別組合に好都合な組織の代表エリートたちはその姿勢に不満で，その点から，社会主義という目標は別にしても，より急進的かつ行動的な労働団体への渇望が強かった．そこに，アメリカ社会党とあい並びつつ，IWWが出現した．第一次世界大戦直前は繊維の町，パターソンやローレンスでのストにおける成功を引きついで，IWWはその社会的影響力の絶頂にあった．だが，1917年のロシア革命の勃発によって社会主義が一気に実現性のある具体的目標に転じると，政府やビッグビジネスの側は，はるかに大きな危機感をもって社会主義運動弾圧に乗り出した．アメリカの第一次世界大戦参戦による排外主義の高揚は，その勢いを強めたのである．

　1919年9月には，34万人が参加する鉄鋼労働者ストライキがあり，ボストンでは警官ストライキが起きて，州兵が動員された．この年の夏には，南部アーカンソー州や，シカゴなど25カ所で人種暴動が起き，不発に終わった爆弾騒ぎもあった．人心がこうした事態に，ロシア革命の影を認めたとしても不思議ではない．結局連邦司法長官パーマーが過激派外国人の摘発，本国送還に乗り出し，翌年には5,000人にのぼる「容疑者」を逮捕した．この赤狩りによって，アメリカ社会党とIWWは決定的な打撃を受け，急進主義は退潮を余儀なくされた．また，これに前後して全米製造業者協会（NAM）や各地の商工会議所などが攻勢を強めていたオープンショップ（労働組合加入を雇用の条件としない）運動が「アメリカン・プラン」として1920年代にはさかんとなり，AFLの消極姿勢もあって，労働者の組織化は頓挫した．1919年の短いが鋭かった戦後恐慌も，組織労働にとって逆風だった．大企業を中心に，従業員代表制や数々の会社単位での労働者に対する年金，ボーナス，利潤分配（フォードなど）が普及した．これが福祉資本主義と呼ばれるものである．ストやピケに

さいして禁止命令が出され，それが裁判所によって認められ，ストが敗北する例が少なくなかった．1920年に500万人だった組合員は1929年には350万人に減少した．

(3) 農産物需給バランスの不均衡化

1920年代には世界農業問題が深刻化した．ヨーロッパ諸国の自給努力と保護政策，開発途上国の生産増加，アメリカ農業の機械化の進展による供給力増加などによって，供給側の余力が増した．他方で，衣食生活の変化によって需要側がさほどの伸びを見せなかったから，農産物の世界在庫は増加するばかりだった．農業問題未解決のまま，1920年代末期には開発途上国から国際収支危機が広まっていった．

民主主義の先進国アメリカでは，現在，人口の増減に伴って下院議員の議席（したがって大統領の選挙人数）再配置（reapportionment）が半ば自動的に行われているが，じつは1920年代は再配置のルールが固定する以前だったために，人口減となって議席が減る選挙区の議員を中心に反対が根強く，1930年に行われるセンサスの結果に応じて議席再配置を行う法案が成立したのは1929年のことだった．つまり，アメリカではじめて都市人口が農村人口を上回った1920年のセンサスは議席再配置に生かされることなく終わったのである．これは，アメリカ史上1度きりのことだった[1]．アメリカでは，少なくとも1920年代の政治は急激な人口変動に追いつけず，都市に対してやや農村，田舎優位で進んだことになる．

1919-28年の農業セクターは産業別国民所得では10.5％のシェアだったが，雇用労働者のシェアではその倍の20.6％を占めた．農業人口は総人口の30％前後から25％に減少したが，なお3,000万人を超えていた．1920年代に5,700行とかなり高かった農村地域の銀行の倒産についても，大恐慌期とは区別して考えるべきだろう．戦後の土地ブームへのかかわりや不健全な融資の拡大，そして何よりも，自動車，道路，電話の普及によって農民を含む住民たちの金融機関の選択の幅がより大きな町や都市を含む地域に広がったことで，銀行が逆

---

[1] Charles W. Eagles, *Democracy Delayed: Congressional Reapportionment and Urban-Rural Conflict in the 1920s* (The University of Georgia Press, 1990), p. 21.

選別されはじめたことが無視できない.

都市型生活の優勢は,穀物よりも肉類やミルク製品へと,食料需要をシフトさせた. 食料穀物と飼料穀物を合わせたシェアはこの30年間に,21.7％から12.3％に激減した. 畜産物は逆に,6.5％増大している. とくにミルク製品は,ミルクの販売が中小都市にも広がったために,好調だった. 投入面では機械化が確実に進展した. 1918年にわずか85,000台だった農場のトラクターは,1929年には827,000台に増加していた. 投入に占める資本,すなわち非農業産品のシェアが確実に高まり,他方で投資の機会もふえた. 国内農民に補助金を与えて農産物輸出を促進するというマクナリー＝ハウゲン法案の議会への再三の上程と論議は,都市部に比しての農村民の経済状態の劣位を反映している.

12 住宅と自動車の飽和とバブルの発生

(1) 経済の不安定化

1920年代の世界経済はさまざまな不安定要因をかかえていた. 第一次世界大戦が主要大国の間の力関係を変えてしまった. ヨーロッパ,とくにイギリスの経済力の低下と,それに変わるアメリカ合衆国の台頭が,資本主義システム全体を不安定にした. 戦前の繁栄を支えた産業が国際競争力を低下させてしまったイギリスは,ロンドンを通ずる世界金融の支配権を維持しようとして短期資金への依存を強め,また金本位制復帰にさいしてポンドを過大評価した. アメリカは,ニューヨーク連銀総裁ストロング (Benjamin Strong, 1872-1928) の時期にはイギリス,フランスとの国際協力をスムーズに行ったが,彼の死後は連銀当局内部での対立を調整できなかったばかりか,国際協力にも消極的となった. ドイツでは,もともと賠償支払いのためにアメリカなどから大量の資金導入をしたのだが,連邦政府も地方政府も借入金を自明の前提のように費消する「過剰消費」的な傾向をもつにいたった. まがりなりにも機能していた賠償－戦債循環は,1920年代後半に,アメリカの証券市場の過熱によって資金がヨーロッパに流れていかなくなると断ち切られてしまった.

第一次世界大戦後の世界経済のなかで,新たな耐久消費財,自動車,住宅によって景気を牽引してきたのはアメリカだが,そうした新産業を支えた内需も,

生産性の伸びにはるかに遅れた賃金の伸び悩みや，農業地帯の不振によって1920年代末期には限界を迎えつつあった．信用販売の普及にもかかわらず，中産階級の上層にそれら消費財の一定の飽和が見られると，購買力は縮小した．増大する需要に応じて設備拡張してきた企業の側は需要の頭打ちによってしだいに採算を悪化させたが，しばらくは株式ブームに支えられて現状を維持した．一般的に1920年代は上層の所得階層の人々の所得の増加がきわだっていたのに，下層労働者の所得増加は控えめだった．最富裕の5%の人々が所得全体に占めるシェアは1919年の26.1%から1929年の31.9%に上昇した．

一般の勤労者の所得が生産性の伸びに比して伸び悩んだのは，労働組合の弱さとも関連する．組織率は1920年の12.1%から，1930年の7.4%へと減少した．耐久財支出はこの頃本格化した信用販売によって加速されていたので，都市住民の債務残高は増大した．また，農業拡大のために土地や機械を1920年代前半までに購入した農業経営者たちの債務も累積しつつあった．好況のもとでも農地の抵当権解除率は高く，それに連動するかのように田舎の小さな銀行の倒産が相ついだ．こうした債務構造は，いったん景気が悪化してくると，不況の進行を加速させた．

アメリカ国内の資金循環にかかわる事情が株式市場バブルを悪化させた．この時期に成長した巨大企業の多くは資金を銀行に依存せず，自己金融でまかなっていた．他方で，農民や都市民の預金を多く集めていた銀行は，巨大企業からの資金需要が期待できなかったために，中小企業金融や不動産担保貸付と証券担保貸付に乗り出した．しかも，しだいに，企業合同や投資会社設立などの実体経済とあまりかかわらない目的の貸付がふえていった．それらの資金の相当額が1920年代末期には株式ブームに吸い寄せられていったのである．

(2) 大衆資本主義

1920年代アメリカの経済現象を理解するうえでの一つの鍵は，「大衆資本主義」的なその性格である．ひとにぎりの裕福なエリートだけが経済発展の恩恵にあずかっていたわけではなかった．T型フォードは生産のピーク時の3年間 (1923-25年) にすでに年190万台を超えて生産されていた．電灯，電気冷蔵庫，水洗トイレ，そしてラジオが急速に普及しつつあった．そして大衆の一部は株

式売買にも参加した．後の議会の調査によれば，1929年に株式取引に加わっていた人々（300万人とも200万人ともいわれる）のうち，ブローカーと取引のあったのは約150万人である．当時の『ニューヨーク・タイムズ』紙によれば，全国で200万人が株式投資にかかわっていた．個人電話の急速な普及はウォール街との連絡を抜きにしては考えられない．当時は約3,000万世帯だったから，全世帯の約5〜7%ほどが株取引に巻き込まれていたことになる．ただし，株式投資に一般大衆の参加が目立ちはじめるのは，大暴落の2〜3年前からである．

第 3 章
大恐慌とニューディール
1930 年代

カリフォルニア州サンフランシスコでのストライキ労働者と警官との衝突. 1934年.
http://media.nara.gov/media/images/27/6/27-0568a.gif
ARC Identifier: 196511

1 大恐慌とフーヴァー政権の外交

(1) ロンドン海軍軍縮会議

　ハーバート・フーヴァーは1928年の大統領選挙で「さらに4年の繁栄を」というスローガンを掲げて圧勝した．ある株式ブローカーは大恐慌後数年経った時点で，「ほんとにもう，J. P. モーガンと共和党は全てうまくやっていて，この状態はいつまでも続きそうだった」[1]，と恐慌前の状況を回想している．この言葉からは，国民のあいだに当時広がっていた楽観主義と多幸感がよく伝わってくる．フーヴァーは29年3月4日大統領に就任したが，彼自身，繁栄と平和がこれほど確かなものになったことはない，と信じていた．それからわずか7カ月後の10月24日，ニューヨーク株式市場で株価の大暴落が起こり，それが大恐慌の始まりとなった．

　フーヴァーは国際関係における問題解決の方法として，武力を行使することには原則的に反対だった．それはクェーカー教徒としての彼の信念とも一致する．紛争の平和的解決を重視するフーヴァーはケロッグ＝ブリアン条約，常設国際司法裁判所へのアメリカの参加，そして軍縮を支持した．なかでも，彼の軍縮に対する熱意は1920年代の平和・軍縮運動にも影響を受けていた．軍縮は国民大衆に強くアピールするテーマだったということもあるが，それ以上に，国際世論の力によって国際紛争を解決すべきだというのが，フーヴァーの信念であった．彼はまた，過度の軍事支出は経済的にはマイナスであり，経済の活力を維持するためには支出を抑制すべきだという考えをもっていた．

　したがって，フーヴァーは1930年1月から始まったロンドン海軍軍縮会議には非常な熱意をもって取り組んだ．この会議では，27年のジュネーヴ交渉決裂の失敗を繰り返さないようにスティムソン国務長官を首席全権として送り込んだ．また，事前の交渉でイギリスとの合意を取りつけ，国内においては，ジュネーヴ軍縮会議に反対した団体の活動を暴露することによって，海軍連盟などの反軍縮団体の反対を封じ込めた．会議は対米7割を主張する日本との対

---

1) Walter LaFeber, *The American Age* (W. W. Norton, 1989), p. 331.

立の場となった．ワシントン会議でも日本海軍が主張した重巡洋艦の対米7割をアメリカは認めようとしなかったが，アメリカの大型巡洋艦の建造を遅らせることによって，次回の会議が開かれる1935年末まで日本が対米7割を維持できるように譲歩した．このため日本の浜口雄幸首相（民政党）や幣原喜重郎外相は，海軍軍令部の猛反対を押し切って，アメリカの最終案を受諾した．

しかし第17回衆議院選挙で大敗した政友会は，海軍軍令部の反対を押し切って決定された条約を統帥権干犯だとして政府を攻撃した．統帥権の独立規定は軍部に対する文民統制を困難にする明治憲法の欠陥だったことはよく知られている．政友会が政党政治の最大の障害であった統帥権問題を倒閣の手段に利用しようとしたことは，政党の自殺行為に等しかった．帝国議会における統帥権論議は，条約反対派を勢いづけ，海軍軍令部，右翼などが政党政治を公然と否定する余地を作ってしまった．

(2) 日本の中国侵出とスティムソン・ドクトリン

1930年9月18日，満州事変が勃発した．この事件は満蒙問題の武力解決を一挙にめざすという考え方に立つ関東軍の軍人たちが引き起こしたものだ．アメリカは日本政府が事件の不拡大方針を表明したことから当初，幣原らリベラル勢力の事態収拾を見守る姿勢を示した．フーヴァーは9月22日に開かれた閣議において，「私の問題はわれわれが事態を注視していることを日本人に知らせ，同時に正しい立場に立っている幣原の助けになるような仕方でそれを実行し，国家主義者の扇動に乗らないようにすることだ」[1]との方針を示した．しかし，関東軍は次々に戦闘を拡大し，10月8日には張作霖（1875–1928）の息子張学良（1901–2001）の拠点，錦州を爆撃したばかりでなく，11月19日にはチチハルを占領し，続いて翌年1月3日錦州を占領した．関東軍は既成事実を積み重ね，政府や陸軍中枢部はそれを追認するという状況だった．

事変勃発後4カ月たらずで関東軍が満州全土を軍事支配下に置くという状況に直面し，アメリカ政府内には何らかの制裁措置をとるべきだという意見も台頭した．しかし，具体的な対応をめぐっては政権内に足並みの乱れが生じた．

---

1) Robert H. Ferrell, *American Diplomacy in the Great Depression* (W. W. Norton, 1957), p. 132.

スティムソンはまず，国際連盟との協力のもとでケロッグ＝ブリアン条約の履行を求める動きに出たが，他方では，「連盟の膝から赤ん坊を取り上げるべきではない」[1]　として，連盟から距離をおいた．次に，連盟の経済制裁にアメリカが協力するという方法を模索したが，これにはフーヴァーとキャッスル (William R. Castle, Jr., 1878-1963) 国務次官補が強く反対した．キャッスルは日本が東アジアにおける唯一の秩序維持勢力であり，中国には全く期待できない，と考えていた．日本は連盟による経済制裁を戦争行為とみなすだろう，とキャッスルは論じた．フーヴァー，スティムソン，それにキャッスルには日本が中国ナショナリズムの急進化の歯止めとしての役割をはたし，北方のボルシェヴィズムの脅威を封じ込める防壁となるなら，それは歓迎すべきことだという期待もあった．

しかし，日本軍による錦州の占領はスティムソンの態度を著しく硬化させ，1931年1月7日の不承認政策の発表となった．スティムソン・ドクトリンとして知られるようになるこの政策は，九カ国条約や不戦条約に違反して実行された事態や合意をアメリカは承認できないとするもので，フランクリン・D・ローズヴェルト (Franklin D. Roosevelt, 1882-1945) 次期政権にも引き継がれ，日本の勢力圏政策と対立することになる．日本がこれを無視すると，スティムソンは2月23日，ボラー (William E. Borah, 1865-1940) 上院外交委員長宛て書簡の形で，日本が九カ国条約を遵守しないなら，アメリカはワシントン会議の六カ国条約の拘束からも自由だとして，海軍力増強とフィリピン，グアムの要塞強化に乗り出す意向を示唆し，対日圧力を強めた．

しかし，こうしたスティムソンの対日威圧措置はフーヴァーとキャッスルによる別の動きによって相殺された．1932年2月から国際連盟主催のもとでジュネーヴ一般軍縮会議が開かれており，スティムソンはワシントンを離れていた．その間，フーヴァーはキャッスルと相談のうえで，アメリカ市民による対日ボイコット運動への不支持を表明し，日中紛争を解決するのに平和的手段以外の方法を追求する意図のないことを明らかにした．フーヴァー声明はスティムソンのボラー宛て書簡のねらいを無意味にするものであり，スティムソンはこれに強く反撥した．スティムソンは8月にニューヨークの外交問題評議会

---

1) Walter LaFeber, *The Clash* (W. W. Norton & Co., 1997), p. 169.

(CFR) での演説を予定しており、その場で、国際連盟との協力によって不戦条約の履行をめざし、そのためにアメリカは連盟の制裁に参加する用意があると表明するつもりだった。しかし、アメリカの連盟制裁参加の文言はフーヴァーの反対で削除されてしまった。

スティムソンの軍事担当補佐官は満州事変に対するフーヴァー政権の対応を評して、初春に泳ぎに出かけて、足を水に入れたものの、「恐ろしく寒いんだよね」と言って逡巡している少年のようだった、と形容した。その理由の一端は、上述のように、フーヴァーとスティムソンとの間の足並みの乱れにあった。しかし、より大きな問題は、大恐慌対策に追われる各国間に足並みの乱れが生じ、各国が協同で対処できなかったことである。イギリスはスティムソン・ノートにもとづく対日共同行動を拒否した。イギリスとフランスの消極的態度を見て、内憂外患のフーヴァー政権としても、単独で日本に対抗するのは得策ではない、と判断した。

図3-1 アメリカの「門戸開放」政策を無視して満州に勢力圏拡大をはかる日本

ケロッグ＝ブリアン条約を銃剣で突き刺す日本兵が描かれている。
Foreign Policy Association ed., *A Cartoon History of United States Foreign Policy Since World War I* (1967), p. 29.

(3) 孤立化する日本外交

この間、日本はスティムソンの警告を無視して行動をエスカレートさせていった。1932年1月には上海に戦火が飛び火し、関東軍は3月に満州国の建設に突き進んだ。国際連盟は1931年12月10日、事変の真相究明の必要から調査委員会の設置を決議し、イギリスのリットン卿 (V. A. G. R. Lytton) を団長とする調査団を紛争当事国に派遣していたが、その報告書は1932年10月に公

表された．リットン報告書は満州国の正統性を否認したものの，満州における日本の特殊権益の尊重と自治の発達を勧告しており，日本にとって必ずしも不利な内容ではなかった．にもかかわらず，リットン報告を基礎に作成された決議案が連盟総会の場で42カ国の賛成（タイは棄権）で採択されると，日本だけがこれに反対し，1933年3月27日，日本は国際連盟から脱退した．

パリ講和会議で獲得した国際連盟の常任理事国の地位を捨て去ってまでも国際的孤立の道を選択したことは，内田康哉 (1865-1936) 外交における国際認識の欠如を示すものであり，それは満州事変以後ますます顕著になる日本外交の特徴でもあった．と同時に，この時期，日本の国内政治における民主化の後退を象徴する事件が続いたことも注目される．1932年2月9日，血盟団員によって前蔵相井上準之助が暗殺され，3月5日には三井合名理事長団琢磨 (1858-1932) も暗殺された．つづいて，5月15日には海軍青年将校を中心とするグループによって犬養毅首相が暗殺された (5.15事件)．5.15事件は政党政治に終止符を打ってしまい，その後の日本の国際主義的協調外交の行方に暗い影を投げかけるものであった．

2 正統性の危機とローズヴェルト外交

(1) ローズヴェルトの「爆弾声明」

フーヴァーは未曾有の繁栄のなかで大統領に就任したが，4年後の1932年大統領選挙時のフーヴァーは不況の代名詞のようになり，失業者の住む掘っ立て小屋の即席集落はフーヴァービルと呼ばれた．大恐慌によって国民の信頼を失った共和党に代わって，1929年以来ニューヨーク州知事を務めていたフランクリン・D. ローズヴェルトが民主党の大統領候補に指名され，共和党から政権を奪還した．選挙結果は，ローズヴェルトが一般投票で700万票の差をつけ，選挙人票で472票対59票の大差で圧勝した（見返し図参照）．1933年3月4日大統領に就任したローズヴェルトは，アメリカ史上空前の4選をはたし，1945年4月12日に死去するまで，12年の長きにわたり，大統領としての任務を遂行した．

ローズヴェルト政権が誕生したときの世界は，多くの国が国内優先の経済政

策をとりはじめていた．この傾向に拍車をかけたのは，高関税の導入をめざすスムート＝ホーレイ法の成立であった．フーヴァー大統領はこの法案に拒否権を行使することもなく，法案は1930年6月に議会で成立した．これに対抗して，フランス，イタリア，スペインなど欧州諸国，あるいはカナダ，メキシコなど，多くの国々が関税を引き上げはじめた．同法にもとづくアメリカの高関税政策は，世界が恐慌に突入していたなかで，さらに世界貿易の縮小を引き起こすことにつながった．イギリスも保護貿易に転じ，32年にカナダのオタワでイギリス連邦経済会議を開き，特恵関税制度を設けた．このオタワ協定は，英連邦諸国内の貿易を容易にするが，域外諸国に対しては関税障壁を設けるもので，閉ざされた地域主義の典型であった．

そうしたなか，大恐慌によって資本主義システムの危機に直面したローズヴェルト政権はニューディール立法といわれる一連の法律を制定し，果敢に体制危機に取り組んだ．これらの立法措置は国内優先政策にもとづくものであった．その結果，ローズヴェルト政権一期目においては，どちらかというと国際協調は犠牲にされた．1933年6-7月ロンドンで開催された世界経済会議で，ローズヴェルトは7月3日，メッセージを発表した．「爆弾声明」として知られるこの声明のなかで，彼は就任演説の趣旨を繰り返し，即時の為替安定化や戦債・賠償問題の協議よりも国内物価引き上げによるデフレの克服を優先するとの立場を明確にした．この声明は会議参加国の多くを驚愕させた．

ローズヴェルト政権の国内優先の政策態度はロンドン世界経済会議の挫折を招いただけではない．それはまた，世界不況にあえぐ他の国々にアメリカには何も期待できないとの不信感を植えつけ，結果的に各国にますます自国優先への傾斜を強めさせることになった．アメリカは，すでに1931年9月に金本位制を離脱し，翌32年に連邦特恵の創設に進んだイギリスにならって，経済ナショナリズムと経済ブロック化の傾向を強める流れに自らも加わる選択をしたとも言える．また，このことは，ローズヴェルト政権一期目において，アメリカがヘゲモニー国家としての責任を担う政治的意思を弱めていたことを示している．

ただし，ハル国務長官（Cordell Hull, 1871-1955）はロンドン世界経済会議に対するローズヴェルトのアプローチには大いに不満だった．ハルは自由貿易の

図 3-2 国務長官 C. ハル
自由貿易論者として知られる.
http://memory.loc.gov/ndlpcoop/
ichicdn/n0769/n076963.jpg

熱心な信奉者として知られており, 世界経済会議でも関税引き上げ競争に歯止めをかけようと意気込んでいただけに,「爆弾声明」はハルを大いに失望させた.

(2) 互恵通商協定法の成立

ハルの存在はローズヴェルト政権内の二つの主要な考え方の一方を代弁するものとして注目される. 一方の立場は, すでに指摘した国内優先の考え方である. 孤立主義者とも気脈を通じる国内優先論者は不況の原因を国内に求め, 有効需要創出策, 大企業との協調, 労働改革などによって恐慌を克服しようとしていた. ハルに代表されるもう一つの立場は, 世界恐慌の解決策をどちらかといえば世界貿易の拡大に求めた. 前者は連邦政府の権限強化, 経済への政府介入を支持する立場であるのに対して, 後者はどちらかといえば「小さな政府」論の立場に立っていた. ハルの場合, 政府の経済への介入を極力最小限化したいという考えがあって, 恐慌の解決策として, 互恵主義にもとづいて各国に関税障壁の引き下げをせまる行動に駆りたてられたと見られる. したがって, ハルの立場は政権内では少数派だが, 共和党も含めた保守派のあいだに広範な支持基盤を持っていた.

もとより, 世界貿易の拡大による不況の解決は内需拡大による解決を唱える立場とかならずしも矛盾するものではない. モーレイ (Raymond Moley, 1886–1975), バーリ (Adolf A. Berle, 1895–1971), タグウェル (Rexford G. Tugwell,

1891-1979) らの国内優先論者も海外市場の拡大に反対ではなかった．そうした文脈で見たとき注目されるのは，1934年6月に成立した互恵通商協定法であった．関税の決定権限は本来議会にあったが，この法律は，最高50％の範囲内で関税を相互に引き下げる権限を大統領に付与し，その協定相手国には，無条件で最恵国待遇が適用された．37年，40年，43年と更新され，45年までに25カ国と互恵通商協定が締結された．その意味で，同法の成立はアメリカの貿易政策が保護主義から自由貿易政策に移行する起点をなしたといえよう．

同法は，1930年のスムート＝ホーレイ関税法の高関税によってアメリカが交渉上有利な立場にあることを利用しつつ，相手国の関税を「相互に」下げることをめざすものであり，「アメリカ独自の国際主義」であった．同法はより直接的には，自動車，石油，電気，化学など輸出関連産業の強い要望を反映していた．だが反面，相手国からみれば，この法律は競争力の弱い業種は高関税政策で保護し，競争力のある業種のためには互恵にもとづき関税の引き下げを求めるという，アメリカに都合のいいアプローチであると映ったことも否めない．この法律がめざしたのは，あくまで不況対策という観点からのアメリカの輸出拡大であり，国内優先の論理が濃厚であった．同法はその目的を，生活水準の回復，国内失業と恐慌の克服，大衆購買力の増加および国内産業部門間の良好な関係の維持を図る手段として外国市場を拡張することである，と述べている．また，輸入拡大には国内の強い反対が存在したことも忘れてはならない．農業調整局（AAA）長官ジョージ・ピーク（George N. Peek, 1873-1943）は農産物の海外市場拡大には熱心であったが，イギリスが保護主義に転じた以上，アメリカも二国間のバーター取引，ダンピング支援，輸出金融など双務主義的な通商政策を追求すべきだと主張した．同法がその目的について，国内産業部門の特質と必要に応じて調整的に国内市場を開放すると述べているのは，そうした国内の保護主義勢力の声を反映したものである．

したがって，同法を理解するキーワードは「互恵」であった．それはまさに，「多角的互恵主義」であった[1]．互恵条項によって差別的貿易制限を設けている国々に対しては最恵国待遇を付与する必要はなく，1930年関税法を一般税率として適用し，国内の産業や農業を保護することができるようになっていた．

---

1) 秋元英一『アメリカ経済の歴史』（東京大学出版会，1995年），211頁．

そのため，ハルの「経済的国際主義」のスローガンにもかかわらず，現実には米州大陸内に限定されたものとなり，「モンロー・ドクトリンの汎米化」[1]という帰結を招くことになる．それは，伝統的なモンロー・ドクトリンのイメージとも重なり，諸外国からみれば，米州大陸の統合，すなわちブロック化の試みと受け止められた．

一方，金融政策の面では，ローズヴェルト政権は就任早々の1933年3月緊急銀行法を成立させ，金の輸出を禁止し，4月には金本位制を停止することを宣言した．5月にはドル切り下げの権限が大統領に与えられ，秋から国が金の買い上げを始め，その値上がりを助長した．また，互恵通商協定法第3章は対米債務を通商政策の展開に利用することを禁止し，対米債務不履行に歯止めをかけようとした．アメリカ政府はこれによって，国際金融と国際貿易の相関を切り離す政策を追求した．そうしたことが重なって，大量の金がアメリカに流入し，アメリカの金保有率は29年の38％から39年には59％に増大した．

このように，ローズヴェルト政権の通商政策や金融政策は，アメリカの債権国としての地位とアメリカの貿易収支の黒字基調という立場を踏まえて，世界経済の回復のために積極的な指導力を発揮するというものではなかった．そうしたなか，ヨーロッパ諸国はさらに深刻な国際収支の不均衡に追い込まれ，これらの国々はますます経済的孤立主義の傾向を強めることになった．

こうした経済ブロック化に向けた主要国の動きは，海外市場への依存度の高い日本経済にも深刻な打撃を与える事態であり，日本としても新たな対応を迫られることになる．日本では，この時期に，アジア「モンロー・ドクトリン」といわれる一種の「地域主義」が急速に台頭してくるが，それは上述のような国際的文脈のなかにおいて理解される必要がある．こうした排他的な地域主義の傾向は相互に相乗作用を起こしながら1930年代の潮流となっていく．

(3) 閉ざされた地域主義の台頭

1932年の国際連盟からの脱退以後，日本政府は，連盟脱退と満州国という重い荷物を背負って国際協調の道を模索しなければならなくなった．日本が孤立感を深めるなかで，日本国内では，極東における秩序維持に対する日本の特

---

1) 前掲，有賀貞『アメリカ政治史』231頁．

別な責任を強調する「地域主義」の考えが台頭したことが注目される．

　1933年9月には内田康哉に代わって，前駐ソ大使広田弘毅（1878-1948）が外相に就任し，広田外交を展開した．その特徴は，日中間の懸案の処理に際し，中国国民政府との直接交渉によって解決していくこと，したがって，第三国の介入を排除するというものであった．たとえば，それは，広田外相のもとで実質的に外交面の采配をにぎった重光葵（1887-1957）外務次官の外交構想に典型的に表れている．重光は清朝以来の税関である海関制度の廃止と華北に駐留する欧米各国の駐屯軍の撤退を構想していたが，前者は中国国民政府にとって利益となるものであり，彼の日中経済提携論の延長線上にあった．後者は英米勢力の北東アジアからの排除を視野に入れたものであった．

　1934年4月，天羽英二（1878-1968）情報部長が新聞記者との会談で表明した「天羽声明」はこの時期の日本外務省内に存在した（重光に代表される）有力な見解を反映したものであった．同声明は，中国に対する援助で政治的性格を帯びるものや，武器，航空機の供給，軍事教官の派遣といった中国援助には反対する趣旨のもので，満蒙特殊地域論の枠をこえて中国本土での日本の特殊の地位を主張したことから，諸外国からは「アジア・モンロー主義」という受け止め方をされた．

　天羽声明はただちに欧米列強との関係を悪化させるものではなかった．しかし，満州国の承認を前提とし，第三国の介入を排除して日中の直接交渉によって二国間の懸案事項を解決しようとする広田外交は，アメリカとの根本的関係改善につながるようなものではなかった．1934年5月，広田外相は「日米共同宣言」をハル国務長官に打診するが，ハルは日本の中国での行動を支持する印象を与えるような提案には否定的であった．じつは，33年3月に発足したローズヴェルト政権は，政権引き継ぎの際に，スティムソンに対して，アメリカの極東政策はスティムソンの不承認政策を継承することを明言していたのである．

(4) 激化する日米建艦競争

　広田外交はまた，海軍内の艦隊派の挑戦によっても打撃をこうむった．艦隊派は海軍内強硬派で，軍事的・作戦的見地から対米7割比率を強硬に主張し，

図 3-3 アメリカの西半球支配を正当化するモンロー・ドクトリンにならってアジアへの勢力圏拡大をはかる日本

後方には「東洋のアンクルサムという題名のスリラー映画に登場する日本を上映中」とあり,前方には「東洋のモンロー・ドクトリン」と書かれている.
Ibid., p. 51.

1930年のロンドン海軍条約に反対しつづけた.他方,海軍内の穏健・理性派である山梨勝之進（1877-1867）海軍次官や堀悌吉（1883-1959）軍務局長ら条約派は英米協調,財政的配慮を優先する立場からロンドン海軍条約の成立に尽力し,その継続を支持した.条約締結以降,海軍内部の条約派と艦隊派の反目は決定的になり,さらに満州事変以降は,軍令部内の加藤寛治（1870-1939）,末次信正（1880-1944）らの艦隊派が海軍の主流を占めるようになった.彼らは,1935年12月の第二次ロンドン軍縮会議では,ワシントン条約の廃棄をめざした.1934年7月,こうした海軍内部のワシントン条約廃棄論を抑えることを期待されて,海軍出身の岡田啓介（1868-1952）が組閣を拝命したが,対米パリティ（対等）を要求する艦隊派を抑えきれず,結局,12月3日の閣議はワシントン条約の廃棄を正式に決定した.その結果,36年をもって,ワシントン条約は失効した.こうして,ワシントン体制の軍事的支柱であった海軍軍縮条約体制は崩壊した.1937年以降は「無条約時代」に突入し,日米間で激烈な建艦競争が繰り広げられる.

一方,1936年2月26日に陸軍将校のクーデタ（2.26事件）が発生し,岡田首相は難を逃れたものの,高橋是清（1854-1936）蔵相ら政府要人が暗殺された.これ以降,軍部独裁制,総動員体制の流れはさらに強まった.また,軍部大臣現役武官制が復活した.この制度によれば,組閣にさいし軍が大臣を出さなければ組閣不能に陥り,辞任によって倒閣に導くことも可能であり,軍の発言力を強大にした.次いで広田内閣（1936.3～1937.1）が組閣されたが,この頃にな

ると，もはや軍部の意向を無視して外交を展開することは不可能になっており，これ以後の内閣は外交における国家意思の分裂という「二重外交」現象に苦しむ．広田内閣の外相には有田八郎（1884-1965）が就任したが，広田―有田路線は中国における日本の特殊な地位と大陸からの欧米の影響力排除をめざしただけでなく，36年11月には，日独防共協定の締結に踏み切り，日ソ関係を著しく悪化させた．1937年1月に広田内閣が倒壊したあと，林銑十郎（1876-1943）内閣の外相に佐藤尚武（1882-1971）が就任した．彼は開放経済体制にもとづく国際協調の唱導者であり，華北分離工作の中止を主張し，広田―有田路線の転換をはかるが，この内閣は6月に倒れたため，佐藤外交も短命に終わった．代わって，近衛文麿（1891-1945）内閣（1937.6～1939.1）が誕生し，広田が再び外相に就任した．そうした状況下，1937年7月7日，日中戦争が勃発し，近衛の不拡大方針にもかかわらず，戦闘は拡大し，日中は全面戦争に突入することとなった．

　ヨーロッパでは，ヒトラーとムッソリーニ（Benito Mussolini, 1883-1945）によるヴェルサイユ体制打破に向けた活動が本格化する一方，アジアでは日中戦争が拡大するなかで，それまで日，独，伊を刺激することを避け，慎重な対応に終始してきたローズヴェルト大統領が，1937年10月，シカゴで「国際的な無法状態と不安定」を「隔離」する決意を表明した．この「隔離演説」は隔離すべき対象国として暗に，日本，ドイツ，イタリアを指しており，ローズヴェルトが，これまでのような孤立と中立の政策では問題の解決にならないとの立場から，他国との共同行動による平和の維持に関心を示しはじめたことを意味する．

　そこで，以下においては，ローズヴェルトが，ニューディール改革という国内優先路線から国際主義路線へと転換する過程に目を転じることにしよう．

3　政権第二期目の外交

(1) 孤立主義と国際主義の相克

　アメリカ政府は1930年代の大半においても20年代の「孤立主義」政策を継承した．この場合の「孤立主義」政策とは外部世界からの完全な孤立ではなく，政治的コミットメントや責任をなるべく回避し，世界の紛争に直接関与するの

を避けようとする政策である.

　ローズヴェルト政権の外交も同様であった. 外交史家 R. ディヴァインによると, ローズヴェルト大統領は「心底からの信念にもとづいて孤立主義政策」を追求した, という. ディヴァインは, 大統領が「孤立主義」政策から国際主義政策に転換したのは 1938 年末から 39 年初めにかけてであるとし, とくに 39 年 1 月の議会宛大統領教書の内容に注目している. ローズヴェルト大統領はこの教書のなかで, 現行の中立法の問題点を指摘しその修正を求めた. 「われわれは中立法を計画的に制定しようとするにあたって, それが不均等かつ不公平に作用するかもしれないということ, それどころか実際には侵略国を支援し, 犠牲者に援助を拒むことになるかもしれないということを学んだ. 自己保存本能の警告するところによれば, われわれはもはやそのようなことが起きるのを許してはならない」[1]. この発言をもって, ディヴァインはローズヴェルトの政策の転換点としている.

　ローズヴェルト大統領が政権第一期目においては国内優先政策を追求し, 第二期目に入って, 国際情勢の悪化に対応して徐々に軌道修正を行っていったことは, 大方の認めるところであろう. しかし, なぜ当初は「孤立主義」政策を追求したのかについて, ディヴァインはローズヴェルトの戦争への嫌悪感の強さ, 戦争に巻き込まれるべきではないという信念を強調している. しかしこのような説明はあまりにも一般的すぎるかもしれない. ローズヴェルト政権の孤立主義的態度を理解するためには, 大統領の戦争への嫌悪感によるものというより, 議会内および世論のなかに孤立主義志向が強かったこと, さらには初期のニューディール政策が内政優先の立場から実施されていたということを踏まえる必要がある.

　孤立主義と国際主義の相克は, 中立法の制定と修正の過程に凝縮されている. 中立法は孤立主義者たちの要求を反映したものであった. ローズヴェルトもまた政権第一期までは, 国内優先の観点からこれを受け入れていたのである.

　アメリカ国内の孤立主義的感情は大恐慌の発生でいちだんと強まっていた. そのことは, 同じ年に第一次世界大戦の悲惨さと幻滅感を描いた二つの作品, ヘミングウェイ (Earnest Hemingway)『武器よさらば』(1929) とレマルク

---

1) Robert Divine, *Roosevelt and World War II* (Penguin Books Inc., 1975), pp. 7, 23–25.

(Eric Maric Remarque)『西部戦線異状なし』(1929) が発売されると，たちまちベストセラーとなったことにも示されている．アメリカの第一次世界大戦への参戦の動機に関する修正主義的な解釈を示した作品の発表も世論の孤立主義感情を強化した．C. H. グラッタン (C. Hartley Grattan)『なぜわれわれは参戦したのか』(1929)，W. ミリス (Walter Millis) のベストセラー『戦争への道』(1935)，タンシル (Charles C. Tansill)『アメリカ参戦す』(1938) などはいずれも，アメリカは「世界を民主主義のために安全にする」という理由で参戦したのではなく，ウォール・ストリートの金融資本家や武器製造業者たちの利潤追求のために参戦したということを立証しようとした．

このような見方を強めるうえで影響力があったのは，ノース・ダコタ州の共和党上院議員ナイ (Gerald P. Nye, 1892-1971) のもとに新設された上院特別調査委員会の調査報告書である．ナイは1930年代を代表する孤立主義者であったし，この調査委員会の設置は国内の平和運動団体の声を反映したものであった．とくに，1934年『死の商人』と題する本が出版されたのに刺激されて，同年4月から同委員会は経済界と第一次世界大戦への参戦との関連についての調査を開始した．報告書は，アメリカの参戦は軍需産業や英仏と密接なつながりをもつ金融資本家の陰謀であったという印象を与える内容であった．

(2) 中立法の改正

1935年第一次中立法はそうした孤立主義感情の高まりのなかで制定された．同法はすべての交戦国への武器輸出，米国籍の船舶による交戦国への武器輸送，およびアメリカ国民による交戦国の船舶での旅行を禁止するものであった．ローズヴェルト自身は，侵略国に対する武器輸出を禁止する裁量権を大統領に付与することを望んだが，ネバダ州出身の上院外交委員長キー・ピットマン (Key Pittman, 1872-1940) が，孤立主義者の支持を得られないと通告してきたことから，同委員長の勧告を尊重することにした．共和党内革新派議員の多くは孤立主義者であるが，彼らからは国内改革法案の支持が期待できた．それゆえ，ローズヴェルトは，すべての交戦国への武器輸出の禁止を求める孤立主義議員たちと妥協し，ニューディール国内改革法案の議会通過を優先した．

ローズヴェルトは1935年8月に中立法に署名したが，早くも10月にはイタ

図 3-3 「民主主義を守る唯一の道」

ヨーロッパの戦争に巻き込まれるべきではないとする孤立主義勢力がいまだ根強かったことを示す.
Ibid., p. 51.

リアのエチオピア侵略が開始されたため，最初の試練に直面した．侵略開始1週間後に国際連盟はイタリアに対する制裁を協議したが，石油の禁輸措置についてアメリカ政府の協力の可能性を打診されると，ローズヴェルトは躊躇した．石油は中立法の禁輸品目に含まれていなかった．にもかかわらず，大統領のイニシアチブで連盟の制裁に協力することになれば孤立主義派議員の反発は必至であり，36年2月の中立法改正のさいに大統領の裁量権を盛り込む可能性は閉ざされてしまう．また，ローズヴェルトはなによりも，ニューディール改革法案への悪影響を心配した．この時期，世界の石油の半分以上を生産していたアメリカは，石油の禁輸に協力することを躊躇しただけでなく，石油，銅，くず鉄その他の原材料のイタリア向け輸出は，逆に侵略開始後数カ月で3倍増となった．この結果，連盟の制裁は形式的なものとなり，満州事変への対応で大きく揺らいでいた国際連盟の権威はさらに失墜することになった．

もっとも，国際連盟失墜の原因をアメリカのみに帰することはできない．イギリスとフランスはイタリアのエチオピア侵略に対して石油の禁輸措置をとらなかっただけでなく，一時的にではあるが，12月に侵略を容認することで合意したほどである．結局，1936年5月にイタリアはエチオピア併合を完了した．この間，米英仏が協調して侵略行動を阻止できなかったことは，ヒトラー

とムッソリーニに対する重要なシグナルとなった．以上の経緯を考えると，この時期の中立法の成立は重要な意味をもっていた．

　1936年7月にスペイン内戦が始まったが，米英仏はまたもやスペイン人民戦線政府への援助を控えた．他方，独伊両国はフランコ (Francisco Franco, 1892-1975) 側に軍事援助を行い，両国関係はさらに接近した．同年10月には相互協力をうたった議定書に調印し，「ローマ・ベルリン枢軸」関係が形成された．それはやがて，37年11月の日独伊防共協定の締結へとつながっていく．

　日本，ドイツ，イタリア間の接近が進展し，国際情勢が枢軸国陣営の形成に向けて動いているさなかに，皮肉にも，アメリカの中立法はさらに強化された．1936年2月，議会は中立法を改正し，交戦国に対する借款を禁止する条項を追加した．さらに，37年1月，議会の合同決議の形をとった改正を行い，進行中のスペイン内戦への適用を決議した．このときローズヴェルトはたまたま，ニューディール改革の足を引っ張っているとみなされた裁判官に替えて改革を支持する裁判官の任命をねらった「連邦最高裁再編」法案の提出を検討していたので，同法案への影響を考えて反対しなかった．ところが，37年5月の第四次中立法制定のときには，今度は，「最高裁再編」法案に対する世論のきびしい批判を浴びていた．このため，ローズヴェルトはまたもやイニシアチブをとることができなかった．結局，これまでの中立法の内容が再確認されたうえに，さらに非軍事物資に関して現金自国船輸送方式が追加されたにとどまった．これによって，非軍事物資に関しては現金取引で，しかも相手国の船舶で輸送することを条件に商取引を認めることになった．

　2カ月後に日中戦争が勃発したため，第四次中立法をこの戦争に適用すべきか否かをめぐって議会内で論争が起きた．この論争において，国際主義者たちはローズヴェルトとハルの指導のもとで，同法を日中戦争に適用すれば日本に有利になり、中国には不利になると考えて適用に反対した．ローズヴェルトは宣戦布告のないまま戦闘が続いている状況を利用した．すなわち，日中が戦争状態にあることを宣言しないことによって，中立法の発動を拒否した．この時期は，アメリカの国内世論の孤立主義的感情が強く，ローズヴェルトは，このような間接的な形での中国支援しかできなかった．

(3) 隔離演説と国際主義への蠕動

　ローズヴェルトは1937年10月のシカゴ演説の頃から，議会と世論の孤立主義感情に配慮してきたこれまでの立場の軌道を修正しはじめた．彼は侵略国を国際社会から隔離する必要があると説いた．この場合の侵略国とは日中戦争の一方の当事者である日本を念頭においたものだが，隔離演説が注目された理由の一つは，孤立主義勢力の強い地盤であるシカゴが演説の場として選ばれたことである．しかも，「単なる孤立や中立によっては現状から脱却することはできない」と述べて，「平和を維持するための積極的努力」の必要性を説いたことに注目すべきだろう．

　シカゴ演説は，11月に日中戦争によって生じたアジア危機を協議する九カ国会議がブリュッセルで開かれることになっていたので，関係国の関心を呼び起こした．イギリスのイーデン（Anthony Eden, 1897-1977）外相はブリュッセル会議でのアメリカの立場を知りたがった．英外相は中国への積極的援助と日本への経済的圧力の必要性を訴えた．おりしも，12月12日に中国の南京付近で，揚子江上にあったアメリカ砲艦パネー号を日本海軍機が爆撃，沈没させる事件が起きたが，ローズヴェルトはこの事件への世論の反応などをみて，アメリカの世論が日本に対する圧力行使を許さないと感じていた．大統領はまた，国際的な協調行動の可能性についても，イタリアのエチオピア侵略に対して国際連盟加盟国が示した制裁措置をめぐる優柔不断な対応から判断して，今回も期待できないとの認識を示した．くわえて，37年秋には，アメリカ経済の景気が急激に悪化したことも手伝って，アジア危機で大胆な行動をとることが困難になった．

　ローズヴェルトは隔離演説に対する世論の批判の声に接し，国民は経済制裁などの大胆な行動をとる準備ができていない，と判断した．「ある方向に国民を先導しようとしているとき，肩越しに振り返ってみると誰もついてきていないなんて，ひどい話だ」と語った[1]．この発言が示すように，ローズヴェルトはシカゴ演説で観測気球を打ち上げてみたものの，結局この時点では，国際世論も国内世論も当面の国際的危機にアメリカが積極的関与をする状況にない，と結論づけた．

---

1) David M. Kennedy, *Freedom from Fear* (Oxford University Press, 1999), p. 406.

他方，イギリスは，隔離演説にアメリカの政策変更の可能性を期待したものの，それが期待はずれだとわかって，逆にローズヴェルト政権への不信感を強めた．チェンバレン（Neville Chamberlain, 1869-1940）首相は，ブリュッセル会議でのアメリカ政府の対応から「引き出すべき教訓」とは，アメリカ合衆国から「効果的な協力を確保することの難しさ」だと，閣僚に語っている．また，「孤立主義者たち」はアメリカ社会で「非常に強力で声も大きい」ので，「イギリスがトラブルに巻き込まれた場合支援を期待できない」，と日記に書き留めた[1]．頼りにならないローズヴェルト，というチェンバレン首相の認識が，ヒトラーとムッソリーニに対する「宥和政策」につながっていく．結局，ヒトラーは，1938年3月のオーストリア併合，同年9月のチェコスロヴァキア危機におけるズデーテン地方のドイツへの割譲を強行した．

 しかし，ミュンヘン会談でズデーテン地方が割譲され，ドイツ軍が10月同地に進駐したことは，ローズヴェルト大統領の危機意識をいちだんと高めた．ミュンヘン危機後，ローズヴェルトは，「われわれはミュンヘンの事態に照らして，わが国の戦争準備体制を全面的に見直さなければならなくなった」[2]，と考えるようになった．

 大統領は1939年1月上院軍事委員会メンバーと会談したさい，こうした危機感を率直に披露している．「ある一国がヨーロッパを支配するやいなや，その国はその矛先を今度は世界に向けることになるだろう」と警鐘をならし，アメリカの関与の必要性を訴えた．さらに，オーストリアとチェコスロヴァキアの例を引き合いに出し，今度はフランスが征服の危機に瀕していると警告し，「だからこそ，ライン地域の国境の安全は必然的にわれわれの関心事なのである」と訴えた[3]．

 ローズヴェルトが具体的にとった行動は，ひとつには，西半球の安全保障体制を固めることであった．情勢変化を踏まえて，ローズヴェルトは1936年12月，自らブエノス・アイレス会議に出席し，内政不干渉原則を再確認するとともに，米州全体の安全保障協議機関の設立を訴えた．37年から38年にかけて，

---

[1] Kennedy, *Freedom from Fear*, ibid., pp. 406-408.
[2] Frank Freidel, *Franklin D. Roosevelt: A Rendezvous with Destiny* (Little, Brown & Co., 1990), p. 306.
[3] Kennedy, *Freedom from Fear*, op. cit., p. 421.

ローズヴェルト政権の善隣友好政策は日本，ドイツ，イタリアなどによる西半球への浸透を防ぐという意味合いをもつようになった．38年ペルーのリマで開催された汎米会議では，ラテン・アメリカ諸国の脅威となるような「あらゆる外国の介入や活動」に連帯して対処する旨のリマ宣言を採択した．さらに，第二次世界大戦勃発後の10月パナマで開催された汎米会議は，中立国としての権利を守るために協力することを約し，40年のハヴァナ会議では西半球の一国が外部から攻撃を受けた場合，米州諸国全体に対する侵略とみなすという宣言が発表された．

　ミュンヘン危機後，大統領はようやく中立法の改正に本格的に取り組みはじめた．1939年1月の議会宛て大統領教書はそのような意思を明確にした．同年3月にヒトラーがチェコスロヴァキア全土を併合するや，大統領とハルは中立法の改正（武器禁輸規定の廃棄）に向けて積極的な行動を開始した．しかし，下院でも上院でも根強い反対に直面し，目的を達成することができなかった．中立法の制定と改定をめぐるアメリカ国内の動向はヒトラーの野望をさらに膨らませることになった．「中立法があるので，アメリカはわれわれにとって危険な存在ではない」[1]と豪語するヒトラーの対米観の形成において，中立法をめぐるアメリカ国内の政治過程は大きな意味をもった．そうした状況下，39年9月1日，ドイツ軍がポーランドに侵攻したのに対して，9月3日に英仏が宣戦布告した．これによって，ついにヨーロッパでの戦争が開始された．

4　大恐慌とニューディール——エリートの議論の射程

　この時期の経済史・社会史については，大恐慌とニューディール政策に関連させていろいろな機会に書いてきたので，ここではそれを繰り返すことはせずに，何らかの形でニューディールとかかわりながら経済や社会改革を唱えた進歩派のインテリと彼らの主張および実践を当時の状況とかかわらせながら記してみたい．それらは，1930年代の不況期におけるアメリカ人の思考の多様性と現実的な選択肢の多さをあますことなく示していると同時に，この時代の雰

[1) Gerhard Weinberg, "Hitler's Image of the United States," *American Historical Review*, 69 (July 1964), p. 1013.

4 大恐慌とニューディール——エリートの議論の射程

図 3-4 ニューディールとかかわり社会改革を唱えた人びと——その活躍の地

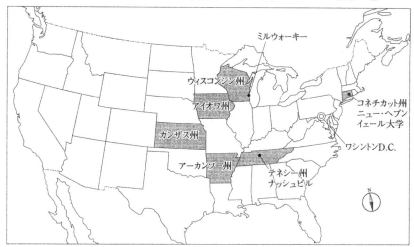

ワシントン, イェール大学：アーヴィング・フィッシャー．アイオワ州：マイロ・リーノ．ウィスコンシン州：ラフォレット兄弟，トマス・アムリー．アーカンソー州：H. L. ミッチェル．テネシー州：ハワード・ケスター．カンザス州：ジェームス・メーリン．

囲気の寛容さをも物語っている[1]．

(1) ワシントン：アーヴィング・フィッシャーとインフレーション要求

　アーヴィング・フィッシャー (Irving Fisher, 1867-1947) は，アメリカの生んだ最もすぐれた経済学者の一人である．1929年大恐慌を迎える頃には，その貨幣数量説ゆえにすでに高名だったが，彼の補償ドルについての考え方が多くの一般人に理解されていたとは言えない．フィッシャーはケインズとは異なった観点から，ドイツに巨額の賠償金を支払わせるような，第一次世界大戦後のヨーロッパの安定のしかたに反対だった．ヨーロッパ諸国はドイツの賠償金を金と似たような国庫準備金のように考えて，それを当てにして，均衡財政を組んだ．購買力の安定をこそ追求すべきなのに，旧平価という名目的通貨価値の

---

[1] 以下の叙述について，資料等の詳しい情報は，秋元『ニューディールとアメリカ資本主義』(東京大学出版会，1989年)，同「アーヴィング・フィッシャーとニューディール」，成城大学『経済研究所年報』第13号 (2000年)，同「ハワード・ケスター——1930年代南部のラディカル・プロテスタント」，『アメリカ研究』16号 (1982年) 参照のこと．

安定を求めることの愚かさをフィッシャーは認識していた．本来なら，アメリカこそが戦債を帳消にして，あるいはモラトリアムをしてヨーロッパを「解放」すべきだったのに，アメリカにその余裕はない．したがって，世界は債権国アメリカと債務地域ヨーロッパに分断される．ただ，連邦準備制度が発足して間もないアメリカにも，アメリカの世界経済における役割を認識し，硬直的な金本位制の下にあっても，比較的景気循環対応的な金融政策をとれる人物がいた．ニューヨーク連銀総裁ベンジャミン・ストロング（Benjamin Strong, 1872-1928）である．フィッシャーは，大恐慌直前，1928年におけるストロングの早すぎる死を悼み，大恐慌の初期に彼が存命であれば，1928年にはインフレーションを防ぐために売りオペを，そして1929年にはデフレーションを防ぐために買いオペを行ったにちがいないと述べた．

1932年に下院で証言したフィッシャーは，負債デフレーションの理論と後に呼ばれることになる議論を展開した．彼は大恐慌が起きるに至った要因を9つの要因に分解して，それらがほぼその順序で起きたと解析した．すなわち，1）債務の清算．2）通貨の収縮．3）物価の下落．4）正味資産（資産－負債）の縮小．5）利潤の減少．6）生産，流通，雇用の縮小．7）ペシミズムの広がりと信頼の喪失．8）通貨流通速度の減速．通貨退蔵の広がり．9）名目利子率の低下，実質利子率の上昇．これは明らかに，大恐慌の全過程を一つの経済（国民経済と言いなおしても良い）のなかで通貨一元論的に説明したものである．そのキーワードは「過剰債務状態」(overindebtedness) であるが，1920年代のブームのつくられ方についても，フィッシャーはこの用語で説明した．すなわち，企業は負債による資金調達（社債）よりも株式による資金調達を重視したので，企業部門が健全化するのと裏腹に，投資家や株主が過剰債務をかかえることになった．投資専門会社やローンの仲介をするブローカーズ・ローン，そしてわずかの証拠金（信用買い）による株式売買がそれに拍車をかけた．国際的にも，賠償支払いのためのローン，などの形で債務が累積した．こうした状況は，実質債務の軽減，すなわち，リフレーション（先行するデフレーションによって正当化されるインフレ政策）による物価引き上げ政策によって解決するしかない，というのがフィッシャーの変わらぬ認識であった．そしてそれは，激しい農産物価格の下落と抵当農場の喪失に悩む農民層を中心にはばひろい国民

の支持を得ていたのである.

やがてローズヴェルトが政権につくと,フィッシャーはそれまでの共和党支持をやめてローズヴェルトに接近し,自らの理論を実践させようとして,手紙その他を通じて会見を要請した.当時イェール大学（コネチカット州ニューヘブン）教授のフィッシャーはすでに高名だったが,皮肉なことに大恐慌によって株式投資に失敗して財産をなくしたことでも知られていた.最初の会見は1933年8月9日に実現した.このときフィッシャーはローズヴェルトの考えていた金の買い上げ政策に賛意を表した.翌1934年1月に,金準備法が成立し,金準備が連邦準備銀行から財務省に移管され,ドルが40％切り下げられた.ローズヴェルトがどの程度フィッシャーの意見を聞いた結果,この政策の実現に至ったのかはわからない.いずれにせよ,この時点がフィッシャーの政権に対する影響力のピークであった.産業再建法（NIRA）のもとで在職労働者の賃金が引き上げられることが失業者の再雇用にとってどれくらい有害かを考えるフィッシャーは,その他のニューディールの施策にも不賛成だった.その後もフィッシャーは,連邦準備加盟銀行の「100％準備案」をローズヴェルトに対して熱烈に売り込もうとしたが,成功しなかった.

(2) アイオワ：マイロ・リーノと「農民休日連盟」

大恐慌によって農産物価格が暴落したために,農場負債利子や税金を支払えなくなって競売によって自分の農場を失う農家が膨大な数に達した.恐慌の最下底となった1932年,中西部アイオワ州を中心に農民たちは組織行動に訴えた.農民ストライキ,すなわち,農産物出荷停止行動である.その指導者,32年5月にアイオワ州ファーマーズ・ユニオンを土台に「農民休日連盟」（FHA）を結成したマイロ・リーノ（Milo Reno, 1866-1936）は1866年1月,アイオワ州ワペロウ・カウンティのバタヴィアの町の近郊で生れた農民の子である.父ジョンは1870年代中西部で鉄道規制を要求した農民運動,グレンジャーの一員だった.母エリザベスは,低迷する農産物価格を引き上げるために紙幣の増発を要求する団体,グリーンバッカーの一員だった.マイロ・リーノの農民に対する演説は説教の調子を帯びていたと未亡人は回想している.彼に会見した『ネーション』誌の記者はリーノを「中西部ファンダメンタリスト」だと書い

ている．アイオワ州にファーマーズ・ユニオンの支部がつくられたのは1915年だが，リーノは18年にこれに加入し，20年にはワペロウ・カウンティの支部長になり，同年の州大会で「生産費」(生産費＋正当な利潤が実現されるように農産物価格を固定すべきだとする主張) 要求が採用されるとともに州組織の財政書記になり，翌年には州会長に就任した．それ以来リーノは組織拡大をはかるとともに農民保険事業にもエネルギーをさき，自らもそのアイオワ州の会社の会長となった．

リーノは理論に裏打ちされたインテリ型の指導者でなく，天性や直感で農民の心情を理解することができ，演説がうまい，ややデマゴーグ型の農民運動家だった．彼はこう書いた．「庶民 (common people) がこの政府を所有し，それを高利貸しや搾取者を保護する政府でなく『民衆の，民衆のための，民衆による政府』にするときが来た．その結果，われわれはわれわれの家からの追い出しやわれわれの財産の収用をおとなしく甘受することを拒否する」．農民の立場から考えると，国民経済における農業の「公正な」位置，農民の「正当な」権利と地位の回復が運動の目標となる．「農民は動産と不動産の抵当解除によって，世界で彼らが有する最後のペニーを剥奪され，家を追い立てられている．それを防ぐための戦闘的，かつ勇気ある行動がとられなければ，次の6カ月間に数十万人の農民が家やお金を持たずに放り出されてしまうであろう．休日連盟はそうすることが可能であるところではどこでもそうした抵当解除を防ごうとしている」．「農業はこの国の経済構造において適正な位置を占めることが許されなければならない．さもなければ国は滅びる」．

「農民は合衆国で製造される物品のほぼ40％を消費する．彼は産業で生産される物の大きな市場なのだ．その市場が破壊されれば，工場には失業者が，工業中心地にはブレッド・ライン (都会で無料給食を待つ人々の列) ができる．過去13年間 [共和党政権の時代] の歴史はこの命題を完璧に証明している．金融貴族は連邦準備制度を通じてアメリカ農民と労働者をヨーロッパ人の困窮と同様の状態に陥れる政策によってその最初の攻撃を行った」．それゆえ連邦準備局によって支配されている通貨管理権を政府が取り返し，民衆の利益になるようにそれを運用しなければならない．「通貨改革」あるいは，デフレーションによって苦しめられてきて購買力を失った農民にとっては「通貨インフレー

ション」が解決策である．具体的には通貨発行権をもった州立銀行網や，フィッシャーらの提唱した「証紙紙幣案」(紙幣に期限付きの証紙を貼らないと紙幣が使えないシステム，タンス預金を防ぎ，通貨の回転率を高めるための方策) を考える．「私は……証紙紙幣が州にも拡大されるだろうことは疑わない．現下の状況は，極悪非道の豚どもが国民の通貨を彼ら自身の利己的利益のために買い占めたことによって引き起こされた貨幣飢饉の結果だ」．「合衆国の民衆は人の楽しみと幸福に必要なものすべてをもっているがしかし，彼らの生産物と効率的に交換する交換手段を欠如している」．

このレトリックには19世紀末のポピュリスト運動の論理が脈々と息づいている．一般的に言って，アメリカの農民運動は通貨供給を増やすこと，つまりインフレーションを指向することを目標に掲げることが多かったが，ポピュリズムもその例外ではなく，彼らは銀貨を流通させることで通貨量を増やして物価を引き上げることを意図した．その面からいえば，ポピュリズムは債権者＝金融資本家，銀行に対する「債務者の叛乱」である．大恐慌下で農産物価格暴落を目の前にして，債務者の叛乱は「復活」をとげた．それが，農民休日運動である．ただ，農民ストライキ運動自体は1933-34年でほぼ終息したし，リーノらの生産費＝「農産物価格固定」案をローズヴェルト政権は受け入れるわけにはいかなかった．他方で，運動に参加した人々も含めて農民たちは，連邦政府から生産調整に応じた農民に交付される小切手を受け取る必要から，しだいにニューディール実施に協力することになり，農業調整局 (AAA) の末端組織に組み入れられていった．

(3) ウィスコンシン：ラフォレット兄弟と労農革新主義

ウィスコンシン州は革新主義時代からすでに労働立法で先進的との勇名をはせていたが，1924年大統領選挙を最後に政治からも引退した革新主義政治家ロバート・ラフォレットの2人の息子が活躍するのが，ちょうどニューディール期にあたる．19世紀末より共和党内革新派の運動として始まったロバート・ラフォレットの革新主義運動の支持母体は農民だった．ただし彼の運動は農民の利益をまもるという消極的な展開をしたのでなく，「公益」を前面に掲げ「新たな大衆政治」を意図した．

1924年の大統領選挙で革新党を結成した晩年のラフォレットを支持した人々は明らかに労農提携を基盤にしていた．ウィスコンシン州では，それまでの忠実なラフォレット支持者だったスカンディナヴィア系・ベルギー系に加えて，ウィルソンの戦争政策に幻滅したドイツ系やスイス系などの集団が加わった．この1924年の革新党と民主党の得票を合せたものと1932年のローズヴェルト票とはかなり高い相関を示す．1932年のローズヴェルト票は州全体では63.5％で，とくに，ミルウォーキー市は78％に達した．

　ウィスコンシン州における革新主義の歴史で注意すべきは，ロバートの息子のラフォレット兄弟を含む「革新党 (the Progressive party, 1934-1946年)」(ないしは共和党内革新派) の系列と，それらと支持母体を重ねながら，しかしよりラディカルな指導者とイデオロギーをもった「労農革新主義」とを区別する必要があることだ．「革新派 (progressives)」はもともとは共和党の保守「正統派 (stalwarts)」に反逆したエリートであり，その支持母体は，社会経済的身分が思うように上昇しないことに不満をいだいたスカンディナヴィア系の農民たちをコアにしていた．1936年の大統領選挙におけるローズヴェルトの州内の得票率は，1932年をわずかに上回る63.8％だったが，その内容は大きく変化した．都市地域では現状維持ないしは微増だったが，農村地域のほとんどでは得票率が減退した．民主党は全国的に農村よりは都市票にますます大きく依存するようになったし，ローズヴェルトの対外政策に対する反撥がドイツ系を中心に強まった．

　1934年に共和党を離党して「革新党」を結成したラフォレット兄弟 (兄は Robert M. La Follette, Jr., "Young Bob," 1895-1953；弟は Philip F. La Follette, "Phil," 1897-1965) の場合，1934年の知事選挙におけるフィルの得票も，あるいは上院議員選挙におけるボブの得票 (州全体で50.4％) も，より「労農」提携を基盤として1924年の父ロバートの票との相関が高かった．ところが1940年のボブの得票 (州全体で45.3％) は農村部からの全般的減少が目立ち，前回よりふえたのは都市票，とりわけミルウォーキーであった．ローズヴェルトの対ドイツ政策をきらって民主党を離れたドイツ系の人々の票は，孤立主義の共和党に流れたとみられる．

　1930年のフィルが選出された知事選挙からウィスコンシン州における革新

主義が始まったとすれば，それに対する支持は地域的には北部と西部のやや貧しいスカンディナヴィア系の農村地帯に集中し，相対的に富裕なドイツ系の多い南西部では弱い．しかし，1936年の選挙から都市労働者階級により多く支持を依存する形に変化していく．地域的にはミルウォーキー，ケノーシャ，ラシーンなどの東部湖岸地域の労働者の集中するカウンティによる革新主義支持が顕著となる．

こうして革新主義自体の支持基盤が農村部から都市部へと地滑りを起していたのだが，それはやがて，ウィスコンシン州革新党とボブ・ラフォレットの政治生命の終わりをみちびく．1934年以降，革新党はニューディール派と事実上の同盟関係を保つことによって州政治に君臨できた．ところが，1938年にフィルが突如「全米革新党」(National Progressive Party, NLP) の結成を宣言して，ローズヴェルトと袂を分かつことによってその関係が終わると，州内リベラル派は雪崩現象を起して民主党に流入した．1946年上院議員選挙の時点で共和党復帰か民主党への鞍替えかの選択を迫られたボブは，やむなく共和党に復帰したが，そこには頼るべき労働者も，あるいはリベラルな農民もすでにいなかったのである．この年の上院議員共和党予備選挙では，ボブ・ラフォレットは「新星」ジョー・マッカーシー (Joseph R. McCarthy, 1908-57) に敗北 (207,935票対202,557票) し，1950年代にマッカーシズムが全国旋風を生むきっかけを提供したが，ボブの政治生命は断たれ，彼は数年後に自殺した．

1938年時点でのフィルの新党結成の眼目は種々の再分配路線から訣別して，「パイ自体の拡大」をはかることにあった．経済学的にいえば，地理的フロンティアがなくなった今は，遊休している資源と労働力を稼動させることによって「豊富の経済」を実現し，失業をなくし国民全部に豊かな生活を保障しようというものだった．この新党はみじめな失敗に終わり，フィルは結局知事選に敗北し，他の多くの州の革新主義も退潮に転じた．ニューディールによって組織労働者は経済的立場を強化したが，農民たちにとって不況が終わったわけではなく，彼らは共和党支持にしだいに復帰した．

(4) ウィスコンシン：アムリーと消費者資本主義

以上の文脈のなかで，ラフォレット兄弟と共闘しつつも，どちらかといえば，

よりラディカルな「労農革新主義」（労働者，農民を共闘・組織して計画経済をめざす運動）の系列にはいるのが，トマス・アムリー（Thomas Ryum Amlie, 1897-1973）である．アムリーはラディカルな革新主義者として知られ，ウィスコンシン州で1930年から革新党下院議員を3期つとめた．アムリーはノース・ダコタ州の片田舎に生まれた，ノルウェー系移民の子であり，「ヴェブレンの弟子」をもって任じ，ウィスコンシン州東南部を地盤に全国的第3党をめざして活躍する過程で中西部の伝統に根ざした独特の社会主義像を構築した．

恐慌下の1932年，アムリーはケインズが論文で各国政府のデフレ政策を批判したことに共鳴した．彼は，過去6カ月間に恐慌は「信用構造の脆弱化」に結びつき，結果として「全般的破産」に向かっているのだから，直面する最大の課題は，（今日のわれわれの国富に匹敵する額の）「総負債」額を3分の1減価させること，具体的にはドルの金量を減らすか，金本位制を廃止するかして物価水準を1926年水準に維持するべきだと論じた．アムリーは同時に，失業救済のための大規模公共事業を行うことによって，インフレ政策に伴うリスクが最小限化される，と指摘した．3年目に入って悪化しつつある恐慌は，1,000万人を越える人々に雇用を見出すことなしには解決できないだろう．そして，経済の再建にさいしては，「消費［購買］力を大衆の手に戻してやることが第一の必要条件」である，というのだ．

しかしながら，アムリーはリベラル派とも袂を分かつ．リベラルは過去・現在ともに，1）資本主義は救済不可能である，2）資本主義は救済に値しない，3）資本主義救済に向けた政綱を考え出さねばならない，という根本的に矛盾した思考にとらわれているからだ．むしろ，われわれは資本主義の運命を見透したヴェブレンの洞察に学ぶべきだと彼は論じた．というのも，ヴェブレンは，生産手段（私有財産）の全体的収用によってのみ変化がもたらされること，しかも，ふつうの人の財産権を侵害することなく収用が実行可能なことを知っていた．ヴェブレンにしたがってアメリカの「不在所有制」（absentee ownership）を廃止するには，基幹産業の生産手段公有を目的とした収用が必要だ，とアムリーは考えた．彼は，現在の利潤目的の生産体制を（すべての生産が消費者の必要にかかわっている）使用目的の生産体制に変えるべきだと主張した．

ニューディールによって，農民たちは連邦資金供与を通じて救済されはじめ

た．また労働者も失業救済支出の恩恵を受けているし，彼らに対する連邦の保護もヨーロッパの水準を上回る見通しである．ところが，「経済過程の諸力の作用によって革命へと追いつめられているのは，わが中産階級である．彼らは急速に淘汰されつつある」．

彼の努力は「産業拡大法案」(Industrial Expansion Bill) の実現に向けられた．アムリーはハロルド・レープ (Harold Loeb) の『潜在的生産力の全国調査報告』に深い関心を示し，ニューディールの（生産力のわずか 60％ の稼動で事足りる）「欠乏の経済」哲学，および各種事業支出を予算均衡の名目で切り詰めようとしはじめた態度を批判し，生産力の 100％ 稼動を伴う「豊富の経済」原理への転換を提唱した．今日 (1937 年) 回復したかにみえる景気もじつは，政府の財政支出と全世界的な集中的再軍備による一時的なものにすぎない．他方で国民の 80％ の人々がつつましやかな生活水準ですら享受できないでいる．「産業拡大法」は産業拡大局 (IEA) の下で各産業に拡大プランを作成させ，課税，補助金その他の方法を駆使してそれを実現させようという，計画経済＝統制色の強い法案であった．この法案は彼の意図とは裏腹に，州内外の論敵から国家権力の前例のない強化につながるとして批判され，1938 年の下院議員選挙にアムリーが敗北する一因となった．フィル・ラフォレットもアムリーも 1930 年代末にニューディールに幻滅し，全体主義的な傾向を強めた計画経済の夢を描いた．彼らにはしだいに戦争へと押し流されていく世相が読めていたのだろうが，その戦争の彼方に，「消費者資本主義」の本格化があろうとは想像できなかったにちがいない．

(5) アーカンソー：ミッチェルと「南部小作農組合」(STFU)

農産物価格の暴落によって経営が危機に瀕した点では，中西部と同じだが，南部のばあい，小作農家の多くはプランテーションにかかえられていたので，いきなり小作農たちが路頭に迷ったわけではない．ただし，各農家の採算が悪化したので，プランターたちが農家の選別を強めつつあったことはたしかだ．皮肉なことに，ニューディール農業政策の実施がプランテーション経営者にシェアクロッパーや農業労働者解雇の口実を与えた．綿花農場に対して減反政策が実施されると，経営者は当然，限界農地から減反の対象とするだろう．その

結果，そこの土地を借りていた小作人や農業労働者が翌年の契約を断られる例が続出した．多くの小作人は住居もプランテーションの中にあったから，解雇はすなわち，追い出しを意味した．契約はその年の精算の行われる秋，11月頃だから，冬になると，多くの南部の町であぶれた小作人たちが救済事務所に押しかけることになって問題が表面化した．こうした事情が，1934年7月にアーカンソー州で「南部小作農組合」(Southern Tenant Farmers Union, STFU) の結成にみちびいた．その中心となったのが，小さな町タイロンザでクリーニング店を経営していた

図3-5 H. L. ミッチェル

1985年，マディソンでの講演．

元シェアクロッパー（南北戦争後に始まった小作形態で，収穫物の半分を地代として地主に支払う），ミッチェル (Harry L. Mitchell, 1906-89) だった．彼らが運動を始めることになったきっかけは，社会党党首ノーマン・トマス (Norman M. Thomas, 1884-1968) の演説をメンフィスで聴く機会に恵まれたことである．STFU は，最初は7人の黒人と11人の白人によって組織された．その当初の課題は，第一に AAA の綿花減反政策に抗議すること，第二に小作人やクロッパーに地主に対する団体交渉権を獲得すること，にあった．

　1934年末に STFU は，アーカンソー州のノークロス・プランテーションから組合活動を理由に追い出された23人のメンバーのために，農業調整法 (AAA) 規約の7条に基づいて訴訟を提起した．35年1月に，ミッチェルらは自動車で約1,000キロを運転してワシントンに行き，農務省に「座り込み」，ウォーレス (Henry A. Wallace, 1888-1965) 長官に面会を求めた．ウォーレスは AAA の下での農業労働者の解雇・追い出し問題については調査官を派遣する

ことを約し，代表団はジェローム・フランクら AAA 内のリベラル派の人々とも懇談の機会を得た．

それぞれの地域社会で昔から黒人の教育や啓蒙活動に携わっていた学校教師や牧師が組織の指導者に多かった．初期の組合の集会はしばしば「祈りをもって始められた」し，ある白人のクロッパーは，最初に組合（ユニオン）のことを聞いた時，「それは新しい教会だと思った」と答えている．演説のさいにはしばしば聖書が用いられたし，伝統的な南部農村の説教形式である，聴衆による大声での答唱を伴うパターン（shouts-and-respond pattern）が無理なく組合の演説に適用された．組織が拡大されるにつれて，教師や牧師でない，すぐれたシェアクロッパーの指導者が出現していく．

1935 年の初秋，100 ポンドあたりの綿摘み労働の賃金は 40～50 セントと予測された．そこで STFU は最低賃金水準（ユニオン・スケール）を綿摘み 100 ポンドあたり 1 ドルと決め，何らかの形でストを行うことを決めた．当初は現行賃金で働きに出て，綿摘みのピークが来たときに一斉に仕事を休んで家にこもる「スト」が実行に移された．組合のパンフレットは呼びかける．「綿摘み労働者たちよ！　100 ポンド当り 1 ドル未満なら，綿ボールを摘むのを拒否せよ．プランテーションの地主たちは政府から数百万ドルを獲得した．育てなかった分の綿花についてだ．それでも彼らは飢餓賃金で綿摘みをやらせようとしている」．

ストの実際はどのようだったか．「州労働諮問官の調査官はカウンティをまわって，綿摘みの最高潮期に綿摘みの目的で農場にいたのは 5 人だけだと報告した．ストは 10 日ないし 2 週間続いた．われわれは前もって，もしも 75 セントを獲得したらみんなに仕事に戻るよう指示することに打ち合わせてあった」．ストはおおむね成功だった．すべての組合員は 25 ないし 50％ の賃上げを獲得した．組合文書は呼びかける．「数千人の綿摘み労働者の綿摘み価格を引き上げたストの結果，文字通りこれまでよりも数千ドル分が余計に，ぼろを着た，飢えた労働者たちのポケットにチャリンと音を立てて入り込むだろう．この金は労働者の家庭で衣類，食料，薬品，教科書，その他の必需品の購入に充てられるだろう．医者は支払いを受け，古い借金は清算され支払われ，みんなが大いに助かるだろう．プランターたちに綿摘み労働者に対するより高い価格の支

払いを強いることによって南部小作農組合は，綿摘み労働者のみならず，商人，店の経営者，医者，そしてその他の専門職の人々をも助けた」．

　STFU 運動のいま一つの成果は，南部の土地改革についての提言である．それは 1936 年 1 月の第 2 回大会で採択された「新ホームステッド法」において結論を得た．大会決議は「土地は人民の共有財産である」と述べ，すべての土地なき農業労働者をホームステッドに再定住させるために，連邦議会が「新ホームステッド法」(New Homestead Act) を制定することを要請した．まず，農地の獲得・管理と統制のために「全国農地公社」(National Agricultural Land Authority) を設置し，小作制度の廃止，そして公社により獲得された土地を個人農民または協同組合グループに借地させることによって，農業人口を新たなホームステッドに定住させるべきだとされた．

　農業地はすべて合衆国国民の財産となり，それは「公社」により管理されるが，所有者が売ることを欲しない場合には国有財産とならない土地として以下をあげた．1) 所有者により占有され使用されている土地のうち 160 エーカー以下の部分．2) 正真正銘の働く農民によって所有され運営されている農場（面積は問わない）．土地所有者からの有償での土地取り上げについては，土地評価後に前所有者は 20 年年賦の債券を利子とともに受け取る．しかし年所得 7,500 ドル，総額 10 万ドルを超える分は無償没収である．国有化される土地代金支払いのために発行される債券総額は 100 億ドル．

　貸与された土地の耕作者が当局に支払うべき地代は，収穫物価額の定率で，最初の 20 年間は現金または現物，それ以後は当局管轄下のすべての土地からの年収がその活動予算をまかなうに足る程度まで減額される．もしも余剰が発生すれば，借地人への配当に還元される．

　この法案はこれまでの STFU や社会党の考え方を反映して，土地再分配という重要な契機を含みつつも，私有と国有との二種の農地を許容している．全体としては，政府監督権・指導権の強い土地政策であり，土地買上げに要する膨大な予算のもつ非現実性，そして全国農地の監督に要すると思われる，やはり膨大な政府官僚機構の問題などは看過されている．だが，アメリカでこの時期に既存大土地の収用・再分配を含む土地改革論が法案の形をとって真剣に議論されたことは，注目に値いする．この法案は下院に上程されたが，聴聞会が

開かれるまでには至らなかった．STFU はさらに，アーカンソー州の小作問題委員会と連邦の小作制調査委員会に代表を送り，後期ニューディールの小作農救済策が立案されるプロセスに少なからぬインパクトを与えた．

(6) テネシー：ケスターと南部改革

　ミッチェルらとときには共闘しながら，しかし独自の宗教的な人間救済の観点から南部改革に向けて闘ったラディカルなインテリにハワード・ケスター (Howard A. Kester, 1906-1977) がいる．1927 年，ケスターは平和主義的キリスト者の国際的な団体である「友和会」(Fellowship of Reconciliation, FOR) のニューヨーク本部の書記の仕事を得た．1929 年に FOR の南部方面理事に転じたケスターは再びナッシュヴィルに戻った．恐慌が深まった 31 年，ノーマン・トマスに惹かれたケスターはアメリカ社会党に入党し，ナッシュヴィル支部を設立，その書記となった．そして翌 1932 年には連邦下院議員に社会党候補として立候補した．失業と戦争は資本主義下では不可避であり，民衆は社会党傘下に結集すべきだと彼は訴えた．南部を遊説して，労働者や農民に語りかけた．

　ケスターは，テネシー州山岳地帯の鉱山ワイルダー (Wilder) の炭鉱労働者のストライキを支援した．ワイルダーの坑夫たち（約 300 家族）は，恐慌下の 1931 年に全米鉱山労組 (UMW) に組織されたが，UMW とのつながりは多分に名目的なものだった．坑夫たちは 1932 年 7 月，会社 (Fentress Coal & Coke Co.) 側の 3 度目の賃金カットに反対してストに突入した．すでに 2 度におよぶカットで賃金は 1929 年水準の 50% 近くにまで削減されており（16 時間当り 2 ドル），新提案はそれをさらに 20% 削るものだった．同時に会社は組合員の活動家を解雇しはじめた．ワイルダーという地域の孤立性の問題もあり，住宅，風呂場，医療などは粗悪なうえに割高でこれらの費用は賃金から天引き (take-outs) された．日常的な食料等は 5 割以上も割高の会社の直営店で買わなければならなかった（一例をあげれば，町では 15 セントほどのベーコン 1 ポンドが 40 セント，暖房用の石炭でさえ 1 ポンド 1.05 ドル，という具合である）．さらに，坑夫たちはピッケル，シャベルなどの労働用具をすべて自己負担で調達した．問題は飢餓的な賃金水準ばかりではなく，鉱夫たちが負債を背負って，家計の赤字から抜け出すことが困難だったことである．

1932年11月にケスターらの尽力によりテネシー州都ナッシュヴィルに緊急救済委員会がつくられ，衣食料，医薬品などの労働者への供給が開始された．「はしか，ペラグラ，結核，その他の『ストライキ』病が蔓延した．……この年の冬は厳しく，燃料，食料，医療を欠いてストはますます困難になった」．それでもストの報道が公然化するにつれて，徐々にではあるが世論が坑夫サイドに向かう気配もあった．救済委員会は翌年7月末までに14,000点の衣料，そして5～6トンの食料をワイルダーに運び込んだ．

1933年4月30日，組合の委員長でストの不屈の指導者だったバーニー・グラハム (Barney F. Graham) が会社側の警備員に殺害される事件が起きた．「『バーニー』は会社にとって最も危険な男だった，なぜなら彼はどうやって坑夫たちを導いたらよいかを知っていたからだし，また彼がその献身と勇気によって示したすぐれた実績のゆえだった．会社は最初に彼を片づけようと考えていた．数カ月間会社の警備員は彼が一人になるのを待っていたのである」．その日曜日の夕方，バーニーは長くペラグラで寝たままの妻の薬品を買って帰る途中だった．グラハムの死は，スト破りの導入で弱体化しかけていたストを事実上の敗北へ追い込んだ．最後まで残った労働者たちについて，ケスターがTVAの議長アーサー・モーガンに会って就職斡旋を頼んだりした結果，彼らは1934年秋にはTVAのノリス・ダムや，再植民局によるカンバーランドへの入植という形で就業できた．「ワイルダーのストは，……南部における新たな種類のラディカルな運動の始まりだった」．

ケスターは1933年から2年間，STFUへの小作人の組織化に取り組んだ．ミシシッピ州の協同農場の実験が1936年に開始されると，ケスターはそこに限りなき可能性を見出し，それは将来持たざる人々の側からする重要な冒険の一つと見なされるに違いないと述べている．

FORの平和主義に飽き足りないケスターは，1934年にテネシー州モンティーグルのハイランダー民衆学校 (Highlander Folk School) で創設された「南部青年牧師会議」(Conference of Younger Churchmen of the South, CYCS) の書記となり，活動の中心をそこに移した．設立の目的には大要こう述べられている．

　　われわれは現下のニューディールの諸目的を承認する．ただしそれらが貧
　　困をなくし，児童労働を終らせ，労働者の団体交渉権を承認し，計画経済

の方向をめざし，富の公平な分配を準備する限りにおいてである．しかし同時にニューディールはあまりに不十分だ．……かくてニューディールの諸目標は利潤目的の資本主義経済下では達成不可能だ．また黒人のこうむる不平等は，労働条件，職種，教育，政治，生活条件に広く見られる．われわれはすべての人種，農民，労働者，中産階級を含んだラディカルな政党設立の必要を確信する．

1936年11月テネシー州ノリスで開かれた大会で組織の名称が「南部聖職者連盟」(Fellowship of Southern Churchmen, FSC) に変更された．第5回大会は1937年11月にテネシー州ノリスで開かれた．ミズーリ，ケンタッキー，アーカンソー，アラバマ，ジョージアなど6州からメンバーが集まった．ケスターは「わが国における南部の位置」と題する講演を行い，そのなかで彼は「農業的，植民地経済」という規定を中心に南部をそれ以外の地域から区別する諸要因について語った．また南部労働者を，①工業労働者，②小作人，シェアクロッパーおよび農業労働者，そして，③南部山岳地帯の民衆の，三つのカテゴリーに分類した．この中で③の状態は生活水準を保障するに足る経済基盤の欠如のゆえに①や②よりも劣悪である．また②は「アメリカの新たな奴隷制の生ける遺物」である．わが国の課題は，土地と民衆の蘇生であり，すべての人々に豊かな生活を保障するような社会経済的機構の創造である．欠乏を強制するニューディールのプログラムは「馬鹿げているし，自殺行為だし，近視眼的」である．南部農民大衆を，デルタ協同農場のような協同組合，あるいは村落経済の機構を通じて土地に復帰させることが必要だ，と彼は説いた．

この会議で採択された決議のなかには，①宗教の自由．②労働運動の統一．③南部収奪的な工業化に反対．④上院上程中の反リンチ法案支持，などがあった．1938年の大会で会長コーワンは「預言者の責務」と題する講演を行い，預言者のもつべき資質を説いたが，「批判的精神を解放すべき」預言者は同時に「たえざる自己批判」を必要とすると述べた点に，「禁欲的預言者」の集団をめざしたFSCに寄せたコーワンらの厳しい姿勢が読みとれる．FSCは1940年代，1950年代を通して活動を続けたが，1954年の連邦最高裁の異なる人種共学を認める判決を機に南部でにわかに高まった人種関係の緊張のなかでFSCを去る牧師が続出し，1957年秋ついにケスターもFSCの活動から身を引

いた．これにより組織自体も事実上機能停止を余儀なくされた．

1957年4月23-25日のナッシュヴィルにおける「キリスト教と人間関係に関する会議」(Conference on Christian Faith and Human Relations) の開催がケスターにとって最後の，しかし大事な仕事となった．南部から約300人の聖職者を集めて開かれたこの会議のメイン・スピーカーの一人が「南部キリスト教指導者会議」(Southern Christian Leadership Conference) のキング牧師 (Martin Luther King, Jr.) だった．キングは「わが国民の大きなモラルのディレンマに直面しての教会の役割」というタイトルでこう論じた．未曾有の物質的繁栄の中にありながら，アメリカは人種間の争いという災厄に苦しんでいる．そもそも人種分離は非キリスト教的であり，キリスト教徒は非人種分離社会にむけて勇気をもって働く責任がある．キリストの福音に忠実であろうとすれば，生活のあらゆる側面から人種分離と差別とが消滅するまで休むことはできない．教会は，まず人種間憎悪の観念的根源に到達し，人種分離をもたらすふつうの民衆の信念の非理性的性格を指摘する必要がある．第二に，教会は人の心とヴィジョンの中心に神が位置するよう努め，第三に，教会はキリスト教徒の社会的活動を指導する立場に立つべきだ．今日なお沈黙を守っている南部白人の穏健派のエリートの中から，また，黒人の社会からも誠実で献身的な指導者が現われてほしい，と彼は期待を表明した．

南部の民衆が必ずしも十分に雄弁でなかった1930年代，エリートの牧師たちは少数者ながら，果敢に闘った．ケスターとキングを結ぶ細糸に沿ってやがて，民衆とエリートは同じ方向に向かって怒濤のような歩みを1960年代に開始することになろう．

(7) カンザス：メーリンと農村社会史

1930年代は西部で砂嵐が何度も吹き荒れ，その原因をめぐって論議が展開された時期でもある．砂嵐とひとくちに言うが，それは雨の多い島国で育ったわれわれ日本人の想像をはるかに超えるものであった．たとえば，以下のような叙述がある．「1935年3月3日に，強風が南から吹きつけてきた．土が空高く舞い上がり，ぶつかるものすべてを粉砕した．オクラホマ州ガイモンの北端の自宅でヴァーノン・L. ホプソンが窓のそばに立って嵐を見ていると，55ガ

ロン入りの石油ドラム缶が窓のそばを飛んでいった．次の日彼は同じ窓の外を見て，嵐の前にはちゃんと動いていた120フィートの鋼鉄製の油井やぐらが土の上に平らに横たわっているのを見てびっくりした．この同じ嵐は，オクラホマ州ガイモンとグッドウェルの間の50本の電話用の柱をなぎ倒した．嵐は次から次へと続いてやって来た．3月下旬に大通信社は，コロラド州ベイカ郡で砂塵肺炎の病気になり，死にかけている子供の健康について全国的な関心を惹起した．カンザス州のスタントン，モートン，スティーヴンス，およびグラント郡の住民数百人がはしかと砂塵肺炎で重い病気になり，救急病院で手当を受けていた．

4月14日には太陽が心地よい青空に上った．風はやわらかく優しく南西から吹いており，空気はきれいで健康的，前月の土の嵐からの心地よい小休止であった．……午後4時頃，兎狩りの人々が数千匹の野兎を囲い込む準備ができたとき，黒い，ごうごうたる雲が人と獣を飲み込んだ．狩人たちができることは，座り，祈り，咳こみ，祈り，むせ，そして祈ることだけだった．馬や兎たちは悲鳴を上げ，走り，人のあいだでもがいた．……エマ・ラヴ夫人は夫が兎追いに参加している間両親をフッカーに訪問していたが，芸術家だけができるような仕方で近づいてくる嵐を立って感心して見ていた．彼女は藤色の雲に感動した．嵐の頂上にはきのこ雲が日光の中で踊っており，空全体を虹の色で飾っていた．やがてそれらは凶暴に大地目がけて突進してきたのである」[1].

カンザス州ガーデン・シティのある女性の言葉によれば，「ドアを開けると，渦巻く土の突風が私たちを無慈悲に撃ちつけた．……ドアや窓はすべてきちっと閉めてあるのだが，しかし砂の微粒子は壁そのものに浸透するように見えた．それは食器棚や衣料品収納庫に侵入した．私たちの顔はまるで泥の中を転げ回ったように汚くなった．髪は灰色になって固くなり，私たちは歯と歯の間で砂を嚙みつぶした」[2].

このように描写された猛烈な量の砂や土の移動を伴った砂嵐が，カンザス，コロラド，ニューメキシコ，テキサス，オクラホマの境界地域（この地域がい

---

1) Mathew P. Bonnifield, *Dust Bowl: Men Dirt and Depression* (University of New Mexico Press, 1979), pp. 1-2.
2) Donald Worster, *Dust Bowl: The Southern Plains in the 1930s* (Oxford University Press, 1982), p. 17.

わゆるダストボウル Dustbowl と呼ばれた）で，記録されているものだけでも 1933 年に 70 回，1934 年に 22 回，1935 年に 53 回，1936 年に 73 回，1937 年に 134 回起きた．

砂嵐の原因は遠く 19 世紀後半からのアメリカ人たちの開拓の歴史の中に内在したとウースターは言う．彼らにとって「あらゆる生態系的限界はたんに人間のエネルギーによって克服さるべき挑戦に過ぎなかった」．カウボーイたちは時には草が養える限度の 4 倍もの多くの牛を放牧し，その結果草は枯れ，土地の肥沃度は長く衰えた．こうして旱ばつなどのときの家畜の損害は大きかった．1880 年代後半には鉄の犂をもった農民たちが大量に入植し，表土（sod）を破壊し，芝土の家（sod house）を造った．もともと乾燥地帯だったので，農業経営が安定するまでには時間がかかったが，1890 年代の失敗のあと，「乾燥地農法」（dry farming）と呼ばれるものが唱道され，普及した．連邦議会も 1909 年に拡大ホームステッド法を制定して各農家に 320 エーカーを付与した．こうして 1910-30 年間に最後の入植の波が襲うこととなり，この時期に砂嵐の原因が形成された．

第一次世界大戦下の食料増産政策により，小麦価格が 1 ブッシェル 2 ドル以上に保証された．こうした背景のもと，トラクター耕耘機，円盤犂（disk plow），コンバインなどを中心とする機械化が急速に進み，それらは広い平地のダストボウル地域にはよく適合した．カンザス州南西部の 13 郡で 1925 年に 200 万エーカーだった耕地面積が，1930 年には 300 万エーカーにふえた．この時期に大平原南部では農民たちはロードアイランド州の 7 倍に当る 526 万エーカーの自然の植生を破壊した．「1935 年に黒い竜巻が大平原に押し寄せ始めたとき，ダストボウルの 3 分の 1 の，3,300 万エーカーは裸の，草のない，風に弱い状態だった」[1]．

だが，一方的に農民を批判するのは歴史の歪曲だとカンザス州出身の農業史家ジェームス・メーリン（James C. Malin, 1893-1979）は批判した．1936 年の官製のフィルム『大平原を破壊した犂』（The Plow That Broke the Plains）は，「草原から人工の砂漠へ」とのイメージをまさしく人工的に創り出すために，漂白した牛の頭蓋骨をあちこちに配置して写真をとったり（図参照），「旱ばつ

---

1) Worster, *ibid.*, p. 94.

figure 3-6 ジェームス・メーリンと『大平原を破壊した犂』の一場面

から避難してきた家族」をとるために農家を説き伏せて写真をとって後に金を払ったりした，センセーショナリズムをねらっただけの仕事で，農民たちを悪者に仕立てあげた．そもそも「大平原の土の相当部分は運ばれてきた物質から進化したもので，1930年代の砂嵐論争が始まるかなり前に風によって吹き寄せられた土だと，連邦や州の土壌調査機関の作成した地図が示唆していた．砂嵐は植生によってカバーされた土からは起こらなかったことは事実である．しかし，ここで問題にすべきは，大平原のどこかの部分は，動物たち，とりわけ齧歯類の活動の結果，つねに裸であるか，相対的にそうだったことである．そして火事や，旱ばつ，そして野生動物の行動によって，時によってその大きな部分が風にさらされていた」[1]．

草原地帯の生態系を研究したことから導き出される結論のうちで，最も重要なものの一つは，「慣習的に用いられているような乱されたことのない草原地帯などというものは存在しなかったということだ．人間の犂による掘り返しは，自然状態でたえず生起していることが，土壌耕作という形でより完璧に進行した過程にほかならない」[2]．メーリンは，農民の流動性についての実証研究の

---

1) James Malin, *Grassland of North America: Prolegomena to its History with Addenda and Postscript* (Peter Smith, 1967), pp. 135-138.
2) *Ibid.*, p. 152.

中で，土地の歴史をコミュニティ全体の歴史から分離してはならない，としている．1862年のホームステッド法も，5年間の居住義務規程がいかにフロンティアにおける農民の高い流動性と抵触したかを彼は論じた．

さらにメーリンは，フロンティア理論に現われたターナーの「閉ざされた空間」概念を批判する．人間がある場所から別の場所へ移動できる限りは，人間は天然資源を搾取しつづけることができる．枯渇した資源は自然過程が再生するにまかせればいいからだ．こうした過程に育つ文化は原初的，ないしは遊牧的である．これに対してフロンティア，あるいは拡大の概念は空間の恒久的占拠を意味し，近接する空間の継続的組み入れによって搾取の基盤がたえず拡大しながら文明の中心となる．閉ざされた空間，すなわちフロンティアの終焉という概念は，「地球の全地表面が占拠され，それゆえ人間はもっとも価値ある空間と資源の所有をめぐって競争しながら生計を立てなくてはならないという仮定に立脚している．フロンティア社会から閉ざされた空間の世界への移行が19・20世紀転換期に起きたと解釈することで，マッキンダーとターナーの空間の終焉という理念は20世紀の世界に途方もないインパクトを与える社会的な力となった．前者の理念は地政学の名でヨーロッパに影響をおよぼしたし，他方後者の理念は合衆国において，とくにニューディールのもとで支配的となり，1890年頃の消滅以前にフロンティアによって果たされていたと称される機能を明示的に果たすものとして，計画経済が提案されたのである」[1]．

こうした空間の閉鎖がもたらす選択肢不在の状況から歴史家が脱出するには，歴史の地理学的空間理論を放棄するしかない．「歴史家が歴史の空間理論からのみならず，すべての形の単一要因解釈から自らを解放しなければならないことは明白である．歴史の理解は，それぞれが独立変数として作用する多くの要因の複雑な相互作用であるとの認識に広く基礎を置かなくてはならない」．農村社会史の祖として再評価されたメーリンは自然と人間の交錯する歴史を多面的に把握する必要性を強調した．

---

1) Malin, *Essays on Historiography* (James Malin, 1946), p. 2.

第 4 章
第二次世界大戦と戦後体制の構築
1941－45 年

国連憲章，ジュネーヴの国際連合図書館所蔵（菅英輝撮影，2003 年 3 月）

1 世界戦争への道

(1) 日中戦争の拡大から日米対決へ

　日中戦争の勃発から日米開戦にいたる過程においては，三つの主要な流れが，アジアの秩序の性格をめぐる日米対立と深く結びついて展開した．三つの主要な流れとは，日中戦争にさいしてアメリカの中国援助を促した要因，日本の南進政策が英米蘭の利害と衝突を引き起こす流れ，およびそれと対応した日本の枢軸国への接近である．この三つの流れが一大潮流を形成していく過程で，日米両国は戦争という不可逆点にいきつくことになった．しかも，注目すべきは，日米開戦にいたる上述の流れはいずれも，アジアという地域的空間を越えてヨーロッパの戦争と結びつく契機を内包していた点だ．それゆえ，パールハーバーへの道は同時に，世界戦争への道でもあった．まず，日中戦争の拡大と米英提携に向けた動きから見てみよう．

　イギリスは満州事変以降，中国における自国権益が脅かされない限りは，中国の国権回復運動の抑制という英米共通の立場から，日本に対して穏健な態度をとってきた．しかし，日本の軍事行動が揚子江流域にまで拡大され，自国の伝統的権益が侵害されるようになると，イギリスは日本に対する態度を硬化させた．1937年8月，日中両軍が上海で交戦状態に入り戦火が華北から華中に拡大すると，イーデン外相は英米共同行動による日本軍抑止のための効果的な方法を積極的に模索しはじめた．ローズヴェルトの「隔離演説」に勇気づけられた英外相は11月のブリュッセル会議で，日本に対する制裁措置に対してアメリカが協力してくれることを期待した．また，12月に，前述したパネー号事件が発生し，英戦艦2隻が砲撃を受けると，イギリス政府は，西太平洋への艦隊の移動など「威嚇的行動」を英米共同で実施することを提案した．しかし，この時期のアメリカ政府は，孤立主義勢力の反対が強く，中立法に手足を縛られた状態であった．ワシントンはブリュッセル会議には対日制裁反対の立場で臨んだし，パネー号事件のさいには，イギリスが再三にわたって英米による海軍力示威行動の可能性を打診したにもかかわらず，アメリカ単独の抗議にとど

その後の事態の展開に照らした場合，パネー号事件は看過できない副産物を生んだ．それは，12月末に，アメリカ海軍司令部のインガソル大佐 (Stuart H. Ingersoll) がロンドンに派遣され，イギリス海軍と初めて会談をもち情報交換したことである．この英米海軍参謀の共同会談は，その後緊密化する両国海軍間の提携と共同戦略の端緒となった．後述のように，日本の南進政策が東南アジアにおけるイギリスの植民地権益と衝突し，その結果イギリスがアメリカと軍事協力を促進するようになる文脈でみた場合，この会談は重要である．

一方，日米関係は「門戸開放」対「東亜新秩序」という形でのアジア・太平洋の秩序をめぐる対立の様相を深めていった．近衛首相は1938年11月に「東亜新秩序」声明を発表した．この声明は「日満支三国」が提携して，政治・経済・文化各分野で相互依存関係をつくることをうたったが，現実には，東アジアで英米の勢力を排除し日本を盟主とする新たな秩序の建設をめざすものだった．親欧米派の宇垣一成 (1868-1956) に代わって外相に就任した有田八郎が11月18日の声明で，「(満州) 事変前に適用ありたる」観念や原則を否定したことにも示されたように，「東亜新秩序」声明は，ワシントン体制の否定のうえに成り立つ秩序である．この二つの声明は，欧米諸国の既得権益を脅かしたのみならず，イデオロギー的にもアジアを欧米と対置した．かくて日米対立は秩序形成をめぐる原理的対立の様相を帯びるにいたった．

この間の動きとして重要なのは，1936年11月の日独防共協定，37年11月の日独伊防共協定，40年9月27日の日独伊三国同盟の締結であった．日独伊の提携に向けた一連の動きを見て，アメリカ政府は日中戦争をヨーロッパの戦争との関連で捉えるようになった．「中国はもはや単独の政策の対象ではなく，総合的なアジア・太平洋戦略の一環」[1] とみなされる．

「中国がイギリスと同様アメリカの防衛の最前線となった」[2] 結果，アメリカは1938年夏ごろから中国援助を本格化し，まず対日牽制の意味をこめて2,500万ドルの対中借款を供与した．さらに，40年11月には，中国に対する1

---

1) 入江昭『太平洋戦争の起源』(東京大学出版会，1991年)，269頁．
2) ウォレン・コーエン「日米関係における中国要因」，細谷千博他編『太平洋戦争』(東京大学出版会，1993年)，83頁．

億ドルの借款協定を発表し,同時に50機の追撃機の供与,アメリカ人飛行士,飛行教官の中国派遣を許可した. 41年9月末にローズヴェルトは,アメリカの退役将校シュノールト (Claire L. Chennault, 1890-1958, 中国空軍顧問) の指揮する航空隊 (flying tigers) に彼らが参加することを認める行政命令に署名し,同年秋には,実戦配備された.

一方,1938年秋から39年夏にかけて,日本政府内では,日独伊三国同盟を結ぶか否か,その場合,同盟の仮想敵国をソ連に限定するか英仏を加えるかをめぐって激論が続いていた. 陸軍は英仏を対象とすることに賛成だったが,海軍や外務省はこれに強く反対した. ドイツは日独同盟の対象をソ連だけでなく,英米を含めることを要望していた. しかしその場合には,日本が対ソ戦を戦うさいに,英米を敵に回す危険があり,外務省や海軍は反対した. この対立がもとになって39年4月第一次近衛文麿内閣が崩壊した.

1940年7月に発足した第二次近衛内閣は,こうした政府内の議論に終止符を打ち,日本対英米という対立の構図を鮮明にする決定をした. 8月1日,「基本国策要綱」にもとづき近衛内閣の基本国策が発表され,「大東亜の新秩序」の建設がうたわれ,外相に就任した松岡洋右 (1880-1946) は,記者会見で「大東亜共栄圏」という表現を使用し,その中には,仏印 (フランス領インドシナ) や蘭印 (オランダ領インドシナ) も含まれる,と説明した. 東アジアにおける秩序をめぐる日本対欧米の図式のさらなる先鋭化であった. 松岡は,日独伊三国同盟の問題を次のように定義した. 独伊との提携か米との提携かを決めなければならないが,英米との提携はアジア新秩序の夢の放棄,アメリカの条件にもとづいた日中戦争の収拾を意味し,日本は「少なくとも半世紀の間は英米に頭を下げる」ことを覚悟しなければならない. したがって,それを望まないのなら唯一の道は独伊との提携だ,と. 松岡は,日独伊枢軸の強化によって対米交渉をできるだけ有利にできるだろう,と考えた. しかし,それが実現不可能な場合は,対米戦争もやむを得ない,との立場だった. 40年9月19日の御前会議で,松岡は,三国同盟は「米国を対象とする軍事同盟」である,と明言した[1]. 結局,松岡の主張が入れられ,同年9月末,日独伊三国同盟が締結された. これ以降,日本対英米の対立の構図が明確となり,日本の外交と軍事戦

1) 前掲,入江昭『太平洋戦争の起源』172頁.

(2) 民主主義の兵器廠(へいきしょう)，アメリカ

アメリカ政府は 1939 年に入って，航空機および部品の道義的禁輸，クレジット禁止措置を発表，さらに 7 月 26 日には，日米通商航海条約の廃棄を通告した．この決定は，同条約が 40 年 1 月 26 日には失効し，それ以降，アメリカが経済制裁の法的拘束から自由になることを意味した．三国同盟の締結はアメリカ政府の対日姿勢をさらに硬化させることになり，40 年 8 月，アメリカ政府はくず鉄，石油製品の輸出許可制，航空機用ガソリンと潤滑油の対日禁輸を実施した．

しかし，アメリカの対日経済制裁は日本側の譲歩を引き出すことはできず，逆に資源の豊富な東南アジアへの日本の進出を刺激することになった．1940 年 9 月 23 日，日本軍は北部仏印（インドシナ）に侵攻すると，ワシントンはくず鉄の全面禁輸でこれに対抗した．このように，アメリカの対日制裁は資源が必要な日本の南進政策を助長し，日本の南進は英蘭の東南アジアにおける植民地権益を脅かすことになり，ヨーロッパにおけるドイツとの戦争によってアジアで日本に対抗する余力をもたない英蘭は，アメリカを巻き込んで日本に対抗する働きかけを強めた．他方，アメリカは日本の行動の抑制という観点から日本の南進を阻止する役目を担うようになる．それゆえ，日本の南進政策もまた，三国同盟の締結と同様，アジアとヨーロッパの対立の構図を空間的に結びつける機能をはたしたという点で重要である．

日独伊三国同盟の締結と日本の南進政策に対応するかのごとく，英米同盟および枢軸国包囲網の形成も進展した．1940 年 9 月初旬，英米防衛協定が調印されたのに続いて，ローズヴェルトは 12 月 29 日の「炉辺談話」[1] のなかで，アメリカは「民主主義の兵器廠」となると宣言し，イギリス支援を一層明確にした．翌年 4 月末には，英米蘭三国代表によるシンガポール会談が開催され，

---

[1]「炉辺談話 (fireside chat)」　F. ローズヴェルト大統領がラジオ放送を通して国民に自らの考えを直接訴えた演説方式で，魅力的な声で物静かに家庭の茶の間に流れてくる巧みな話術は大衆に親近感と安心感を与え，人心の掌握に効果を挙げた．1933 年 3 月 3 日，銀行危機の最中，「絨毯の下に保管しておくよりも再開される銀行に預金しておいた方がより安全です」，と語りかけたのが最初で，その後もこの座談形式はしばしば利用された．

ここに ABCD（アメリカ，イギリス，中国，オランダ）網の形成をみることになった．シンガポール会談は，対枢軸国戦争にさいして三国の共同軍事行動を確認し，さらに中国を戦略に組み入れることとし，戦闘機の中国配備，中国正規軍への財政・装備の援助などを決定した．

そうした事態の推移のなか，1941年8月9日から12日にかけて，ニューファンドランド沖に停泊中の米巡洋艦オーガスタ号上で英米両首脳による重要な秘密会談がもたれ，連合国の戦争目的を明確にした大西洋憲章が発表された．このとき，チャーチル（Winston L. S. Churchill, 1874-1965）がアメリカの宣戦布告を希望したのに対して，ローズヴェルトは「戦争は行うが，宣戦布告はしない，これからはドイツに対して益々挑発的な行動をとる．『事件』を相手に強いるためのあらゆる手立てを尽くすべきだ」と述べ，「敵対行為の開始を正当化するための『事件』を探す，と明言した」という．9月4日にドイツのUボート[1]が英空軍機の攻撃を受けたさいに，このUボートを3時間以上にわたって執拗に追跡していた米駆逐艦グリア号が攻撃されると，ローズヴェルトは9月11日にラジオ演説を行い，「ドイツ潜水艦が最初に無警告でしかも撃沈する明白な意図をもってアメリカの駆逐艦に発砲した」，と事実を歪曲して国民に説明し，今後は「敵を発見ししだい発砲する」，と宣言した．外交史家ロバート・ダレクは，「敵を発見ししだい発砲する」という政策は，「大西洋における宣戦布告なしの戦争」だ，と述べている[2]．

ローズヴェルトがこの時期までにドイツとの戦争覚悟でイギリスへの支援に踏み切った背景には，第一次世界大戦参戦の決定過程でウィルソンが示した状況認識を彼も共有するようになった事情がある．まず，ナチズムやファシズムのイデオロギー的挑戦に対処する必要があった．ローズヴェルトは枢軸国の脅威をこのまま放置した場合にアメリカが陥る状況を，「恐怖によって支配された世界孤島」にたとえた．枢軸国にたえず安全や生活を脅かされるような世界

---

1) Uボート（U-Boat）　第一次世界大戦中にドイツが開発した潜水艦の通称．ドイツ語のUnterseebootに由来する．1915年5月U-20型がイギリス客船ルシタニア号を撃沈し，アメリカ人128人を含む1,198人が犠牲になった．第二次世界大戦中は北大西洋地域に設定したドイツ封鎖区域で活動し，アメリカからイギリスに供給される戦時物資を輸送する船舶も攻撃の対象となり，連合国に脅威を与えた．

2) Robert Dallek, *FDR and American Foreign Policy, 1932-1945* (Oxford University Press, 1979), pp. 285, 288.

図 4-1　大西洋会談にのぞむローズヴェルト（右）とチャーチル（左）（1941年8月9日）

http://media.nara.gov/media/images/9/19/09-1832a.gif　ARC Identifier: 196902

の出現を阻止することの重要性が認識されるようになった．そのような世界においては，アメリカや西半球の経済は大幅な再編を余儀なくされ，政府による民間セクターへの介入はこれまで経験したこともないほど大きなものとなり，国防費の巨額の増加と国内安全の強化が求められる．そのようなアメリカ社会においては，もはや個人の自由は認められない．アメリカン・リベラリズムはファシズム諸国と戦わずして消滅するかもしれない．ローズヴェルトはこのような危惧をいだいたのである．

　1941年1月の議会宛教書のなかで，大統領は「四つの自由」（欠乏からの自由，恐怖からの自由，信仰の自由，言論・表現の自由）演説を行ったが，この教書は「不幸にして，わが国およびデモクラシーの未来と安全とは，われわれの国境のはるかかなたの出来事に重大にかかわっている」と切り出し，さらに「民主

主義的生活様式が，全世界のあらゆるところで直接に攻撃されている」ことに注意を喚起した．「(海外における) 民主主義諸国の崩壊は，われわれ自身のデモクラシーにとっても危険だ」というローズヴェルトの認識は，ウィルソン的世界認識と共通する．このような脅威に対処するために，アメリカは侵略国と戦う国のための「兵器廠」とならなければならない，とローズヴェルトは繰り返し，武器貸与法案の議会通過を要請した．

(3) 連合国対枢軸国

一方，1936年11月の日独防共協定の締結は日ソ関係を悪化させ，39年7月にはノモハンで日ソ間に軍事衝突が起きた．ノモハン事件は日本の侵略を恐れたスターリン (Joseph C. Stalin, 1879-1953) をドイツとの和解に向かわせ，同年8月23日，独ソ不可侵条約が調印された．不可侵条約締結によってヨーロッパ戦線の圧力から解放されたソ連は，極東ソ連軍の補強が可能となり，それは逆に日本にとって対ソ戦遂行上不利な環境となった．くわえて，防共協定は有名無実化し，近衛内閣を引き継いだ平沼騏一郎 (1867-1952) 首相は，欧州情勢は「複雑怪奇」という有名な声明を残して総辞職した．そうした状況下で，日本政府内では，ソ連との関係改善をはかることが英米に対する圧力になるとの考えが復活した．驚くべきことに，松岡は日独伊三国同盟にソ連を加えた四カ国協商構想の実現に向けて行動を開始したのである．1941年4月モスクワを訪問した松岡は，独ソ関係の悪化でヒトラーの行動への懸念を強めていたスターリンとのあいだに日ソ中立条約を締結することに成功し，独ソ戦の場合に日本は中立を約束し，代わりにソ連は日本の満州占領を認めた．しかし，2カ月後の6月22日に独ソ戦が勃発したため，松岡の最後の賭けともいうべき四カ国構想は頓挫した．ヒトラーは前年12月18日にはバルバロッサ作戦 (対ソ戦) を決定していたにもかかわらず，訪ソ直前に松岡がドイツに立ち寄ったさいに，ドイツ政府から松岡にこの重大な決定は知らされていなかった．

独ソ戦の開始は，米ソの接近をもたらした．第一に，シベリアにおけるロシア兵力についての関心を通して，アメリカの対日強硬政策がヨーロッパの戦争と結びつくことになった．外交史家ワルドー・ハインリックスは，独ソ戦後のローズヴェルトにとっての最大の関心事は，シベリアのソ連軍をヨーロッパに

回せるかどうかであった，という[1]．第二に，独ソ戦の開始は，日本の膨張主義，機会主義，予測不可能性の度合いを高めた，とアメリカ政府は受け止めた[2]．第三に，アメリカ国内世論の対ソ感情を変えることによって，武器貸与法をソ連に適用することが容易になった．1941年9月28日，アメリカがそれまでイギリスに適用していた武器貸与法にもとづく援助にソ連を含めることを決定したため，事実上，英米ソの「大同盟」が形成された．その意味で，独ソ戦はソ連にとって天祐となった．ハインリックスの誇張された表現をかりれば，独ソ戦は，「欧州戦争を世界大の紛争に拡大した，唯一にして最も重要な要因」であり，アメリカの石油禁輸と英米の対日強硬姿勢は，精一杯の「第二戦線」だった[3]．すでに述べたように，41年4月末のシンガポール会談ではABCD網構築の合意をみていた．したがって，この時期に英米ソの「大同盟」が形成されたことは，大規模な反枢軸国連合の成立を意味した．

2　日米交渉の決裂とパールハーバー攻撃

(1) 高まる緊張——日米関係

　独ソ戦の開始によって，日本は三国同盟と日ソ中立条約との板ばさみに苦慮することとなり，政府部内に北進論と南進論の対立が再燃した．近衛首相は三国同盟からの離脱によるアメリカとの関係修復，米ソ間の緊密化の阻止だけでなく，中国と東南アジアで英米に譲歩することもやむをえない，と考えた．しかし，松岡は大胆にも，日ソ中立条約の廃棄による北進を主張した．南進が英米との戦争になることを恐れたのである．しかし，近衛も松岡も，英米蘭戦争の可能性に対して備えるため南進は必要だと主張する陸海軍に押し切られ，結局，1941年7月23日，日本軍は南部仏印に進駐を開始した．

　ローズヴェルトは解読された暗号を通して，南進か北進かをめぐる日本政府内の激しい論争を承知していた．イクス内務長官（Harold Ickes, 1874-1952）は日記にこの頃，ローズヴェルトが次のように述べた，と記している．「ジャッ

---

[1] ハインリックス論文，前掲，細谷千博他編『太平洋戦争』170, 175頁; Waldo Heinrichs, *Threshold of War* (Oxford University Press, 1988), pp. 179, 192, 195.
[2] Heinrichs, *ibid.*, p. 145.
[3] 細谷千博他編，同上，177-78頁．

プ（日本に対する蔑称）はどちらの方向に飛ぶか，すなわちロシアを攻撃するか南洋方面に打って出るか，それともこのままじっとして動かずアメリカともう少し仲良くしようとするかを決定しようとして，お互いに激しい足の引っ張り合いと死闘を繰り広げている最中だ．決定がどのようなものとなるかは誰にも分からない．あなたも分かっていると思うが，大西洋を支配するためには太平洋で平和を維持することがとてつもなく大切だ」と[1]．ローズヴェルトは日本政府内部の議論を正確に把握していただけでなく，アメリカの軍事戦略として大西洋優先の立場を採用していること，そのためには太平洋で日本と直ちに戦争に発展するような事態は回避しなければならないと考えていることが明確に語られている．

アメリカ政府は日本の南部仏印進駐に対する対抗措置として，1941年7月25日，在米日本資産を凍結し，英蘭もこれにならった．さらに8月1日，アメリカはついに対日石油全面禁輸に踏み切った．ローズヴェルトは石油が日本のアキレス腱であることを十分認識していたし，禁輸の実施が日米関係に重大な帰結をもたらすことを理解していた．しかし，譲歩を引き出すつもりが，逆の結果をひきおこした．グルー（Joseph C. Grew, 1880–1965）駐日アメリカ大使が，「報復と報復に対抗するための報復という悪循環が始まった」と日記に書いたように，これ以降の日米関係はまさに，「地獄への下降は容易なり」であった[2]．

(2) 日米開戦

石油の禁輸措置は，輸入の80%強をアメリカに依存している日本にとっては，帝国の存亡にかかわる重大な危機と受け止められ，日本政府内には，対米衝突不可避論が支配的になっていった．8月22日には，パールハーバー攻撃計画が海軍から陸軍に提示され，陸軍もこれを了承した．9月6日の御前会議は「帝国国策遂行要領」を決定したが，それは対米戦争もやむをえないとの観点から，10月下旬を目途に戦争準備を完成するというものであった．中国からの撤兵問題でこれ以上の譲歩はできないとする東条英機（1884–1948）陸軍大

---

1) Kennedy, *Freedom from Fear, op. cit.*, p. 510.
2) Herbert Feis, *Road to Pearl Harbor* (Princeton University Press, 1950), p. 248.

臣の強硬な姿勢の前に，10月16日近衛内閣は辞職し，代わって東条を後継首班とする内閣が誕生した．東条内閣は，天皇から9月6日の決定を白紙に戻し，再度根本的再検討を加えるようにとの指示を受けて，再審議したが，軍部の強硬論を抑えることができなかった．結局，11月5日の御前会議は，対米戦争の決意を明確にし，武力発動の時期を12月初旬と定めた．ただし，この間，対米交渉は継続し，成功すれば武力発動を中止するというものだった．

そこで，東郷茂徳（1882-1950）外相は，甲，乙両案を用意して日米交渉に臨むこととし，野村吉三郎（1877-1964）駐米大使とハル国務長官との間で最後の交渉が行われた．11月7日に甲案を提出して，それが受け入れられないとみるや，20日に乙案を提示した．乙案は戦争回避のための暫定案であったが，アメリカが日本資産の凍結を解除し，石油の一定量の輸出を認める代わりに，日本は南部仏印から撤兵するという内容であった．国務省はそれを手直しした修正乙案で日本と妥協する方向に傾いたが，11月22日，米側の対案が説明されると，蔣介石（1887-1975）がこれに激しく反対した．蔣はワシントンに対しては，中国の戦線からの離脱を示唆する脅迫的な電報を送り，さらにチャーチル首相にも働きかけ，二人は揃って強硬な反対の意向をローズヴェルトに伝えた．このため，アメリカ政府は修正乙案の提出を断念せざるをえなくなった．今やアメリカといえどもイギリス，オランダ，中国の意向を汲みながら日米交渉に当たらなければならない状況にあった．胡適（1891-1962）駐米大使は，中国が100万の大軍をくぎ付けにすることが日本の枢軸国援助阻止に役立っていると訴えたが，アメリカ政府もこうした中国の主張と役割を無視できない状況になっていた．

くわえて，アメリカ政府は前年9月から日本の外交文書の暗号（マジック）解読に成功しており，11月15日の御前会議の決定についても事前に承知していた．こうしたことも，アメリカ側が対日交渉で強硬な姿勢を崩さなかった一因だったと思われる．かくして，11月26日には有名な「ハル・ノート」が日本側に通告された．この覚書は，仏印や中国からの完全撤兵，汪兆銘（1885-1944）政権の否認，三国同盟の廃棄，「東亜新秩序」の全面否定を要求する内容である．多くの研究者が指摘するように，ハル・ノートの条件は日本がとうてい呑むことのできないものであり，その意味で，事実上，アメリカ側の最後

通牒とも言うべきものであった．ハル・ノートが日本に手交される前日の25日，大統領，国務長官，陸海両軍の長官，陸軍参謀総長，海軍作戦部長が出席するホワイトハウスの会議で，参加者たちは，外交交渉の余地はほとんど残されていないという点で意見の一致をみていた．この時の会議に関するスティムソン陸軍長官の日記録によると，「問題は，われわれに過大な危険を招かぬように配慮しつつ，いかにして日本が最初の一撃を打たざるをえないように仕向けるべきか」だったと記しているが，それは他の参加者にも共有された感情であった．

12月1日，日本政府は最後の御前会議で対米開戦を決定した．宣戦布告は日本時間の12月8日正午に行われたが，ワシントン時間の12月7日午後1時20分に日本軍によるパールハーバー（真珠湾）攻撃が開始された．日本側の最後通告文が国務省に手交されたのは，パールハーバー攻撃開始後30分近く経過しており，この遅れのため，日本は「だまし討ち」の汚名を着せられることになった．また，日本はパールハーバー攻撃より前に，英領マラヤに上陸作戦を開始し，数日後にはイギリスの誇る戦艦プリンス・オブ・ウェールズ号 (Prince of Wales) を撃沈するなどイギリスとの戦争にも突入した．さらに，11日，独伊が対米宣戦布告を行うにいたって，第二次世界大戦は未曾有の世界戦争となった．

3 戦後構想と自由主義的世界秩序

(1) 戦後秩序の模索

戦後秩序に関する委員会は早くも，1941年1月に国務省内に設けられ，翌年2月の戦後外交政策諮問委員会の設置にともない，本格的な検討が始まった．戦後構想をデザインするにあたって1930年代からどのような教訓を引き出すかは，ローズヴェルト大統領や戦後構想の策定に関わった人たちの重大な関心事だった．それは，20世紀アメリカ外交にみられる三つの重要な流れが合流していく過程であった．以下に述べるように，それは，20世紀型（門戸開放型）アメリカ外交を基調としながらも勢力均衡型外交を取り込んだ外交であった．

第一の系譜は，勢力均衡論に立脚した国際関係の見方である．軍事力に依拠して国家の安全を確保する必要があるとする見方は，20世紀初頭のアメリカ外交のなかで支配的だったわけではないが，革新主義時代のローズヴェルトやマハンらの外交観はヨーロッパ流のそれに近く，勢力均衡や軍事力を重視した．これに対して，20世紀型アメリカ外交を展開したのはタフトやウィルソンであった．それはいずれも自由主義的秩序を世界秩序形成に反映させようとするものであり，リベラル・プロジェクトというべきものであった．タフトはアメリカの経済力と経済的相互依存の拡大を通してアメリカの国益の実現と平和の達成をめざした．それは，製品や資本の国際的な移動の自由を確保することによって平和と安全が保たれるという考えにもとづいていた．一方，ウィルソンに代表されるリベラル・プロジェクトの特徴は，製品や資本の国境を越えた移動の自由の確保にくわえて，自決の理念を世界秩序形成原理として重視した．さらには，平和と安全を確保するための具体的装置として，集団安全保障体制の構築をめざした．それはリベラルの理念と合致する安全保障メカニズムである．ウィルソンは，国家への強大な権限の集中を伴う軍事大国化への道を歩むことはリベラリズムを危うくすると考えたのである．これが第二の系譜である．第三の系譜は，カリブ海や西半球地域で展開された外交で，アメリカ中心の帝国的秩序が成立していたこの地域では，第一の系譜と第二の系譜が混合した帝国主義外交が顕著であった．この第三の系譜は80年代のレーガン政権の下で再び蠕動しはじめ，冷戦後はジョージ・ブッシュ（ジュニア）政権の下で復活する．

　ローズヴェルト大統領は戦後秩序形成の枠組みを構想するにあたって，20世紀アメリカ外交の歴史を踏まえて取り組む必要を痛感していた．一方では，リベラルな世界秩序をいかに構想し，実現していくかというリベラル・プロジェクトが存在した．そこには，1930年代の大恐慌が国際政治にもたらした帰結についての反省があった．他方では，リベラルな世界秩序形成に伴う平和と安全維持のメカニズムをどのように構築するか，という現実的課題にも取り組まなければならなかった．そのメカニズムは国際連盟の挫折や第二次世界大戦の勃発という歴史の教訓に根ざしたものでなければならなかった．

(2) ローズヴェルトの戦後構想

　戦後の平和と安全を構想するにあたって注目されるのは，ナチズムや日本軍国主義の脅威が高まった1930年代後半においては，地政学的発想や権力政治的発想がアメリカ社会に再び台頭するようになったことだ．実際のところ，ローズヴェルトは1938年5月にヴィンセント法案（海軍拡張法案）を成立させ，日本との間に峻烈な海軍拡張競争を展開していった．また，すでに検討したように，経済制裁によって日本から譲歩を引き出すという「力の外交」を展開しはじめた．軍事力として定義されたパワーの現実を直視し，パワーに裏づけられた外交によって安全や国益は確保することができるとする「現実主義」的発想が30年代後半に顕著となったことは，この時期のローズヴェルト外交を理解するためだけでなく，それが戦後のアメリカ社会に及ぼした影響という点でも重要である．

　戦後構想の理念的枠組みは1941年8月に発表された大西洋憲章において示された．その第4項は経済秩序形成原理について述べたもので，すべての国が経済的繁栄にとって必要な原材料と通商の機会を等しく付与されるべきだという原則がうたわれていた．第4項は，グローバルな規模での開かれた経済体制の構築をめざすというアメリカの意思の表明だった．そのような原則の表明の基礎となったのは，第一に，国際社会は相互依存が深まったという認識があり，この現実を無視してはアメリカの繁栄も世界経済の発展もありえないという信念であった．第二に，それは，排他的経済ブロックや勢力圏の形成が第二次世界大戦の原因になったという政策形成者たちの歴史認識に支えられていた．

　また，第5項では労働条件の改善，生活水準の向上，社会保障を確保するためにすべての国が協調すべきことがうたわれていた．それは1944年の年頭教書でローズヴェルトが提唱した「経済的権利の章典」として結実する．日独伊枢軸国の脅威が増大するにつれ，ニューディール改革を社会的安全，将来の戦争への準備体制作りの一環と捉えなおす考えが強まった．社会的安全を国家安全保障の文脈で捉える考え方は，39年1月の議会宛年次教書で，ローズヴェルトが「わが国の社会・経済改革計画はそれゆえ軍備そのものと同じくらい基本的な国防の一部である」と述べたことにも明らかである．また，41年1月の「四つの自由」演説は，「国内の安定なしには世界の永続的平和はありえな

い」という認識を示し，個人や社会のレベルのセキュリティ（人間の安全や社会的安全）を国際安全保障の文脈で理解しようとするものであった．なかでも，欠乏からの自由と恐怖からの自由は第二次ニューディールの中核的位置づけとなっていた社会保障政策の理念的表明であった．このような考えは戦後の冷戦期においては後景に退くが，冷戦後の世界においては，人間の安全保障や社会的安全保障として復活してくることになる．

第3項は政治秩序形成原理に関わる内容で，民族自決の原則と主権の尊重がうたわれた．また，第8項において軍縮と安全保障機構の創設について言及されていた．これらの原則はウィルソンの「14カ条」を想起させる内容であり，基本的にはウィルソン的理念枠組みを継承したものであった．

大西洋憲章が，20世紀アメリカが取り組んできたリベラル・プロジェクトの理念枠組みや諸原則を継承したものだったとすれば，ローズヴェルト政権が取り組んだ戦後構想の新しさはその制度的枠組みと秩序形成に取り組むアメリカの政治的意思（リーダーシップ）にあったといえよう．くわえて，戦後秩序がすぐれて政治経済秩序として成立するという認識が明確化した点も見逃せない．すでに見てきたように，1920年代は経済秩序重視，民間主導型の秩序形成の試みが基調をなしていたが，世界大恐慌の発生によって，そのようなアプローチには限界のあることが確認された．戦後構想の担い手たちは1920年代の経験から教訓を学びとり，政治と経済を切り離すことはできないとの基本認識を固めた．その意味で，大西洋憲章にうたわれた経済秩序形成原理と政治秩序形成原理とは密接不可分のものとして捉えられていたことに注目すべきだろう．

(3) 秩序の制度化とアメリカのヘゲモニー

戦後国際経済秩序の制度化に関する作業は1944年7月に開催されたブレトンウッズ会議で実現した．ニューハンプシャー州の保養地ブレトンウッズで開催されたこの会議はブレトンウッズ協定を締結し，国際通貨基金（IMF）と国際復興開発銀行（IBRD・通称「世界銀行」）の設立が決まった．IMFは協定によって定められた88億ドルの拠出基金をもとに通貨の安定をはかりながら各国通貨の交換性を確保することをめざし，資本の国境を越えた円滑な流れを確保しようとするものであった．また，IBRDは戦後の経済復興に必要な資金需要

図 4-2　ダンバートン・オークス会議に集まった各国代表（1944 年 8 月）

http://memory.loc.gov/pnp/pan/6a35000/6a35600/6a35607r.jpg

を民間資本でまかなうことを意図し，民間投資の保証機関として機能することが期待された．アメリカ政府はさらに，自由貿易を促進するための機構創設に取り組み，47 年に「関税と貿易に関する一般協定」（GATT）の成立をみた．GATT は自由，無差別，多角主義の原則にもとづき通商の拡大をめざすものである．IMF，世銀はそれぞれ戦後世界経済の安定と拡大のために通貨の安定と民間資本の活用をめざすもので，リベラル・プロジェクトの核心をなす．同様に，GATT の創設は世界大の貿易自由化をめざすアメリカの経済秩序形成のもう一つの柱を構成するものであった．両者はその後 IMF・GATT 体制と称され，「アメリカの世紀」実現のための車の両輪として重要な役割をはたしていく．

　一方，政治秩序，安全保障秩序形成の基礎となる国際連合創設に向けた作業は国務省内で進められていたが，1943 年 7 月にハル国務長官が具体案の検討に着手するよう指示したことから，新たな段階に入った．アメリカは 44 年 8 月 21 日から始まったダンバートン・オークス会議[1]にアメリカ案を提出した．その結果，米英ソ三国による交渉に続き，米英中三国間交渉を経て，「一般的国際組織設立」に関するダンバートン・オークス提案が採択された．しかし，

　1）　ダンバートン・オークス会議（Dumbarton Oaks Conference）　1944 年 8 月 21 日から 10 月 7 日にかけて米英ソ中代表がワシントン市北西にあるダンバートン・オークスで行った会議で，国際連合の設置に関する提案について協議された．しかし，安全保障理事会の表決方式などの合意は先送りされ，翌 45 年 2 月のヤルタ会談で常任理事国に拒否権が認められる形で決着した．

拒否権問題およびソ連が要求したソ連邦共和国 16 カ国の加盟問題が未解決のまま残ったため，45 年 2 月のヤルタ会談で再度議論され，大筋において合意が成立した．45 年 4 月から 6 月にかけてサンフランシスコで国連憲章会議が開かれ，同年 10 月各国の批准を受けて国際連合が成立した．

(4)「リベラル」な戦後秩序

この間の交渉過程で米側が示した交渉態度は，戦後秩序形成にかんするアメリカの基本的立場と戦後秩序の性格を浮き彫りにしている．「世界の警察官」構想が示すように，ローズヴェルト大統領は戦後の平和を確保するためには大国間の協調が不可欠だとの考えをもっていた．大国一致の原則というローズヴェルトのリアリズムは国連安全保障理事会の常任理事国に拒否権が付与されるという形で具体化された（国連憲章第 27 条）．しかし，国連安保理事会で意見の対立が起きた場合，大国の拒否権は理事会を機能麻痺に陥らせることになる．そこで，アメリカ政府は安保理が機能麻痺に陥った場合に備えて，地域的取り決めのもとでの集団的自衛権の行使を認める規定を重視するようになった．それが憲章第 51 条である．

アメリカ側からみると，大国の拒否権と集団的自衛権の容認は，戦後秩序形成におけるアメリカのヘゲモニー維持の重要な手段を与えられたことになる．そこには，アメリカの主権の制限を回避すると同時に，行動の自由を確保しながら国益を追求するという姿勢が強烈に貫かれている．国連憲章第 27 条の存在は，アメリカが国益優先の論理を貫く法的根拠を国連から付与されたことを意味し，その後，国際社会におけるアメリカの単独主義的行動を助長することにもつながった．また，地域的取り決めが容認されたことは現実には，国連の平和維持機構としての普遍的性格を損なう余地を残した．憲章第 51 条は，大国間協調の可能性が崩れたとき，敵対国どうしが相手国を仮想敵とする集団防衛機構の結成を容認するものだったからだ．憲章第 51 条をこのように再解釈することによって，この条文は冷戦期には，国連本来の意図から離れた機能を担わされることになる．

アメリカの拒否権に対する固執は IMF や世界銀行の場合にも認められる．IMF は基金への拠出額に応じた加重投票方式を採用しており，アメリカは 88

図 4-3 ヤルタ会談での三大国首脳．左からチャーチル（イギリス），ローズヴェルト（アメリカ），スターリン（ソ連）(1945年2月9日)

http://media.nara.gov/media/images/9/20/09-1905a.gif　ARC Identifier: 197002

億の総拠出額のうち 27 億 5 千万ドルを拠出したことによって，投票総数の 3 分の 1 を獲得した．議決は理事会の 3 分の 2 の多数決で行われるため，アメリカに与えられた票数だけで拒否権をもつことになった．同様の方式にもとづき，世界銀行の場合も，アメリカは総得票数の 3 分の 1 を保有することになり，事実上の拒否権を行使できることになった．ここにも，「アメリカ独自の国際主義」の要素を確認することができる．

　アメリカの戦後秩序構想の問題点と秩序の性格をさらに浮き彫りにしているのが自決権をめぐる問題である．主権国家間の平等をうたった国連憲章の規定は明らかに大国に特別の責任を認めて付与された拒否権とは矛盾するものだった．自決権をめぐるディレンマはさらに深刻である．自決の原則はアメリカ外交の原則としてウィルソンが発表して以来，リベラル・プロジェクトのなかでも重要な位置を占めてきた．その後，この原則は大西洋憲章でも確認され，ま

た，あいまいな表現ながら，国連憲章においても国際社会の行動規範として尊重されるべきことがうたわれた．しかし，アメリカは旧国際連盟委任統治領ミクロネシアを信託統治下に置くことに躊躇するどころか，強い決意でもってこれを実現した．しかも，「戦略地域」という新たな概念を打ち出し，「戦略地域」は国連信託統治理事会ではなく国連安全保障理事会の管理下に置かれることとし，アメリカの戦略的目的のためにこれらの信託統治地域を使用する権利を確保した．この事実は，これらの地域ではアメリカの軍事戦略的要請が民族自決の原則に優先したことを示すものであり，アメリカがめざした戦後秩序の性格を示している．すなわち，アメリカが構想するリベラル・プロジェクトは共産主義を排除しながらもリベラルな要素のみならず，非リベラルな要素をも含むものであった．

アメリカのリベラルな戦後秩序構想はまた，次のようなディレンマを内包していた．それはリベラル・ドクトリンと国家主権とのあいだに存在する緊張関係にかかわる．アメリカの自由主義ドクトリンは，国家主権との折り合いをつけるのにこれまで困難を感じてきた．両者の相克は1930年代を通して，アジアでは，「門戸開放」対「東亜新秩序」の形をとったが，同時に，大西洋憲章第4項をめぐる米英両国の激しい対立としても現れた．とくにチャーチルは第4項は英連邦諸国内の特恵関税制度や双務支払い協定などの廃止を通じてスターリング・ブロックの解体をめざすものだと受け止め，これに激しく反撥した．チャーチルは「それぞれ現行の義務にしかるべき配慮を払いながら」という文言を憲章に盛り込むことを強く要求し，この要求を米側に受け入れさせるのに成功した．しかし，自由貿易論者であるハル国務長官はこの文言には強い不満を示し，その後，イギリスに貿易と為替の制限措置の撤廃を迫った．アメリカはイギリスのみならず西欧諸国全般に顕著な経済ナショナリズムや保護主義の挑戦に遭遇し，これを克服する努力を継続することになる．なかでも，アメリカのめざす自由主義的秩序形成のなかにソ連をどのように位置づけるかは，戦後の最も困難な課題となる．

(5) 第二次世界大戦と経済の軍事化

アメリカの戦後構想を考える場合に看過できないのは，第二次世界大戦を戦

う過程でアメリカ社会内に生じてきた大きな変化である．戦争中，アメリカ政府は戦争準備体制を整える過程で多くの財界指導者を政府機関の主要ポストに起用し，財界と政府との協調体制を強化していった．この点は，30年代のニューディール改革期に行政機関が大資本としばしば対立した関係に置かれたのとは対照的である．しかも，戦時生産は政府資金の大規模な投入と政府が一方的にリスクを負う形で行われたために，大資本は大きな利潤を得た．この結果，大資本と政府のこのような関係を戦後も維持していこうとする意思が大資本の側に形成される．

経済界のなかには，戦時中に獲得した巨大な影響力と既得権益の構造を保持していくために，戦時体制の解体に抵抗し，平時からの戦争準備体制の維持の必要性を力説する人たちが現われた．たとえば，ウィルソン (Charles E. Wilson, 1886-1972) ゼネラル・エレクトリック社長は1944年1月，陸軍兵器協会での講演において，世界におけるアメリカの指導的地位と安全の維持という観点から恒常的な戦争経済計画を提唱した．彼の演説は「共同防衛のために」と題されていたが，産業界の指導者の「戦後における防衛準備体制に対する責任は明らかに他の指導者に劣らず重要である」として，平時における「恒常的戦争経済」の必要性を説いた．

ウィルソンに代表されるような財界指導者たちは，戦後においても軍部と産業界が密接な関係を維持していくことを主張する戦争準備体制イデオロギーの持ち主だった．当然のことながら，このような考えは同じような観点から戦後の安全保障や軍事戦略を構想していた軍部の歓迎するところとなった．軍部は次のように主張した．戦争技術の飛躍的進歩により，軍事動員の時間的余裕はなくなり，奇襲攻撃の可能性に備えなければならなくなった．くわえて，核兵器にみられるような兵器の未曾有の破壊力のゆえに，平時における十分な軍事力の保持，情報網の整備，新兵器開発のための研究開発 (R&D)，戦略物資の備蓄，産業動員体制の確立などに力を入れなければならない．そのために，彼らは，パールハーバーの「教訓」とナチス・ドイツに対する「宥和」的態度についての「反省」をしばしば引き合いに出し，世論を説得しようとした．J. C. グルー国務次官は1945年の議会証言のなかで，「私が常に防衛準備の必要を唱えるのは，戦争のためではなく平和を促進するためである」と述べたが，平時

における戦争準備体制と軍備増強が平和につながるという考え（抑止力による平和）は軍部だけの主張ではなかった．第二次世界大戦の体験を経てアメリカ社会内には，のちに「軍産複合体」として知られることになる新たな政治勢力が影響力をもつようになっていた．

　第一次世界大戦との著しいちがいの一つは，第二次世界大戦後のアメリカでは，戦時経済から平時経済への移行が全面的に行われることなく，経済の軍事化が進んだことである．戦時体制がニューディール体制を基本的には継承しながらも経済の軍事化を深めたことは，戦後体制にも影響を及ぼすことになる．戦争終結前から目立ちはじめた米ソ間の対立が戦後さらに激しさを増していくなか，国際環境もまた，戦争準備体制イデオロギーをかかげる勢力にとって有利な展開となっていく．リベラルな秩序形成をめざしながらも，アメリカは，1920年代に顕著であったような，経済力や理念を中心としたヘゲモニー国家から核兵器に象徴されるような強大な軍事力を背景にヘゲモニーを追求する国家に変貌していかざるをえなかった．

　イギリスの歴史家ホブズボームは，20世紀は疑いもなく，戦争の規模，頻度，期間のすべてについて「歴史の記録に残っているもっとも残酷な世紀」[1]だ，と述べている．戦争の世紀としての20世紀は二つの世界戦争を体験したアメリカの指導者の認識にも大きな変化をもたらした．将来の戦争は未曾有の破壊を人類にもたらすがゆえに，戦争を未然に防ぐために平時から戦争に備えた準備体制を強化しておくべきだ，との考えが一層強まった．「戦争は，現実的可能性としてつねに存在する前提なのであって，この前提が，人間の行動・思考を独特な仕方で規定し，そのことを通じて，とくに政治的な態度を生みだすのである」というカール・シュミット (Carl Schmitt, 1888-1985) の指摘が説得力をもつようになった．

　戦争の決定を下すのは政治家だという観点からすれば，政治が戦争を条件づけているとみることができるが，他方で，戦争の世紀としての20世紀という観点からすれば，戦争が政治を条件づけるという側面も否定できない．戦時体制下のアメリカ社会のなかから，そのような観点を重視する政治勢力が台頭し，

---

[1] Eric Hobsbaum, *The Age of Extremes* (Vintage Books, 1994), p. 13: 河合秀和訳『20世紀の歴史　上巻』（三省堂，1996年），22頁．

平時の戦争準備体制の整備・充実の必要性を説くようになった．戦後における冷戦の発生は，このような勢力の出現を考慮することなしには説明できないであろう．彼らはまた，アメリカが冷戦を闘う中で，後述するような「安全保障国家体制」の形成に大きな役割をはたすことになる．そして，平時における戦争準備体制を唱える勢力の影響力の増大はアメリカの自由主義的な戦後秩序形成をめざすリベラル・プロジェクトの性格にも大きな影響を及ぼすことになる．

4 ニューディールから戦時体制へ

(1) ニューディール政策への反省

ここまでニューディール政策自体についてはほとんどふれなかったので，その基本線を確認しておこう．

大恐慌は1千万人を超える大量の，長期におよぶ失業者の出現，そしてやはり激しく，かつ長期におよぶ物価下落でそれまでの恐慌と区別される．そこで，ニューディールは，基本となる景気対策として，1933-34年間はリフレーションといって，デフレから脱却するために，人為的に物価の引き上げをはかり，ドルをフロート（ドル価値を固定しないで，相場の実勢にまかせる）させ，最終的にドルを40％切り下げた．また，金を連邦準備銀行でなく，財務省に保管したことでもわかるように，大統領や行政府の通貨供給権限を比較にならないくらい拡大した．ただし，ニューディール財政自体は新しい権限をすべて使い切るような大胆なものではなく，したがって景気に対する財政の刺激の度合いは比較的穏やかだったと思われる．

初期の産業再建法（NIRA）は，政府による不況カルテル（景気回復を最優先するため，政府が承認したうえで産業ごとに最低価格などを協定させる）のようなもので，独占禁止法を一時適用除外したうえで，各産業のコード（規約）作成を認め，最高労働時間，最低賃金などを政府の監督の下で承認させた．さらに，これまで弱い立場にあった労働者の側の交渉力を高めることで，賃金引き上げをあと押しした．農業調整法（AAA）は，過剰生産ぎみの農産物の供給を減らすために，減反の見返りに補助金を支払うシステムで，大規模農家ほどその恩恵にあずかった．労働保護のためには，1935年にワグナー法が制定され，労

働者の団結権，団体交渉権，ストライキ権を正式に承認し，労働組合と会社のあいだの紛争の調停を国の機関が行うことになった．

　失業救済面では，さまざまな名称の連邦機関が直接失業者を雇用し，それぞれの地方の賃金実態に合った最低限の手当てを支給した．こうして，いちばん多いときで400万人弱の人々が失業対策事業に雇われていた．しかしながら，彼らを含め1939年にも948万人が失業者のままであった．これはニューディールの失敗と言うよりも，不況の時期に多くの企業が合理化につとめ，雇用労働者数を減らしたためでもあった．ニューディールは全体として（現在雇われている労働者の）賃金を引き上げようとしたので，その点では失業者の吸収にとってマイナスだった．

　他方で，国家の保護を受けた組織労働はアメリカ史上空前の黄金時代を迎え，組織率は3割近くまで上昇した．1935年の社会保障法によって，老齢年金や児童扶助，失業保険制度が開始されたが，いずれも州の実情を重視して，給付額にばらつきの多いことが特徴だった．国民皆保険という形での健康保険制度はついに連邦の制度とはならなかった．1938年には公正労働基準法が制定されて，最低賃金が法制化された．

　ローズヴェルトはフーヴァーのときのように，失業対策が絶対的に至上命題であるときに，財政赤字を懸念して支出を押さえることはしなかったが，最初から明示的にケインズ的な理論にもとづいて政策を採用したわけではない．だから，需要喚起のための支出を認めるようになるのは，1937–38年に再来した恐慌のあとからである．だが，景気回復の本命とされた民間セクターによる自立的経済成長は1930年代には実現しなかった．

　戦時体制への移行は，ジグザグのコースをたどった．1937–38年の恐慌以後は，大恐慌期にあったような国家に対する民衆の期待感は薄れ，むしろ，介入型の政府をこれ以上拡大したくないという感情が支配した．初期のニューディールをリードしたリベラルのインテリたちも，ヨーロッパにおける全体主義の跳梁を眼前にして，国家介入を強化させ続けることに疑問を持ちはじめた．他方で産業別組合会議（CIO）の下で組織化にエネルギーを集中しつつあった．それゆえ，最後までニューディール政権寄りだった組織労働者は，労働組合を認めさせる目的で行われた激しい座り込みストライキ戦術が，所期の目標は達

成する場合が多かったものの，その成功のためには工場のある地域の住民たちの支持が不可欠であることをも認識せざるをえなかった．ヨーロッパ情勢が戦争の不安をいや増しにするにつれて，伝統的なアメリカの孤立主義勢力が力を強め，その面からもローズヴェルト政権の反ナチス的な姿勢に警戒を強めていた．ケインズ主義の経済学者たちも，政府による規制的役割を強化するのでなく，景気循環を安定化させる財政政策に政府の役割を限定する方向に転換した．

(2) 戦争のための経済へ

　要するに，1930年代後半，ニューディール，およびローズヴェルト政権に対する各方面からの政治的支持は急速に醒めつつあった．むしろ，1939年のヨーロッパにおける戦争開始とそれによる軍備の要請，ナチスによるフランス占領など情勢の緊迫化が追い風となって，ローズヴェルトに対してニューディール遂行でなく，戦争準備態勢の構築という新しい役割を与えることで，政権の延命を可能とした．1936年のローズヴェルト再選へ向けての熱狂的な民衆の支持は，組織労働を核として，インテリ，黒人，都市中産階級，国際派企業などによって構成されていたが，そうした雰囲気は第二次世界大戦動員の始まる頃までに急速に醒めてしまった．とくに顕著なのは，ローズヴェルト再選の中心勢力となり，組織率を飛躍的に高めた組織労働が大戦後にはビッグ・ビジネスと政府の連合による政治に対して，影響力を大幅に後退させたことである．

　日米戦争開始以前に，リベラル派は後退を余儀なくされていた．それは，1938年の時点から始まる，議会選挙における民主党リベラルの退潮となって現われた．1942年の中間選挙では，下院で民主党は50議席を失い，上院でも8議席を失った．翌年末までに，市民資源保全団，就業促進局 (WPA)，全米青年団，自宅所有者公社，そのほかの救済や公的扶助プログラムが廃止された．全米資源計画局も廃止された．すでに，1938年には保守派民主党員のマーティン・ダイスを議長とする下院非米活動調査特別委員会が設置されており，共産主義とニューディール的な大きな政府とを重ねあわせて見ようとする保守派イデオロギーが支配的となりつつあった．歴史家アラン・ブリンクレイの言葉をかりれば，大衆はニューディール，課税，赤字財政，官僚制拡大に対してしだいに「不寛容に」なっていた[1]．

図 4-4 第二次世界大戦の戦費調達

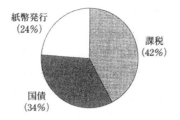

戦費総額，3,263 億ドル＝100％
資料：*The Cambridge Economic History* Vol. III, p. 351.

図 4-4 を見てわかるように，第二次世界大戦の戦費は第一次世界大戦のおよそ 10 倍，そして，戦費の 42.5％ が課税によって調達された．それは，大衆課税の強化によって可能となった．ローズヴェルト自身は財務長官モーゲンソー (Henry Morgenthau, Jr., 1891-1967) と組んで，戦争遂行の財源を企業と上流所得階級への課税によって主として負担させる方策を実行しようとした．中流および低所得層は所得税を非課税にして，累進度をきつくする形に大統領は賛成した．財務長官は 6％ を超える企業利潤はすべて吸い上げることを提案したほどだ．だが，多くの軍事専門家や外交問題戦略家，経済学者らは，インフレを引き起こさずに戦争動員をスムーズに行うためには，「大衆課税」型の政策をベストと考えたので，両者の主張は真っ向から対立した．議会も課税ベースの拡大に賛成だった．

結局，1942 年の歳入法は，議会の意志に沿ったものとなった．個人所得税は，既婚家族の控除が 1,200 ドル，単身者は 500 ドルに減額され，税率は 10～77％ だったものが，19～88％ となり，さらに勝利税として 5％ が上乗せされた．法人税は 31％ から 40％ へ，超過利潤税は最大 60％ から 90％ に引き上げられた．1939 年に 390 万人だった被課税人口は 2,760 万人に増加した．

1940 年 5 月には，国防諮問会議 (NDAC) が創設され，ゼネラル・モータースの会長ヌードセン (Williams S. Knudsen) や U. S. スティール会長ステッティニウス (Edward Stettinius) が幹部に任命され，シアーズの重役ネルソン

---

1) Alan Brinkley, *The End of Reform: New Deal Liberalism in Recession and War* (Vintage Books, 1995), p. 142.

(Donald M. Nelson) が議長に指名された．1941年1月には生産管理局（OPM）がヌードセンを会長にして創設された．軍需発注の元締めになる政府機関には，ビッグ・ビジネスのスタッフが入り込んだ．

　1940年代には企業組織自体も，独占化，大規模化の進んだ世紀転換期に形成された単一型，集権的組織形態（「U型」unitary）から，複数事業部を持つ分権的で多角化した組織形態（「M型」mutltidivisional）に変わる形が支配的となった．代表例が，デュポン，ウェスティングハウス，GM，シアーズ，スタンダード石油などの企業だった．こうすることによって，企業は消費者や市場の声を取り入れて製品の革新を行いやすくなり，業種を固定せずに，多角的経営に乗り出すことが容易になった．多国籍企業が積極的な海外展開を行うようになると，こうした組織は海外の実情にあわせた意志決定を行いやすいので，そのメリットを十分に発揮した．

5　組織労働の後退と労働力の移動

(1) 守勢にまわる組織労働

　組織労働の側は1930年代末に，CIOの新会長フィリップ・マレイらが労，使，政府三者の協調によって産業に課された使命をスムーズに遂行しようとする機関で，労働者が経営参加できる「産業評議会」（Industrial Council）を構想していた．労働側の意向を無視した生産管理局の活動がこの組織構想の動機となった．他方で，自動車労組のウォルター・ルーサーは，政府が推進しようとしていた航空機（「1年に5万機」）等の戦時生産体制への転換について，戦時下でほとんど利用されていない自動車工場を航空機生産に転換すべきだと提案した．自動車各社は，エンジン，ボディ，組み立てというふうに分業すればよい．産業評議会が基本的意志決定に対する労働者参加をはかるであろう．だが，経営側の反対と，日米戦争の開始によって，自動車工場は軍用自動車生産や，航空機エンジンの生産に転換を余儀なくされ，このプランは実現しなかった．

　政府，経営側，そして労働者の三者間関係は，日米開戦以降ほぼ三つの定式によって管理された．その第一は，開戦直後の「ストなし誓約」である．1941年はとりわけストの多い年だったため，議会ではストを非合法とする法案の検

5　組織労働の後退と労働力の移動　　　161

図4-5　非農業労働者の労働組合組織率

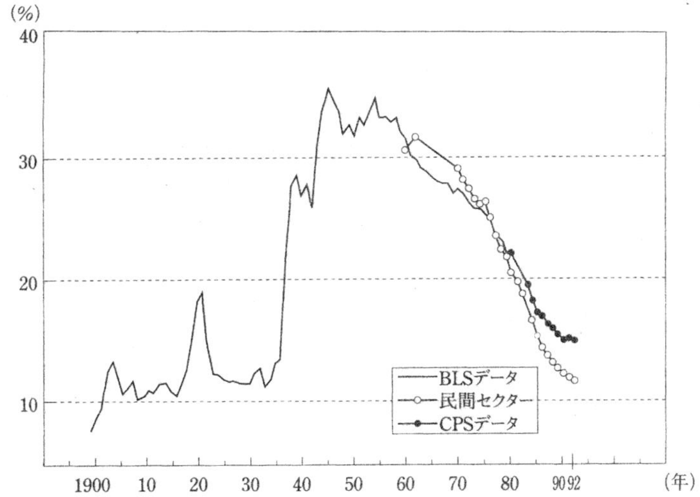

資料：Claudia Goldin, "Labor Markets in the Twentieth Century," in *The Cambridge Economic History*, Vol. III, p. 581.

討が始まっており，それへの対策の面があった．第二は，1942年1月に設置された戦時労働局（WLB）の下で，物価上昇分だけは賃金引き上げを認める「リトル・スティール・フォーミュラ」と呼ばれるもの．第三は，WLBが認めた「組合員保全」プランで，労働者が会社に雇われた場合には，すべて組合に加入しなければならないとする，ユニオン・ショップに近い形である．15日間の免責期間がもうけられた．いったんこの契約に組み込まれると，労働者は，組合費の支払いや組合規則の遵守が義務となる．それにしたがわない場合には，組合から除名され，会社から解雇された．AFLとCIOをあわせた組合員数は，1940年の870万人から1945年の1,430万人（組織率約3分の1）へと急増した．この時期組合員は劇的に増加したが，組合員が自発的に組合に加盟したというよりは，戦争遂行をスムーズにする目的で政府が組織化を後押しした点が1930年代と異なる．ストなし誓約で，ストがなくなったわけではない．むしろ，軍需生産強化のもとで，労働強化もすすみ，他方で，労働者の取り分は大きくならなかった．その結果が山猫ストの多発である．

　1943年には無煙炭鉱労働者のストが起きた．上の定式化によれば，賃金が最低の炭坑労働者も，戦争が続くかぎり規定以上の賃上げは不可能だから，産

業間の格差は是正されない．しかも，孤立した山間部にあるコミュニティ（会社町）の「高物価」は賃金算定に生かされない．一定の賃上げが決まったものの，このストはマイナスのインパクトを及ぼした．ストに対する敵対的世論を背景に 1943 年，スミス＝コナリー法が制定され，ストライキ中の工場は大統領が管理権を掌握することとなった．軍需工場の労働者にストを扇動した者は刑法罰の対象となり，組合の政治献金が禁止された．結局，戦時動員体制下で労働組合の指導者エリート部分の役割が最小限化され，組合員大衆は指導部に対して不信を抱くようになり，第二次世界大戦後に反労働攻勢が強まる条件をつくった．組合組織率は，図 4-5 のようにワグナー法とニューディール期の親労働者的な政府のもとで急激に伸びたが，1960 年には早くも組織率の低下が起き，現在は民間企業の組織率は十数％（つまり，ワグナー法以前）に下がってしまった．

(2) 労働力の移動

大恐慌に続く 1930 年代に過剰が顕在化した南部綿花生産はどうなったか．1 人当りにすると，1941 年に兵士は民間人の約 10 倍の年間 250 ポンドの綿花を消費したので，国内消費全体は 1,050 万ベールに達した．1942 年に 35％ だった軍隊用消費は，この年の末には約半分となった．1941–45 年間に陸軍用の靴下だけで 5.14 億足，ズボンが 2.29 億本発注されたが，これらは長繊維綿が品質的に好まれたので，短繊維綿は余って，需給は改善しなかったが，末期には軍もこれを使うようになった．1943 年には減反は完全に解除されていたが，1939–44 年間に作付面積は 2,400 万エーカーから 2,000 万エーカーに減少し，軍需工業の好景気が若年の農業労働者を惹きつけたので，約 300 万人が農場をあとにした．これは，ほぼ恒久的な性格の移動であった[1]．

1940–45 年間に，農業人口は 5 分の 1 の 600 万人減少した．軍隊に入隊したのは，1,100 万人，地域的には太平洋岸，とくにカリフォルニア州の人口が 1940–45 年間に 37％ 増えた．国内純州間移動は 1940–43 年間に 350 万人だ

---

[1] Rachel Maines, "Twenty-nine Thirty-seconds or Fight: Goal Conflict and Reinforcement in U. S. Cotton Policy, 1933-1946," in Geofrey T. Mills & Hugh Rockoff, *The Sinews of War: Essays on the Economic History of World War II* (Iowa State University Press, 1993), p. 212.

が，カリフォルニア州はそのうち150万人を吸収した．カリフォルニア州が急速に航空，造船，その他の軍需関連産業の労働力需要を増大させたためである．

黒人も大きな変動を経験した．黒人労働者は，軍隊に115万人，製造業では60万人，南部農場から北部や南部，西部の都会へ100万人が移動した．なかでも，南部から南部地域外への移動が目立った．1940-47年間の非白人の州間移動は全体の14.1%に達した．アラバマ，アーカンソー，ジョージア，ミシシッピでは黒人は純減を記録した．女性は600万人が仕事に就いた．半数ははじめての賃労働経験だった．その多くが母親だったので，政府は託児所を新設して子供のケアを助けた．さらに政府は労働力不足に対処する一環として1942年にメキシコ政府と協定を結び，数千人の農業労働者を西部農場の収穫作業に導入した（「ブラセロ」計画）．

6　航空機産業の躍進

(1) 軍用機がもたらす利潤

第一次世界大戦が自動車産業の飛躍を準備したとすれば，第二次世界大戦は航空機産業の跳躍台をつくった．ライト兄弟が大西洋岸のキティ・ホークで短い飛行を成功させたのが1903年，第一次世界大戦では世界で14,000機の軍用機が製造されたが，停戦とともに，ほとんどが廃棄された．アメリカでは1926年に，5年間に26,000機を生産する軍の計画が発表され，航空機産業はにわかに活気づいた．1925年の航空郵便法は，航空便事業を政府から民間に開放した．政府との契約は民間企業が新型機を開発するさいの補助金の役割を果たした．主役は貨物から旅客需要に移り，1927-37年間に航空機販売の42%は商業向けとなった．1936年には，ダグラス社の21人乗りのDC-3型機が完成し，またたく間に民間輸送機の代表機種となり，1938年には全米の民間輸送の95%を占めた．技術的にも，双発エンジン，高圧縮比を可能にしたエンジン設計，可変ピッチ・プロペラ，リトラクタブルな着陸装置，モノコック金属構造など先進的技術の粋を集めた．第二次世界大戦では「ダコタ」の名前で軍用輸送機に転用されて大活躍した．

第二次世界大戦が開始されると，とくにフランスとイギリスからアメリカの

メーカーに 1938-39 年に 6.8 億ドルに達する軍用機が発注され，アメリカの航空機業界はブームに沸いた．パリの陥落後，イギリスだけで 1940 年末に 7,400 万ドルの追加発注があり，アメリカ企業は新規設備拡大基金として 8,300 万ドルを投じた．ヨーロッパからの受注に応じて開発された代表的な戦闘機が P-51 ムスタングである．イギリス軍が 3,000 機を買い上げ，アメリカ空軍が 12,000 機以上を使用した．ローズヴェルトは 1940 年に年産 5 万機生産目標を打ち上げた．1940 年はやっと 12,813 機を生産したにとどまったが，1942 年には目標に近づき，1944 年には 96,318 機を生産してピークに達した．こうした生産拡大のためには巨大な工場や労働者の住宅を必要とした．たとえば，ノース・アメリカン社のダラス工場の場合，最終的には 39,000 人を雇い，300 の新規住宅が建てられ，床面積 85.5 万平方フィートの巨大工場でははじめてエアコンが装備され，24 時間体制が組まれた．そこで 1941-45 年間に 2 万機の P-51 などが生産された．

大型爆撃機 B-29 の場合，改良が重ねられたため，3,895 種類が生産された．全米各地で生産された 40,540 の部品をある大きさに製作したあと，組立工場に運び，そこで未熟練労働者がすばやく，ミスを犯すことなく組み立てることが要請された．それは当時，「これまで生産されたなかで，もっとも組織的な飛行機だった」[1]．操縦のためのマニュアルは 2,000 頁を超え，その製作自体が産業となった．訓練用のフィルムもつくられた．これらすべての軍用機の生産のための軍との契約はコスト・プラス固定費だったから，利潤は巨額なものとなった．労働者は 1943 年末に男女 210 万人を数えた．第二次世界大戦後のジェット機の商業輸送就航も，多額の研究開発費の投入と軍用からの溢出効果によるところが大きかった．

7　軍事技術とその波及

(1) 軍産学の連合

ローズヴェルトは 1944 年 11 月，原子爆弾開発の中心となった科学研究開発

---

1) Roger E. Bilstein, *The American Aerospace Industry: From Workshop to Global Enterprise* (Twayne Pub., 1996), p. 76.

機構 (OSRD) の長官ヴァンネヴァー・ブッシュ (Vannevar Bush, 1890-1974) 宛に書簡を送って平時の科学政策のあり方を問うたが，ブッシュはこれに応えて，四つの委員会をつくり，1945年2月までに答申を出させ，自ら序文を書いて3月に『科学：終りなきフロンティア』というタイトルの報告書として公表した．ブッシュは，基礎研究こそが経済成長の究極の源だと主張し，全米科学研究財団の設立を提唱した．国家の安全保障と経済成長の促進のために，国防および民間産業の両者に奉仕すべき財団で，十分な政府予算が保障される．武器や戦略の科学的有効性を高めるには，軍の研究自体

図 4-6　V. ブッシュ

http://www.ibiblio.org/pioneers/bush.html

の質を高め，政府の意志決定の質を改善させるために，科学的専門知識を役立てるべきとされた[1]．ブッシュは，軍人，科学者，産業家のあいだの緊密な連携こそがアメリカを勝利にみちびいたのだから，平時にもその連携を強めるべきだし，そのかなめには科学者が位置するべきだと考えた．

　ブッシュの提言がもとになって，最終的に全米科学財団 (National Science Foundation, NSF) の設立が決まったのは，紆余曲折を経た5年後の1950年5月だった．ただし，NSFには軍事研究部門はなく，医学研究部門もなかった．原爆開発のためのマンハッタン計画が成功したため，戦後の研究・武器生産の複合体の基礎が築かれた．OSRDの戦時における民間セクターとの契約関係の成功は，戦後における民間セクターの研究開発 (R&D) に対する政府のおびただしい資金援助を正当化した．大学に対しては，政府が基礎研究を支援した．

　その後のことを展望しておこう．1950年代には，航空，半導体，コンピューターなどのキー産業で国防関連の投資が民間産業の応用分野に対して，技術

---

1) G. Pascal Zachary, *Vannevar Bush, Engineer of the American Century* (MIT Press, 1999), pp. 220-224.

的「溢出」(spillovers) 効果があった．国防関連の研究開発や軍需品調達は，半導体やコンピューター産業が起業して成長する場合の育成装置の役割を果たした．この時点で，これら技術の必要条件が商業用と国防用で相似的だったからだ．新技術の初期段階ではしばしばそうした事情が見られる[1]．1960年代初頭にも，マイクロエレクトロニクス技術は民間に流出した．商業用，軍事用の市場の要件が小型化し，操業にさいしての発熱量の低さ，丈夫さなどにおいて大きく違わなかったからである．

大学に対する連邦政府の研究支援も急増し，大学はいろいろな分野で世界的な研究センターになった．大学が研究と教育のリンクを強め，それがアメリカの高等教育機関の特色ともなった．民間企業も大学を支援した．1953年には企業は大学の研究の11%を支援したが，1978年には2.7%に減少した．現在は7%程度である．

ニューディール後期に強化された反独占政策は，関連企業や技術を大企業が取得することを困難にしたので，企業内部の新技術開発システムが強化された．同じ反独占政策はコンピューター産業や半導体産業における知的所有権の急速な普及に寄与した．たしかに，巨大企業は依然として民間企業の研究開発の中心だったが，しだいに基礎的な分野や既存技術の改善などに限定される傾向を示した．他方で，新生の中小企業は新規マイクロエレクトロニクス技術の普及と商業化に大きな役割を果たした．これは，日本や西ドイツが既存大企業による技術の商業化を実現した事情と対照的である．

ただ，1980年代以降になると，反独占政策も大きく変わる．1984年の全米研究協力法に始まって，外国企業との競争をにらんで共同研究や共同生産をやりやすくする配慮が法律上加えられた．また，かつての巨大企業が中央研究所をかかえていたのに反して，1980年代以降の新企業は研究開発の相当部分を「外部化」する傾向にある．

---

[1] David C. Mowery, *Paths of Innovation: Technological Change in 20th-Century America* (Cambridge University Press, 2000), p. 34.

8 戦後通貨システムの構想

(1) ハリー・ホワイトの構想

　第二次世界大戦開戦直前の頃からアメリカ政府内部では，1930年代の世界貿易縮小の経験から当時の自由主義陣営を中心にもっとオープンな貿易と通貨のシステムを構想できないか，について検討作業が始まっていた．作業は，財務省と国務省の両方で進行したが，主導権をとったのは，ローズヴェルトと長官モーゲンソーの親密な関係からか，財務省だった．その中心になった人物がのちに「ホワイト案」[1] で知られることになる，モーゲンソーの部下ハリー・ホワイト (Harry Dexter White, 1892-1948) である．

　ホワイトは1934年から財務省の通貨金融調査局 (Division of Monetary Research) に入り，1938年にはその局長，そして1941年には財務次官に昇進した．彼の構想の土台になった認識には，1920年代および大恐慌以降の世界経済の歩みと各国の対応に関する懸念が投影している．1935年頃に明瞭な形をとったホワイトの不況脱出策は，人々を仕事に就かせ，国民所得を最大化させることを目標に，まず初期ニューディールの物価引き上げ政策を評価し，連邦政府による遊休資本と労働力の動員が新たな拡大均衡をもたらす可能性を論じており，国際的な金移動と諸国間の通貨価値の均衡回復を景気回復プログラムの一環として視野に入れていることにその特徴がある．不況時に連邦政府が赤字支出を控えると，たんにその時点の消費財サービスが影響を受けるだけでなく，将来の世代が工場，学校，機械などの生産財を奪われることになると彼は指摘している．これは，国内雇用創出政策と世界的物価引き上げ政策の同時達成を展望した1930年代初頭のケインズの考え方とよく似ている．また，ホワイトは，「競争的通貨切り下げ」が「世界貿易の過去の成果を押し流してしまうばかりか，政治的経済的ナショナリズムに向かう傾向を強める」ことを懸念している．

---

　[1] ホワイトにかんする資料面の詳しい情報は，秋元「ハリー・デクスター・ホワイトと戦後国際通貨体制の構想」，『千葉大学経済研究』12巻2号 (1997年)，および同「ハリー・ホワイトと国際ケインズ主義」，『土地制度史学』(土地制度史学会) 第159号 (1998年) をみよ．

図 4-7 世界各国の金準備, 1913–70 年

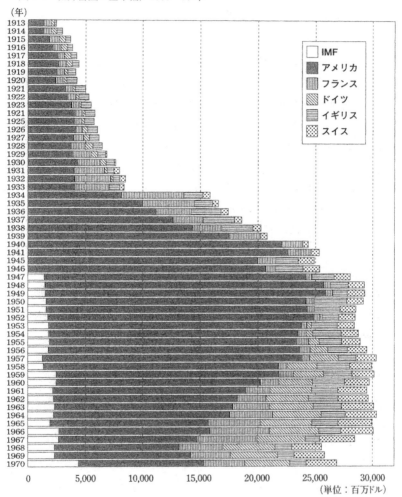

注：1) 主要国及び IMF 保有量を抜き出したもので, 世界各国の総計はこれと異なる.
　　2) ソ連の金保有量は統計のある 1935 年でアメリカの 10 分の 1 以下である.
資料：Federal Reserve System, *Banking and Moretary Statistics*, Vol. 1, 1914–1941 (USGPO, 1976), pp. 544–555; Vol. 2, 1941–1970 (USGPO, 1976), pp. 913–922.

1941年8月にローズヴェルトとチャーチルによる「大西洋憲章」が発表され，戦後世界復興の基本線が確認された後に，財務省内で戦後通貨体制についての検討が本格化した．いわゆるホワイト案の最初のものは1942年初めに政府内で公表された．アメリカのドルが固定された1934年とその翌年にはアメリカに向けての「金流入の雪崩現象」が起きた（主要国の金準備の推移については，図4-7参照）．それはドルの過小評価，アメリカの貿易黒字，短期資本のヨーロッパからの逃避などの要因の重なったものであるが，ホワイトはこれに並々ならぬ関心を寄せている．「この金を喪失しつつある諸国がそれを必要としており，わが国は必要としていないのだから，この『逃避金』が戻っていくのをわれわれは見たい」．金が環流することでその国の景気回復が促進され，まわり回ってそれはアメリカの景気回復にも貢献するだろう」．ホワイトにとって国際通貨問題解決の出発点はこの逃避してきた金をどう世界経済に環流させるかという点にあった．

(2) ホワイト案の起源

ホワイトはアメリカに流入した余剰の金を役立てるための「金投資法」(The Gold Investment Act of 1940) を構想した．金投資法は，世界金量の60％を集めているアメリカの金保有，すなわち過剰な準備を有効に役立てようというものである．他の諸国で金が不足しているために，多くの国が双務的為替清算協定，輸入割り当て，為替管理などの不効率な措置を余儀なくされた．この計画が実現すれば，必要な国に資本を供給することによって景気回復をたすけ，世界の通貨体制を強化することを通じて信用が拡大され，外国貿易が拡大するのではないか．問題は，政府が金の損失に対しては神経質に対応するのに，金の流入なり，余剰についてはあまり問わないことにある．平和と安定が回復されれば，再び資本や商品の流入によって金がアメリカに集中しなくなり，逆に流出する可能性もある．

ホワイト構想の原案には安定化基金（Stabilization Fund）という名称があるが，これは，国際貿易で発生する金の流出入の影響から，国内経済をできるかぎり隔離するために設けられるクッションのような基金という意味であり，イギリスが1931年9月の金本位制放棄の時に設立した為替平衡勘定（Exchange

Equalization Account) が最も早い．アメリカは 1934 年 1 月のドル切り下げ，安定の時に為替安定化基金（Exchange Stabilization Fund）を設置した．そこでは一定量の金と外国為替などを蓄え，急激な為替レートの変動を和らげ，さらには，ある限られた範囲において，為替レートの設定と維持をすることも可能だった．

　ホワイトと財務省の通貨金融調査局は，ヨーロッパの開戦以来，戦後通貨体制の構想に関する議論を活発化させていた．とくに，1942 年初頭の安定化基金と国際銀行にかんする草案はホワイトの独自色が色濃く出たものである．そこではまず，この戦争の直後に直面する問題として，1）外国為替価値の破壊と通貨信用制度の崩壊を防ぐこと，2）外国貿易の復興をはかること，3）再建，救済，経済回復の時期に必要な膨大な資本を供給すること，が指摘された．徹底した国際協力が必要であり，アメリカがそこで中心的な役割を果たさなければならない．

　ここでホワイトは重要課題を各国間の為替の安定とそのシステムの強化，および経済復興に必要な資本の供給の二つに分け，前者を国際安定化基金，後者を国際復興開発銀行の設立によって遂行しようと企てた．国際基金は各国がその経済力に応じて割り当てられる約 50 億ドルの通貨，金，各国政府証券によって設立される．各国は国際収支危機にさいして自国の割当額に応じて必要な他国通貨を獲得できる．この基金に参加する諸国は，通貨の為替レートの維持，外国為替取引の規制の廃棄，双務主義的な清算協定を締結しない，極端なインフレ的，ないしデフレ的経済政策をとらない，関税障壁を減らす，対外債務を滞らせない，輸出補助をしない，などに合意しなければならない．

　注目すべきは，「世界の金供給の再配分」によって世界各国の通貨信用構造を強化する，という文言であろう．ホワイトの原案にあった世界銀行は発券機能をもつ世界中央銀行のような機能を備えていた．この銀行は無利子の銀行券を発行し，それが一部融資にも用いられる．発券額の 50％の金準備をもつ．銀行券は一定額の金量で価値を表示され，金と兌換可能である．1942 年末の草案では，当初この銀行に与えられていた無利子銀行券は「ユニタス」と命名され，安定化基金だけが要請に応じて金と兌換可能できること（各国政府は兌換を要求できない）となって，国際銀行的な役割は後退した．

9　ブレトンウッズ体制の構築へ

(1) ホワイト案とケインズ案の交錯

　1943年9月の草案ではユニタスはたんなる単位の呼称にすぎないものとなり，ブレトンウッズ会議の直前には，新通貨の創出によるインフレーションを恐れるアメリカの銀行界や議会の反対でその名称は姿を消した．ホワイト案における世界銀行案の後退は，一つには民間銀行の融資機能との競合，そして発券機能における各国政府主権との競合が懸念されたうえに，当初案で銀行に割り当てられていた機能が大きく制限されて基金のほうに移され，資金規模自体が大幅に縮小されたプロセスの結果である．かくて創設された国際通貨基金（IMF）の「基軸通貨」は，主役の座を降りたユニタスでもなく，またケインズ案の「バンコール」(bancor) でもなく，事実上ドルになってしまう．

　ケインズによる「国際清算同盟」(International Clearing Union) 案は，金との固定価格をもった国際通貨バンコールを基礎につくられる．そこで各国は口座を持ち，互いの国際決済を口座の勘定を介して行う．当然黒字の口座を持つ国と赤字の口座を持つ国とがある．そこで，加盟国の最大許容赤字残高額を割当（quota）と呼ぶ．この金額は，各国ごとに戦前3カ年の輸出入額に応じて固定される．同盟当局の許可なしに各国が増やせる赤字額は1年間にこの割当額の4分の1である．清算同盟案の長所は，「各加盟国にある一定額の当座貸越を許容する」ことによる効果である．赤字国はある特定の国との間でなく，清算同盟との間に貸借関係をもつ．債権国がその黒字バランスを世界経済全体に収縮圧力を行使する形で，用いることがないようなシステムを構築する必要がある．清算同盟案は，調整の責任の一部を債務国のみならず債権国にも負わせようとする点に特徴がある．これは19世紀にイギリスに金が流入して，拡大圧力がかかり，そのために外国貸付を増やした経験に学んだ．ニューヨークがロンドンから債権者の地位を引き継ぐと，そうしたことが起きず，国際資本貸借の崩壊につながった．こうして清算同盟の下では，債務国は必ずしも赤字を減らそうとして国内収縮に走る必要がなくなるとされた．

　来るべき国際会議で提示する基金構想についての英米共同声明草案を作成す

るための交渉は，1943年9・10月にワシントンで行われた．この期間に9回の会合が開かれ，ホワイトとケインズはおそらくこの時に最も親しく議論を闘わせた．この時点では，イギリス側はケインズ案を軸にすることはあきらめ，ホワイト案の中にいかに彼らの利害を盛り込むかに腐心した．ケインズはユニタスの名称をもった国際通貨を創出することに固執したが，最終的には新通貨は日の目を見ないことになった．次の対立点は，加盟国の外国為替引き出し権である．もともとは無制限引き出し権を主張していたケインズは，1年間に割当額の25％までの引き出し権を与えることを基本としたホワイト案に賛成せざるをえなかった．イギリスはアメリカに対して「不足通貨」(scarce currency) 条項を認めさせ，あいまいな表現ながら，戦後のある時期にある特定通貨（たいていの場合，ドルをさす）の供給が不足した場合には，他の諸国は一時的防衛措置をとることとした．

このプロセスでは，イギリスをはじめとするヨーロッパ諸国が多大な国際収支上の困難を背負うと予想された．戦争直後の時期とその後のいわば「通常期」とを区別して計画に盛り込むという配慮がほとんどなされていない．結局この問題は約1年後から始まる英米各議会での条約案の批准との関連で再度浮上してくる．

ホワイト案とケインズ案が公表されたとき，イギリスではホワイト案はあまりにも正統派的であり，デフレを引き起こす懸念が指摘され，ケインズ案はアメリカで「無謀な実験でインフレをもたらすもの」と見られた．イギリスではまた，ホワイト案はむしろかつての金本位制に似ており，国内の拡大政策を阻害する恐れがあると考えられたし，他方で，金融界の一部に金本位制への復帰を望む声のあったアメリカでは逆の理由でケインズ案が批判された．

1944年6月15-29日，アトランティック・シティで16カ国が集まって準備会合が開かれた．多数の修正条項が多くの国の代表団から提案されたが，そのほとんどは次の本会議（ブレトンウッズ）にもち越されたものの，英米両国によって合意された枠を越えて規約に組み入れられることはなかった．

(2) ブレトンウッズ体制の確立とケインズ，ホワイトの死

1944年7月1日から約3週間の日程でニューハンプシャー州ブレトンウッ

ズでの会議が，ソ連を含む44カ国が参加して開催された．基金に関する委員会はホワイトが，国際開発銀行に関する委員会はケインズが，そしてそれ以外の事項を討議する委員会はメキシコ政府の代表が議長をつとめた．7月22日には国際通貨基金と国際復興開発銀行の諸条項が採択された．その原則はすでに英米間で調整された範囲にあった．加盟国の通貨は金量およびアメリカ・ドルで表示される．ドルは1オンス35ドルで金との兌換が可能であり，各国通貨はドル表示によって相互に比較

図4-8 『タイム』誌1953年11月23日号の表紙を飾った晩年のホワイト

可能な，かつ調整可能な固定相場制をとることになった．IMF全体の資金規模は88億ドル，うちアメリカが27.5億ドル出資し，イギリスは13億ドル，その他各国別の経済力に応じた割当額が決められた．アメリカの下院がブレトンウッズ協定を可決承認（345対18）するのが1945年6月7日，上院が6月19日（61対16）であるが，それまでの約1年間，ホワイトやモーゲンソーら財務省幹部は，協定の批准支持に向けて大衆世論を喚起することを目的にして，議会内外で活発な宣伝活動を行った．この運動は，一つには平和運動と連動することによって，銀行界やビッグ・ビジネス，共和党保守派などの反対を押し切るに足るだけの大衆レベルの支持を獲得すること，そして，いま一つには，輸出関連の産業の支持を取りつけることをめざした．

　その後，武器貸与法（レンドリース）の終了に伴って，基金をめぐる交渉のあいだ懸案となっていたイギリスに対するアメリカの融資についての交渉が1945年の9月から開始された．アメリカの融資なしに，戦後の危機を乗り切ることは望み薄だったために，イギリスにとってこれの妥結がIMF参加の前提条件でもあった．また，アメリカの融資を獲得したうえでイギリスが連邦特

恵を廃止することではじめて，自由で無差別な国際貿易が可能になる条件が整えられるという事情もあった．交渉の結果，レンドリースは200億ドル以上を供与，イギリスにある65億ドルのアメリカ資産はイギリスに引き渡され，残りのレンドリースの6.15億ドルと新たにアメリカから融資される37.5億ドルについては同じ条件で返済をすることになった．1945年12月6日に英米金融協定が調印された．この協定が論戦の後に辛くも議会を通過してトルーマン大統領によって署名されたのは，1946年7月15日だった．

　1946年3月，ジョージア州サヴァナで国際通貨基金と国際復興開発銀行の設立総会が開催された．本部の都市はケインズの反対にもかかわらず，ワシントンに決定した．基金の運営については，ケインズは各国色を脱した形での国際公務員にまかせて，常務理事会は年に1，2度開けばいいと考えていたが，アメリカ側は常務理事会を実質的なものにしたがっていた．また，アメリカ政府がすでに，世界銀行の頭取をアメリカ人に，基金の専務理事はヨーロッパ人にと申し合わせていたので，ホワイトは初代専務理事になる機会を失った．色々な意味でアメリカ政府が基金を自らの政治的影響下に置こうとする意図が見られたことは，ケインズを痛く失望させた．伝記作者ハロッドのように，この会合での深い失望感と苦痛が数週間後のケインズの死亡（4月21日）に関係していると述べる場合すらある．

　ホワイトは1946年1月23日，トルーマンによって新しい基金の初代のアメリカ人常務理事に任命された．やがてホワイトは1947年5月に，突然基金の常務理事を辞任した．『ニューヨーク・ヘラルド・トリビューン』紙はそれが「ニューディーラーたち政府高官の政府・準政府機構からの全体的な離脱」を意味するのではないかと論評した．すでに，1945年8月下旬，連邦捜査局（FBI）に対して，ある人物からホワイトの親ソ活動についての密告が行われており，1948年8月13日にホワイトは下院非米活動調査委員会で自ら進んで証言した．この証言の全体的印象は悪くなかったようだが，ホワイト自身にとっての精神的プレッシャーはすさまじいものがあったにちがいない．証言中も何度か体調不良を理由に休息を求めたホワイトは3日後の8月16日，ニューハンプシャー州フィッツウィリアムズの避暑地のコテージで心臓発作のために急死した．

第 5 章
冷戦体制と大衆社会
1945–60 年

ホワイトハウスで宣誓をするトルーマン．1945 年 4 月 12 日．
http://lcweb2.loc.gov/ammem/pihtml/images/pi04701.jpg

1 「アメリカの世紀」の幕開けと冷戦の発生

(1) 第二次世界大戦の終結

　ヘンリー・ルース（Henry R. Luce, 1898-1967）は1941年2月17日の『ライフ』誌に「アメリカの世紀」と題する小論を発表した．戦争終結までには，その後4年半の歳月を要したが，第二次世界大戦後の世界は彼が予言したように，ある意味で「アメリカの世紀」となった．ルースの主張は三点に要約できる．第一に，アメリカの巨大な生産力が「アメリカの世紀」実現の基礎だとの認識を示した．「アメリカの世紀」を実現する第二の基礎は，アメリカの理念である．彼のいう「偉大なるアメリカの理念」とは，自由，機会の平等，自助と独立心，それに協調である．アメリカは「自由と正義という理念の発電所」だと位置づけられていた．第三に，彼がよく認識していたように，アメリカ的な価値観が反映された世界秩序の実現は，アメリカが伝統的な孤立主義を捨てて国際主義に転換し，必要なコストを担うだけの政治的意志を持つことができるかどうかにかかっていた．

　「アメリカの世紀」の幕開けに重責を担うことになったのはトルーマン大統領（1884-1972，在職1945-53）である．彼は1945年4月12日現職大統領ローズヴェルトの死という偶然の巡り合わせによって大統領となった．そのトルーマンを待っていたのは，戦後世界を形づくることになる一連の重大な決定だった．トルーマンは回顧録の第1巻に「決断の年」という副題を付しているが，それに値する最初の重大決定は原爆投下だった．

　7月17日から8月1日にかけてベルリンに隣接する町ポツダムで戦後処理問題を協議する米英ソ首脳会談が開催された．トルーマン回顧録によると，このポツダム会談に出席する「最も喫緊の理由」はソ連の対日参戦の確約を取りつけることだった．会談が正式に始まる7月17日の午前中，スターリンがトルーマンを非公式に訪問したさいにソ連の対日参戦が約束された．同日の彼の日記には，「ソ連は8月15日に対日参戦をするだろう．それが実現すれば日本は終わりだ」と記されている．しかし実はその前日に，ソ連の対日参戦問題に

大きな影を投げかけることになる新たな事態が出現していた．ニューメキシコ州アラモゴードでの原爆実験成功の知らせが16日，ポツダム滞在中のトルーマンに届いたのである．

原爆の出現は，二つの点で重要な意味をもっていた．第一に，米統合参謀本部（JCS）や陸海軍はソ連参戦が対日戦遂行上必要だという情勢判断だったが，それに影響を与えたことである．この点については，ソ連の参戦は不必要だという考えが政府内では強くなっていった．トルーマン自身，7月18日付けの日記に，「ソ連が参戦する前に日本は降伏すると信じる．原爆が日本本土に投下されれば，彼らはきっと降伏する」と記している．これ以降，日本の早期降伏の問題は11月1日に予定されていた九州上陸作戦の回避という観点から重視されるようになった．76万7千人の兵力を投入しての上陸作戦が実施されれば，25,000人の米軍犠牲者が出ると予想されていた．翌年3月には，関東平野への第二次上陸作戦の実施も予定されており，その場合の米軍犠牲者は15,000人と推定されていた．

他方，対日戦の早期終結の必要性はまた，対ソ交渉のテコや戦後秩序形成に有利に働くという第二の問題と密接に関連していた．1945年2月4日から11日にかけてクリミヤ半島の保養地ヤルタで米英ソ首脳会談が開かれた．ソ連軍がベルリン総攻撃の態勢に入り，連合軍はライン河岸に迫り，ドイツ敗北が間近になっている状況下，ポーランドやドイツ問題など戦後処理問題で意見の相違が目立つようになっていた．それゆえポツダムでの三首脳の会談では，ポーランドや東欧の戦後処理，ドイツ賠償問題などで激しいやり取りが交わされた．トルーマンは7月30日の日記に，「ポーランドとその西部国境，それに賠償問題でわれわれは行き詰まっている」と記し，同じ日の家族宛書簡では，「ロシア人ほど頑迷な連中は見たこともない」と書き送っている．また，アジアにおいては，日本の降伏後の対日占領行政へのソ連の参加の阻止という観点から，原爆の効用が考えられはじめた．そうした状況のもとで，アメリカ政府内には，原爆を対ソ牽制ないしは対ソカードとして利用すべきだとする主張が出てきた．バーンズ国務長官（James F. Byrnes, 1879-1972）は，アメリカの軍事的実力を印象づけ，ソ連を御しやすくする手段として，原爆に期待していた．核兵器を背景に展開される対ソ外交は「原爆外交」と称され，核の独占をめざすアメリ

カの態度とあわせて，米ソ対立の重要な要因となっていく．

トルーマンは7月25日，日本への原爆投下の最終決定を下した．それは，無条件降伏を日本に要求するポツダム宣言公表の前日だった．この大統領指令は変更されることなく，8月6日（広島），9日（長崎）に相次いで原爆が投下された．この間，8月15日に対日参戦を予定していたソ連は予定を繰り上げ，8日に参戦した．原爆投下とソ連参戦という二重の衝撃によって，日本は14日にポツダム宣言を受諾し，降伏した．

(2) 協調から「封じ込め」へ

米ソ関係は，1945年末から46年にかけて，戦時の協調から戦後の対立へと変化していった．46年初めになると，トルーマンは「ロシア人を甘やかすのをやめる」つもりだと述べ，バーンズに対して，ソ連と妥協しないよう指示した．同年3月には，前年アトリーに首相の座を譲っていたチャーチルは，ミズリー州のフルトンという田舎町で，「いまやバルト海のステッティンからアドリア海のトリエステにいたるまで，ヨーロッパ大陸を横断する鉄のカーテンが降ろされた」，とソ連の東欧支配を批判する演説を行った．トルーマンが同じ演壇上でこの「鉄のカーテン」演説を満足気に聞き入っていたことは，彼が対ソ強硬論に傾きつつあったことを示している．さらに46年9月24日，クリフォード覚書が大統領に提出された．この覚書は7月初めに対ソ政策の再検討のため，大統領がクリフォード補佐官（Clark M. Clifford, 1906-98）に作成を命じていた．これは，国務・陸・海の三省長官，統合参謀本部，司法省，情報機関との協議の末に作成されたものであり，その意味で，トルーマン政権の対ソ政策に関するコンセンサスを反映していたと考えられる．その基調は，軍事的手段による対ソ封じ込め政策であり，ソ連の膨張を抑制するために「十分強力な軍事力をもつべきだ」と述べていた．

また，核の独占をめざすアメリカの姿勢はソ連の反発を一層増幅させることになった．原子力の国際管理をめぐる米側代表バルーク（Bernard M. Baruch, 1870-1965）は1946年7月，国連原子力委員会にバルーク案を提出したが，同案はソ連が受け入れることのできない内容を含んでいた．とくに，核分裂物質の国際管理，違反防止のための査察，核兵器の管理や査察については国連安全

保障理事会での拒否権の適用除外，違反に対する制裁，原爆の製造停止，既存の原爆の廃棄などを規定していた．くわえて，以上の事柄を実施するための段階規定を設け，アメリカは最終段階まで，原爆の独占を維持できる内容になっていた．すなわち，ソ連は進行中の原爆製造計画を断念し，核分裂物質を国際管理機関に移管し，そのための査察受け入れを求められ，違反したとみなされれば制裁の危険に直面し，しかも，アメリカの満足するような管理体制が確立されなければ，アメリカは核の独占を確保できるというものであった．ソ連は核兵器の全面廃棄案でこれに対抗し，46 年末には，国連における原子力の国際管理をめぐる交渉は暗礁に乗り上げてしまった．原子力の国際管理計画の挫折は，米ソの核軍拡競争の激化を意味し，世界を核戦争の危険にさらすことになった．核兵器はまた，冷戦期の国際政治を特徴づけたパワー・ポリティクスを象徴しており，ウィルソン主義とは異なる要素，すなわち軍事力中心の「力の外交」を重視するものであった．

　一方，1946 年 2 月 9 日，スターリンは，資本主義諸国の不均等発展によって，資本主義世界は敵対的陣営に二分され，戦争は不可避であること，それゆえソ連国民は 30 年代の再現に備えなければならないと演説し，マルクス・レーニン主義が依然として正しいことを訴えた．スターリン演説はアメリカ国民に衝撃を与えた．国務省もまた，同演説に関する分析と意見をモスクワのアメリカ大使館に要請した．その結果，ソ連問題専門家ケナン (George F. Kennan, 1904-) 代理大使から 2 月 2 日付けの長文電報が打電されてきた．ケナンの分析は，ソ連を基本的に膨張主義国家であると規定するもので，対ソ強硬論に傾きつつあった政府高官のソ連観と合致した．ケナンは早速，モスクワからワシントンに召喚され，1947 年 1 月に国務長官に就任したマーシャル (George C. Marshall, 1880-1959) が，5 月はじめに同省内に政策企画室 (PPS) を設置したのにともない，その室長に抜擢された．ケナンは同年 7 月，『フォーリン・アフェアーズ』誌に「ソ連行動の源泉」というタイトルの論文を発表し，「ソ連の膨張主義傾向に対する長期の辛抱強い，しかも確固として注意深い封じ込め」が必要であることを述べて，「封じ込め」政策を提唱した．「X 氏」によるこの匿名論文はケナンを一躍有名にするとともに，「封じ込め」政策は対ソ政策のみならず，戦後のアメリカの冷戦外交全般を規定する「魔術的用語」と

なっていく．

2 トルーマン・ドクトリン，マーシャル・プラン，冷戦の国際的組織化

(1) トルーマンの戦後世界イメージ

1947年3月12日，トルーマンは上下両院合同議会に特別教書を発表し，ギリシャとトルコに対する4億ドルの軍事・経済援助と民間・軍事要員派遣の権限を認める内容の立法化を求めた．これはのちに，トルーマン・ドクトリンと呼ばれるようになった．それはまた，アメリカによる，冷戦の公式宣言でもあった．

その契機となったのは，2月21日にイギリス政府からアメリカ政府に手交された二通の覚書だ．そこには，経済的苦況に陥ったイギリスが，もはやこれまでのような援助を続けることができなくなり，3月31日をもって，ギリシャ・トルコへの援助を打ち切らざるをえないこと，したがって，それ以降はアメリカに肩代わりして欲しい，と書かれていた．

ギリシャでは，イギリスの支援をうけた王党派政権と左翼勢力とのあいだで内戦が戦われており，イギリス帝国の衰退を前に，アメリカ政府はパックス・ブリタニカに代わる新たな帝国（パックス・アメリカーナ）建設の責任を担うか否かの決断を迫られることになった．トルーマン・ドクトリンによって，アメリカは，衰退するイギリス帝国に代わり，「アメリカの世紀」の実現に向けた新たな世界秩序の担い手となることを宣言した．

しかし当時，アメリカ国内世論の国際問題への関心は低く，外交問題が重要だと回答した者は，1946年12月には22%にすぎなかった．また，共和党が46年11月の中間選挙に勝利し，第80議会は14年ぶりに上下両院とも共和党が多数を握った．共和党は財政保守主義の立場から，財政支出の大幅削減を主張しており，多額の出費には懐疑的だった．トルーマンは，2月27日，ホワイトハウスにヴァンデンバーグ（Arthur H. Vandenberg, 1884-1951）共和党上院外交委員長ら8名の有力議員を招き，援助についての了解を求めたが，最初にマーシャル国務長官が行った趣旨説明では，議員の反応は冷淡であった．そこで，次にアチソン（Dean G. Acheson, 1893-1971）国務次官（1945年8月16日就

2 トルーマン・ドクトリン，マーシャル・プラン，冷戦の国際的組織化

図5-1 トルーマン政権をになった人びと

左からトルーマン大統領，マーシャル国務長官，ホフマン経済協力局長官，それに商務長官からマーシャル・プラン実施担当移動大使に転じたハリマン．
http://trumanlibrary.org/whistlestop/BERLIN_A/74.JPG

任）が説明を行った．アチソンはアメリカが責任を回避すれば，「樽のなかの1個の腐ったリンゴが，他の多くのリンゴも腐らせてしまうように，ギリシャの崩壊はイランに影響し，やがて東方の全域に及ぶであろう」と警鐘を鳴らし，共産主義運動による東地中海から中東，さらには，アフリカ，ヨーロッパにいたるグローバルな「脅威」を強調した．出席していた議会指導者たちは，反ソ的権力政治の論理と，誇張された反共十字軍的モラリズムをミックスした説明（イデオロギー・ポリティクス）[1]に危機感を覚えた結果，今度は提案を了承した．3月12日の議会演説の草稿は，この時の経験をふまえ，イデオロギー過剰の内容となった．大統領教書は，戦後世界を，多数者の意志にもとづく自由な生活

---

1) **イデオロギー・ポリティクスと反共十字軍** 多民族社会であるアメリカでは，国民意識の基礎は人種や民族に求められるのではなく，政治的信条に求められる．このため，外交政策に対する世論の支持を得ようとして，政策形成者は自由主義イデオロギーに訴えることが多い．アメリカ国民の間では自由主義の対極にあるとみなされる共産主義への反感が根強く，冷戦期には，世論の反共イデオロギーに訴えることによって政策を正当化するイデオロギー・ポリティクスが顕著であった．反共十字軍という表現は，11世紀末から13世紀末にかけて，西欧が中東イスラム勢力に対して行った軍事遠征を十字軍の戦いと称することから，これにならって共産主義ソ連との闘争は反共十字軍の戦いだという言い方がなされる．

様式と「力によって押しつけられた少数者の意志」にもとづく生活様式との闘いとして描きだし，国民に二者択一を迫った．また，名指しは避けたものの，「全体主義」，「共産主義」という表現でソ連を暗示し，「全体主義」対「自由主義」の対決という，イデオロギー的対立を強調した．

(2) トルーマン・ドクトリン

　トルーマン・ドクトリンは，戦後世界を「二つの世界」に分極化されたものとして描いた点にその特徴が認められるが，同時に，そこには，ソ連をアメリカ的生活様式や価値に挑戦する敵として捉え，究極的には，ソ連に勝利することによって，アメリカニズム[1]を世界に普及させる意図をもっていたことにも留意する必要がある．その意味では，トルーマン・ドクトリンは世界的規模でモンロー・ドクトリンの実現をめざした宣言でもあった．モンロー・ドクトリンは「アメリカ体制」の西半球への拡大を想定したが，トルーマン・ドクトリンは，その全世界への拡大を意図した．ソ連はアメリカン・システムの拡大の前に立ちはだかる最大の障害物とみなされた．また，トルーマン・ドクトリンの発表にいたる経過のなかで，政治家たちは，イデオロギー・ポリティクスが議会や世論対策において効果的であることを学んだ．「危機の外交」に訴える政治手法は，その後も，繰り返される．

　トルーマン・ドクトリンの世界は，前任者ローズヴェルト大統領が構想した米ソ協調にもとづく（国際連合によって結びつけられる）「一つの世界」とは異なる．むしろ，「一つの世界」の継承は，ウォーレス商務長官に託された．彼は1946年9月12日にマディソン・スクェア・ガーデンで「平和への道」と題する演説を行い，平和の必要性，米ソ協調と政治的勢力圏の相互承認，「通商のための門戸開放」を唱えた．ウォーレス演説は，対ソ強硬論に傾いていた人たちの怒りを買った．演説当日，パリでソ連との交渉に苦悩していたバーンズ国

---

1) アメリカニズム　　アメリカのナショナリズムあるいはアメリカ人の国民的アイデンティティを指す用語．アメリカ合衆国の場合，アメリカ人としての意識（国民意識）は自由，平等，共和主義，民主主義といった理念の受容ないしは理念との一体化を通して形成されてきた歴史を持っており，本書では，アメリカニズムはこのようなアメリカ的価値観を体現した国民的イデオロギーを意味するものとして使用している．しかしこのことは，アメリカニズムがナショナル／エスニックな要素から自由であることを意味しない．

務長官や共和党の大物議員ヴァンデンバーグは，トルーマンにウォーレスを罷免するよう求めた．大統領自身も9月20日にウォーレス解任を決断した．商務長官の解任は，トルーマンをはじめとする米政府首脳が，米ソ対立が後戻りできないところまできていると考えていることを示す象徴的出来事だった．ウォーレスはその後，47年12月に進歩党（Progressive Party，革新党とも訳される）を結成し，48年11月の大統領選挙に臨んだが敗北した．

トルーマン・ドクトリンは名指しは避けながらも，「全体主義」，「共産主義」という表現でソ連を暗示し，ギリシャ内戦において，あたかも左翼勢力をソ連が支援しているかのような印象を与えたが，実際にはソ連の直接支援はなかった．この時期の本当に深刻な危機は別のところにあった．それは西欧諸国経済の崩壊の恐れと，その帰結としての社会的・政治的な危機である．欧州経済の破綻はこの地域の社会主義化をひきおこし，そのような事態になれば，アメリカ経済は停滞し，究極的には，世界資本主義体制そのものが危機に瀕する，と懸念された．欧州における「経済的，社会的，政治的混乱」を回避することが共産主義の封じ込めに役立つ，とトルーマン政権首脳は考えていた．

この危機の背景にあったのは，ドル・ギャップ問題であった．アチソン国務次官補（1941-45年在職）は1945年，戦後経済政策・計画特別委員会の席上，戦時経済から平時経済への移行過程において完全雇用を維持していくためには，アメリカの生産力のはけ口として，海外に輸出市場を求めざるをえない，と証言した．アメリカは戦後不況を回避するためには，商品輸出を現行の2倍（100億ドル）に増やす必要があると考えていたが，欧州諸国は輸入代金の支払い手段であるドルの不足に悩んでいた．ドル・ギャップ問題が解決しなければ，アメリカの輸出の見通しはたたず，このままではアメリカ経済も行き詰まる恐れがあった．まさに，「平和と繁栄」の危機だ．

(3) 対欧政策とマーシャル・プラン

欧州諸国が緊急に必要としている資金は約80億ドルと見積られていた．この問題に取り組むために，マーシャル国務長官は，1947年6月5日，ハーヴァード大学における演説のなかで，欧州復興計画（マーシャル・プラン）を発表した．翌年3月，議会は経済協力法（ECA）を成立させ，初年度の資金として，

40億ドルを承認した．1951年12月の終了までに，124億ドルもの資金が投入された．これは1947年度米連邦政府支出総額（369億ドル）の33.6%，米国防費（130億ドル）にほぼ匹敵する額である．

トルーマン・ドクトリンとマーシャル・プランは「同じクルミのそれぞれ半分」を構成する，とトルーマンが語ったように，両者はアメリカの戦後政策を相互に補い合う関係にあった．後者は前者を経済的に支えるものと期待されており，それは欧州の分断を決定的なものとした．マーシャル・プランの実施にさいしては，それが，アメリカの提示する原則と条件に沿って行われることが求められた．ソ連と東欧諸国にも参加の道は開かれていたが，ワシントンがモスクワの欧州復興計画への参加を望んでいなかったことは明らかである．外交史家マイケル・ホーガンは，「善意にとれば，アメリカの官吏たちは，マーシャルの計画を東欧におけるソ連の影響力を打破する方法とみていたのだし，悪意にとれば，議会にショックを与えて同計画への支持を獲得するために，ソ連の反対を期待していた」，と述べている[1]．

ソ連にとって，復興計画への参加は，東欧の原材料の西欧への供給と西側諸国に対する東欧の経済的依存，ドル資金のソ連圏への大量流入がもたらすソ連への脅威，経理の公開義務，ドイツ復興計画がソ連の安全保障にとってもつ意味，などソ連にとって受け入れがたい内容を含んでいた．とくに，アメリカは，ドイツの復興なくして欧州の資本主義の自立化を達成できないと考えていたのに対して，二度もドイツの侵略をこうむったソ連にとって，ドイツの工業化はドイツが将来再び軍事的脅威となることを意味し，受諾不可能だった．1947年7月，ソ連はマーシャル・プランへの参加を拒否し，東欧諸国にも不参加を強いる圧力をかけた．その結果，巨大な経済力によって「鉄のカーテン」をこじ開けようとするアメリカ政府の計画は挫折した．この計画に当初は支持を表明していたウォーレスも同年末には，反対に転じた．ソ連の不参加が明らかになったいま，マーシャル・プランの実施は欧州の分断を意味したからである．

一方，冷戦を闘うための国内体制の形成も進展した．マーシャル・プラン演説が行われた数週間後の7月には国家安全保障法（National Security Act）が成立した．同法は安全保障をめぐる軍機構と他の行政機関との効果的な協力お

---

1) Michael Hogan, *The Marshall Plan* (Cambridge University Press, 1987), p. 52.

よび国内，外交，軍事各政策の統合をはかるために，国家安全保障会議（NSC）を創設した．また，空軍が独立して陸海空の三軍構成となり，それらを統合する国防総省（ペンタゴン）が設置された．戦略計画の準備，統一的指揮権行使のために統合参謀本部（JCS）が設置され，大統領，国防長官，NSCに対して軍事的助言の任務を担った．安全保障に関する情報収集・破壊工作活動に従事するために中央情報局（CIA）も設置された．このような仕組みを通して，軍部の政策決定過程における発言力は，戦前とは比較にならないほど増大し，国家政策が軍事的要素を強めることになった．同法は「軍産複合体」勢力に安全保障国家体制の法的・制度的基盤を提供するものであった．

3 北大西洋条約機構の成立と冷戦の軍事化

(1) 安全保障政策の重視

1948年3月，アメリカの奨励のもとに，イギリス，フランスとベルギー，オランダ，ルクセンブルグのベネルックス三国はブリュッセル条約に調印し，集団防衛に乗り出した．さらに49年1月の年頭教書で，トルーマンは北大西洋条約機構（NATO）の結成を計画していることを発表，その後4月4日に12カ国がワシントンに参集し，同条約に調印した．

NATO条約締結に向けたイニシアチブをワシントンがとった背景には，マーシャル・プランにもとづく援助が，西欧の経済的・社会的危機の克服に満足のいく効果を挙げていないという危機意識があった．1949年1月マーシャルに代わって国務長官に就任していたアチソンは同年8月，欧州同盟諸国は「経済的措置だけでは十分ではない」と感じはじめている，と議会に警鐘を鳴らし，経済の回復のためには「安全保障面での安心感」が必要だ，と強調した[1]．マーシャル・プランが効果的に機能するためにはNATOという安全保障上の盾が必要だ，と考えられた．

同条約の締結とその後の北大西洋条約機構の成立は，第一に，欧州におけるアメリカの軍事的ヘゲモニーを確固たるものにした．第二に，ドイツ再軍備を可能にし，冷戦の軍事化を促進した．ドイツ再軍備については陸軍省内で

---

[1] Walter LaFeber, "NATO and the Korean War," *Diplomatic History* 13 (Fall 1989), p. 463.

1949年11月に計画が完成し，米統合参謀本部による50年4月30日の承認を得て，大統領の判断を待つという状況にあった．第三に，トルーマンは同条約に署名した日 (7月23日)，相互防衛援助法案を議会に提出し，15億ドルの軍事援助を要請した．同法案の下院での審議は難航したが，9月22日にソ連の原爆実験をタイミングよく公表することで，法案通過を乗り切った．この法案の成立にともない，マーシャル・プランにもとづく経済援助を管轄していた経済協力局 (ECA) は相互安全保障局 (MSA) に統合され，52年には，アメリカの対外援助の80％は軍事的性格のものとなった．

図5-2 ダレス国務省顧問（右）を迎えるマッカーサー将軍

韓国訪問後，日本に立ち寄った．1950年6月21日．羽田空軍基地．
http://www.trumanlibrary.org/whistlestop/archive/photos/67_7376_reg.gif

第四に，経済的・政治的安定を重視する考えは薄れ，安全保障優先の論理が顕著となった．マーシャル・プランは，欧州の危機の根源に経済的・政治的・社会的混乱があるとみなし，そのような観点から経済援助を重視した．しかし，NATOは明らかに，軍事的手段や軍事的安全保障の論理を優先するものであり，そこには，安全が保障されなければ，経済発展や政治的安定は達成できないという考えが認められる．NATO成立に大きな役割を果たしたヴァンデンバーグ上院外交委員長は1949年1月27日の日記に次のように記している．「われわれが解決しなければならない根本問題は『経済的安定』は物理的安全保障に関する一層の安心感の創出以前に達成可能か否かという点だ．私はどちらかというと，西欧が必要とするような長期的経済計画にとって，『物理的安全』は必要条件だと考えたい」．第五に，安全保障優先の論理はまた，民主化や政治的自由の尊重よりも，共産主義の封じ込めが優先されるべきだという論理をも生み出した．すなわち，アメリカの世界秩序形成過程は共産主義を除く非自由主義的要素を含むものになったのである．

(2) 安全保障国家体制の形成

　この時期，アメリカのヘゲモニー支配の基礎は，マーシャル・プランに代表される経済的・政治的手段から NATO に代表される軍事的手段に力点を移行させていく．それはまた，のちに「安全保障国家」と呼ばれるようになる体制の定着化の過程でもあった．ヘゲモニー行使の手段の軍事化や安全保障優先の論理を象徴するのが，水素爆弾（水爆）開発の決定である．ソ連の原爆実験の成功に対抗するために，トルーマンはケナンやオッペンハイマー（Robert Oppenheimer, 1904-67）の反対を押し切って，1950年1月，水爆開発を決定した．この決定によって，米ソの核軍拡競争は新たな段階を迎えた．ケナンは，マーシャル計画には賛成したものの，NATO 結成による冷戦の軍事化，水爆の開発による核軍拡競争，ドイツ分断のもとでのドイツ再軍備には異議を唱えてアチソンと対立し，国務省政策企画室長を辞任した．

　同じ頃，安全保障国家体制の出現を象徴するもうひとつの作業が進行していた．トルーマンは，国務・国防両省に対して，包括的な軍事・外交政策の再検討を命じていたが，この検討作業は1950年4月，国家安全保障会議文書 NSC-68 として結実した．同文書は，ドル・ギャップ問題が世界経済にとっての深刻な脅威となっていることを強調し，西欧における経済的・政治的危機がアメリカの同盟諸国に影響を与え，中立化傾向を強めることに強い警戒感を示した．とくに，中立化傾向がドイツにも及ぶなら，西欧と合衆国への影響は「破滅的なものとなる」，と警告していた．この文書の策定者たちは，問題の解決策は経済的・軍事的に同盟諸国の強化を図ることだとして，防衛費を現行の135億ドルから350億ドルに増加させることを勧告した．軍事支出を一挙に3倍に増やす措置は議会通過が困難だとみられていたが，50年6月に朝鮮戦争が勃発したことで，議会と世論の空気が一変し，NSC-68 の世界が実現した．その意味で，NSC-68 文書は冷戦の軍事化と安全保障優先の論理を促した一連の決定の集大成であった．

4 1952年大統領選挙とアイゼンハワー政権の誕生

(1) アイク勝利の意味

アイクの愛称で親しまれたアイゼンハワー (Dwight D. Eisenhower, 1890-1969) はウエスト・ポイント (陸軍士官学校) 出身の軍人で，1944年6月のノルマンディ上陸作戦の指揮で連合国の勝利に貢献し，第二次世界大戦の英雄として名をはせた．戦後は陸軍参謀総長，コロンビア大学総長，NATO軍最高司令官を歴任した．さらに親しみやすさと相手をたちまち信用させてしまう雰囲気をもつアイクは，国民的人気も高く，このため，48年大統領選挙でも彼を大統領候補として担ぎ出そうとする動きがあった．

1952年大統領選挙では，アイゼンハワーのもとに，共和党内の国際主義勢力や中道的立場の企業家が結集した．共和党内のアイク支持派とタフト (Robert A. Taft, 1889-1953) 支持派とのあいだには，外交政策をめぐって，大きな隔たりが存在した．アイゼンハワーが立候補の決意を固めた最大の理由は民主党政権下での連邦政府の肥大化傾向に歯止めをかけることにあったが，同時に，彼はタフトに代表されるようなヨーロッパからの孤立，アジアへの介入主義といった極端な立場には強い懸念を抱いていた．アイクやその支持者たちは孤立主義によっては，世界大の市場を必要とするようになった戦後アメリカのグローバルな利益を確保することはできないと信じていた．

アイゼンハワーの勝利によって，第一に，共和党右派政権が出現した場合に心配された孤立主義が退けられ，国際主義の立場が再確認された．アイゼンハワー政権も前政権の対ソ封じ込め政策を継承したからである．第二に，アイゼンハワーは「中道政治」をめざした．「中道政治」とは，一方で，政府の経済活動への関与を否定してきた財界保守派や共和党内右派の立場を退け，他方で，連邦政府の肥大化をもたらした民主党リベラル派の立場も拒否するが，同時に，政府の経済的機能を必要だとみなし，組織労働や福祉にも一定の理解を示す立場である．

52年選挙をめぐっては，タフト支持派とアイク支持派とのあいだに激しい党内対立がみられたが，56年11月の大統領選挙では，アイゼンハワーは57%

の得票率を記録し，スチーブンソン（Adlai E. Stevenson, 1900-65）民主党候補に圧勝した．アイクは党内のあらゆる層を国際主義の立場に取り込むことに成功しただけでなく，民主党や無党派層からも超党派的な支持を得た．このことは，外交政策においては，超党派的なコンセンサスが形成されたことを意味する．

アイゼンハワーはソ連との長期の冷戦に勝利するためには，軍事力と健全な経済とのバランスを維持することが重要であると考えており，過度の軍事支出を抑制しようと腐心した．実際にはアイゼンハワー政権は 1956, 57, 60 会計年度の 3 度にわたって均衡予算を実現した．軍事予算は GNP 比 10% に抑制された．アイゼンハワー共和党政権は，冷戦の圧力に抗して，安全保障国家体制の病理現象である軍事支出の膨張を抑制することに一定の成果を収めたといえる．

(2)「スプートニク・ショック」と「軍産複合体」

しかし，そのような信念を抱くアイゼンハワーにとっても，冷戦下での軍事費抑制は容易ではなかった．ひとつには，兵器技術の急速な進歩にあわせて，兵器の研究開発費が増加しつづけたことである．くわえて，「軍産複合体」勢力の軍事費増大を求める政治的圧力も強かった．1957 年 10 月，ソ連が人工衛星スプートニクの打ち上げに成功すると，サイミントン（Stuart Symington, 1901-88）ら民主党の大物議員たちは，1960 年大統領選挙への思惑もあって，この「スプートニク・ショック」に乗じて，危機感を煽った．サイミントンは上院軍事委員会委員長のポストにあり，軍産複合体勢力の代弁者であった．オッペンハイマーに代わって水爆開発の責任者となっていた物理学者テラー（Edward Teller, 1908-2003）も，アメリカは「パールハーバーよりもさらに重要かつ大きな戦いに敗北した」と述べ，アイク非難に加わった．スプートニク論争は 58 年には「ミサイル・ギャップ」論争へと発展した．アイゼンハワーは，56 年 6 月以来，新型偵察機 U-2 を飛行させ，ソ連領空内の偵察を続けており，ミサイル・ギャップなど存在しないことを知っていたが，秘密偵察であったため，情報を公開できなかった．結局，59 年，アイゼンハワーは，空軍向け 25 億ドルの予算増額要求には反対せず，逆に，民主党多数の議会は 80 億ドルを

超える予算増を認めた．

アイゼンハワーはまた，スプートニク・ショック以前から，フォード財団のゲイサー（Roman E. Gaither）を委員長とする特別委員会を設置して，アメリカの安全保障政策を検討していたが，ゲイサー報告は国防費を110億ドル増やして，おおよそ480億ドルにしなければ，将来，ソ連との冷戦に敗北すると主張した．また，この国防予算を執行すれば，国内の雇用を増加させ，景気後退を回避できると指摘した．これは，軍事的ケインズ主義の考えを強調したものである．この報告書の作成には，NSC-68の作成責任者であるニッツェ（Paul H. Nitze, 1907-）も参画しており，NSC-68の再現ともいえる．アイゼンハワーはゲイサー報告の大部分を拒否したが，外交史家チャールズ・アレグザンダーの著書のタイトルの表現を借りるならば，「現状維持（Holding the Line）」が精一杯であった．

アイクは在任中に軍部が示した利己的な予算獲得競争と，それを支持する一群の政治家・科学者たちの存在に非常な危惧をいだいていた．1961年1月17日の告別演説は「軍産複合体」勢力の存在に警告を発する歴史的な演説となった．彼はまず，第二次世界大戦まで軍需産業をもったことがなかったアメリカが，いまや，平時における大規模な軍需産業の維持を余儀なくされるようになり，そこでは350万人が雇用され，巨額の軍事費が費されていること，その結果，科学者を巻き込んでの，「大規模な軍事組織と巨大な軍需産業との結合」が誕生し，社会や政府のあらゆる面に影響を及ぼしている，と述べた．そのうえで，この「軍産複合体」が，「意識的であれ無意識的であれ」，「不当な勢力を獲得しないよう」警戒していかなければならない，と国民に注意を喚起した．そして，「この勢力がまちがって台頭し，破壊的な力をふるう可能性は現に存在しているし，将来も存在しつづけるだろう」，と警告した．この告別演説は，安全保障国家体制の弊害に対するアイゼンハワーの強い懸念を示したものであり，「軍産複合体」がアメリカ社会にしっかりと根づいた事実を確認したものとして注目される．

5　冷戦の性格の変化

(1) ダレスとアイクの外交

　アイゼンハワーは国務長官にダレス (John F. Dulles, 1888-1959) を起用した．ダレスは祖父と伯父に国務長官をもち，1919年のパリ講和会議に出席し，1950年春にはトルーマン民主党政権下で対日講和担当の国務省顧問に就任し，外交経験を十分に積んでいた．共和党内の外交顧問を長らく務め，共和党内右派や孤立主義者との関係も深かった．ダレスは豊富な外交経験の持ち主ではあったが，外交はダレスに任せてゴルフに興じる大統領というアイゼンハワー評価は正しくない．ダレスはアイゼンハワーに対する強い忠誠心と尊敬の念を抱き，外交に関する重要事項は逐一大統領に報告し，両者は車の両輪のごとくそれぞれの役割をはたしたというのが実情である．ダレスの強烈な反共レトリックや，「大量報復」・「巻き返し」・「瀬戸際」といった言葉で表現されるタカ派イメージは計算されたものであり，それは国内世論や共和党内右派から大統領が非難されるのをかわすための「避雷針の役割」をはたしていた，とみることができる．

　大統領をはじめアイゼンハワー政権の主要閣僚は健全な経済と軍事力とのバランスの維持を安全保障政策の基本原則と定めていた．この基本原則から，「大量報復」政策が導き出されることになった．それは，通常兵力の維持コストよりも核兵器のコストの方が安上がりである点に注目し，軍事コストを最小限に抑えながら，最大限の破壊力（抑止力）を維持しようとするものであった．したがって，「ニュールック」戦略は，単なる軍事ドクトリンにとどまるものではなく，安全保障の要求，均衡予算，減税の間のバランスを重視する総合的，長期的戦略であり，アイゼンハワー政権の防衛，財政，政治目的を統合する国策となった．大量報復政策はニュールック戦略の核心をなす軍事政策で，大量破壊能力をもつ核兵器の抑止力に依存して，戦争を未然に防止することを意図していた．アイゼンハワーは，米ソ冷戦は少なくとも50年はかかる長期の闘いだとみており，長期的な観点から，アメリカ経済の健全さを損なわないようにすることが最も重要だと考えていた．アイクは軍事支出は非生産的であり，

図 5-3 大統領就任式におけるアイゼンハワー（右）とトルーマン（左）（1953年1月）

http://memory.loc.gov/service/pnp/cph/3c20000/3c26000/3c26300/3c26333v.jpg

アメリカ経済の活力を奪うものと認識していた．また，朝鮮戦争のような限定戦争に介入しつづければ，増税や経済統制は不可避となり，そのうえ過度のコスト負担を国民に強いれば，アメリカは究極的には孤立主義と国家統制に行き着くことになる，との懸念を抱いていた．こうした事態に陥るのを回避する方法として，大量報復政策が案出された．

(2) 同盟関係の追求と第三世界への関心

しかしながら，この戦略には重大な欠陥があった．アイゼンハワーとダレスは立案段階からその問題点に気づいていた．その欠陥とは，朝鮮戦争のような限定戦争に核兵器を常に使用できるとは考えられないという点である．アイゼンハワーとトルーマンとでは，核兵器に対する見解の相違がしばしば指摘される．アイゼンハワーは核兵器を通常兵器と同様なものと位置づけていたのに対

して，トルーマンは，核兵器は究極の兵器であり，最後の手段として使用されるべきものとみなしていた．しかし，アイゼンハワーも，核兵器の使用は同盟国の反応，戦争拡大の可能性，ソ連による核報復の可能性，など現実の状況を考慮して決定されるべきものと考えており，現実の危機における大統領の選択には大きな制約が存在した．また，大量報復政策はソ連のような核保有国に対する抑止力としては有効な面もあったかもしれないが，地域紛争にも同様な効果をもつとはみなされなかった．そこで，このような欠陥を補うために，アイゼンハワー政権の安全保障政策は同盟が重要な構成要素となった．1953年10月29日の国家安全保障会議文書（NSC162／2）は，「アメリカは同盟国の支持なしではその防衛ニーズを満たすことはできない」，と述べている．アメリカの核戦略と同盟国の軍事力はセットとして位置づけられていた．この文書は，基地問題の発生にもかかわらず同盟国の地上軍が必要な理由として，当該国の国内秩序維持，地域紛争の抑止力にくわえて，資源や経済力分担の必要性を挙げており，アイゼンハワー政権の安全保障政策のなかにはすでに，70年代に顕著になる責任分担の論理と認識が織り込まれていたことが注目される．ダレスは「同盟病」（パクト・マニア）に取りつかれていると揶揄されるほど，同盟網の拡大に力を入れた．

　1950年代半ばになると，冷戦の性格に変化がみられた．その背景には，欧州における米ソの勢力圏争いが膠着状態に陥り，情勢が安定したという事情があった．ドイツ再軍備問題はフランスの反対で紆余曲折を経ながらも，1954年10月には，西ドイツのNATO加盟が承認された．ソ連もNATOと西ドイツの再軍備に対抗して，55年5月ワルシャワ条約機構（WTO）を設立し，欧州の分断はさらに制度化された．55年7月にはジュネーヴで10年ぶりに東西首脳会談が開催され，冷戦に「雪解け」の兆候が現れた．この会談では，核軍縮が協議され，文化や教育の分野における東西交流が提案されたことが注目される．他方で，ソ連の政策の重点は第三世界に移行した．それは，55年に開始されたソ連の第三世界への経済・軍事援助攻勢となって現れ，56年末までに，ソ連は14カ国と援助協定を締結し，第三世界への影響力拡大に乗り出した．

6 脱植民地化過程への対応とアメリカ帝国の深層心理

(1) 第三世界諸国の独立と米ソの対応

　ソ連の第三世界重視政策の開始はまた，この地域における革命的状況の出現とナショナリズムの高揚への対応でもあった．第三世界諸国のナショナリズムは植民地主義からの独立と経済的自立を目標として掲げ，米ソ対決にはそれほど興味を示さなかった．むしろ，冷戦に巻き込まれるのを避けようとの気持ちが強く，そうした国々は米ソ対立から一定の距離をおく非同盟路線を追求した．インドのネルー (Jawaharlal Nehru, 1888-1964)，エジプトのナセル (Gamal Abdul Nasser, 1918-70)，ユーゴスラヴィアのチトー (Josip Broz Tito, 1892-1980)，インドネシアのスカルノ (Achmed Skarno, 1901-70) は非同盟諸国のリーダーであった．中国も，この時期，第三世界の民族解放闘争を支援し，非同盟諸国との連携を強めていた．1955年4月18日から24日までインドネシアのバンドンで開催されたアジア・アフリカ会議には29カ国が参加し，国家主権と領土の尊重，内政不干渉，平和共存原則などを謳ったバンドン10原則を発表した．

　第三世界の脱植民地化過程へのアメリカの対応は，自由主義優先のイデオロギー，革命への警戒，人種的偏見，冷戦の論理といった要素に影響されながら展開した．なかでも，冷戦期のアメリカは，アイゼンハワー政権に限らず，第三世界のナショナリズムを米ソ冷戦の視点から捉える傾向が強く，ダレスはしばしば，中立主義や非同盟を否定する立場をとった．そのため，「反植民地主義」の伝統にもかかわらず，アメリカの脱植民地化過程への対応は実際にはあいまいなものとなった．この「あいまいさ」はひとつには，上述のような要因の複雑な相互作用の結果であったが，それだけでなく，反植民地主義感情や民族自決権についてのアメリカ人の見解をアメリカ帝国形成の文脈で考察することが必要であるように思われる．アメリカの政策形成者たちは，ヨーロッパの植民地主義もソ連型「植民地主義」も「極端な植民地主義」であり，このような秩序を支持することはできない，と考えていた．とくに，ソ連の東欧支配は「最も受け入れがたく，抑圧的な形態の植民地主義」であるとみなされ，「新しい形の帝国主義」が世界中に触手を伸ばしはじめた，と受け止められた．アメ

リカの第三世界政策は,「二つの植民地主義」の中間にあって, 自国の国益(自由主義的資本主義的秩序形成)に照らして自治と独立に対応する必要があるというもので, 反植民地主義と自決権の観念は, 二つの旧秩序を掘り崩すイデオロギーとして, 強力な政治的武器を提供するものであった. したがって, 一方でイギリスやフランスの植民地主義支配からの民族の解放を唱えながらも, 他方でソ連と結びつくような民族主義運動は危険視された. 反植民地主義, 民族自決, 主権の尊重は, アメリカがめざす自由主義的秩序の建設にとって必要かつ有益である場合には積極的に援用された. しかし, 有害だとみなされたときには, アメリカが反対してきた軍事力の行使に訴えてこれを抑圧することもいとわなかった.

(2) 自由主義帝国をめざすアメリカ

アイゼンハワー政権の脱植民地化過程への対応もまた, そうした特徴を示した. アイゼンハワー政権が作成した1957年のNSC報告は, アフリカ人はナショナリズムと共産主義の対立という最重要問題に関して,「依然として未成熟で, 十分な知識を持っていない」と分析し, 19世紀型の植民地主義には反対だが, かといって性急な独立も同じくらいよくない, との認識を示し, アメリカはこの中間的立場を模索しなければならない, と結論づけていた. ワシントンの政策決定者のあいだでは, 第三世界の人々は政治的に未成熟であり, 自治能力に欠けるという見方が根強く, それゆえ, ソ連の経済援助の提供や脱植民地化への公然たる支持表明に弱く, このようなソ連の働きかけに対する効果的な対応策や予防策は容易ではないという不安を抱いていた. その結果, アイゼンハワー政権も含めたワシントンの現実の対応は,「国内安全を維持することのできる政府を作り上げる」(ダレス) ための対外援助の強化, 新植民地主義的取り決めの支持,「秩序回復」のための秘密作戦, 必要ならば米軍の直接介入, に特徴づけられるものとなった.

アイゼンハワー政権は当初, 政府対外援助には消極的だった. 1954年の対外経済政策に関する大統領教書は, 援助削減, 投資助長, 貿易拡大, 通貨交換性の促進を唱えた. アメリカの1954年度対外援助支出は, 前年度の64億ドルから46.7億ドルに27%減少し, そのうち軍事援助が77%近くを占めた. し

かし，54年12月，ダレスは，立法府の議員との会合で，ソ連は「強硬な好戦的姿勢」から「経済援助」などを通じての政府破壊工作へと政策を転じた，と述べ，政府援助の必要性を訴え，政策変化の兆しをみせた．55年1月の大統領特別教書は「低開発地域」の経済成長の重要性を強調した．続く4月には，対外援助はいまや，安定した「自由世界」建設のための外交政策にとって不可欠かつ恒久的道具となったと位置づけ，議会に対して，56会計年度の対外援助費の増額を要請した．第三世界におけるナショナリズムの高揚とソ連による援助攻勢を前に，アイゼンハワー政権は政府援助重視への転換をはかったのである．

　アイゼンハワー政権の第三世界に対する対処の仕方で際立っていたのは，CIAを中心に，反政府活動，政府転覆（クーデタ），暗殺などの手段を積極的に行使し，しかもリベラルな世界秩序のなかに軍事独裁政権を包摂していった点である．1951年にイランで誕生したモサデク（Mohammed Mossadegh, 1882-1967）民族主義政権はアングロ＝イラニアン石油会社の独占的支配に反対を表明した．同社は利潤の約20％しかイランに還元していなかったことから，イラン政府はアラムコがサウジアラビアとの間で合意していたのと同率（50％）の利益還元を要求したが，イギリスはこれを拒否した．このため，モサデクは52年に油田の差し押えを断行し，翌年には同社の国有化を宣言するなど，両国間に対立が続いていた．それまで調停役を務めていたワシントンは，アイゼンハワー政権の誕生後は，モサデクの民族主義に脅威を感じ，イギリス寄りに態度をシフトさせ，国際石油企業に働きかけて，イラン産石油の世界市場向け輸出を阻止する戦術をとった．一方，CIAはイランの軍内部の協力者を通じて，大規模な街頭デモを組織し，国内の混乱に乗じて，モサデクを逮捕させた．国外に逃亡していたパーレビ（Mohammed Reza Pahalavi, 1919-1980）国王がイランに帰国し，政権復帰を実現した．その後，アメリカ政府は中東におけるアメリカの拠点として，1979年のイラン革命までこの独裁政権に軍事的・経済的梃入れを続けた．また，新たに設立された国際コンソーシアムによって，イギリスのイラン石油利権独占を打破し，米国系石油企業の利権割り込みに成功した．その結果，イランの石油生産の40％をイギリス，40％をアメリカの五つの企業，残り20％をオランダのシェル石油とフランスの石油会社が，それ

図 5-4 スエズ戦争（1956 年）

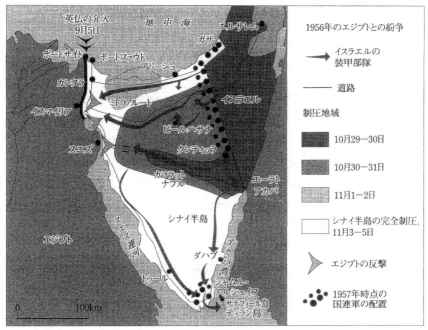

資料：フランソワ・ジェレ『地図で読む現代戦争事典』（河出書房新社，2003 年），p. 62，をもとに作成．

それ確保することになった．

　一方，1956 年 10 月 29 日，英仏はイスラエルを誘ってスエズに侵攻し，スエズ戦争が勃発した．スエズ戦争は，56 年初頭にフルシチョフ（Nikita Khrushchev, 1894-1971）が行ったスターリン批判演説によって解き放たれた，東欧での反政府勢力の抗議デモの広がりと重なり，ハンガリーではワルシャワ条約機構軍の軍事介入を招く事態に発展していた．そうした流動的な情勢下で，アイゼンハワー政権はフルシチョフがナセルに援助を開始する前に紛争を収拾することが重要だと判断し，停戦を実現させなければ，イギリス向け原油の輸出を停止すると圧力をかけた．英仏の軍事介入という植民地主義的手法による問題の解決にアメリカが加担しているとの印象を与えれば，第三世界におけるアメリカの威信は低下し，ソ連の影響力拡大を招くと恐れたことが，スエズ戦争でのワシントンの態度を決定した．英仏はワシントンの圧力に屈し，スエズから

の撤退を余儀なくされた．こうした「二つの植民地主義」に対抗するアメリカの対応に自由主義帝国の建設をめざすアメリカの深層心理が見え隠れする．

7　1950年代アメリカの経済と社会

　国際的には冷戦が本格化し朝鮮戦争もあり，核の脅威が身近に感じられたはずだが，アメリカの人々は第二次世界大戦の終結と平和の到来を素直に喜び，復興に忙しいヨーロッパや日本を尻目に未曾有の繁栄の時代を謳歌した．アメリカの産業は主として国内向けに自動車や家電製品を量産し，多くの復員した軍人やブルーカラーの労働者は継続的な賃金上昇に応じて，戦前には限られた階層のものにすぎなかった中産階級の暮らしをしだいに自らのものとしていく．

(1) クレジットカードの時代

　戦前の1920年代にも自動車や大型家電製品の購入には割賦販売が広く行われていたし，デパートや石油業界ではクレジットカードが導入されていた．1950年代にはアメリカ史上はじめて異業種に広く使える，汎用カードが普及した．先行したのは，1950年にカードを発行したダイナース・クラブである．創設者，ニューヨークのビジネスマン，フランク・マクナマラ（Frannk X. Mc-Namara）は，ある日ミッドタウンのレストランで昼食をすませた後，料金に見合うだけのお金の持ち合わせがないことに気づいた．そのとき，マクナマラが着想を得て，レストラン用のカードとしてダイナースのクレジットカードが誕生した，というエピソードが残されている．当初ターゲットはビジネスマンで，異なる町，異なるホテル，異なるレストランで使えるという便利さをアピールしたので，信用機能はなく，カード保有者は毎月末に使った金額を支払うことを期待された．カード自体も紙でできていた．そこに個人情報が記録されるという，今日のような形になったのは，金属製のカードの時代を経て，プラスチック製のカードが使用されはじめた1960年代以降である[1]．ダイナース・クラブの場合，それまでとちがって異なる場所で異なる商品を買うために

---

[1]　Lewis Mandell, *The Credit Card Industry: A History*, 1990; 根本忠明・荒川隆訳『アメリカ・クレジット産業の歴史』（日本経済評論社，2000年），参照．

用いることができる汎用カードという点に新しさがあった．

　20世紀初頭に創設されたバンク・オブ・イタリーは1945年にバンク・オブ・アメリカと名前を変える頃には，カリフォルニア州，いや世界で最大の銀行となった．この銀行は経営理念として小さな顧客を大事にする，すなわち，アメリカの中産階級をクレジットのターゲットにしていた．カリフォルニア州では同じ銀行が支店を持つことを許可していた．経営者たちには，「消費者信用こそがこの国をつくった」との信念があった．ただし，大恐慌の記憶がなお鮮明だった1950年代にあって，金融上のリスクを避けることは一種のコンセンサスに近いものだった．しかしながら，所得の上昇に伴って消費者クレジットは爆発的に増大した．クレジット残高は1945年には26億ドルだったが，1960年には450億ドルになったのである．その主なものは自動車や冷蔵庫といった大型の商品を購入するときの割賦信用であり，そのほかにも多くのアメリカ人はガソリン用のカード，いくつかのデパートの掛け売りカード，シアーズのカード，航空会社のカードを持ち，近所の薬局や食料品店でも「口座」を開くのがふつうだった．とすれば，多目的型のクレジットカードがあれば，消費者にとっての便利さは言うまでもなく，より多くの中産階級の人々を銀行の顧客に取り込めるのではないかとバンク・オブ・アメリカの消費者金融担当者は考えたのである．

　そして，しだいに今日のクレジットカードのふつうの方法が形成されてくる．消費者は1カ月間金利負担なしで請求額を支払うことができる．それを過ぎると，年間金利18%（つまり，月利1.5%）の負担となる．信用額の上限は300〜500ドル，100ドル程度の金額までは商店が受信している銀行あるいは，カード会社に電話しなくても使える．商店が銀行に支払う金額は，月々25ドルの固定費と購入額全体の6%となった．つまり，カードをたんに便利さに比重を置いて使うか，あるいは簡易なローンのように使うか，どのくらいの額を使うか，どれくらい頻繁に使うか，請求額を一度に支払うか，あるいは月賦にするか，およそすべての決定が消費者の決断にかかっているところが，それまでのクレジット賦与とのちがいであった．そして準備が完了した後の1958年の9月のある日，バンク・オブ・アメリカはカリフォルニア州フレスノ市（人口25万人）の顧客に6万枚のクレジットカードを無償で郵送したのである．それは

当時「ドロップ」したと表現された．中小の商店を中心に600店がすでに加入していた．

それ以前，ある商店は4ドルとか10何ドルとかいった少額の口座を中心に女事務員がそれぞれ1,000から1,500の口座を簿記マシーンで処理していた．月々それらの請求書が顧客に送られる．支払いはおそらく数カ月後である．クレジットカードで処理すれば，銀行は請求額をすぐに商店に支払い，顧客からの集金はすべて銀行，あるいはカード会社の責任となる．集金に伴う労働力，郵送料，文房具その他はすべて商店には不要になる．

サンフランシスコ，サクラメントといった大都市も含めて，1959年10月には200万枚のバンク・オブ・アメリカのカードが流通していた．加入商店数は20万を超えた．むろん，カードにつきものの，詐欺や債務不履行はロサンゼルスを中心に大発生し，1960年初頭までに，2,000万ドルの損失が計上された．だが，1961年4月にはカード・ビジネスがトータルで利潤を計上した[1]．ともあれ，このようにして中産階級の人々の支出の習慣や考え方を根本から変えることになる「貨幣革命」が起きたのである．

(2) レーヴィット・タウンの実験

大恐慌とその後の不況下で低迷していた結婚率は戦争の足音が近づく1940年には急角度で上昇しはじめた．出生率もやや遅れて1943年には増加しはじめた．戦争が終わるとこれらの数字はさらに大きくなって，1946年以降のベビーブームを迎える．恐慌以後住宅建築産業は停滞したままだったから，復員軍人の増加に伴って深刻な住宅不足が明らかとなった．1944年に制定された兵員再調整法は，連邦住宅局（FHA）に似た形で，退役軍人局が軍人たちの住宅融資の政府保証を行うこととした．一家族用の住宅建築数は，1944年の11.4万棟から1946年には93.7万棟，1948年には118.3万棟，そして1950年には169.2万棟に達した．

そうしたなかで，第二次世界大戦後のアメリカの住宅団地建設の試みとしてユニークなのが，レーヴィットと彼の2人の息子（Abraham Levitt, William &

---

1) Joseph Nocera, *A Piece of the Action: How the Middle Class Joined the Money Class* (Simon & Schuster, 1994), pp. 15–33.

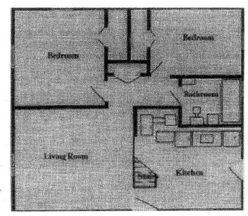

図5-5 1947年のケープ・コッド型住宅の間取り

Alfred Levitt) によるレーヴィット・タウンである。ニューヨーク州ロングアイランド近郊のジャガイモ農場だった4,000エーカーの土地を取得した彼らは、整地した土地に正確に18メートルおきにトラックが建築資材を運び込んだ。建築工程は27段階に分けられ、労働者は一つの仕事に特化した。電動鋸(のこぎり)、釘打ちなどの新しい機材を使って生産性を上げた。通常なら現場での作業となるようなパーツのほとんどは工場で事前に組み立てられたため、熟練労働は20-40%削減された。このようにして最盛期には1日に30棟以上の住宅が建てられた。

入居は当初退役軍人家族に限定されていたが、完成前から人気が高く、顧客は1年間、月60ドルの賃貸住宅(最初の1,800棟は1年間賃貸の後、購入できた)の申し込みに殺到した。1947年10月から最初の300棟の入居が開始された。最終的には17,400棟の住宅に82,000人が居住したが、最初の典型的な住居はケープ・コッド型と呼ばれ、18×30メートルの区画に建ち、9メートル×7.5メートルで正方形に近く、居間は3.6メートル×4.8メートルで暖炉があり、浴室は1、それに寝室が2という構成だった(図5-5参照)。台所と居間が家の前面に配置されているので、母親は家事をしながら、あるいは居間でくつろぎながら子供たちが遊ぶのを窓から見ていることができた。また、水回りをまとめて配置したことで建築費をおさえることができた。価格はケープ・コッド型が8,000ドルほど、ランチ型が9,500ドルだった。洗濯機、8インチ・テレビ

が最初からついていた．FHA の融資保証を利用することで，入居者は頭金をほとんど支払うことなく，前の家賃より安い金額で家を所有することができた．また，設計上，2 階を増築しやすいようになっており，平面の増築とあわせて，将来への夢も満たしていた．

　町の設計は，周辺道路の通過交通が町の中を通らないようにしたほか，曲線型配置になっており，水泳プールが 9，遊び場が 60，野球場が 10，グリーンの多目的広場が 7 あった．レーヴィットたちはその後，ペンシルヴェニア州やニュー・ジャージー州などに同じタイプの団地を造った．その後，多くの建築産業が彼らの方法を踏襲した．

　ケネス・ジャクソンによれば，この第二次世界大戦後の四半世紀のあいだの住宅都市開発は，五つの共通の特徴をもっている．1) 立地が都市の周辺に位置していたこと．都心地区は大規模開発に向かないという理由で敬遠され，かつての農地だった広大なスペースが利用されることが多かった．2) 人口密度の低さ．一つの区画の面積は平均 24×30 メートル（つまり，720㎡）から 12×30 メートル（360㎡）だった．道路や共通広場に大きな面積を与えたことも特色だった．3) 建築学的な同質性．それらはホールや客間や階段，ポーチをもたなかった．道路に面した構造物で住宅からいちばん遠いのはガレージだった．4) 購入が容易な，経済性．したがって，住宅は富の象徴ではない．5) 経済的，人種的な画一性．レーヴィットらは当初 20 年間，公式にも表明したことは，この住宅を黒人には売らないということだった．1960 年になっても，ロングアイランドのこの町の 82,000 人の住人に黒人は 1 人もいなかった[1]．もともと若年の専門職か下層中産階級のブルーカラー労働者が住民の主体だったが，白人だけという特徴も加わった．

　単一家族用の住宅が主だったから，子供が育つ過程では親と兄弟姉妹だけにしか接触しないことになる．父親が働きに出てしまう日中はこの郊外世界は女性の世界となる．しかも彼女らは労働の機会があまりなく，働く人々との接触が乏しい．

　第二次世界大戦後は中産階級，そして一部のブルーカラー労働者もきそって郊外に住宅を求め，その結果郊外化が進展したが，郊外化自体は民間建築業者

---

1) Kenneth Jackson, *ibid.*, p. 210.

と市民による自然発生的なプロセスとは必ずしも言い切れない．レーヴィット・タウンの入居者の大半がその融資を利用した連邦住宅局（FHA）は，ニューディール下の1934年の全米住宅法によって設立された．この機関は住宅を建てるのでなく，民間企業が建てる住宅の基準を設定し，実地点検を行い，融資資格を認定し，融資が焦げついた場合の補償を行った．1972年末までに，FHAは1,100万の家族のマイホーム所有を助け，2,200万棟の住宅の改修を援助した．集合住宅では180万の住戸を保証した．こうして，1934年に44％だった自宅所有者の割合は，1972年には63％に増加した．

具体例をあげると，デラウェア州ウィルミントンのエッジムーア・テラスの場合，住宅会社は住宅1棟を5,150ドルの価格で提供できた．購入者は頭金として550ドルを支払った後に，25年間に銀行に対して毎月29.61ドルを支払えばよかった．同じような住宅の賃貸の場合には家賃ははるかに高かったから，持ち家が促進される結果となった．ただ，FHA住宅のタイプとして複合家族型に対して単婚家族型を優先する政策をとったので，やはりそうしたタイプの住居が優位をもつことは避けられなかった．また，住宅の価格や等級を決めるにさいして，FHAがさまざまな指標を駆使して格づけを行ったことが，結果的に白人中産階級だけが住む均一な住民の団地を優遇することとなった．人種混交ではコミュニティが調和的に発展することが望めないとされたからだ．結局，マイノリティ用住戸や都心住宅建設は敬遠され，郊外化が促進された．「事実は，郊外化が政府にとっての理想的な政策となったのは，それが市民と業界利益の必要に見合っていたからであり，また，政治家の票を獲得できたからである」[1]．

さて，戦争中にも急増した軍需工場では住宅不足が顕著だったので，トレーラー・ハウス（工場で作られ，大型トラックで運ばれる住宅）が工場周辺の駐車場や空き地にしばしば設けられた．戦中に使われていたトレーラー（クルマ）自体は20万台で，その6割が軍需関連だった．戦後になっても冷戦との関わりで軍事支出が維持されていたから，工場地帯での住宅不足は依然として大きな問題だった．1946年には120万家族がアパートや住宅で他の家族と同居を強いられていた．そこで，当面の臨時的な対策として，市の政府が土地とトレー

---

1) *Ibid.*, 210.

ラーを用意して，賃貸で貸し出した．1947年には6万棟が製造された．

連邦住宅局（FHA）や復員軍人局の低利資金を借りても新築住宅は9,000ドルから20,000ドルした．ホワイトカラー専門職や熟練労働者にとってはなんとかなる金額だったが，多くのブルーカラー労働者にとっては，負担が大きすぎた．都会では連邦政府による，貧困者向け住宅建設に対する補助があったが，不熟練労働者は新中産階級向けと貧困者向けの両極端の住宅政策のあいだに取り残された形となった．1950年代半ばに，レーヴィット・タウンの住宅が10,000ドル以上したとき，トレーラー・ハウスは平均4,500ドルだったから，低所得者にとっては手の出しやすい金額だった．大きめのハウスでも500平方フィート（46㎡），細長い構造なので，入り口がキッチンに通じ，次がリビングや水回り，そして一番奥が寝室という形だった．水道や電気，ゴミ収集等のインフラをしだいに地方の政府が整えるようになり，巨大なパークも登場した．1960年以降になると，「トレーラー・パーク」という用語はより質の劣る区域をさし，「モービル・ホーム・パーク」が一般用語として定着した．1965年には新築住宅の1割がトレーラーであり，当時人口の約3％が住んでいた．建築労働者や農業労働者，そして収入が固定されている退職者などが多く住んでいるとはいえ，そして，アメリカ人の移動好きな性格に合っているともいわれるが，それが「スケールダウンしたアメリカの夢」であるか否かは別として，すでにアメリカの住宅形式の一部として定着したことは事実である．

表5-1　階層別所得分配の変化（家族），1929-46年
（単位：％）

年	I	II	III	IV	V	トップ5%
1929	12.5		13.8	19.3	54.4	30.0
1935-1936	4.1	9.2	14.1	20.9	51.7	26.5
1941	4.1	9.5	15.3	22.3	48.8	24.0
1946	5.0	11.1	16.0	21.8	46.1	21.3

資料：*Historical Statistics*, p. 301.

(3) 外食産業のはしり──ダイナー・ビジネスの盛衰

表を見ると，大恐慌からニューディール，そして大戦を経る過程で所得分配が平等化に向かう傾向を示したことがわかる．トップ5％のシェアの減少は，多分に恐慌によってバブルがはじけたことの結果だろうが，第III階層以下の階

層が大戦中にシェアを伸ばしたことは特筆すべきだろう．第二次世界大戦は所得分配平等化効果をもったのである．

ルーマニア移民の息子ジョージ・ヨンコは第二次世界大戦中，工作機械工場で働いていたが，戦後に廃棄された鉄道の客車を買い上げて，1945年，インディアナ州イースト・シカゴの工場近くで食堂を開店した．彼はそれを「チャック・ワゴン」と名づけ，チリ，ハンバーガー，フレンチフライ，スープ，コーヒーなどの限られたメニューをほとんど男性ばかりの労働者に提供した．このダイナーと呼ばれる簡易食堂は成功し，数年後彼はより大きな客車を購入して客が駐車可能な場所に移転した．同時に，ハイウェイに大々的に宣伝看板を出した．客筋はしだいに家族連れが多くなり，カウンター席だけだった食堂はブースをもち，子供用のメニューも用意された．こうして，「チャック・ワゴンのこの変容は，戦後のダイナーが男性の，労働者階級向けの軽食堂から中産階級家族のレストランへと変貌する過程の例証となった」[1]．

ヨンコは1952年にレストラン業者の大会に出席のさい，チキンの秘密レセピーを売り歩くサンダースという名の南部紳士に声をかけられ，それをメニューに加えることに同意した．こうして，チャック・ワゴン・ダイナーは全米で六つ目のケンタッキー・フライド・チキンのフランチャイズ店となった．

これらの需要に応えるため戦前から引き続いているものも含め，1940年代後半には12社がダイナー用の車両を製作していたが，それらのデザインはよく似ていた．カウンター席の後方がキッチンで，ブースもいくつか設けられていた．材質は外壁，内壁とも維持のしやすさ，頑丈さからステンレス・スチールがほとんどだった．頭金が1,000ドルもあれば食堂車が買えたので，復員軍人のなかにもこのビジネスに参入する人がいた．1950年代を通じて毎年200から250の新しいダイナーが生産されていた．ただし，この事業も東部，ミシシッピ川の東側が主たるマーケットで，クルマの普及が速く普及率も高いカリフォルニア州をはじめとした西部は，ドライブイン型の商売が早くから優勢で，ダイナーの出る幕はなかった．

アメリカ人にとってしだいに普通のこととなりつつあった外食習慣の増加をうまくとらえて，ダイナーは存続することができた．労働者階級の男性相手で

---

1) Andrew Hurley, *Diners, Bowling Alleys, and Trailer Parks* (Basic Books, 2001), p. 24.

なく，中産階級家族のレストランとしてリフォームをはかった場合がそれである．ささやかな贅沢という形の消費活動にあわせてしゃれた食事を提供する試みがあり，たとえば，「97セント・ディナー」が派手に宣伝された．ピーターパン・ダイナーというチェーンが子供をターゲットにして成功した．しかしながら，全国チェーンのファーストフード・レストランが登場すると，過渡的性格の強いダイナー・ビジネスは急速に過去のものとなった．1948年にマクドナルド兄弟がロサンゼルス近郊で15セントのハンバーガー・ショップをセルフサービスで開始し，1961年に別の経営者の手にわたる頃には，全米ですでに250店舗があった．

8 冷戦の影

(1) ソ連＝共産主義への怖れ

1947年3月，トルーマン大統領はトルーマン・ドクトリンを発表し，ギリシャとトルコに対する軍事援助が決定的に重要なことを力説し，「武装した少数者や，外国の圧力によって強いられた隷属状態に反抗する自由な人々を支援することは，アメリカ合衆国の政策である」と宣言した．さもなければ，世界の平和のみならず，アメリカの自由も危うくなるのだ，と．それは，世界がソ連を中心とする共産勢力とアメリカ，西ヨーロッパを中心とする自由主義勢力とに二分されていることを認め，冷戦の不可避性を説いた文書となった．その2週間後，大統領は行政命令9835号を発令し，連邦政府内の被雇用者に対して，アメリカに対する忠誠審査を開始することを宣言した．それから1951年末までに300万人が審査対象となったが，スパイ・リングは発見されなかった．にもかかわらず2,000人が辞職し，212人が忠誠に問題ありとして解雇された．むろん，州地方政府も連邦政府にならい，同様の審査委員会を設立し，多くの企業，教育機関，労働組合などが被雇用者に対して神と国と憲法に対する忠誠を要求した．

1949年9月にはソ連が原爆実験を成功させ，アメリカの核兵器独占は崩れた．翌年6月には朝鮮戦争が勃発し，アメリカ国内の冷戦ムードは最高潮に達した．すでに，1948年7月，連邦大陪審はアメリカ共産党の指導者11人を，

8 冷戦の影

図5-6 マッカーシーと側近のデヴィッド・シーン，およびロイ・コーン（1953年）

http://www.spartacus.schoolnet.co.uk/USAmccarthy.htm

政府の転覆共謀のかどで告発した．いまや，マルクス主義の信奉それ自体が有罪とされた．1948年8月には非米活動調査委員会で転向した共産党員のホイッテカー・チェンバース（Whittaker Chambers, 1901-61）が国務省高官のアルジャー・ヒス（Alger Hiss, 1904-96）を共産党員だと名指しした．ヒス裁判は全米注目の的となったが，彼は偽証罪で有罪となった．

1950年2月にはイギリス政府が第二次世界大戦中にロスアラモスで働いていた高官，原子物理学者のクラウス・フックス（Klaus Fuchs）博士の逮捕を発表した．フックスが当局に自白したアメリカ人のスパイの中に，ローゼンバーグ夫妻（Julius Rosenberg, Ethel R. Rosenberg）が含まれていた．彼らは原子爆弾製造にかんする情報をソ連に漏らしていたとされ，1953年7月に電気椅子におくられた．

(2) マッカーシズム

1950年2月，わずか2年前にウィスコンシン州から選出されたばかりの共和党上院議員，ジョセフ・マッカーシーはウェスト・バージニア州ホィーリン

グの共和党婦人クラブで演説し，国務省内に 205 人の共産党員がいる，そのリストを自分が持っていると述べた．そのリストの所在自体が不明なうちに，事態は動きだし，調査のための特別委員会が設置され，3月に聴取を開始した．1950年，議会はトルーマンの拒否権を越えて，マッカラン法を制定した．この法律により，共産党とそのシンパ団体は実質上非合法となった．アメリカ共産党とそのシンパと目される人々の政治的排除を目的としてなりふりかまわぬやり方で行われた攻撃，それによって引き起こされた集団ヒステリー現象をマッカーシズムと呼ぶ．マッカーシー自身は，1954年春に陸軍に対して非難の矛先を向けたことが，結果的に墓穴を掘ることになって，自らの政治生命を断たれたが，この間に証言を強いられた多くの人々と国民にとって，マッカーシズムは言論と思想の統制をもたらす，危険な潮流にほかならなかった．

　ただし，ここで注意すべきは，この上院議員がウィスコンシン州という革新主義の土壌から，その地盤を奪う形で登場した経緯である．もともと1930年代のウィスコンシン州革新主義をリードしたラフォレット兄弟は民主党でなく，共和党の革新派として登場した．全般的に進歩派やローズヴェルト支持の民主党票が農村部から都市部へと支持基盤の変化を起こしていた1930年代を経て，1946年の共和党上院議員予備選挙ではボブ・ラフォレットがジョセフ・マッカーシーに敗れた．たしかに，1946年予備選挙では，ボブ・ラフォレットは選挙嫌いでワシントンから離れず，地元へのサービス不足が目立ったし，他方で，マッカーシーは激しい選挙運動を開始していたことが，選挙戦の帰趨に大きな影響を与えた．と同時にしかし，革新派の拠点の州，ウィスコンシンでマッカーシーが登場したことは，アメリカ政治の流動的性格と冷戦時の特殊な雰囲気の産物でもあった．

　1951年1月，トルーマンが連邦市民防衛局（FDA）を創設したとき，彼は核戦争によるアメリカ絶滅の可能性について，真剣に考えていたと言われる．この機関はふつうの市民に，爆弾用のシェルターを造るか，今ある地下室に隠れることをすすめた．シェルターにいれば，97%の人々が助かるとまじめに論じられていた．とくに大都市の学校では「頭を下げて，カバーする」（duck-and-cover）訓練が繰り返された．授業中に教師が突然「爆弾投下だ！」と叫ぶと，子供たちはみんなひざまずき，首の後ろに両腕を組んで，顔を守っ

た[1]．1954年になって，都市全体を焼き尽くしてしまう水素爆弾の開発が明らかになると，原爆の損害を前提にして計画されていたあらゆる防衛計画が無意味となり，むしろ，攻撃の後いかにして都市から避難するか，に重点を置いた防衛計画が構想された．この頃，核攻撃下でも機能するように，政府中枢機能を近郊に設ける秘密計画も実行に移された．1950年代後半になって，核弾頭を装備した大陸間弾道ミサイルが開発されると，都市からの待避計画も意味をなさなくなった．

9　人種平等社会への胎動

(1) 平等社会への動きと抵抗

1896年の連邦最高裁判決（プレッシー対ファーガソン：ニューオリンズで8分の1黒人のホーマー・プレッシーが白人専用車両からの降車を命じられたことに端を発した訴訟事件）は列車の客車内の人種分離を定めたルイジアナ州法を合憲とし，一般に両人種の関係は「分離していても平等」の原則に照らせば，人種平等を規定した憲法第14修正に違反しないと判断して，19世紀末に一般化した南部諸州の慣例を追認した．アメリカにおける人種間関係は，南北戦争後いったんは拡大の方向に向かうかにみえた黒人参政権が19世紀末にかけて南部諸州で次々と奪われていく過程と並行して，公共施設における人種分離が極端にまで進行したなかで20世紀を迎えたのである．第一次世界大戦における黒人の軍隊参加は人種関係にさしたる影響をおよぼさなかった．大恐慌になって，かつては白人の排他的職業だった職種に黒人が進出するようになり，大量失業によって多くのアメリカ人が生活の糧を失う状況下で南部の町では黒人に対するリンチ事件が頻発した．こうしたなかで1940年，士官候補生学校では人種分離が廃止され，戦争直前の1941年6月に黒人組合運動家，フィリップ・ランドルフ（A. Philip Randolph, 1889–1979）のワシントン行進計画に対する取引として出された大統領行政命令8802号は，国防契約における人種差別禁止と公正雇用実行委員会（FEPC）の設置を決めた．第二次世界大戦中に，黒人たちはこれまでと比較にならない100万人という規模で軍隊に参加し，1944年末に

---

1) Stuart A. Kallen, ed., *The Fifties* (Greenhaven Press, 2000), p. 95.

は200万人の黒人が国防工場で働いていた．こうした事態は戦後の黒人の人権拡張と社会的処遇の改善を予感させるものだった．

1954年5月，連邦最高裁は，ブラウン対教育委員会訴訟（ブラウン判決という）において，全員一致で「公教育の場においては『分離していても平等』の原理は成り立たない」と宣言し，「分離した教育施設は本来的に不平等だ」として憲法第14修正に違反しているとした．この判決後の10年間がしばしば南北戦争後の再建期と対照されて「第2の再建期」と呼ばれる．1年後最高裁は公教育に人種分離を廃止する手順についてのガイドラインを示し，地区裁判所の監督下で「可能なかぎり早急に，慎重なスピードで」進めるよう指示した．

だが，この画期的な判決に最初に反応したのは，南部の現状維持派，そして州政府当局だった．南部各地には黒人の権利伸張を阻止する目的で「白人市民評議会」(White Citizens' Council) が結成され，かつてのKKKに酷似した活動を展開した．アーカンソー州は州の内部の諸制度を規制し統制する権限を連邦政府に譲ることはできず，そうした権限に対する違法な侵害に対して州政府は抵抗する権利があると宣言した．ノース・カロライナ州選出の上院議員，サム・J. アーヴィン二世 (Sam J. Ervin, Jr.) は，後に「南部の宣言」(Southern Manifesto) として知られることになる「憲法の諸原理の宣言」を，1956年に公表した．それには南部の上院議員17名，下院議員77名がサインしていた．そこでは，憲法に違反するこの判決を覆し，その実施を妨げるために，あらゆる合法的手段をとる決意が述べられていた．

(2) あらたな運動のはじまり

1957年秋，学校の人種統合がアーカンソー州州都リトルロックにもやってきた．連邦政府はこれまで白人だけだったセントラル高校に黒人学生を入学させるよう命じた．すでにそれに先立つ2年間，統合に賛成した教師44人が解雇されるなどさまざまな経緯があったが，市の教育委員会はこの高校への志願票を出した75人の黒人をわずか9人に絞り込んでいた．9月，州知事は統合を認めず，州兵を招集して「無秩序」に備えるという名目で生徒の入学を阻止した．3週間後の9月24日，リトルロック市長の要請でアイゼンハワー大統領は連邦軍の出動を決定し，軍隊の見守るなか，9人の生徒はひとりひとりに

図 5-7　1957 年 9 月 4 日，リトルロック高校に入学しようとするエリザベス・エックフォード

http://www.spartacus.schoolnet.co.uk/USAeckford.htm

ボディガードがつくかたちで南部で最初に統合された高校に入学したのである．

アラバマ州州都モントゴメリーでは，1955 年 12 月 1 日，ローザ・パークス (Rosa Parks, 1913–) という名の黒人女性が通勤から帰宅の途中，市営バスのなかで運転手から白人に席を譲ることを命令されて，それを拒否したかどで逮捕された．当時のモントゴメリーのバスは，乗車するときは前のドアで運転手に運賃（10 セント）を支払い，白人ならそのまま前のドアから乗車して，バスの前のほうの白人用指定席に座る．しかしながら，黒人の場合には，運賃を支払った後に，いったん降りて後方のドアから乗車しなおして，後方の黒人専用席に座ることになっていた．黒人専用席でも白人が立つような場合には黒人は席を空けなくてはならなかった．第 5 列の黒人専用席の最前列に座ったパークスに対して次の停留所で白人が乗り込んできたので，運転手が後ろの席に移るように命じたのである．「私たちに対する虐待は正しいことではなく，私はそれに対していやになっていた．私達が譲ればその分だけ彼らの仕打ちは悪くなるから」とパークスは回想する．彼女は，1943 年から全米黒人向上協会 (NAACP) モントゴメリー支部の書記をしていた活動家で，1955 年には，テネ

シー州モンティーグルにあって，組合運動家養成や人種間統合プログラムを行っていたハイランダー民衆学校に出席していた．

やがて，キング牧師（Martin Luther King, 1929-68）を指導者にして，1年以上にわたるバス・ボイコット運動が開始され，結局，提起された訴訟に対する最高裁の判断がバスの人種分離を違憲としたために，運動は成功した．しかしその間，指導者たちの家が爆破され，多くの参加者が失職し，自主運営のタクシーに対する警察の嫌がらせなどが続いた．ともあれ，この運動がその後約10年以上に及ぶ公民権運動の先駆けとなった．

1950年代に一般化しつつあった中産階級の住宅，あるいはトレーラー・パークでも，異なる人種が混淆することはなかった．白人だけの住宅コミュニティに何らかの事情で富裕な黒人家族が移り住むと，すでに住んでいた白人家族が移動を始める例が多いといわれる．やがてその地区の地価が下落しはじめる．そうなる前に，移住してきた家族に対して有形無形の排除の圧力が元々の住民から加えられる場合も多かった．レストランも，ダイナーの場合には圧倒的に白人労働者階級ないしは白人中産階級専用だった．立地によって客筋を見定めることができる場合が多かった．それと，戦後のアメリカで黒人も白人もほぼ同等の職に就くことが普通になったとき，当時の白人中産階級の人々のあいだにせめて消費の場では社会的な差異を見せつけたいという欲求が高まっても不思議ではなかった．そこで，当初黒人は南部のダイナーで白人から隔離された形での飲食を許可されたり，裏の戸からテイクアウト・サービスのみを許可されたりといった例があいついだ．外食の場における人種分離の排除には1960年代の運動とそれに対応した法律が必要だった．

10 郊外住宅と女性

(1) 理想の女性像とは

1950年代に郊外生活を始めた人々は，多くの場合，大恐慌と戦争体験の後に，冷戦時代の背筋の寒くなるような恐怖感とともに暮らしてきた．そうした人々にとって郊外の住宅は，安らぎを提供してくれる住処であり，安全な逃避場だった．あるいは，新しい住宅は暗い過去との訣別を象徴するものでもあっ

た．その郊外住宅の中心的な娯楽を提供したのがテレビである．技術自体は戦前に完成していたが，戦後になってはじめて普通の家庭に普及しはじめた．1951年にようやくテレビは全米で受信可能となり，1960年には87％の家庭がテレビを所有していた．一日の平均視聴時間も，1950年の4.5時間から1960年には5時間を超えた．アメリカの家庭料理文化の一部となった冷凍テレビ・ディナー（テレビを見ているあいだに解凍するだけの手軽な冷凍食品）が紹介されたのは，1954年のことである．

急速にポピュラーとなった「アイ・ラブ・ルーシー」のようなテレビ番組が映し出したのは，健全な両親と愛すべき子供たちのいる家庭であり，短時間に解決できない深刻な問題は出てこなかった．また，豊かな消費者に対して企業が家電や自動車を売り込む宣伝媒体として，テレビ以上のものはなかった．

郊外住宅にはまとまりのよい家庭が欠かせない．軍需工場や軍隊勤務から解放された女性たちは社会の要請にもしたがって，早婚で多くの子供を産んだ．1940年から1960年にかけて，女性の初婚平均年齢は21.5歳から20.3歳へ若年化し，女性千人あたり出産率は1940年の80から，1957年の123にまで上昇した．ハウスワイフとしての女性は，家族の一体感の中心であり，家庭的であることが大事だった．「幸せなハウスワイフ」(happy housewife) という言葉が，そうした事情を物語っている．

1956年に雑誌『ライフ』は特集号を出版し，理想的な中産階級の女性とは，32歳の「美しく評判のよい」郊外のハウスワイフであり，16歳で結婚して4人の子持ちだとしている．彼女は，すばらしい妻であり，母親で，もてなし役，ボランティア活動に参加し，自分の衣類は作り，年に何十回ものディナー・パーティを催し，教会の合唱隊でうたい，学校のPTAやキャンプファイア・ガールズで働く「家庭のマネジャー」であり，夫に献身する．彼女は，慈善団体の会合に出席し，子供を学校にクルマで送り，買物をし，陶芸にいそしみ，フランス語を習おうと考えている．「キッチンに帰れ」が合い言葉だった．1947年にベストセラーとなった『現代の女性：失われた性』を著したルンドバーグ (Ferdinand Lundberg) らは，女性は，妻や母親としての自然の機能を受け入れることによってのみ，満足を達成できるのだと書いた[1]．とはいえ，働く女

---

1) George W. Tindall with David E. Shi, *America: A Narrative History*, 3rd edition, (W. W.

性の比率はじりじりと増加していた．既婚女性の労働参加率は1940年には17％だったが，1960年には35％となった．また，17歳以下の子供のいる女性労働者の数は1950年には4千万人だったが，1960年には5,800万人となった．

Norton, 1992), pp. 1270-72.

第 6 章
ヴェトナム戦争と諸権利獲得のための運動
1960 年代

1964年公民権法に署名するジョンソン大統領。1964年7月2日。後方には公民権運動の指導者マーチン・ルーサー・キング牧師も見える。
http://www.lbjlib.utexas.edu/johnson/av.hom/images/276-10-64.JPG

1 柔軟反応戦略と自由主義帝国のディレンマ

(1) 限定戦争・ゲリラ戦を意識した戦略へ

　1950年代末から60年代初めにかけて，国際政治は二極から多極に向けた構造的変容をとげつつあり，それとともに冷戦の性格も変化しつつあった．1961年1月に大統領に就任したJ. F. ケネディ（John F. Kennedy, 1917-63）や助言者たちは，米ソ間に核兵器の手詰まり状況が出現しつつあるなかで，ソ連や共産主義国家が通常兵器による局地戦争に重点を置くのではないかと心配した．なかでも，61年1月のフルシチョフ演説が，世界中の民族解放戦争へのソ連の支援を公言したことは，そのことを裏づけるものとみなされた．このような変化に対応するためにケネディが打ち出した軍事戦略は柔軟反応戦略だった．そこでは，アイゼンハワー政権のような大量報復戦略では予想される局地戦争やゲリラ戦争に対処できないとの判断にたち，前政権の戦略の欠陥を補うことを意図した．この戦略はソ連との核ミサイル開発競争を重視すると同時に，限定戦争やゲリラ戦争にも有効に対処することをめざした．柔軟反応戦略は核兵器を増強すると同時に，通常兵力も強化した．そのために必要な軍事費には制約を設けるべきでないとの考えにもとづいて，ケネディは大規模な軍事力増強を進めた．

　ケネディは大統領就任早々，前政権下で計画・準備されたキューバ侵攻計画について決断を迫られた．同計画はキューバからの亡命者を訓練して，1959年1月のキューバ革命以降，アメリカの経済封鎖のゆえにソ連に急速に接近しつつあったカストロ（Fidel Castro, 1926-）政権打倒を企図したものだ．ピッグズ湾侵攻事件として知られることになるこの秘密侵攻計画は，61年4月に決行されたが，無残な失敗に終わった．

　ケネディはキューバ侵攻の失敗から教訓を学ぶことはなかった．ラオスでの右派勢力への軍事支援が効果をあげず中立化に向けた交渉が進行するなか，ケネディの関心はヴェトナムに向けられた．ケネディはキューバのピッグズ湾侵攻作戦の失敗とラオスでの譲歩に対する名誉を挽回する必要があると感じてい

た.また,1961年6月初旬ウィーンで初の首脳会談に臨んだケネディは,このときフルシチョフがとった侮辱的な態度からみて,「われわれが国益を守る意志を有するという気持ちをモスクワに抱かせるようにするために何ができるか検討しなければならない」,と痛感した.『ニューヨーク・タイムズ』紙の記者ジェームズ・レストン (James Reston, 1909-95) によると,ケネディは「われわれにそれができる場所はヴェトナムだけである.われわれはヴェトナムに増員しなければならない」,と述べたという[1].この発言を裏づけるかのように,ケネディは61年5月にはヴェトナム民主共和国(北ヴェトナム)に対する隠密作戦を開始するとともに,100名の軍事顧問と400名の特殊部隊を派遣して,南ヴェトナム軍の対ゲリラ戦訓練にあたらせ,また同年末までに,3,205名の軍事顧問を派遣した.

(2) アメリカのインドシナ政策

アメリカはアイゼンハワー政権の下で,フランスに対してインドシナ三国(ヴェトナム,ラオス,カンボジア)の独立を要求し,アメリカの勢力圏に組み込む措置をとっていった.まず,フランスの傀儡とみられていたバオ・ダイ (Bao Dai, 1914-98) に代わって,アメリカが影響力を行使できる親米派のカトリック教徒ゴー・ジン・ジェム (Ngo Dingh Diem, 1901-63) に白羽の矢を立てた.次に,フランスを介してではなく,ジェム政権への直接援助に切り替え,さらにジェムに忠実な軍隊の再建に乗り出した.と同時に,その障害となっていたフランス軍のヴェトナムからの撤退をフランスに承諾させた.このようなアメリカの対応の背景には,このままフランスの植民地主義支配を放置したままにすれば,インドシナは共産主義の支配するところとなる,という危機意識があった.アメリカと同じく第三世界の独立と自決権の支持を掲げて国際政治に登場したソ連という新しいタイプの「植民地主義」に対抗するためには,旧秩序に代わる自由主義的資本主義的秩序を構築する必要があると考えたアメリカは,フランスに取って代わる決断をした.

新秩序構築にとっての難問は,ジェム政権が民主主義のルールに則って樹立されたものではなかったことにある.ジェム政府は行政部門をジェム一族で固

---

[1] Richard Reeves, *President Kennedy* (A Touchstone Book, 1993), pp. 172-173.

め，1955-57年のあいだに 12,000 名の政治犯を殺害するなど，抑圧的で独裁的な政権であった．このため，反政府勢力の活動も激しくなり，ケネディ政権下の 60 年 12 月には南ヴェトナム解放民族戦線（NLF）が結成され，サイゴン政権に対する武装闘争が開始された．内戦が拡大するなか，63 年 5 月に入って，ジェム政権は政府に抗議する仏教徒の弾圧に乗り出した．仏教徒の一人が 6 月 10 日，弾圧に抗議して焼身自殺を決行すると，ジェムの義理の妹であるヌー夫人はこの焼身自殺を「バーベキュー」と揶揄した．このことも手伝って，大規模な反政府デモが起こり，ジェム政権は政治的危機に陥った．この危機的状況のなかで，11 月 1 日に軍のクーデタが発生し，ジェム政権が打倒された．

ジェム政権が陥った政治的危機は南ヴェトナムの国家建設にともなうアメリカのディレンマを浮き彫りにした．ケネディは，ヴェトナム問題の根本的解決は政治的・経済的方法によらなければならない，と考えていた．政治的安定を図るためには経済的安定が必要だとの観点から経済援助が実施された．しかし，内戦は経済建設を困難にし，政治的不安定を招いた．その解決のためにジェムが行った反対派の弾圧は国民の離反を招いた．そこで，アメリカ政府は経済援助だけでは不十分だと判断し，軍事的てこ入れを余儀なくされる．その後の政権もこの悪循環のディレンマから抜け出すことができなかった．また，このクーデタ計画はケネディによる暗黙の了解のもとに実行に移された．ジェム暗殺計画にケネディ政権が関与したことで，サイゴン政権はアメリカの傀儡だとのイメージを一層強め，その結果，アメリカのヴェトナム政策は，かつてのフランス植民地主義支配との違いがあいまいになった．

(3) ヴェトナムへの介入

「それ（軍事介入）は，酒を飲むのと同じで，酔いがさめれば，またもう一杯やりたくなる」[1]．この発言が示すように，ケネディは米軍の直接投入の危険を認識していた．そこで，米軍事要員の早期撤退を可能にする南ヴェトナム軍の訓練計画が策定され，63 年 12 月までに 1,000 人の軍事要員を撤退させる計画が承認された（63 年 5 月 6 日付け第 8 回国防長官会議記録）．この計画では，65 年末までに全軍事要員の撤退を完了させるものとされた．テイラー（Maxwell

---

1) Arthur M. Schlesinger, Jr., *A Thousand Days* (Houghton Mifflin Co., 1965), pp. 546-47.

Taylor, 1901-87) 統合参謀本部議長から太平洋軍総司令官（CINCPAC）に宛てた 10 月 4 日付け文書は，ケネディがこの計画を承認したことを示している．さらに，10 月 5 日に開かれた会合のマクナマラ（Robert S. McNamara, 1916–）とケネディの会話記録もまた，この事実を裏づけている．国防長官が大統領に上述の撤退計画の正式承認を求めたのに対して，ケネディは国内世論や南ヴェトナム政府への心理的影響を考慮して，撤退計画についての公式声明はしないとしながらも，計画そのものは承認した．

図 6-1　テイラー統合参謀本部議長

1962–64 年在職．限定戦争にも対処できる柔軟反応戦略を唱えた．
ARC Identifier: 192548

とはいえ，この撤退計画はあくまで計画であり，それが政策として実行に移されたかどうかは不確かだ．というのは，この撤退計画は南ヴェトナム軍の訓練計画が予定通りに成果を達成できることが前提となっていること，さらには，この計画の策定時における南ヴェトナムの軍事情勢は後任のジョンソン大統領が直面した状況とは大きく異なっているからである．じじつ，マクナマラのケネディに対する説明も以上のような前提と見通しに立脚したものだった．しかも，ケネディは翌年に予定されている大統領選挙を視野に入れ，国内世論の反応を非常に気にしていた．1963 年夏ケネディは，「もしヴェトナムからいま完全に撤退しようとすれば，われわれはマッカーシーの赤狩りに再び見舞われることになる」，とマンスフィールド（Mike Mansfield, 1903-2001）議員に語ったといわれる．

くわえて，ケネディは国際世論への心理的・政治的影響への配慮も重視していた．ケネディは同年 9 月，「ヴェトナムから撤退すれば，それは南ヴェトナムのみならず東南アジアの崩壊を意味する……私は（ドミノ理論を）信じる．もしヴェトナムが共産化されれば……東南アジアにおける未来は中国と共産主義者のものだという印象を与えることになろう」，と述べている[1]．したがっ

て，南ヴェトナムの軍事情勢が悪化し，大統領選挙で保守派の批判が予想される状況においてもなおかつ，この撤退計画が実行されたか否かは定かではない．ケネディが軍事顧問団員数の増員，さらには軍事援助という形で介入を深めていった経過を考えると，外交史家ロイド・ガードナーが述べるように，「ケネディはついに最初の一杯の酒を飲んでしまった」のだ，との評価もあながち的外れだとはいえない．

2　ケネディ政権と「期待革命」の管理

(1) 第三世界政策と「進歩のための同盟」

　ケネディは局地戦対策にことのほか高い関心を示したが，それは，彼が1961年5月25日の議会宛特別教書で述べたように，「今日，自由の防衛と拡大の主戦場は……アジア，ラテン・アメリカ，アフリカ，中東，すなわち，新興諸国民からなる地域である」，とみていたからだ．第三世界対策は局地戦対策だけでは不十分だと考えられた．50年代半ば以降，第三世界諸国民の間でナショナリズムの高揚がみられ，脱植民地化，自立化，生活水準の向上を求める彼らの運動は，もはや国際政治において無視できない力になっていた．したがって，ケネディは大統領に就任するや，南北問題への取り組みを重視し，61年9月の国連総会での演説で，60年代を「国連開発の10年」とし，各国が協調して南北問題の解決にあたるよう呼びかけた．

　ケネディにとっての課題は，生活水準の向上を求める第三世界諸国の人々の「期待革命」に対して，どのような理念と政策でもって対処するかであった．そうした理念と政策を提供するのに大きな理論的貢献をしたのは，「チャールズ川の理論家たち」であった．「チャールズ川の理論家たち」とは，マサチューセッツ州ケンブリッジのチャールズ川沿いに位置するハーヴァード大学やマサチューセッツ工科大学（MIT）の研究者集団で，ケネディ政権のブレーンとなる人たちである．なかでも，MITのロストウ（Walt W. Rostow, 1916-2003）はその代表的人物であり，ケネディ政権の成立と同時に国家安全保障問題大統領特別補佐官となり，同年末に国務省の政策企画会議（PPC）委員長に就任し

---

1) William H. Chafe, *The Unfinished Journey* (Oxford University Press, 1995), p. 271.

2 ケネディ政権と「期待革命」の管理　　221

図 6-2
ホワイトハウス内
庭園で平和部隊の
隊員と握手を交わ
すケネディ大統領
(1962 年 8 月 9 日)
http://www.jfklibrary.
org/images/04-0060a.jpg

た．

　ケネディは 1961 年に対外援助法案を提出したさいに，「経済成長と民主主義政治はともに手を携えて進む」ものだと述べたが，そこに，ロストウやミリカン（Max F. Milikan）の論理と認識が反映されているのは明らかであろう．ハーヴァード大学歴史学教授からケネディ政権入りしラテン・アメリカ問題を担当したシュレシンジャー・ジュニア（Arthur Meier Schlesinger, Jr. 1917-）の表現を借りるならば，「チャールズ川アプローチ」は，「発展途上諸国が革命を遂行するにあたって，マルクスではなくロックに基礎を置くように説得する，非常にアメリカ的な努力を意味した」．ロストウらの近代化論は，第三世界における米ソ間の援助競争と南北問題の解決に取り組むことを重視していたケネディに強力な理論的枠組みを提供することになった．

　1961 年にケネディが「平和部隊」を創設したことは多くの若者の共感を呼び，彼の唱えた「ニュー・フロンティア」精神の代名詞のようになった．なかでも，「チャールズ川の理論家たち」の理論の実験場として選ばれたのはラテン・アメリカである．61 年 3 月 13 日，ケネディは「進歩のための同盟」と命名されたラテン・アメリカ向け援助計画を提案した．これを受けて，8 月にウルグァイの保養地プンタ・デル・エステに南北アメリカ大陸諸国が集まり，プンタ・デル・エステ憲章が採択された．ラテン・アメリカ諸国はこの野心的な

計画の下で，その後10年間に180億ドルもの公的・私的資金を受けることになる．

「進歩のための同盟」計画のねらいは第二のキューバ革命の阻止であった．その処方箋は，土地改革による貧困の克服，経済発展による生活水準の向上，教育・住宅・医療の改善などの社会改革，それに民主主義制度の導入をめざす政治改革から成っていた．「平和革命を不可能にする人々は暴力革命を不可避にすることになる」というケネディ発言に示されているように，社会的・経済的・政治的改革によってラテン・アメリカ諸国民の貧困や抑圧の問題を克服することが共産主義の脅威に対抗する有効な方法だと考えられた．それは，ディロン (Douglas Dillon, 1909-2003) 財務長官の言葉を借りれば，「管理された革命 (controlled revolution)」であった．

(2) リベラルな改革の挫折

しかし，「進歩のための同盟」は意図せざる結果を招き，挫折した．しかも，この理想主義的な社会・経済改革計画の遂行過程は，ケネディ政権がそれによって実現をめざしたリベラルな世界秩序形成の特徴，限界，問題点をよく示している．冷戦下のリベラルな世界秩序の性格は，ドミニカ共和国の独裁者トルヒーヨ (Rafael Torujillo, 1891-1961) 暗殺の報に接した際にケネディが述べた発言 (1961年5月) のなかにみごとに表現されている．「望ましい順番でいうと三つの可能性が考えられる．申し分のない民主主義政権，トルヒーヨ政権の存続，またはカストロ型政権である．われわれは第一の民主主義政権をめざすべきだが，第三のカストロ型政権を回避できることが確実となるまでは，第二の独裁政権の可能性も排除できない」[1]．ここには，冷戦の論理と社会改革とのいずれを優先すべきかに関するケネディの認識が明確に示されている．このような認識は，冷戦下においてアメリカがめざしたリベラルな世界秩序形成の取り組みに共通にみられる．すなわち，冷戦下のリベラルな世界秩序とはリベラル一色ではなく，反ソ・反共を優先した，しかも軍事独裁政権や非自由主義的政権をも包摂するような秩序だった．

ラテン・アメリカにおける経済・社会改革や民主化はもともと，容易ではな

---

1) Tony Smith, *America's Mission* (Princeton University Press, 1944), p. 226.

かった．というのは，多くの場合，これらの国々では，金持ち特権階級や一部の権力者が土地と財産を支配しており，改革はこれら既得権益層の追放を意味したため，彼らの抵抗は必至だったからである．広範かつ急激な改革は政治的安定を損ない，社会的混乱を招く危険があった．また，実際にそのような事態に直面した場合，ケネディは上述のような優先順位にもとづき，安定と反共主義を優先するよう対応した．そのために彼は，しばしば，軍部と手を組むことを厭（いと）わなかっただけでなく，反政府活動を阻止する目的で莫大な資金を投入して軍人や軍事要員の訓練を行った．ケネディ政権はラテン・アメリカに毎年77億ドルの軍事援助を注入したが，これは50年代の年平均軍事援助額の50%増であった．その結果，この地域では，軍部や準軍事組織が異常に強化された．彼らはある場合には，改革に抵抗する既得権益勢力と提携し，ある場合には，改革にともなう政治的・社会的混乱に乗じてクーデタを起こし，権力を奪取した．1970年を迎える頃のラテン・アメリカでは，軍事独裁政権が，60年以降続いた13の立憲政府に取って代わることになった．そうした事態を招いた背景には，巨額の反乱対策費を投入して訓練した軍部や軍事要員組織の肥大化があった．リベラル中道勢力が存在しない国でのリベラルな改革の試みは，こうして挫折することになった．

3 キューバ危機とその国際政治への影響

(1) 危機の13日間

1961年6月から8月にかけて発生したベルリン危機[1]は，フルシチョフによる「ベルリンの壁」の構築をケネディが容認したことで鎮静化に向かったが，今度は，アメリカとキューバとの関係が悪化した．ケネディは1962年初めに，

---

1) ベルリン危機　第一次ベルリン危機（48年6月-49年5月）は，米英仏が西側占領地区に統一通貨を導入しドイツ分断の措置をさらに進めたことから，これに反発したソ連が東側地区内にある西ベルリン（米英仏3国管理区）への出入路を実力によって封鎖したことによって始まった．61年の第二次ベルリン危機は毎月3万人の東ドイツ市民が西ベルリンを経由して西ドイツに流出するようになった事態に歯止めをかけようとして，フルシチョフが61年末までに東ドイツと平和条約を結ぶと通告してきたことから緊張が高まった．さらに8月13日には「ベルリンの壁」を構築する行動に出たことで危機は頂点に達したが，戦争よりも壁の方がまだましだと判断したケネディがこの壁を容認したことから危機は10月末には鎮静化した．

キューバを米州機構（OAS）から追放し，経済封鎖を強化した．そこで，カストロはますますソ連への依存度を強めざるをえなかった．そうしたなか，62年10月14日，アメリカのU-2型偵察機が，キューバのミサイル発射台に射程1,000マイルの中距離ミサイルの建設が進められている様子を撮影した．この発見を契機に，米ソ関係は一気に緊張の度合いを高めた．エクスコム（Ex-Com）と呼ばれる最高執行会議が大統領の下に組織され，この危機への対策が検討されたが，最終的には，ミサイルを積載するソ連船がキューバに入港する前に海上封鎖によって阻止する作戦が採用された．

　10月24日に問題のソ連船が引き返したことで危機は回避されるかにみえた．しかし，その直後に，予想外の，しかもより深刻かつ危険な事態が待っていた．最高執行会議の議論では，強硬論とこれに反対する見解とが錯綜し，この会議のほぼ全員が「危機の13日間」に意見や態度を変えるという流動的な状況にあった．アチソン元国務長官やテイラー将軍はミサイル基地に対してすぐに空軍による爆撃を加えることを主張したが，結局海上封鎖の方針が採用された．しかし，ミサイル建設の状況を空から撮影していたU-2型機が撃墜され，パイロットが死ぬと，最高執行会議は27日，一旦はキューバ攻撃をすぐに実施すべきだとの結論に達した．しかし，この間，フルシチョフからは2通の書簡がワシントンに届けられた．そのうち1通は，キューバへの侵攻をしないことを条件にミサイルを撤去してもよい旨の書簡，もう1通は，キューバにあるミサイルを撤去する代わりに，トルコにあるアメリカの15基のジュピター・ミサイルの撤去を求める内容の書簡だ．ケネディは前者の要求は受け入れる用意があったが，後者に関しては，公然とこれを認めることには反対だった．そこで，ソ連に対しては，トルコとイタリアのミサイル撤去命令を出したことをひそかに伝達する方法がとられた．やがて，10月28日に，キューバに侵攻しないというケネディの誓約の代わりにキューバのミサイル撤去に応じる旨の書簡がフルシチョフから届いた．これによって，ようやくこの危機は終息に向かった．

　以上の経過が示していることは，28日にミサイルを撤去する旨のフルシチョフ書簡が到着しなければ，キューバへの空爆と18万の米兵力の投入によるキューバ侵攻作戦が実行に移されたことはほぼ確実だったろうという点である．

図 6-3　キューバ危機への対応を協議するエクスコム（1962年10月）

ケネディ大統領図書館.

1977年に新たに公開された録音テープは，この危機的状況をなまなましく再現している[1]．

　一方，ソ連側の資料公開もすすみ，危機の深刻さとアメリカ側の情報不足，危機の過小評価などの事実が改めて明らかになってきている．CIAの分析では，キューバに駐留するソ連兵は1万人とされていたが，実際には4万3千人にのぼり，くわえて，キューバ兵27万が展開していた．当時これらの部隊を指揮していた指揮官の証言によると，彼らは「徹底的に戦う」覚悟であった，という．また，CIAの情報によると，キューバにはミサイル核弾頭は存在しないとされていた．しかし，すでにこの時に，キューバにはアメリカの都市に照準を合わせた中距離ミサイルが配備されていただけでなく，162の核弾頭（うち少なくとも90の戦術核弾頭）もあった．戦術核弾頭はアメリカの侵攻軍に

---

[1] Ernest R. May and Philip D. Zelikow eds., *The Kennedy Tapes* (The Belknap Press, 1997).

対して使用されることになっていた，という．しかも，10月26日には，核弾頭は貯蔵庫からミサイル・サイトまで運び出されて，搭載されるばかりになっていた．この措置は翌日，ソ連国防相マリノフスキー（Marshall Rodion Malinovsky, 1898-1967）に打電され，同国防相はこの電文をフルシチョフに渡した．しかも，フルシチョフはこの電文に承認の署名をしたことが，ワルシャワ条約機構軍参謀総長グリブコフ（Anatoly Gribkov）将軍の証言によって明らかにされている[1]．

「仮にフルシチョフがひるまなかったとしたら，一体全体どのような結果になっていただろうか」．これは，ある歴史家の問いである．キューバ危機のまさに危機たるゆえんは，この問いに対する答えが人々を震撼させるに十分なことにある．米ソ間の軍事バランスに大きな変化はないという認識が最高執行会議内で大勢を占めていたにもかかわらず，その心理的・政治的影響への配慮から，強硬な対応をする必要があるとケネディが感じたためにこの危機が作り出された点は，問題として残る．最高執行会議のメンバーでもあった安全保障担当大統領補佐官バンディ（McGeorge Bundy, 1919-96）は，「ケネディにとって決定的だったのは，ミサイルの数でも戦略バランスでもなく，キューバから合衆国に到達することが可能な核ミサイルの存在を黙許することによって，合衆国と合衆国政府が被ることになる政治的損失」だった，と述べている[2]．マッコーン（John McCone, 1902-91），ニッツェ，統合参謀本部，ディロンを除くと，バンディやケネディも含め最高執行会議参加者の大半は，キューバに持ち込まれたソ連のミサイルは米ソ間の戦略バランスを「全く変えないだろう」というマクナマラ国防長官の判断に同意していたという．にもかかわらず，ケネディは心理的，政治的考慮を優先させた．軍事的安全保障上の問題だけがケネディの対応を決定したのではないという事実にわれわれは注目しなければならない．

(2) キューバ危機の経験が生み出したもの

キューバ危機の教訓とは何か．国防長官であったマクナマラの回顧は次のよ

---

1) Aleksandr V. Fursenko and Timothy J. Naftali, *One Hell of a Gamble: Khrushchev, Castro, and Kennedy, 1958-1964* (W.W. Norton., 1997).
2) McGeorge Bundy, *Survival and Danger* (Random House, 1988), p. 452.

うなものである．60年代初めに，マクナマラはキューバ危機の教訓から，ケネディおよびジョンソン両大統領との長い時間に及ぶ会話を積み重ねるなかで，「いかなる状況の下でも核兵器の使用をアメリカのイニシアチブで開始することは決してしないように無条件に勧告した．彼らは，私の勧告を受け入れたと信じる」との結論に達した，と証言している．その後のマクナマラは今日に至るまで，「非核の世界」の実現に向けた核兵器削減に関するさまざまな提言を続けている．彼は，キューバ危機から二つの教訓を学んだ．第一は，核兵器で武装されている国家間の危機管理は「本来的に危険かつ困難であり，また不安定である」．第二に，判断の過ち，情報の誤り，誤算のゆえに，核武装した大国間の軍事行動の帰結を，自信をもって予知することは不可能だという点だ．

　キューバ危機はまた，国際政治に及ぼした影響という点でも特筆に値いする．それは第一に，ソ連のミサイル増強を刺激した．ソ連は米ソ間の核戦力のギャップを埋めるべく，ミサイル開発競争に力を入れることになった．その帰結として，ソ連は70年代には，地上発射ミサイルにおいてはアメリカと肩を並べるようになり，80年代には，アメリカ国内で「脆弱性の窓」論争を引き起こすことになる．

　第二に，キューバ危機を体験した米ソ両国の指導者は核戦争を回避するための道を模索しはじめた．1963年6月10日のアメリカン大学でのケネディ演説は冷戦のやり方を変える必要があることをアメリカ国民とソ連に呼びかけたものだ．フルシチョフもこの呼びかけに好意的に反応し，同年6月20日には，危機管理のためのホットラインが両国間に設置された．同年8月5日には，米英ソ間に部分的核実験停止条約が締結され，大気中，大気圏外，水中における核実験は禁止されることになった．これ以降，米ソは，世界の安定，現状維持，危機管理の方法の確立，核不拡散，などの点で共通の利害を有するとの認識が深まることによって，デタントの流れを形成していく．

　第三に，キューバ危機が両陣営内の同盟国に及ぼした影響も大きかった．彼らの間には，米ソ両国に対する根強い不信感が芽生えることになった．ミサイル危機の間，アメリカ政府は同盟国の支持を求めたものの，危機への対応をめぐって同盟国に相談したわけではない．フランスのドゴール（Charles de Gaulle, 1890–1970）は，アメリカは同盟国が危機に直面したとき，核戦争の危険を

おかしてまでフランスの安全を守ってくれることはない，との不信感を抱いていた．そこで，フランスは独自の核戦力の保持をめざし，1960年2月に第一回目の核実験をサハラ砂漠で実施し，核開発に乗り出していた．キューバ危機はドゴールの対米不信に拍車をかけることになった．くわえて，上述の部分的核実験禁止条約は米ソが地下核実験を行うことを可能にする技術上の優位を利用して，米英ソの核独占の永続化を狙ったものだっただけに，ドゴールの不信はさらに増幅された．中国も同様だった．中国は57年にソ連との間に「国防新技術に関する協定」を締結し，核兵器開発に関する技術援助を仰いでいた．59年6月にソ連が同協定を破棄したことは，核拡散に対するソ連の懸念を表出した．中国もフランスと同様，部分的核実験禁止条約の調印を拒否したのみならず，この条約の目的がソ連による中国の核武装阻止にあるとして，対ソ不信を強めていった．このように，キューバ危機は，一方で，米ソ間に「共通の利益」の存在を認識させる契機となり，米ソ世界共同管理体制の形成に向けた流れを生み出したが，他方では，両陣営内において，フランスと中国は米ソの二極支配体制に対抗する必要に迫られた．しかも，このような反撥や抵抗は第三世界にも拡大した．これらの動きは米ソ二極支配の構造から多極構造への変容を促す重要な要因となる．

4 ジョンソンのヴェトナム戦争とアメリカ「帝国」の苦悩

(1) ヴェトナム戦争の「アメリカ化」

1963年11月22日，ケネディはテキサス州ダラスで暗殺され，副大統領のジョンソン (Lyndon B. Johnson, 1908-73) が大統領に昇格した．ジョンソン大統領が直面した最大の課題は，悪化するヴェトナム戦争への対応であった．64年の大統領選挙では，共和党候補のゴールドウォーター (Barry Goldwater, 1909-98) がヴェトナムへの大規模介入を唱えていたこともあり，ジョンソンは米軍の直接介入には反対の立場をとり，援助拡大による南ヴェトナム支援によってサイゴン政権の安定化を図ろうとした．しかし，すでに同年初めから，サイゴン米軍事援助軍司令官の管轄下で，南ヴェトナム軍と共同して対北ヴェトナム破壊活動（「34A作戦」）が隠密裏に展開されていた．そうしたなかで，ト

ンキン湾上で哨戒活動と情報収集にあたっていた米駆逐艦が，8月2日，北ヴェトナム哨戒艇の発砲を受けた．発砲は現地司令官の命令によるもので，ハノイの指令にもとづくものではなかった．この発砲は，米軍に支援された南ヴェトナム政府軍が7月30日と31日の両日，トンキン湾にある北ヴェトナムの島々に奇襲攻撃をかけ，さらに米海軍が北ヴェトナム通信施設に対する情報収集を目的とする哨戒活動を行っていたことに対する報復として実施されたものである．しかしながら，ジョンソン大統領は，2日後に二度目の発砲があったとして，北ヴェトナムに対する報復爆撃を命じた．これがトンキン湾事件といわれるものである．

トンキン湾事件発生後，ジョンソン大統領は，「東南アジアにおける行動に関する議会決議案」を議会に提出し，議会は8月7日，圧倒的多数でこの「トンキン湾決議」を可決した（下院：賛成416対反対0，上院：賛成88対反対2）．この決議によって，必要と認めた場合には，大統領は南ヴェトナムとラオスの独立と領土保全のために，「軍隊の介入を含むあらゆる手段をとる」ことが認められた．米側は8月4日の攻撃は，「入念に計画され，命令されたもの」で，「いわれなき」攻撃だと説明した．しかし，『ペンタゴン・ペーパーズ』（国防総省秘密報告書）を詳細に検討したニール・シーハンの研究によると，「34A作戦」は同年8月までにはすでに「非常に拡大して」いたと指摘されており，アメリカ側から挑発があったことは明らかだ．また，シーハンによると，トンキン湾決議は事件発生以前に「議会の決議を手に入れるべく」準備されていた．8月2日の発砲の時点では，ジョンソン大統領は慎重な姿勢をくずさず，報復攻撃を進言するサイゴン駐留米大使テイラーの勧告を受け入れなかった．問題の二度目の発砲は存在しなかった．にもかかわらず，アメリカ側は二度目の攻撃を，「入念に計画され，命令されたもの」で，「待ち伏せ攻撃のため待機していた」と受け止めた．ジョンソン大統領は，この二度目の攻撃があったものと想定して北ヴェトナムへの報復爆撃を命じた．

トンキン湾決議によって米議会は実質的に大統領の戦争権限を抑制する役割を放棄することとなり，政府のヴェトナム介入に対する歯止めが失われた．1965年2月7日，解放民族戦線がプレイク空軍基地を攻撃し米兵7名が死亡，109名が負傷した．これを契機に，ジョンソン大統領は北ヴェトナムに対する

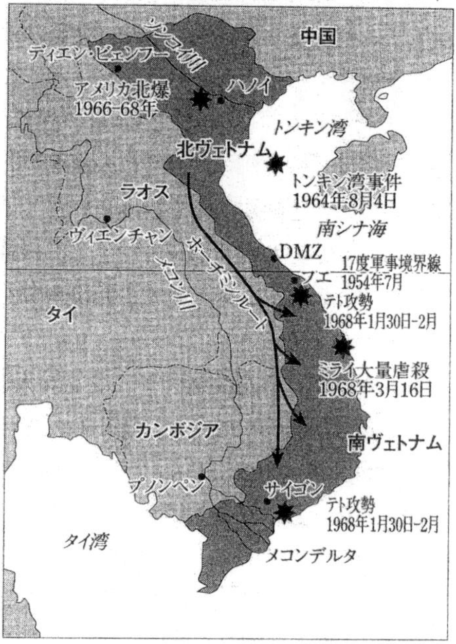

報復爆撃を実施し，さらに3月2日には本格的な爆撃作戦（ローリング・サンダー作戦）を開始した．北ヴェトナムは64年秋に連隊規模の部隊の南への投入に踏み切っていたが，北爆は北から南への浸透を減らし，南ヴェトナム軍の士気を高めることを意図していた．そしてついに，3月8日，米海兵隊2個大隊がダナンに上陸した．サイゴン政権が軍事的に危機に瀕し，北爆の効果も上がっていないことが判明すると，7月28日には，駐留米兵の兵力を年末までにさらに175,000人に増派する決定が発表された．ジョンソン大統領は，7月22日のペンタゴン首脳

図6-4 ヴェトナム戦争関連地図，1954-75年

との会合において，増派の必要性を唱える軍首脳を相手に，10万の兵力増強で十分だという保証はあるのか，北ヴェトナムがこれに対抗して同規模の兵力を投入し，中国がこれを支援することになったら，次はどうするか，などと問題点を繰り返し問いただした．続いて，大幅な米軍の投入によって，われわれは「新たな戦争」に突入することになるのではないか，「飛び込み台から飛び込むことになるのではないか」と問いかけた．それに対して，マクナマラは，大規模な地上軍の投入は南ヴェトナムに代わってアメリカが軍事的な帰結に対して責任を持つことを意味する，と答えた．すなわち，マクナマラは，この決定がヴェトナム戦争のアメリカ化であることを理解していた．

(2) ジョンソンの戦争とドミノ理論

7月28日の増派決定はまさに，「ジョンソンの戦争」の始まりだった．派遣米兵の数は，65年末の184,000人から67年末には486,000人に増大した．ま

た，61年から71年までの間に散布された枯葉剤は約70,000キロリットル，そして72年末までに第二次世界大戦でアメリカが投下した爆弾総量の3.5倍の量をインドシナ半島に投下することになる．アメリカの直接介入の度合いが高まるにつれ，「最も長い戦争」と呼ばれたヴェトナム戦争は，内戦にくわえて民族解放戦争としての性格をさらに強めた．その結果，アメリカのヴェトナム介入はヨーロッパ植民地主義のやり方と何ら変わらないものとなった．

戦争拡大を生んだ要因のなかに，ケネディ政権の場合と同様，冷戦の論理やドミノ理論がジョンソン政権首脳の思考を捉えていたという事情がある．彼らもまた，サイゴン政権の崩壊を阻止できなければ同盟諸国の信頼を失い，アメリカの国際政治におけるヘゲモニー行使に深刻な障害がもたらされると考えた．ジョンソン大統領は1965年4月7日のジョンズホプキンス大学での演説において，次のように述べた．「ベルリンからタイにいたるまで，世界中に，もし攻撃を受けたならばわれわれに頼ることが出来るという信念に，自分たちの福利を部分的にせよ依拠している人々がいる．ヴェトナムの運命をそのまま放置すれば，アメリカのコミットメントとアメリカの誓約の価値に対するこれらすべての人々の信頼を揺るがすことになる．その結果，不安と不安定は増大し，さらに大きな戦争につながるであろう」．ジョンソンにとって，ヴェトナムへのアメリカのコミットメントは，「世界秩序を強化する」ためにこそ必要なのであった．アメリカの国際政治におけるクレデビリティの重要性と，ヴェトナムの共産化は共産主義中国の東南アジアへの拡大につながり，ひいては，台湾，日本，韓国も共産化の影響を受けてしまうという「ドミノ理論」的思考は，その後も政府内の議論において繰り返し主張されることになる．

5　1968年の意味

(1) 行き詰まるアメリカ

1968年は，ヴェトナム戦争，アメリカ経済，アメリカ政治に重大な転換をもたらした出来事が次々と発生した年として注目される[1]．ハノイのヴェトナ

---

1) 菅英輝「冷戦の終焉と六〇年代性」，日本国際政治学会編『国際政治』126号（2001年2月），1-22頁．

図 6-5
賢人会議昼食会
1968 年 3 月 26 日．中央にアチソン元国務長官，その右がジョンソン大統領
http://media.nara.gov/media/images/29/27/29-2683a.gif ARC Identifier: 192588

ム労働党は，1967 年の春には 68 年のテト攻勢の準備を開始し，11 月には最終的な指令を発した．そして，68 年 1 月末に南ヴェトナムの主要都市への一斉攻撃が開始された．ヴェトナム解放民族戦線側の死者数は 4 万人にのぼり，軍事的には大きな痛手を被ったものの，政治的・心理的にはアメリカ国民に強い衝撃を与え，アメリカのヴェトナム戦争政策の転換を促すことになった．解放戦線側がサイゴンのアメリカ大使館を一時占拠する様子が，アメリカ国内のテレビを通して克明に報道されたこともあって，これまで勝っていると信じこまされていた国民の間には急速に悲観論と幻滅が広がった．当時アメリカで最も信頼を得ていたニュースキャスターの 1 人，CBS のウォルター・クロンカイト（Walter Cronkite, 1916–）はテト攻勢について，「一体全体何が起きているのか．われわれは戦争に勝利しつつあると思っていた」と述べたといわれる．彼の発言はアメリカ国民が受けた衝撃の強さを示している．

　クロンカイトが，2 月 27 日のニュース報道のなかで，戦況を「行き詰まり」と解説したように，世論の間には悲観的見方が増大し，テト攻勢後は，米軍のヴェトナム派遣は誤りだったと考える人の割合が過半数を超えるようになった．逆に，ヴェトナム戦争支持は過半数を割り，ジョンソン大統領の戦争遂行の仕方に対する支持は最低の 26% にまで落ち込んだ．3 月になると，78% のアメリカ人が，アメリカはヴェトナムで成功していないと考えるようになった．

　世論のヴェトナム戦争に対する態度変化に影響されて，民主党内の分裂が深

まった.なかでも,ジョンソン大統領に大きなショックを与えたのは,3月26日,27日の2日間にわたって,歴代政権の長老をホワイトハウスに招いて意見を聞いたときの結論であった.「賢人会議」と称されるこの会合の結論は軍事力による決着は不可能だとして,戦争の縮小を求めるものだった.ジョンソン大統領は,政策の転換を求める賢人会議の見解を聞いて,「エスタブリッシュメントの奴ら,怖気づきやがった」,と述べたといわれる[1].

テト攻勢後の反戦運動の激化,外交エスタブリッシュメント内部における意見対立の深刻化は,ベトナム戦争遂行をめぐる国内合意の崩壊を意味したが,指導者層にさらなる深刻な危機感をいだかせたのは,1968年3月の第一週目にアメリカがドル危機に見舞われたことである.金準備は3億ドル減少し,第二週目に入ると3月14日だけでさらに3億2,700万ドルの金が流出した.各国の中央銀行は10億ドル相当の金の供給を強いられ,ロンドンの金市場は3月16日に閉鎖された.アメリカ政府は金プール7カ国会議をワシントンに招致し,金の二重価格制(各国政府・中央銀行間は1オンス35ドルの公定価格で,民間は自由価格で取引する)を決め,プール機能を停止するとともに,自由市場での金の購入を行わないことを加盟国間で申し合わせ,この通貨危機を切り抜けた.3月のドル危機は,ヴェトナム戦費の支出がアメリカ経済にとっても深刻な負担となっていることを示し,「大砲もバターも」という政策の継続が困難なことを露呈した.

(2) ジョンソンの選択

こうした危機認識がジョンソン大統領による3月31日の全国テレビ向け演説につながった.この演説のなかで,ジョンソンはヴェトナム化政策(policy of Vietnamization)を発表した.同演説は,今後は,ヴェトナム戦争拡大に歯止めをかけ,米軍の段階的縮小とそのサイゴン政権による肩代わりを求めていくことを明らかにしたもので,ヴェトナム戦争政策の転換であった.ホイーラー(Earle Wheeler, 1908-75)統合参謀本部議長,ウエストモーランド(William C. Westmoreland, 1914-)ヴェトナム米軍司令官は戦闘の拡大を主張し,2月に入って,206,000人の追加派遣を要請していたが,マクナマラの辞任にともな

---

1) Roger Morris, *Uncertain Greatness* (Harper & Row, 1977), p. 44.

い国防長官に指名されていたクリフォードは，22,000名の増派にとどめるよう勧告すると同時に，戦争遂行の責任のより大きな部分をサイゴン政権が担うよう強い態度で臨むべきだ，と進言した．ジョンソン演説にはこのような考えが取り入れられた．

　ヴェトナム化政策への転換がはかられた理由として，ジョンソン大統領は国内世論の分裂にくわえて，財政上の考慮を挙げた．ジョンソンによると，1967年秋から68年春の間，深刻な財政危機と格闘していたが，ヴェトナムへの米軍増派問題ではたえずこの財政問題が議論された，という．米軍増派は軍事支出増をもたらし，ドルに対する負担を増大させる．3月15日に米軍の増派問題を議論した会合に集まった政権首脳全員がこの点を念頭においていた．ラスク国務長官は，増税法案の議会通過なしで増派を決定すれば，ヨーロッパでは再び金融危機が発生し，国内は深刻なインフレに見舞われ，通貨システム崩壊の可能性もあるとして，「増税法案なしで増派を実行すれば，われわれはおしまいだ」，と発言した．このような財政上の考慮も政策転換の理由として重要だった．

　ジョンソンはまた，この演説のなかで，党派的な立場から離れて和平努力に専念するために，次期大統領選への民主党指名を受諾しないと述べ，さらに非武装地帯に隣接する南部地域を除く北爆の停止，13,500人の増派，南ヴェトナム軍の増強と質の向上をめざす政策を発表した．ヴェトナム化政策にくわえて，北ヴェトナムとの交渉開始も宣言された．パリでの交渉は，まがりなりにも，5月10日，北ヴェトナムのスアン・トイ (Xuan Thuy, 1912-85) 無任所相と米側のハリマン (W. Averell Harriman, 1891-1986) 首席代表との間で開始された．しかし，会談はすぐ暗礁に乗り上げた．北ヴェトナム側は北爆およびあらゆる戦闘行動の全面停止を交渉開始の前提条件としたのに対して，米側は軍事的に不利にならないような状況のもとでの北爆停止，そのために北側の戦闘縮小という相互措置を求めたからだ．また，ジョンソンが，南での非共産主義政権の維持という当初目的を変えようとしなかったことも，和平交渉を困難にした．ハノイのヴェトナム労働党は中立政権の樹立をめざしていたのに対して，アメリカ政府の立場は中立政権でも，あくまで非共産主義政権の維持であった．その後，ジョンソンは10月末には，北爆を全面停止し，サイゴン政権と解放戦

図 6-6
ジョンソン政権を
になった人々
左からラスク国務長官,ジョンソン大統領,マクナマラ国防長官.1967年1月20日.
http://media.nara.gov/media/images/29/27/29-2643a.gif ARC Identifier: 192548

線の参加を前提とした和平会談の拡大を公表したが,上述のような基本的対立は続き,ジョンソン大統領の在任中,パリ和平会談の前進はみられなかった.

一方,ジョンソン大統領は悪化するインフレ対策としてようやく,増税に踏み切る覚悟を決め,増税法案を議会に提案したが,大統領が懸念した通り,議会の保守派は代償として国内支出削減を強く求め,審議は行き詰まった.ジョンソンは60億ドルの支出削減と未使用の歳出授権額中80億ドルの追加削減に同意せざるをえなかった.このことはまた,ジョンソンの夢であった「偉大な社会」建設計画の挫折を意味した.1969財政年度の社会保障支出は1965年度分の半分以下の伸びにとどまった.

(3) 分水嶺としての1968年

60年代のアメリカ・リベラリズムは対抗文化,左翼の理念や運動,社会改革への強い関心,既存の政治に依存しない新たな政治スタイルなどを生み出したが,同時にこの時期の混乱の中から,強力な保守主義の潮流が形成されることになった.リベラリズムは60年代に頂点を迎えたが,逆説的なことに,その帰結は左翼の台頭ではなく保守主義の台頭であった.その意味で,現代史研究者アラン・ブリンクレイが1968年の「最も重要な政治的遺産」として,「右翼の台頭」[1] を挙げたことは,これ以降顕著となるアメリカの政治的潮流を的

---

1) Alan Brinkley, "1968 and the Unraveling of Liberal America," Garole Fink, Philipp Gas-

確に言い当てているといえよう．

　60年代のアメリカは，ヘゲモニーが頂点に達すると同時に，その後退も明白になった時期である．ケネディ，ジョンソン両政権は「成長のリベラリズム」路線を掲げ，アメリカ経済は高度成長を遂げた．しかし，ジョンソン政権末期の1968年には，この路線は明白な行き詰まりに直面した．ヴェトナム戦争の負担と「偉大な社会」建設にともなう政府財政赤字の拡大はドルの信認低下を招き，1968年初頭のドル危機はアメリカのヘゲモニー後退の画期を示すものとなった．同時に，ジョンソン大統領がめざした「偉大な社会」建設計画が頓挫したことは，福祉国家化の流れに歯止めをかけただけでなく，「成長のリベラリズム」路線に対抗する保守主義的な反動を生み出す契機となった．この新保守主義の流れは，「大きな政府」論から「小さな政府」論への移行の始まりをも意味した．現代の国際関係という歴史的文脈でみたとき，それはポスト・モダンな流れの始まりを予兆させるものであった．

6　1960年代の歴史上の位置

　1960年代は，連邦レベルの政治と民衆や民衆運動指導者エリートの動きが緊密に絡み合っていた最後の時代だった．黒人の諸権利獲得闘争が前の時代の準備局面から本格化し，それがほかの運動に点火する役割を果たした．そのさい，連邦政府が実質的なバックアップをしていたことが，この運動成功の鍵の一つだったとみられる．経済面ではアメリカ製造業の競争力はかげりを見せていたが，なお一般には中産階級を中心として所得が増加し，減税政策の効果もあって，景気は上昇を続けた．世代的には，1930年代，ローズヴェルトのもとにはせ参じた青年改革者たちのなかで，政治へのコミットを続けていた人々の発言がシニアの立場から重みを増していた．

(1) 黒人の南部からの大移動

　ニコラス・レマンは南部の農場で働いていた黒人たちが大量に北部大都市に

---

sert, and Delef Junker eds., *1968: The World Transformed* (Cambridge University press, 1968), p. 220.

6　1960年代の歴史上の位置

図 6-7
初期の頃のコットン・ピッカー
http://www.cottonsjourney.com/Storyofcotton/page4.asp

移動するきっかけとなった事件を，1944年10月のミシシッピ州クラークスデールにおける機械式コットン・ピッカー（機械式綿摘み機）のデモに求めている[1]．コットン・ピッカーについては，すでに1931年にラスト兄弟が農事試験場でデモを行っているが，彼らはその機械が使われた場合の南部シェアクロッパーに対するマイナスの影響を憂慮し，そのインパクトをどうすれば最小限度にできるかに心をくだいた．彼ら兄弟は量産可能なモデルを開発するのには失敗し，その仕事はインターナショナル・ハーベスター社にゆだねられた．コットン・ピッカーは，人間の指ほどの大きさのスピンドルが回転して綿の木から綿をはがし，それがチューブを通って巻き上げられ，上部のワイヤ・バスケットに集められるというものだ．通常，能率の高い農業労働者は1時間で20ポンドの綿を摘むことができたが，機械式のピッカーは1時間に1,000ポンド（2ベール）を摘んだ．このデモの当日，8台の機械が1日で62ベールを摘みとった．1台の機械はほぼ50人分の仕事をしたし，コストも労働者の場合の39.41ドルに比して，機械では5.26ドルしかかからなかった．

ピッカーの本格的登場はそれまでゆっくりと進んでいた綿花生産機械化の最終局面の到来を加速させた．耕耘用のトラクターなどは第二次世界大戦前に大農場ほど，普及していた．ニューディールの綿花政策が南部の農業機械化を推進したとはいっても，第二次世界大戦前の機械化とはあくまで「トラクターもラバもクロッパーも共存するような機械化」であり，収穫労働や除草労働には

---

[1] Nicholas Lemann, *The Promised Land: The Great Migration and How It Changed America* (Alfred A. Knoph, 1991), pp. 3-4.

依然として大量の臨時労働力を必要とした[1]. 収穫期の労働の機械化が進みはじめると, 除草剤や場合によっては枯れ葉剤の散布が開始され, 手労働の必要性は急速に減少した. アーカンソー・デルタでは1950年代にシェアクロッパーの数が激減した. 1959年には同州クリテンデン郡では機械式ピッカーは295台使われていたが, 小作人は5,192人から1,365人に減少した. フィリップス郡では197台のピッカーがあったが, 小作人は2,994人から1,060人に減少した. 1958年, ミシシッピ・デルタでは収穫労働の27%が機械で行われたが, その比率は1964年には81%となった[2].

南部からの農業労働者の移動は, あるパターンにそって進行した. ポトマック川直下の地域からの労働者は北東部に移動し, ミシシッピ川沿いではシカゴ, デトロイト, そして中西部に移動した. ミシシッピ川から西は西海岸に移動する場合が多かった. 統計上は白人も黒人とほぼ匹敵するくらいの小作人がいたはずだが, 目立ったのは黒人の移動である. 1940年, アメリカ黒人の77%は南部に住んでいたが, 1940-70年間に500万人が北部に移動し, この年, 南部に住むアメリカ黒人は全体の半数に減少した. 戦後綿花収穫労働の賃金は若干上昇したので, 熟練した綿摘み労働者は1日200ポンドを摘んで4ドル稼ぐこともできた. だが, シカゴなら, 洗濯屋, 工場, レストラン, ホテル, 大通信販売店などで, 1時間75セント稼ぐのは困難ではなかった.

シカゴでは運のよい移動黒人たちは, キチネットと呼ばれる1,2部屋のアパートにアイスボックスとクッキング・ヒーターを備えたアパートに住むことができた. もともと一つのアパートをいくつかに分割したので, 5〜6世帯が住むワンフロアでバスルームは共用だった. 家賃は週10ドル前後で賃金の範囲で十分に支払い可能だった. ますます多くの黒人たちが南部から移動してくると, 家主もキチネットをふやすほかはない. じりじりと黒人居住区は地理的に拡大した. このようにして, 歴史的に黒人居住区だったサウスサイドはもとより, 1950年代にウエストサイドが白人から黒人に主たる住人を変えた. 以前よりも貧困者がふえると, 同じ居住区に住んでいた黒人中産階級は居住環境

---

1) 前掲, 秋元『ニューディールとアメリカ資本主義』, p. 230.
2) Pete Daniel, *Breaking the Land: The Transformation of Cotton, Tobacco, and Rice Cultures since 1880* (University of Illinois Press, 1985), p. 248.

に対して不満を募らせ，スラムからの脱出をはかる．しばしば彼らの移動先が，以前は白人だけの排他的居住区だった．1940年代，シカゴの黒人人口は27万8,000人から49万2,000人に急増し，1950年代にはさらに81万3,000人となった．シカゴの市当局は当初白人居住区の中に黒人を住まわせる計画を実践したこともあったが，白人の反撥が強固だったために，やがてそれをあきらめ，これまでの黒人居住区に公共住宅を建てる方向に転じた．

(2) 貧困の発見と連邦政府の取り組み

1958年12月のある日，社会主義運動家のマイケル・ハリントン (Michael Harrington, 1928-89) は雑誌『コメンタリー』編集長のアナトール・シュッブからランチにさそわれ，この雑誌に貧困について論文を書かないかと提案された．ハリントンは当時貧困問題の専門家ではなかったが，この問題についての最初の論文を1959年7月の『コメンタリー』に掲載した．タイトルは「わが国の5千万人の貧困者」というもので，1959年のアメリカ全人口1億8千万人のうちで4千万人から6千万人の人々が貧困状態で暮らしていると彼は結論した．彼は当時他のインテリたちが散発的に述べていたことを繰り返したのだが，新しい概念をつけ加えた．それが，「貧困の文化」(culture of poverty) という観念である．その名づけ親はメキシコ系の人々の貧困状態の研究を人類学の観点から行っていたオスカー・ルイス (Oscar Lewis, 1914-70) である．彼は，貧困状態にある人々は富の欠如とか，物質的快適さに象徴される状態だけでなく，それ自身のサブカルチャーを有するのであり，それらは地域，都市―農村，国境を問わず共通に見られるとした．すなわち，他のより富裕な人々と区別される，貧困者独特の家族構成，人的関係，時間の観念，価値体系，支出の型などが検出されるとした．

ハリントンは，アメリカの貧困は「それ自身の生活のしかたを伴った分離した文化，別の国」をなし，したがって，それを解決するには，連邦政府の側も「貧困に対する包括的な攻撃」が必要なのだと論じた．2度目の論文は「新旧のスラム」と題して1960年の8月に発表された．戦後アメリカの社会的な汚点は，低所得者に十分な住宅を供給するのに失敗したことだと彼は論じた．彼は，今日のスラムの状態を20世紀初頭の貧困な移民コミュニティと対比した．

かつてのスラムには少なくとも「安定した家族生活」があったが，今日の女性中心のスラムは根無し草的で，過渡的である．

ちょうどこの頃，大統領選挙の渦中でジョン・ケネディが後に有名になったウェスト・ヴァージニアの寒村で遊説を行った．CBS ニュースは収穫期移動労働者を追った1時間のドキュメンタリー「恥の収穫」を放送した．ハリントンに対していくつかの出版社から本にしてはどうかとの誘いがあったが，最終的にマクミラン社が500ドルの先払い金で契約に漕ぎつけた[1]．彼の著書『もう一つのアメリカ，合衆国における貧困』(*The Other America: Poverty in the United States*) が出版されたのは，1962年3月である．第1章ではアメリカでなぜ貧困が「見えない」のかを説いている．貧困者は政治的にも見えない．もう一つのアメリカの人々は，組合にも，各種団体にも，政党にも属さない．だから彼らを代弁することができない．19・20世紀転換期のようにスラムは政党組織の中心ではないから，政治家たちはその住人に注意をはらう必要がない．

1930年代には貧困者が政治的な力を得たが，それは当時失業や貧困があまりにも大衆的で一般的であり，中産階級改革者の多くが支援したからだ．時代がたまたま悪かったから悲惨なのだ，という共通了解があり，貧困や失業が個人の失敗に帰せられることが少なかった．だが，1930年代に作られた福祉国家はそのチャンスを生かすことのできない一群の新たな貧困者を生み出した．3分の2の人々が中産階級や上流階級に成り上がっていく一方で，社会や技術の進歩は新種の熟練を必要とし，学歴や熟練をもたない人々は，これまで以上に貧困の悪循環のなかに取り残される．貧困な人々が彼らの熱意と努力をもってしても「貧困の文化」から抜け出すことが困難になっている．ハリントンは，さまざまな形の貧困を叙述した．アパラチア地方では1950年代に150万人の人々が移動した．若く，冒険心に富み，新生活を求める人々だ．その結果，残された人々は，より高齢で，想像心が乏しく，敗北主義的である．黒人のスラム，ハーレムは「差別された経済，差別された心理，差別された社会」をもつ．それは，貧困，肉体労働，病気，そして，何らかの障害の中心である．1949年の住宅法にもとづく低コスト住宅の建設にもかかわらず，1960年のセンサ

[1) Maurice Isserman, *The Other American: The Life of Michael Harrington* (Public Affairs, 2000), pp. 175–182.

スでは，全米5,800万の住戸のうち，1,560万戸が標準以下の質の住宅だった．

マイケル・ハリントンは，中流のアメリカ人がまずもって無関心と盲目から抜け出し，貧困（＝「もう一つのアメリカ」）の存在を理解し，貧困をなくすことが，たんに貧困者の利益のみならず，ひとりひとりに対してほどほどの生活レベルを保障できる十分な資源をもちながら，二つの国家に分かれてしまっている国に住むことに対して，怒り，恥じるべきだ，と締めくくっている．

『もう一つのアメリカ』は発売と同時にベストセラーとなるような種類の本ではなかったが，それまでのアメリカ社会党系の評論家の書いたものとは異なった扱いを受けた．『ニューヨーク・タイムズ』の日曜版書評紙では，A. H. ラスキン (A. H. Ruskin) が好意的な書評を書いたし，週刊誌『ネイション』も「きびしいほどに印象的」だと評した．だが，ハリントンの名声を動かしがたいものにしたのは，1963年1月に週刊誌『ニューヨーカー』に掲載されたドワイト・マクドナルド (Dwight Macdonald) の50頁に及ぶ貧困問題を扱った書評論文「わが国の見えない貧困者」だった．マクドナルドは，『もう一つのアメリカ』が「非常に重要な本」であり，連邦政府はもう一つのアメリカの恥を除去するために直接介入をすべきだと結んだ．当時のケネディ大統領は少なくともこのマクドナルドの書評を読んだことで貧困問題に何らかの形で取り組む動機を得たとされる．ただし，後のジョンソンに比べると，ケネディのスタンスはやや及び腰だった．

ところで，ケネディ政権のときの経済諮問会議議長が経済学者ウォルター・ヘラー (Walter W. Heller, 1915-87) だったが，彼はケインズ政策のなかでも政府支出の経済的意味について当初半信半疑だった．効き目が現れるのがおそい，という理由からだ．そこで彼は，ケネディに同じ支出でも直接的な効果の期待できる減税を採用するよう働きかけた．1963年1月にケネディはその意見に賛成した．ただ，ヘラーは同時に，減税が中流と富裕階級に対する施しだと批判されるのは目にみえているので，税金を支払っていない貧困者にも何らかの施策を行うべきだとケネディにアドバイスした．ケネディは新たな貧困対策をまとめるよう側近に指示した．だが，翌年に迫った大統領選挙の戦術を練るのに腐心していた暗殺される直前のケネディは，重要なことはわかっているが，貧困問題を前面に押し出すことには躊躇するという煮え切らない態度だった[1]．

ケネディ暗殺の翌日，ヘラーはジョンソン大統領と会見して，経済政策全般にわたって意見交換した．貧困に対する闘いの必要性をヘラーは力説したが，ジョンソンは賛意を表明すると同時に，「それこそが私が考えていた政策だ」と応じたという．また，ジョンソンは自分が保守的だとみられているが，財政支出は人口の拡大にしたがって増大すべきものであり，そのように経済を助けるものだということがわかっている．自分は「ローズヴェルト派のニューディーラーだ」し，むしろケネディのほうが保守的に見える，と話した．ジョンソンは1964年の年頭教書で「アメリカの貧困に対する徹底的な闘い」(unconditional war on poverty in America) を宣言した．それは，1933年のローズヴェルトの演説以来，拍手によって最も多く中断された年頭教書演説となった．

すでにケネディは，1962年の公共福祉修正法において，貧困者に対する包括的政策アプローチのデザインを示していた．たとえば貧困政策の目標は，1) 家族が経済的に自立できるよう支持するサービス，2) 依存の原因となる問題を解決してこれを予防する．3) 公的支援を受けている人にそれが不要になるようなインセンティブを与える．4) 貧困者のリハビリ．5) コミュニティ・レベルの活動や訓練を通じて独立できるように支援する．6) 技能をもった労働者に育てるための訓練，である[1]．

ジョンソン大統領のもとで開始されたプログラムの中に，職業訓練隊 (Job Corps) がある．1964年の職業訓練参加実施法によってつくられたプログラムの一つで，青年たちを職業訓練キャンプに参加させるために，センターを設けた．地域青年隊 (Neighborhood Youth Corps) は，青年向けに都心地域に低賃金職を創出することをめざした．ほかに，貧困者の子弟の小学校入学準備のためのヘッドスタートなどがあった．1964年から食料スタンプ（小麦粉，パンなど基本的食品に限定された購入クーポン）が実施された．1965年には高齢者のためのメディケア，貧困者のためのメディケイドの医療保険制度が開始された．1964年の経済機会法によるコミュニティ行動計画は，多くの，地域の貧困解消のために黒人のリーダーや住民をワシントンとの連携のもとに，積極的に参

---

1) Lemann, *ibid.*, pp. 130-135.
1) James Jennings, *Understanding the Nature of Poverty in Urban America* (Praeger, 1994), p. 25.

加させた．統轄機関は経済機会局（OEO）だった．初年度はわずか6都市のみが参加したが，1967年には一千都市になった．これには十分な予算が割り当てられていなかったし，適用都市の首長や行政当局は当惑気味であったが，貧困者自身の参加という形は，新しいものだった．

ジョン・シュウォーツは，「偉大な社会」の貧困との闘いはそれがなかった場合に比べて貧困率を半分に減らし，プログラムの実施自体が黒人リーダーや政治家の雇用機会を増大させた，意義のある試みだったとしている[1]．だが予算的な制約によって，OEO支出の圧倒的部分が行政官，専門職，政府との契約者などの人件費に消えた[2]．予算の不足は，議会の反対による削減のためとばかりも言えない．ジョンソン自身が貧困政策は施しでなく，機会を与えることに力点を置くべきだと考えていた．GDPに占める連邦支出のシェア自体は1960年の18.3％から1965年の17.6％へと減少した（1970年には19.9％）．

また，職業訓練隊企画などの失業対策効果も不鮮明だった．訓練を受けた人々が仕事を見つけた可能性はあるものの，結果的に彼らが別のすでに雇われている労働者を代替したかもしれない．貧困戦争は「徹底的な闘い」であり，十分なファンドがあれば，10年以内で一掃されると喧伝された．理由はともあれ，効果が思わしくないことが数年後にわかると，いろいろな方面から批判が吹き出すのは避けられなかった．

ジョンソンの開始した貧困戦争で受益したのはどういう階層の人々だったろうか．まず，メディケアやその後の所得保障計画でトランスファー（所得移転）部分が格段にふえた高齢者は受益者の筆頭になろう．また，福祉金を受給していた母子世帯は1961年にはわずか63.5万人だったが，1979年には300万人に増加した．1965–72年間，貧困ライン（政府が規定した年収以下の人々＝貧困者とそれ以上を分ける線，家族の人数によって基準が異なる）から脱出した人々のうち，景気の拡大によるものはおそらく10％程度，政府の計画によるものは残りの半分ほどだったと推定される．だが総じて，非高齢者の貧困者のうちで貧困ラインを抜け出た人々は少数であったろう．というのも，高齢者層以外では，

---

1) Theda Skocpol, *Social Policy in the United States: Future Possibilities in Historical Perspective* (Princeton University Press, 1995), p. 221.

2) James T. Patterson, *Grand Expectations: The United States, 1945–1974* (Oxford University Press, 1996), pp. 539–540.

図 6-8
1960年2月1日のグリーズボロでのシットイン
http://www.sitins.com/images/13.html

政治的反対によってプログラム自体が拡大できず，逆に予算の縮小を余儀なくされたからである．

7　諸権利獲得のための運動とその政治的成果

(1) ランチカウンターでのシットイン

　1957年，モントゴメリー・バス・ボイコットの立て役者だったキング牧師らは黒人の政治的，経済的権利を協調して確保していく教会組織の母体として「南部キリスト教指導者会議」(SCLC) を創設した．
　1960年2月1日，ノース・カロライナ州グリーズボロの白人にしかサービスしないウールワースのランチカウンター（スーパーマーケットの一角に設置された軽食カウンター）で4人の黒人学生が閉店まで45分間のシットインを敢行した．彼らはキングの演説に鼓舞され，議論の末の行動だった．翌日は午前10時の開店から21人の学生（うち3人は白人）が交代ですべての座席を占拠して閉店まで座り込んだ．週末までに200人の学生が参加した．2月8日，運動は同州ダラムとウィンストン・セーラムに飛び火し，シットインとピケがあった．11日，ノース・カロライナ州ハイポイントで高校生がシットインした．翌日，サウスカロライナ州ロックヒルでシットインがあり，運動の広まりを示した．2月末までには7つの州の30の都市でシットインが行われていた．4月にはミ

シシッピ州でデモがあり，運動は13州，78都市に広がった．この年の春の運動参加者数は5万人前後だと見られている．参加者2千人が逮捕された．黒人大学を退学処分になった学生も100人を超えた．3月15日，テキサス州サンアントニオでは，南部ではじめてランチカウンターの人種分離が撤廃された．6月1日までに，11の都市で施設の人種分離を撤廃した．次の2年間に差別撤廃した都市の数は200になった．

先のSCLCの書記，エラ・ベイカー（Ella J. Baker）はこれらの運動組織を糾合することの必要性を説き，4月に200人の活動家がノース・カロライナ州の州都ローレイに集まった．彼らは「大衆による非暴力直接行動」の哲学のもと「学生非暴力協調委員会」（SNCC）を結成した．この組織は，「諸活動を協調して行い，運動の現状を分析し，将来の計画を練る」ことを目的としていた．当初の活動はシットイン運動の連携をはかることだった．翌年2月までに，100以上の南部都市でデモが行われた．そして，デモがなかったところを含めて140の都市で人種差別が撤廃された．それらは公園，プール，食堂，教会，図書館，博物館，美術館，ゴルフコース，海岸，裁判所，刑務所を含んでいた．

(2) フリーダム・ライド

1961年に入って，地域内を越える，州間の輸送機関での分離差別廃止が課題となった．5月，人種平等会議（CORE）が中心となって，フリーダム・ライドの実行が決まった．5月4日にワシントンを出発した当初13人（黒人7人，白人6人）の一行は長距離バスでシャーロット，オーガスタ，アトランタを経由してニューオリンズに向かった．彼らはターミナルでそれぞれ異なる人種用の施設を使用した．トレイルウェイとグレイハウンドの2台のバスのうち，先着のグレイハウンド・バスがアラバマ州アニストン近郊で暴徒に攻撃され，放火された．トレイルウェイ・バスもアニストンで攻撃され，いずれの場合でも地元警察は現場への到着が遅れて，役に立たなかった．グレイハウンド社がアトランタからモントゴメリーへのバス・サービスを拒否したので，一行は司法省がアレンジした特別機でニューオリンズに入った．当初参加者の一団の行動は5月17日に解散したが，その後さまざまなグループがいろいろな都市から参加し，とくにアラバマ州ではウォーレス（George C. Wallace, 1919-88）知事

246　第6章　ヴェトナム戦争と諸権利獲得のための運動

図 6-9
1961年5月15日，暴徒によって放火されたバス
http://freedomride.net/originsnew.htm

が人種差別主義者だったために，連邦当局からの要請にもかかわらず地元警察は迅速に対応せず，ライダーたちはいろいろなレベルの反対者の暴力に遭遇した．ミシシッピ州州都ジャクソンでも多くの活動家が逮捕された．ライドは7月まで断続的に続き，8月には，司法長官ロバート・ケネディ（Robert F. Kennedy, 1925-68）の要請で州間バスのターミナル，および関連施設での人種分離を禁止する命令について，州間通商委員会が公聴会を行った．そして，11月1日に分離差別禁止が発効した．

シットインが始まってから2年間で白人を含む逮捕者は7,000人に達し，運動に参加した人々の延べ人数は10万人に達した[1]．だが，ジョージア州オルバニーのように，キングが登場したにもかかわらず，市当局の完全な譲歩を引き出すことができず，差別撤廃がうまくいかなかったケースもあった[2]．

(3) バーミングハム

1962年9月，「人種差別都市」アラバマ州バーミングハムで SCLC の大会が

---

[1] James H. Laue, *Direct Action and Desegregation, 1960-1962: Toward a Theory of the Rationalization of Protest* (Carlson, Pub., 1989), p. 135.

[2] Thomas R. Peake, *Keeping the Dream Alive: A History of the Southern Christian Leadership Conference from King to the Nineteen Eighties* (Peter Lang, Pub., 1987), pp. 88-96.

開かれた．これは，翌春に計画されていたこの都市の差別撤廃運動開始のための地ならしのようなものだった．キングの演説のさい，壇上に駆け上がってキングを殴った青年が逮捕された．彼はナチス党員の格好をしていた．1963年4月3日，「人権をめざすアラバマ・キリスト者の運動」(ACMHR) が開始された．その目標は，食堂などでの分離撤廃，店が公正な雇用慣行を始めるよう，市当局に要請すること，シットイン参加者に対する告訴の取り下げ，公共レクレーション施設を分離撤廃して再開する，分離撤廃のための両人種委員会の結成などである．4月11日，キングら指導者は逮捕されたが，このときキングは有名な「バーミングハム留置所からの手紙」を書いた．キングはそこで，不公正な法律に対する直接行動の必要性を説いた．自由は非暴力運動にとって決定的に重要であり，人種分離を正当化する法令は不公正なものだ，とキングは説いた．やがて，5月には子供たちのデモに警察犬と高圧放水がしかけられる事態を招いた．デモは平穏だったが，市の日常活動を妨げるものになっていたし，留置所は2,000人の逮捕者であふれかえっていた．やがて，5月10日，交渉によって白人リーダーとSCLCのあいだで妥協がはかられ，「休戦」となった．

(4) 公民権法以後

6月11日，ケネディ大統領は黒人が「二級の市民」として扱われる現状は「自由の国」アメリカにふさわしくない，平等を求める黒人の声を聞くべきときだと公式に宣言した．ケネディは8日後，包括的な市民権法案を議会に上程した．市民権を求めるワシントン行進はかの労働運動家のフィリップ・ランドルフが1962年末に考えついたと言われるが，その準備には，全米都市連盟 (NUL)，SNCC，CORE，NAACPが参加した．8月28日，全米から集まった20万人（白人が6万人）の参加者を前にして，キングは「私には夢がある」演説を行った．それは，非暴力直接行動の彼方にある人種差別のない社会を，伝統的なアメリカの夢の実現と重ね合わせて展望してみせたものである．だが，全米の各都市では暴動が頻発していた．

ケネディの死によって全国民のあいだに醸成された危機感とジョンソンの差別問題解決への強い姿勢とは，結局1964年7月に公民権法を制定させることになった．それはあらゆる公共施設（劇場，映画館，食堂，ガソリンスタンド，ホ

図6-10
8月28日，ワシントンで群衆に訴えかけるキング牧師
http://www.picturehistory.com/find/p/1780/mcms.html

テル）での人種差別を違法とし，人種や宗教などによる雇用上の差別を違法とした．また，人種差別を行う州や地方政府に対する連邦予算カットが規定された．司法長官は公立学校，病院，広場，図書館，博物館，その他の公共施設での差別を撤廃する権限を与えられた．キングはこの法律を「1963年のいわゆる黒人革命の法的承認だ」と述べ，もしもそれが施行されなければ，1963年の市民不服従が微少なものにみえてしまうくらいの黒人の意志表示が起きるにちがいない，と述べた．リベラルな判決を連続して行ってきた連邦最高裁（ウォレン・コート）は，公民権法に対して合憲の判断を示した．

　ミシシッピ州では，黒人大衆を動員するためにSCLCなどいくつかの団体が結集して連合評議会（Council of Federated Organizations, COFO）を組織していたが，この組織を中心に1964年夏，フリーダム・サマー運動が展開された．その目標は投票権実現のために，黒人有権者に登録をさせることだった．北部の大学生らが900人以上，ボランティアとしてミシシッピ州に乗り込んだ．早くも6月21日に，ミシシッピ州フィラデルフィアの近くで3人の活動家（黒人2人，白人1人）が暗殺された．以前とは違って，ジョンソン政権はデモ参加者に対する明瞭な保護を行わなかった．反対者たちは，住宅，教会，その他の建物など35棟を爆破し，35人を撃ち，さらに3人が殺された．やがて，8月の民主党全国大会には，紆余曲折の後に，フリーダム派のミシシッピ自

由民主党（MFDP）からも2人の正式な代議員が送られた．だが，黒人運動全体が共和党の差別派候補ゴールドウォーターを阻止するためにジョンソン支持にまわったのに対して，この黒人のなかのラディカル派はジョンソンら多数派の妥協的な立場に反対し，黒人運動内部の亀裂を深める結果となった．

選挙後の主たる関心は投票権についてだった．キングとSCLCはアラバマ州セルマに焦点を定めて，投票権問題をアピールすることを計画した．人口29,000人のセルマに投票権をもつ年齢の黒人は15,000人いたが，これまで登録したのは355人だけだった．活動家がセルマに入って2カ月で3,000人が逮捕された．3月7日に始まったモントゴメリーまでの600人の「セルマ行進」は，町はずれの橋で警察隊から言語に絶する暴力行為を受けた（『血の日曜日』）．その後の行進の方法をめぐってSCLCとSNCCの対立が修復不可能なものとなった．ジョンソンはその後不退転の決意で投票権法の通過をめざす趣旨の演説を行い，最終的に企画された行進を平和的に行わせるために，知事ウォーレスをワシントンに呼んで協力を要請した．行進は州兵と連邦警察が見守るなかで4日間をかけて終わったが，KKKが車で活動家の送り迎えをしていた白人女性を殺害するという事件が起きた．投票権法は8月に成立した．

(5) 反戦運動と分裂

1965年夏に投票権法が成立したあとは，ちょうどそのころからジョンソン大統領がベトナムで戦線をエスカレートさせていく時期に当たっていたこともあり，市民権や投票権といった大衆糾合的な目標を失った黒人運動は，ラディカル派とキング派への分裂が決定的となり（むろん，ラディカル派もいくつもの集団に分裂した），と同時に全米的には反戦を旗印にした学生やインテリの運動が活発化していく．黒人運動はより経済的な目標をかかげることを余儀なくされるが，これは他の集団との利害調整がそれまでより困難な領域だった．

黒人の経済状況については，1965年4月に労働副長官だったモイニハン（Daniel P. Moynihan, 1927-2003）が『黒人家族，全国的行動の指針』と題する報告書をまとめ，これが「モイニハン報告」として知られることになる．そこには，失業の急速な増加，家族の解体，福祉への依存などが書かれていたが，黒人家族の問題を奴隷制の遺産と結びつける傾向が強く，ややもすれば，歴史

にしばられて黒人は自らの運命を自分で決められないかのような印象を読者に与えた．また，「病理学的なもつれ」といった表現は黒人ラディカル派の人々を怒らせた[1]．

　他方で，2月以降「北爆」（当時の北ヴェトナム諸都市への爆撃）が開始され，軍事動員が加速されてくると，比較的静かだった大学のキャンパスも騒然としはじめた．1965年3月にミシガン大学で戦争を批判する「ティーチイン」（学生や教員による大衆参加型のシンポジウム）が開かれたが，これは全国に広がった．4月には，「民主主義社会をめざす学生組織」（SDS）がワシントン行進をした．SDSの活動家，トッド・ギトリン（Todd Gitlin, 1943–）が書いているように，ベビーブーム世代の最初の人々（1946年生まれ）が18歳になるのが，1964年，その後1970年までに2千万人が18歳を迎えた．それまでとちがって彼らの大学進学率が上昇を続けていたので，大学がさまざまな「叛乱」の基地となることは避けられなかった．

　SDSは1965年初頭の時点ではせいぜい1,500人のメンバー数だったのが，ヴェトナムの戦線拡大とともに，他のニューレフトの組織と同様に多くの学生が集まってきた．1966年にはSDSメンバーは前年の3倍に増加した．学生大衆は，共産主義に対する闘い，といったジョンソン的な論理を共有せず，むしろベトナムで子供たちを殺すことがいかにまちがっているか，といった感覚的な側面から反戦感情を強めていった．それでも大半の大学は1960年代末までは静かだった．1965–68年間，活動家を自認した学生の数は2〜3%で，一度でも反戦デモに参加したのは20%である．SNCCとCOREが反戦の旗幟を鮮明にしたのは1966年1月，キングが反戦運動への戦線拡大に反対したのが1965年8月である．他方で，戦争を支持したのも20歳代と教育レベルの高い人々に多かった．世論調査は，貧困者と労働者階級が戦争のエスカレーションを支持したという通説的な議論を根拠づけてはいない．また，労働組合，企業，メディア，教会の多くなど既存の大組織は反共産主義の伝統のもとで戦線拡大（エスカレーション）を支持したり，政府の議論に沿って考えていた．反戦派と政府支持派のあいだの認識ギャップは拡大しつつあり，そこに反戦運動の潜在的困難さもあった．

---

1) Patterson, *ibid.*, p. 586.

アメリカの青年にとって，18-25歳が徴兵年齢だったが，これまで実戦に参加する経験をしたものは少なかった．ところが，1964年以降は，現実にヴェトナムに送られる可能性が増大した．1960-64年間，徴兵者の年平均数は10万人だったが，1966年には一気に34万人に急増した．その後も約30万人が年々徴兵された．こうして徴兵反対行動の種がまかれた．徴兵反対行動は1967年から激しく展開されるようになり，ニクソンが徴兵制を段階的に廃止する1972-73年まで続いた[1]．

1967年10月，徴兵阻止週間が宣言され，徴兵検査事務を行うカリフォルニア州オークランドの建物前で大規模なデモが行われ，フォーク歌手ジョーン・バエズ (Joan Baez, 1941-) を含む124人が逮捕された．数日後には交通遮断を含むさらに激しいデモが展開された．東と西の両岸地域が中心だったが，他の地域でも「抗議から抵抗へ」のスローガンのもと，運動が激化した．ただし，個人的に徴兵を避ける努力のほうがさらに広汎に試みられた．結婚して子供をもつ，なるべく長く大学に在学する，兵役不適の診断を出してくれる医者をみつける，ホモだと偽る，などなど．かくして，ヴェトナム戦争期の軍隊は，徴兵忌避行動ができないか，それが困難な貧困者，マイノリティ，労働者階級の子弟が人口の割合よりもはるかに多く含まれることになった[2]．

(6) 1968年

ヴェトナム戦争の新展開がすでに亀裂を深めていた反戦運動と，未完の貧困政策とをより深刻な分裂にみちびいたのが1968年だ．上述のように，この年の1月30日，ヴェトナムの休日であるテトの初日，サイゴンのアメリカ大使館がヴェトナム解放民族戦線に攻撃され，5人のアメリカ人と1人のヴェトナム市民が死亡した．それから3週間，「テト攻勢」は熾烈をきわめ，アメリカ軍側の反攻によってかろうじて戦線の現状を維持したものの，南ヴェトナム軍は2,300人，アメリカ軍は1,100人の犠牲者を出した．アメリカ軍と政府，およびメディアが与え続けてきた戦争勝利という幻想はこっぱみじんに打ち砕かれ，すでに悲観的になっていたアメリカ国民は，前途に底知れぬ深淵が横たわ

---

1) Todd Gitlin, *The Sixties: Years of Hope, Days of Rage* (Bantam Books, 1987), p. 291.
2) Patterson, *ibid.*, p. 631.

っていることを感じざるをえなかった．

　3月31日，ジョンソン大統領は特別のテレビ演説を行い，アメリカ国内の政治的分裂の所在を認め，次期大統領選挙に出馬しないことで，国内融和をはかり，政務遂行に専念したいと述べた．キング牧師はこの年の初頭から貧困者のキャンペーンの開始を宣言していたが，4月4日，メンフィスに市清掃労働者のストライキ応援に来ていて，泊まっていたモテルのバルコニーで暗殺された．その前夜，キングは「私は約束の地を見たし，運動は困難であろうが，恐れるものはない」と歴史的な演説をしていた．キング暗殺の夜ワシントンの黒人居住地区では暴動が発生し，9人が死んだ．暴動はさらに131の都市で発生し，2万人が逮捕され，物的損害は1億ドルに達した．4月下旬，コロンビア大学では1,000人の学生が五つの建物を占拠し，それにつづく警察の排除行動によって692人が逮捕された．これ以降，1970年までに多くのキャンパスでさまざまな要求をかかげて学生の抗議行動がつづいた．

　キングの遺志を継いでラルフ・アバーナシー（Ralph Abernathy）牧師は5月に貧困者の行進をワシントンで行った．しかしながら，これは参加者も多くなかったし，世論を引きつけるのにも失敗した．これより前の1966年，黒人の市民権要求運動は，「ブラックパワー」を標榜する急進派の台頭によって分裂を余儀なくされていた．5月にはストークリー・カーマイケル（Stokely Carmichael, 1941-98）がSNCCの議長になると，白人メンバーを追い出したが，カーマイケル自身はその後ブラックパンサー党に移った．翌年7月，COREは憲章のメンバーにかんする規定から多人種的（multi-racial）という言葉を削除した．他方で，黒人解放急進派のいま1人のカリスマ型リーダーのマルコムX（Malcom X, 1925-65）は，1964年にはネーション・オブ・イスラム教会（ブラック・ムスリムとも呼ばれる）と訣別し，翌年2月ニューヨークのハーレムで演説中に，この教会の関係者とみられる暗殺者に殺された．6月には民主党の有力な大統領候補でジョン・ケネディの弟ロバート・ケネディが暗殺され，8月のシカゴ民主党大会はものものしい警戒のなかで急進派を排除して開かれ，民主党大統領候補にヒューバート・ハンフリー（Hubert Hunphrey, 1911-78）を選出した．だが，彼はヴェトナムからの即時の退却を意味する和平論にはくみしなかった．他方，共和党大会はリチャード・ニクソンを大統領候補に選出し

た．こうして，国民の多数の非戦論が政治の上では少数派となる状況で，テト攻勢に始まったこの年は反戦運動に幻滅をもたらして終わる．

(7) ニューレフト

1960年代学生運動の一つの中心となったカリフォルニア大学バークレイ校における運動の始まりは，大学当局のさまざまな規制に対する「言論の自由運動」(FSM) だった．1964年9月，当局は突然学生運動家に対してキャンパス内で文書を配布したり，テーブルをもうけて寄付を募ったり，オルグをしたりすることを禁止した．10月1日，大学警察が規則に違反してテーブルを設置した学生を逮捕しようとしたとき，自然発生的に学生たちがパトカーを取り囲んで座り込みを開始した．学生たちはクルマの屋根を演壇に使って演説を続けた．やがて彼らは当局との交渉によって新たな規制を解除させ，32時間で包囲を解いた．運動は12月，4階建てのスプルール・ホール占拠へと発展した．警察は占拠の翌朝午前3時から排除活動を始め，翌日午後4時までに773人を逮捕した．

この運動はバークレイ・キャンパスをいろどる長い運動の始まりにすぎなかった．同時に，この時期にアメリカのみならず，日本や西ドイツ，フランスに広がった学生叛乱の始まりだった．淵源がヴェトナム戦争だけにあったとは言えない．なぜなら，この運動はヴェトナム戦争のエスカレーション以前に開始されているし，大挙して大学に押し寄せた感のあるベビーブーム世代や人種間紛争も影を落とした可能性がある．こうしたアメリカに特有な状況を差し引いて考えてみると，この世代の青年層にとって，それぞれの世界は1945年には踏み固められていた．政治，経済，社会規則はすべて書き換えられ，それらは20年間の均衡の後に，改革の余地のないままに不毛の未来に続くだろうと思われたのである[1]．

1960年代のバークレイはいろいろな意味でニューレフト的な運動が誘発されそうな条件がととのっていた．まず，この小都会では戦後の大学の大衆化に伴って，若い世代，とくに15-29歳レンジの白人人口が他の年代の人口をはるかに上回っていた．また，冷戦下で文化的均一化が進行した1950年代，ア

---

1) W. J. Rorabaugh, *Berkeley at War: The 1960s* (Oxford University Press, 1989), p. 47.

図 6-11 スプルール・プラザの学生デモ（1969 年 11 月）

http://ark.cdlib.org/ark:/13030/tf8b69p0d4/

メリカ人主流のメインストリーム文化による逼塞感(ひっそくかん)を避けるかのように作家，詩人，ジャズ音楽家などがサンフランシスコのノースビーチへ集まってきていた．バークレイでも事情は似ていて，サウス・キャンパスから南にのびるテレグラフ通りが諸理念のマーケットとなった．「バークレイはコスモポリタン的なものと地方的なものをミックスしたようだ．……テレグラフ通りは，バークレイの宝石箱だ．コスモポリタンで，芸術的な意識が高く，政治的に多様で，新たな理念に対してオープンだった」．

フォークソングが大流行し，歌手ジョーン・バエズは学生の抗議の隊列にしばしば加わった（ちなみに，日本の歌手で，当時東大生の加藤登紀子も 1968 年の東大闘争に，ときに参加した）．1964 年から 2 年半のあいだ，ビートルズ旋風が北米大陸を駆け抜けた．ロック・ミュージックはカウンターカルチャーと呼ばれた文化の創出に大きな役割を果たした．セックスについておおっぴらに話をすることもしだいにタブーでなくなりつつあった．バークレイでは 10% の学生が

同棲していた．1960年に食品医薬品局が避妊用のピルを新しく認可した．安全でそんなに値段の高くないピルがはじめて利用可能となった．だが，望まない妊娠がなくなったわけではなく，そうした事情が人工妊娠中絶に対する需要を高め，折からのフェミニズムの静かな波のなかで中絶の合法化の方向にはずみをつけた．1967年，カリフォルニア州のレーガン（Ronald W. Reagan, 1911-）知事は議会が可決した中絶合法化法を胎児の障害を理由として認めないことを条件に署名した．これは当時では全米で最もリベラルな法律の一つだった．

新旧の左翼の人々もバークレイに集まった．東海岸から離れている距離感が1950年代の赤狩り旋風の影響を弱めたし，アメリカ共産党がニューレフト系の団体に敵対的でも，バークレイの共産党は寛容だった．このような空気は全米から左翼集団を引きつけた．むろん，新しい潮流を代表する集団はSDSだったが，地域的なゆるい連合のような左翼集団はこの地の学生運動を究極のところで支えていた．SDS主催の反戦ティーチインは1965年5月に開かれた．

黒人たちが大量に移動してきたことも，学生運動を激化させた要因の一つであろう．サンフランシスコ湾岸には戦中に50万人が移動してきたが，そのうち75,000人が黒人だった．1940年，バークレイ総人口85,547人のうち，黒人は4％にすぎなかったが，1960年には111,268人のうちの20％に増えた．1970年にはさらに24％となった．所得の上昇に伴って黒人たちの多くがかつての労働者地区に自宅を購入し，1960年当時，黒人家族の70％が自宅所有者となった．ただ，彼らは丘陵地帯の白人地区に浸透することはできなかった．不動産業は購入にしても賃貸にしても人種分離がはっきりしていたからである．黒人人口の増加は，住宅，教育，仕事をめぐる差別の廃止を課題に押し上げたし，南部の運動の経験を学生が学んだ．1969年，人民の公園をつくろう，という運動がもちあがり，学生と警官のあいだのさまざまな形の衝突があったが，成果のないままに終わった．

ひとくちにニューレフトと呼ばれる学生を主体とした運動の理念は1962年にSDSが発表した「ポートヒューロン宣言」に見ることができる．そこでは，彼らの世代が成長するにつれて，戦後のアメリカを代表した価値の虚偽性が南部の差別反対運動で明らかにされ，また冷戦のもとで核兵器によっていつ死んでもおかしくない状況が生まれたことが，彼らを行動に駆り立てる契機となっ

た，と述べられた．しかも，旧来の社会主義的なユートピアが喪失したことが，むしろ今日の世界の問題を解く鍵となろう．そこには政治的反対者を許容せず，自由主義国の運動の多様性を支持しないスターリニズムの誤りがあり，人間活動の際限のない特化があり，20世紀人間の恐るべき経験としてのナチ収容所とガス室，原爆がある．宣言はさらに以下のように述べた．われわれは，定式のない世界に住んでおり，新しい社会運動は理論と人的価値創出の追究をしなければならない．人間の価値は独立的な生にあり，人間にはそれを実現する力はないと先験的に考えてはならない．所有や特権，環境にもとづく権力でなく，愛や自省，理性，創造力に根ざした権力と特性をめざさなくてはならない．

われわれは個人参加の民主主義体制の確立をめざす．生活の質と方向を決める社会決定には個人が参加し，社会は全般的参加のためにメディアを提供し，人間の独立を進めるように組織されなくてはならない．大学では少数者の支配する官僚機構を改革する必要があるし，外の社会では人間の疎外が進んでいる．しかしながら，大学は依然として社会的影響力の中心にあり，知識の伝達，評価，組織の点で中心的役割を果たしている．同時に大学は防衛協力の点からは武器競争の製作者ともなっている．そうした観点からすれば，学生と教授陣の協力によって大学を改革の拠点にする必要がある，と宣言は訴えた[1]．

8 フェミニズムの再生

(1)「女らしさ」という神話

1963年，ベティ・フリーダン (Betty Friedan, 1921–) が『女らしさという神話』(*The Feminine Mystique*) を出版した．この書物は1960年代後半のフェミニズム運動再生のバイブルとなった．「第8章 女性を誤らせたもの」の冒頭で彼女はこう書いている．「不況に続いてはじまり，原子爆弾で終わった戦争の直後に，女らしさを賛美する風潮がアメリカの全土をおおった．明日の生命もわからなかった冷酷な戦争の後で，男性も女性も，家庭や子供に慰めを見出そうとした．兵隊たちは，……帰還したとき，彼らはもう母親に甘えられる年

---

[1] http://lists.village.virginia.edu/sixties/HTML_docs/Resources/Primary/Manifestos/SDS_Port_Huron.html

齢ではなかった．老いも若きも，男性も女性も，セックスと愛情を欲した」．女性のほうはといえば，「女性は，……愛情に満ちた家庭や子供を持つか，それとも，ほかに人生の目的を見出すか，どちらかを選ぶより道はないと話された．二つのうちどちらかを選べと言われて，アメリカの女性の多くが，愛情の約束されている道を選んだのは当然だろう」[1]．

　初婚年齢が若くなったため，アメリカの人口は急増した．1940－57年間に10代の親の赤ん坊は165％もふえた．「われわれはみんな，温かい明るさに満ちた家庭に帰っていった．わがふるさとの町の夏の夜，子供の頃，両親が本を読んでくれ，あるいは居間でブリッジをやり，フロントポーチでロッキングチェアに座っているうちに二階で穏やかに眠りについたように．……共産主義やマッカーシーや恐ろしい爆弾のことを考えるより，愛とかセックスを考えるほうが楽だったし無難だった」．

　とはいえ，戦後でも仕事をもつ決意をした女性がフルタイムの乳母やハウスキーパーを雇うことは可能だった．だが都会では，1950年代，働く女性の子供のための保育園やデイケアセンターはほとんど消滅した．そうしたことの必要が叫ばれるや，女らしさの伝道者たち（フェミニズム反対者）が消し止めにかかった．

　フリーダンのめざす解決策の方向は，「主婦であることという状態そのものがいかに，女性のなかに虚無感，不存在，無価値の感覚をつくり出しているのかを，理解することが重要だ．……じっさいには，ナチ収容所の囚人たちの行動に観察されるような心理的環境のなかで，女性たちがなぜいとも簡単に主婦としての自己を失うことができるのかについて，不可思議かつ不愉快な洞察がある．……収容所の状況に「適応した」人々はその人的アイデンティティを放棄し，ほとんど無関心に死にゆくのだ．不思議なことに，これほど多くの囚人たちの人的アイデンティティを破壊した条件とは，拷問や残虐行為ではなく，アメリカの主婦たちのアイデンティティを破壊するのと同様な状況である」．

---

1) Betty Friedan, *The Feminine Mystique*, pp. 185-186, 305, 384-385；邦訳：三浦冨美子訳『増補：新しい女性の創造』（大和書房，1988年），pp. 132-133他．

(2) ウーマン・リブ運動の誕生

フリーダンによれば，アメリカの郊外に住む主婦たちの家庭は，「心地よい収容所」にほかならず，彼女たちは動物的な役割に適応し，心と精神のゆっくりとした死を待っている．彼女らは人間としての自由な行動によって自己を取り戻さなくてはならない．『女らしさという神話』が出版された年，1963年に賃金均等法が制定され，同じ仕事について男女同一賃金がまもられないのは違法だと宣言した．この法律制定は，労働省婦人局長に任命されたエスター・ピーターソンがケネディ

図6-12　ベティ・フリーダン（1964年）

http://www.picturehistory.com/find/p/14893/mcms.html

を説得して，女性の地位にかんする大統領の委員会を設置したことからはじまった．委員長はフランクリン・ローズヴェルトの未亡人エレノア（Anna Eleanoa Roosevelt, 1884-1962）であり，その最終報告書が1963年に出された．1964年の公民権法の制定後しばらくして，1966年，フリーダンの著作に鼓舞された活動家たちがワシントンでフリーダンを中心にして「全米女性機構」（NOW）を結成した．その目的は，「アメリカ社会のメインストリームに女性が完璧に参加できるよう行動し，男性と真に平等なパートナーとしてすべての特権を享受し，それに伴う責任を負うこと」だった[1]．NOWが最も力を入れた活動は，憲法に対する男女平等権修正（ERA）を制定させる運動だったが，具体的にも仕事上の男女差別をなくすこと，中絶を合法化すること，保育所に対して連邦補助を働きかけることを努力した．こうした運動に飽き足りないグループは，ラディカル派として女性解放をめざす「ウーマン・リブ運動」を始めた．1968年のミス・アメリカ美人コンテストでデモを行い，雑誌『レディス・ホーム・ジャーナル』をゴミ箱に捨てるデモなど，派手な行動が人々の注目を集めた．

---

1) http://www.now.org/history/purpos66.html

第 7 章
危機の時代とレーガン革命
1970–90 年

北京空港到着後，中国軍兵士を閲兵するニクソン大統領．1972 年 2 月 21 日．
http://media.nara.gov/media/images/30/4/30-0362a.gif　ARC Identifier: 194756

1 ニクソン政権の誕生とヘゲモニー回復の模索

(1) 戦争のヴェトナム化と対ソ交渉

1968年大統領選挙において，ニクソン（Richard M. Nixon, 1913-94）共和党候補が，ハンフリー民主党候補（Hubert Humphrey, 1911-78）を接戦で制した（見返しの図参照）．ニクソンはミドル・アメリカンの間に広まったリベラルやラディカルへの不満や幻滅感を見逃さず，秩序，安定，伝統的価値を訴えて成功した．得票率はニクソン43.4％，ハンフリー42.7％であった．

ヴェトナム戦争がアメリカ社会と国際政治に及ぼしている深刻な悪影響を考えると，この戦争の終結なくしてアメリカのヘゲモニー回復はありえなかった．それゆえ，ニクソン自身が述べているように，ヴェトナム戦争は「大統領就任後，私がまず取り組まねばならないもっとも緊急な外交問題」だった．ニクソンは，大統領選挙期間中，自分にはヴェトナム戦争を終結にみちびく秘策があると主張していたが，その具体的方法は明らかではなかった．しかし，大統領就任の年，1969年5月14日にヴェトナム化政策を発表し，今後はベトナムでの実際の戦闘をヴェトナム人に肩代わりさせていくという方針を明らかにした．さらに，7月にはニクソン・ドクトリン（『グアム・ドクトリン』）を発表し，アメリカは核の傘を提供するものの，地域紛争に対処するにあたって必要な兵力は現地兵力でまかなうべきだとした．同ドクトリンは過剰介入の是正という，地域紛争に対するアメリカの基本的姿勢を明確にしたものだったが，その一環としてのヴェトナム化政策はヴェトナム戦争終結に向けた第一歩となるものであり，南ヴェトナム政府軍を増強するための時間稼ぎの意味も込められていた．

大統領就任後，ニクソンは，一方では，北ヴェトナム政府に対して交渉の意志を明確にすると同時に，もしこれに応じなければ戦闘の強化を含む重大な結果を招くと警告し，アメとムチの政策を展開した．これと並行してニクソンが重視したのは，ソ連を介してハノイに圧力をかけ，交渉のテーブルに引き出すという戦術であった．

1 ニクソン政権の誕生とヘゲモニー回復の模索

　ドブルイニン（Anatoly Dobrynin, 1919–）駐米ソ連大使とニクソンとの第一回会談は，政権がスタートしたばかりの 1969 年 2 月 17 日に行われた．ドブルイニンはこの会談の場で，戦略兵器制限交渉（SALT）の開始に関心を示したが，ニクソンはリンケージを対ソ交渉の原則とするとの立場から，ひとつの分野での進展は，他の分野での進展と連関しなければならないとの考えを示した．そのうえで，彼は SALT 交渉の開始にあたっては，これと並行して，ヴェトナム問題などで「できるかぎりの努力」が必要だと強調した．キッシンジャー（Henry A. Kissinger, 1923–）安全保障担当大統領補佐官も同様で，アメリカが新たな戦略兵器の開発に乗り出すのではないかと恐れるソ連の不安を利用して，ソ連が中東やヴェトナム問題に取り組むように仕向けるべきだ，と大統領に進言した．

　キッシンジャーとドブルイニンとの間には，月一回会談をもつという了解ができていたが，キッシンジャーは，ソ連大使との会談のさいは必ずといってよいほど，米ソ関係の改善は，「ヴェトナム戦争解決にソ連が協力することが前提である」と強調した．ところが，キッシンジャーによると，月例会談で，1969 年だけでも，10 回ほどソ連の協力を得ようとしたが，大使は言を左右にするばかりであった，という．中ソ対立は米中接近へのソ連の不安を増幅させてはいたが，北ヴェトナム支援は共産主義陣営のリーダーとしての威信にかけても容易には譲れない問題だった．ヴェトナム問題でソ連がアメリカの要求に柔軟に反応するようになるのは，米中関係改善の動きに突破口が開かれる 1971 年末から 72 年の初めにかけてである．

(2) デタントと平和共存の追求

　ソ連とのデタントの継続もまた，アメリカのヘゲモニーの後退に歯止めをかけ，その復活を模索するためには必要であった．ニクソン政権にとって，国際収支の悪化は対ソ戦略上無視しえない現実であった．軍事支出，海外投資，貿易赤字によってアメリカの国際収支は悪化し，ニクソンは 1971 年 8 月，ドルの一方的切り下げを断行，金とドルの交換を停止せざるをえなくなった．同年 7 月のニクソン訪中の発表が第一次ニクソン・ショックと呼ばれるのに対して，金とドルの交換停止措置は第二次ニクソン・ショックと呼ばれる．財政赤字を

考えると，ソ連との引き続く軍拡競争は得策ではなかった．くわえて，アメリカにとって幸いなことに，中ソの分裂は中ソ合同の二正面攻撃を受ける可能性の減少を意味し，アメリカの軍事戦略の転換を容易にした．そうした状況のもとで，ワシントンはソ連との軍備拡張競争を継続するか，それとも相互確証破壊（MAD）（先制攻撃を受けたとしても，相手国の大都市に核の雨を降らせるだけの核戦力をどちらの超大国も保持している状態）の現実を受け入れるかの選択を迫られた．ニクソン政権は後者の現実を受け入れた．一方，中ソ対立の激化と米中関係改善の動きは，ソ連が米ソデタントに前向きになる重要な要因となった．くわえて，ソ連もアメリカと軍拡競争を続けるだけの財政的余裕はなく，逆にデタントは欧州の分断を固定化し，軍事・政治の領域において，東欧の警察官としてふるまうことをアメリカに容認させるというメリットがあった．デタントの見返りとして，アメリカとの経済交流の拡大も期待できた．双方の利害と思惑が一致した結果，米ソデタントの核心をなす戦略兵器制限交渉は継続され，ついに1972年5月，ニクソンとソ連共産党書記長ブレジネフ（Leonid I. Brezhnev, 1906-82）とのトップ会談が実現した．両首脳はモスクワで弾道弾迎撃ミサイル制限条約（ABM）と戦略兵器制限条約（SALT-I）に仮調印すると同時に，「米ソ関係の基本原則」に関する協定を交わし，米ソ核戦争の危険を除去するための平和共存および両国間の一般的な行動原則をうたった．

2 ニクソン訪中と米中冷戦の終焉

(1) 中ソ対立と米中接近

1968年8月のチェコスロヴァキアへのソ連とワルシャワ条約機構軍による軍事侵攻は米ソ関係の改善を一時的に凍結させたが，この事件はそれ以上に，中国の対ソ認識の変化に及ぼした影響の点で重要である．8月21日ソ連のタス通信が軍事介入を正当化する声明を出すと，中国は猛烈に反撥した．周恩来(1898-1976)首相はソ連を「裏切り者集団」だと非難し，「社会帝国主義[1]，社

---

 1) 社会帝国主義　植民地支配による超過利潤を用いて帝国主義国の社会政策を行ったりするような，帝国主義の一側面をさす，また社会主義国ソ連の膨張政策・他国支配を帝国主義になぞらえて批判する用語でもある．中国は後者の意味で使用した．

図 7-1
ニクソン，ブレジネフによる首脳会談

1973年のブレジネフ訪米時のもの．
http://media.nara.gov/media/images/30/5/30-0438a.gif
ARC Identifier: 194517

会ファシズムになりはてた」と決めつけた．さらに，11月12日にブレジネフ書記長が，「社会主義共同体の安全」を一社会主義国の利益より優先すべきだとするブレジネフ・ドクトリンを発表すると，中国はソ連の中国内政への武力干渉の可能性が高まったと受け止め，対ソ不信と対ソ脅威観はピークに達した．これ以降，中国指導層はブレジネフ・ドクトリンの中国への適用を恐れるようになった．こうして，1968年末までには，ヴェトナム戦争の進行にもかかわらず，米中関係改善の可能性に有利な国際環境が出現しつつあった．

中ソ対立はアメリカのヘゲモニー回復にとって有利な状況を生み出していた．ニクソン政権はこの状況を利用し，米中ソ間の新たな戦略関係の構築に向けた措置を推進していった．その重要な一環が米中関係の改善であった．ニクソンは1968年11月の大統領選挙での勝利の後，「新政権の目標の一つは中国を承認することだ」，と政権移行チームに語った通り，翌年1月大統領に就任すると，早くも2月1日にキッシンジャーにメモを送り，「中国との和解の可能性を探る」よう指示した．その後，紆余曲折はあったが，1970年1月20日，ワルシャワ会談が実現した．これは，中国共産党が政権を握って以来，「米中間のあらゆる接触を通じて初めて」のことだった．ワルシャワ会談再開後も米中間では秘密裏に交渉が重ねられた．毛沢東（1893-1976）や周恩来は党の極左派（親ソ派），反米派を説得しなければならず，他方，ニクソンやキッシンジャーは親ソ派，親台湾派，右派の反対に配慮しなければならなかったからである．

しかし，1971 年 7 月，キッシンジャーが北京を極秘訪問してニクソン大統領訪中のための折衝が行われることになり，関係改善の突破口が開かれた．さらに 3 カ月後の 10 月 20 日から 26 日にかけて，キッシンジャーは再度北京を訪れた．これら 2 回の訪問を通して，共同声明草案に関する基本的合意ができ，1972 年 2 月，ついにニクソンの北京訪問が実現し，28 日には米中共同声明が発表された．

(2) 台湾をめぐる妥協

米中関係改善に向けた交渉での最大の争点は台湾問題であった．中国は米中の接触が始まった当初から，会談の第一の目的は米軍の台湾からの撤退だと主張していた．他方，台湾に関するアメリカ側の考えは「ニクソン 5 項目」に示されている．ニクソン 5 項目とは，①中国は一つで，台湾は中国の一部である．台湾の地位は未定だという声明が今後なされることはない，②いかなる台湾独立運動も支援しない，③台湾でのプレゼンスが減少しても，日本が台湾に進出することがないよう影響力を最大限行使する，④台湾問題の平和的解決を支持し，台湾政府の武力による大陸奪還を支持しない，⑤中華人民共和国との関係正常化を求め，その達成に向かって努力する，であった．

米中共同声明によると，中国政府は，「台湾解放は，中国の国内問題である」こと，「アメリカのすべての軍隊および軍事施設は台湾から撤去されなければならない」ことを表明した．さらに，中国政府は，「中華人民共和国は中国の唯一の合法政府である」と述べたうえで，「『一つの中国，一つの台湾』『一つの中国，二つの政府』『二つの中国』および『台湾独立』をつくることを目的としたり，あるいは『台湾の地位は未確定である』ことを唱えるいかなる活動にも断固として反対する」との立場を明らかにした．これに対して，アメリカ政府は「台湾海峡の両岸のすべての中国人が中国はただ一つであり，台湾は中国の一部であると主張していることを認識している．アメリカ政府はこの立場に異論を唱えない」と宣言した．また，アメリカ側は台湾問題の平和的解決に対するアメリカ政府の関心を明らかにした．

米中共同声明は双方の立場を明らかにするという形をとっているが，ニクソン 5 項目は共同声明以上に踏み込んだ内容になっている．たしかに，公式声明

図7-2
ニクソン訪中

毛沢東主席と握手するニクソン大統領．1972年2月29日．
http://media.nara.gov/media/images/30/4/30-0370a.gif
ARC Identifier: 194759

では，中国は一つであり，台湾はその一部であるとする中国の立場を「認識する」(acknowledge) というのが米側の立場であるが，ニクソン5項目において，アメリカは台湾の武力による大陸奪還を支持しないと表明しただけでなく，さらに踏み込んで，いかなる台湾独立運動も支持しないことを中国側に約束した．しかも，キッシンジャーの秘密訪問中の3カ月前に，国務省が，台湾の地位は未確定であるという米政府の公式見解を発表していたにもかかわらず，ニクソンは周恩来との会談で，台湾の地位が未確定であるという声明は出さないと約束しており，この点でも踏み込んだ発言を行った．こうした米側の表明は，台湾は独立国家ではなく，台湾問題は内政問題であることを示唆するものである．さらに，キッシンジャーは周恩来との会談で，ニクソン再選後2年以内に国交正常化を実現すると確約しており，ニクソン大統領自身も政権2期目には中国を承認する計画だった．

一方，中国側もまた，台湾問題で重要な譲歩をした．中国は「自らの立場を表明する際に，(アメリカの) 台湾との防衛条約を糾弾しないし，言及しない」ことに同意した．ニクソンは，台湾からの全面撤退を約束すれば国内で右派や親台湾派から激しい批判を浴びることになるのを大変心配していた．このため，そうした文言を共同声明に盛り込むことには強く反対したが，同時に，全軍の撤退は「私の計画のなかにある」，「それは達成できる目標だ」とも述べ，政権

担当中には撤退させる計画であることを明らかにしていた（72年2月24日ニクソン・周恩来第三回会談）．中国側は一方で，米台条約の破棄を共同声明に盛り込まないことで譲歩し，他方で，米軍の全面撤退を最終目標とするという言質をニクソンから獲得することで妥協せざるをえなかった．

ニクソン訪中は，朝鮮戦争以来20数年続いてきた米中冷戦に終止符を打つ歴史的出来事であった．くわえて，中国がアジアの国際政治における主要なプレーヤーとして参加することをアメリカが認めたことは，東アジアにおける多極化の現実を受け入れたということでもある．そのうえで，アメリカは中ソ対立を巧みに利用し，自国に有利な戦略的立場を構築しようとした．中国はしきりに，アメリカを明白な対ソ対決の政策に組み込もうとした．しかしキッシンジャーは，「一方の国の犠牲のもとに他方の国と共謀しようとしたり，あるいは和解しようとしているのではない」との立場をとり続けた．すなわち，ニクソン政権は「戦略的三角形」を構築し，この三角形関係において，アメリカが進もうとしている方向をソ連にも中国にも分からせないようにするために，ある程度の不確実性を保つように心がけた．「三角外交」と呼ばれるニクソン政権の対中ソ等距離外交はアメリカが漁夫の利を得るような関係の構築であった．このような戦略的三角形の構築を通して，アメリカはヴェトナム戦争によって被ったヘゲモニーの後退に歯止めをかけるとともに，その将来の回復のための重要な布石を打った．

3　第三世界の挑戦

(1) もう一つの 9.11

ニクソン政権はヴェトナム化政策の遂行にともない，「名誉ある撤退」を実現するためには，核兵器使用の可能性も含むあらゆる手段に訴えることもいとわない覚悟だった．ニクソン・ドクトリン発表後，CIA は「フェニックス作戦」を開始し，ヴェトコン幹部とおぼしき民間人を少なくとも5万人殺害した，といわれる．また，北ヴェトナムがカンボジア＝ラオス・ルートを通じて南ヴェトナム解放民族戦線に軍事支援を行っていることを理由に，70年春にカンボジアに対する秘密の空爆作戦を開始したが，この指揮をとったのはキッシン

図7-3 ヴェトナム和平協定調印式 (パリ, 1973年1月27日)

http://media.nara.gov/media/images/30/5/30-0413a.gif　ARC Identifier: 194482

ジャーであった．この作戦は1973年に発覚するまで継続されたが，この作戦期間中，延べ3,630回に及ぶ出撃が行われ，投下された爆弾の量は11万トンにものぼった．この間，1970年4月30日には，米軍と南ヴェトナム政府軍部隊はカンボジアに侵攻した．これに抗議して全米で大規模な抗議運動が起こり，議会はカンボジアとラオスへの米軍投入を禁止する決議を可決した．侵攻作戦は失敗に終わり，この間ヴェトナム和平協定が1973年1月にパリで合意された．ニクソン政権の最初の4年間に10万7千人を超える南ヴェトナム兵士と50万人を超える北ヴェトナム兵士が犠牲となった．これはジェノサイドだ，と評する論者もいる．米兵の死者数も2万1千人にのぼったが，これはヴェトナム戦争全体を通して被った米兵の戦死者総数のおよそ40％を占めた．このように，ヴェトナム戦争からの「名誉ある撤退」にこだわり続けたニクソン大統領のヴェトナム化政策は，人道上の観点からは正当化できない側面を含むものだったことを看過すべきではない．

　同様な悲劇はチリでも起きた．1970年9月，アジェンデ（Salvador Allende,

1908-73) が大統領に当選し，社会主義政権が樹立された．この選挙は，チリ駐在アメリカ大使が「自由かつ自らの意思にもとづいて」実施された選挙だと評したものだったにもかかわらず，ニクソンとキッシンジャーはアジェンデ政権の誕生を西半球秩序に対する脅威とみなし，政権転覆を画策した．ニクソン政権は援助を打ち切り，チリ経済の締め付けを行っただけでなく，CIA に命じてチリの軍将校によるクーデタをそそのかした．CIA がそのために 1970 年から 73 年までに投入した資金は 800 万ドルにのぼる．結局，1973 年 9 月 11 日火曜日，アジェンデ政権は軍事クーデタで打倒され，アジェンデは自殺に追い込まれた．

　その後，ピノチェト (Augusto Pinochet Ugarte, 1915-) 将軍の率いる独裁政権下では，アジェンデ政権の閣僚の逮捕，拘留のみならず，多くのチリ市民が拘留や拷問に遭った．1976 年にはアメリカの首都ワシントンの路上で，ピノチェトの手先によって，アジェンデ政権の外相リテリエ (Orlanndo Letelier, 1932-76) が暗殺された．少なくとも 3,000 人ほどのチリ市民が殺されるか行方不明になっている．ニクソンとキッシンジャーはクーデタ成功の知らせに小躍りして喜んだと伝えられている[1]．チリ市民を襲ったこの悲劇は，9 月 11 日火曜日に起きたが，それから 28 年後の 2001 年 9 月 11 日火曜日にニューヨークとワシントンを襲った同時多発テロ事件もまた，2,801 人にのぼる無辜の市民の生命を奪うことになった．

(2) 第四次中東戦争と石油戦略の発動

　1973 年 10 月エジプト，シリア両軍はイスラエルに対して奇襲攻撃を開始し，第四次中東戦争（ヨム・キプール戦争）が勃発した．この戦争の直接の原因は 67 年 6 月の第三次中東戦争にまでさかのぼる．イスラエル軍による突然の奇襲攻撃によって 6 日間でエジプト，ヨルダン，シリアの軍隊が粉砕されたために，67 年の戦争は「6 日間戦争」とも呼ばれる．この戦争での敗北の結果，ヨルダン川西岸，シナイ半島，ガザ地区，エルサレム全都をイスラエルが占領することになった．そのため，1970 年に死去したナセルに代わって大統領に就

---

1) Peter H. Smith, *Talons of the Eagle: Dynamics of U. S. -Latin-American Relations* (Oxford University Press, 1996), pp. 171-76.

任していたサダト (Anwar al-Sādāt, 1918-81) は失地回復の機会をねらっていた.ところが，10月戦争でサダトの精鋭部隊は逆にイスラエル軍に包囲され不利な状況に陥った．サダトが停戦を希望したのを契機に，キッシンジャーが調停に入り，かろうじて停戦が実現した．その後，75年9月，キッシンジャーの説得に応じて，イスラエルは一部を除き，シナイ半島から軍を撤退させることに同意した．

10月戦争はその後の中東の国際政治およびアメリカ外交に大きな影響を及ぼした．第一に，イスラエルは100万人が生活するヨルダン川西岸地区の占領を継続したために，パレスチナ人とイスラエルとの対立が中東地域の最も深刻な紛争要因として残った．1967年の第三次中東戦争の翌年，アラファト (Yasir Arafat, 1929-) を指導者とするパレスチナ解放機構 (PLO) が結成されていたが，74年には，アラブ諸国はPLOをパレスチナ唯一の代表として承認することになり，双方の対立は今日にいたるまで中東最大の紛争要因となっている．第二に，第四次中東戦争を契機にアラブ産油諸国は，イスラエルが67年戦争以前の国境線まで撤退することを求めて石油戦略を発動した．石油の生産量を削減し，アメリカに対しては石油の全面禁輸を実施したのである．親米派パーレビ国王統治下のイランが石油をアメリカに供給しつづけたので，アメリカはこの難局を乗り切ることができた．しかし，この経験から，アメリカは中東の石油の重要性をあらためて認識することになった．第三に，石油価格の高騰によって，低廉な石油の安定供給に依存していた先進工業諸国の経済は大きな痛手を被り，世界経済全体が長期不況に陥った．アメリカも例外ではなく，70年代から80年代初頭にかけて長期の経済不況となった．また，この時期のアメリカ経済の停滞と世界経済における地位の低下は，アメリカのヘゲモニー後退の重要な背景をなしており，この停滞からの脱出なくしてはアメリカのヘゲモニーの再生は困難であった．

4 多元的世界のなかのカーター外交

(1) ヴェトナム戦争の終結とアメリカ社会の疲弊

ニクソンは1972年の選挙に備えて，腹心の前司法長官ミッチェル (John N.

Mitchell, 1913-88) を責任者とする大統領再選委員会を発足させていたが, 同委員会は民主党の選挙運動に関する情報収集, 攪乱をはかる謀略活動を手がけた. そうした動きの一環として, 同年6月ワシントンのウォーターゲート・ビルにある民主党全国委員会事務所に盗聴装置をしかけようとした5人の侵入者が逮捕される事件が起きた.「鉛管工」とよばれたグループの逮捕をきっかけとして, ニクソン政権の各種犯罪・政治スキャンダルが次々と暴かれることになった. ニクソン政権によるこれら一連の権力犯罪を総称してウォーターゲート事件と呼ぶ. ニクソンおよびその腹心による圧力や事件のもみ消し工作にもかかわらず, 大統領の権力犯罪の疑惑はさらに深まり, 1974年7月下旬には下院司法委員会で大統領弾劾訴追審議が始まった. 司法妨害, 権力乱用, 議会侮辱罪に問われ, 下院による弾劾が避けられないと判断したニクソンは, 8月8日の全米テレビ演説で大統領辞任を発表した.

　ウォーターゲート事件に端を発したニクソンの辞任はアメリカ国民に行政機構や大統領権限の肥大化をあらためて印象づけた. この事件を契機に, 世論や議会のあいだには大統領権限の縮小をめざす動きが強まった. それは見方を変えれば, 議会の復権でもあった. 1973年11月には, ニクソンによる拒否権の行使を乗り越えて戦争権限法 (War Powers Act) が成立した. これにより大統領は, 戦闘部隊を海外に派兵した場合, 議会がその継続を承認しない限り, 90日以内に撤収しなければならなくなった.

　ヴェトナム反戦の拡大, ウォーターゲート事件が作り出した政治不信やアメリカ社会内の亀裂は, ニクソンがめざしたコンセンサスの形成を不可能にした. こうした課題への取り組みは, ニクソン辞任によって副大統領からホワイトハウスの主人となったフォード (Gerald R. Ford, 1913-) およびその後任の大統領の肩に重くのしかかることになった. フォード政権の第一の課題は, ベトナム戦争とウォーターゲート事件でアメリカ社会内に広まった政治不信や権力に対する猜疑心をいかに取り除くかであった. その点で, フォードはその素朴で率直な性格のゆえに, 荒廃し疲れた国民の心を癒すのには貢献した. しかし, 就任のわずか1カ月後にニクソンに特赦を認める決定を下し, 世論の批判を招いた. 一方, フォード政権の外交は世論の孤立主義ムードに悩まされるなか, サイゴン政権の崩壊とヴェトナムからの米軍の全面撤退を見届けることになった.

図 7-4
訪ソ時のフォード大統領とブレジネフ書記長
1974年11月24日．
http://www.ford.utexas.edu/avproj/A2092-3A.jpg

チュー（Nguyen Van Thieu, 1923-2001）南ヴェトナム政権はアメリカの経済的，軍事的てこ入れがあってかろうじて権力の座を保持していた．したがって，1974年3月に最後の米軍がヴェトナムから撤退し，さらに議会の反対で軍事援助も拒否された状況下では，その政権の維持は困難だった．75年3月，北ヴェトナム軍の大攻勢が開始されると，南ヴェトナム軍は総崩れとなり，4月30日に南ヴェトナムの首都サイゴンは革命勢力側に陥落した．ここに，アメリカにとって「最も長い戦争」と呼ばれたヴェトナム戦争は終結した．

アメリカの敗北はアメリカ社会に深い亀裂と幻滅感を残した．その結果，アメリカ国民は冷戦終結後にいたるまで，地域紛争へのアメリカの介入に抵抗感を抱くようになり，アメリカ国民のこのような態度は「ヴェトナム戦争症候群」と呼ばれるようになる．それは，国際社会でのアメリカのヘゲモニー行使に対する深刻な桎梏となった．これ以後の米政権にとって，このような傾向をいかにして克服するかが重要な課題となる．

(2) カーターの登場——人権外交の展開

1976年大統領選挙では，フォードを破って，カーター（James [Jimmy] R. Carter, 1924-）が大統領に選ばれた．カーターは一般投票の51％を獲得し，僅差の勝利だった．選挙人票ではフォードの241に対し，カーターは297だった．カーターは大統領就任演説で，「人権に対するわれわれの誓約は絶対的なものでなければならない」と宣言し，人権の促進を外交の基本方針にすえることを

明言した．それはアメリカが内外で直面する深刻な危機への対応であった．ヴェトナム戦争での敗北，ウォーターゲート事件にみる権力犯罪，ケネディ大統領やキング牧師暗殺，ドルに対する信認の低下，などに苦しむ中，国民の政府に対する信頼は失われ，国際政治での指導力発揮には陰りが見え，アメリカ国民は自信喪失と深い幻滅感に陥っていた．アメリカ社会が直面している現状をこう分析したカーターは，アメリカ人の国民性，価値，歴史的体験を反映した外交目標を明確にすることによって国民の信頼と自信を回復しようとした．この方針は，アメリカは道徳的価値を外交政策の基礎に据えたとき，「最も強く，実行力がある」という，彼の信念にもとづいていた．

カーターの人権外交はアメリカ社会で高い支持を得ることになるが，その要因としては，60年代の激しい人種対立が下火になり，不人気なヴェトナム戦争が終結したことが大きい．アメリカは長らく，国内に人種問題を抱え，国際社会で人権を旗印に外交を展開することには躊躇せざるをえない面があった．また，米軍の激しい空爆で多数のヴェトナム民衆が犠牲になっている現実やソンミ虐殺事件[1]などは，反戦運動家や公民権運動家の目には，国内の人種差別の裏返しだと映った．しかし，60年代の公民権運動やフェミニズム運動が一定の成果を挙げたこと，そしてヴェトナム戦争が終結したことで，人権外交を積極的に推進できる国内的条件が整えられた．カーターはパトリシア・デリアン（Patricia Derian）を人権問題担当国務次官補に任命したが，ミシシッピ州で公民権運動の活動家として知られたデリアンを起用したこと自体，こうした社会の変化を象徴的に示すものである．

カーターの人権外交はまた，ニクソン＝キッシンジャー外交に対する批判を含んでいた．それは秘密主義，裏チャンネルの活用，国民や議会の十分な関与のない非民主的な政策形成，といった政策決定のスタイルに対する批判にくわえて，前政権の外交が人権や道徳的価値を軽視したことに対しても批判を向け

---

[1] ソンミ虐殺事件　ヴェトナム戦争中の1968年3月ヴェトナム中部のカンガイ省「ミライ第四地区」（米軍表記）で起きた事件で，ウィリアム・カリー中尉率いる105名の小隊が，無防備・無抵抗の村民504人（7割が女性と子供）を無差別に殺害し，村を破壊しつくした．「ミライ第四地区」を含むより大きな集落が「ソンミ」（Son My）という名称だったので，「ソンミ虐殺」と称されるが，アメリカでは「ミライ虐殺」（My Lai Massacre）と呼んでいる．ヴェトナム戦争中の米軍の残虐行為はこの事件だけでなく，ソンミ事件の1年後には，数キロ離れたバランアンで「ソンミ虐殺」の2倍を超える村民が米軍によって殺害された．

た．キッシンジャーは，人権は基本的に国内問題であり，アメリカの対外政策の目的にすることは危険である，との立場に立脚していた．これは典型的なリアリストの国際政治認識だった．これに対して，カーターは外交政策を「アメリカ人の生活の対外的表現」(R. A. Melanson) とみなしており，国内秩序と世界秩序との結びつきを意識した外交を展開しようとした．これはすぐれてウィルソン的世界観にもとづくアプローチだと言えよう．

カーターの人権外交は世界各地で抑圧されている人々を勇気づけ，また実際，いくつかの国で政治犯の釈放が行われるなどの成果を挙げた．また，人権擁護の理念はその後の政権にも継承され，冷戦後もアメリカ外交の重要な柱の一つになっている．しかし，人権外交は他の外交目標としばしばトレード・オフの関係に陥ることによって，困難に直面した．ブレジンスキー (Zbigniew Brzezinski, 1928–) 国家安全保障問題大統領補佐官が 1978 年 12 月の外交政策協会での演説で述べたように，「人権をアメリカの外交政策の絶対不可欠な基準とする一方で，それを他国とのあらゆる関係の必須条件とはしないようにする努力は，困難かつ厳しいものだった」．人権の尊重とアメリカの経済的利益や安全保障上の利益のどちらを優先させるかの選択を迫られた場合，人権問題で圧力をかけることを控えざるをえないこともしばしばだった．中国との関係では，国交正常化の実現という目的が人権よりも優先された．

(3) デタントの推進と挫折

ソ連との関係では，カーター政権は前政権の対ソデタント外交を継承し，SALT 交渉を推進しようとしたが，そのために人権問題でソ連批判を控える必要はないとの立場をとった．しかし，ソ連はカーターの行動を内政干渉だと受け止め，強く反撥した．SALT 交渉を重視するヴァンス (Cyrus Vance, 1917–) 国務長官は，人権とは切り離してそれ独自で処理すべきで，「静かな外交」が望ましいという考えを持っていた．ソ連も同様であった．また，米ソ両国の指導者は，それぞれの立場から，SALT – II 締結を必要としていた．ブレジネフは経済上の理由と米中接近への警戒心からであり，カーターは 1980 年大統領選挙を勝ち抜くために外交上の成果を必要としていた．結局，1979 年 6 月にウィーンで開かれた米ソ首脳会談で，両首脳は SALT – II に合意した．

カーターは米中国交正常化でも大きな成果を挙げた．1978年5月にブレジンスキーの訪中を決断したことで，正常化に向けた交渉が進展する舞台が整えられた．中国側は台湾への武器売却問題に最後まで反対だったが，正常化交渉そのものを妨げようとはしなかった．その結果，両国は79年1月1日をもって外交関係を樹立することで合意した．前年12月の米中共同声明は，1) アメリカは，中華人民共和国が中国の唯一の合法的政府であることを承認し，この枠内で，アメリカは台湾との非公式な関係を維持する，2) アメリカは，中国はただ一つであり，台湾は中国の一部であるという中国の立場を承認する，3) 中国は，台湾の復帰と国家統一は内政問題であることを表明する，とうたった．1978年の共同声明では「認識する」ではなく「承認する (recognize)」という表現が使われており，台湾問題では，1972年の共同声明よりも踏み込んだ内容になった．中国側はまた，ソ連の覇権主義に対抗することを望み，共同声明にはアジア・太平洋における反覇権という表現が盛り込まれた．一方，米側は72年のときと同じく，台湾問題の平和的解決を期待する旨を一方的に表明した．また，アメリカによる台湾への武器売却問題では，米側は記者説明のなかで，これを継続することを表明し，その後の米中関係に火種を残すことになった．

カーター政権は南北問題への取り組みをも重視し，南の世界がかかえる問題に積極的に取り組んだ．前政権による第三世界諸国への無神経かつ過剰な介入により，アメリカへの反感が強まっていると感じていたカーターは，ナショナリズムの要求に敏感に対応することによって，アメリカの影響力を高めることができると考えた．1977年9月のパナマ運河条約の締結と翌年春の批准はその成果だった．また，アラブ世界の急進化とソ連の中東での影響力の浸透を阻止するためには，中東での包括的和平の枠組みの構築が不可欠だと考えた．そこで，カーターはエジプト大統領サダトとイスラエル首相ベギン (Menachem Begin, 1913-92) をメリーランド州のキャンプ・デービッドに招き，辛抱強い調停を行い，ついに1979年3月に両国による和平協定の調印にこぎつけた．このキャンプ・デービッド合意により，サダトはイスラエルを承認し，ベギンはシナイ半島の返還を約束した．しかしこの輝かしい外交的成果にもかかわらず，ヨルダン川西岸地区とガザ地区からのイスラエル軍の撤退の問題はあいまいに

図7-5 キャンプ・デービッド合意調印式 (1979年3月)

左からサダト大統領, カーター大統領, ベギン首相.
http://media.nara.gov/media/images/24/10/24-0908.gif　ARC Identifier: 181347

され, パレスチナ国家建設もうたわれなかったことから, PLOのみならずアラブ穏健派諸国でさえもこの条約には強い不満を示した. このため, パレスチナ問題はその後も中東最大の不安定要因として残ることになった.

　一方, 1979年2月のイラン革命でパーレビ王制が打倒され, アメリカは中東政策の要であったイランを失った. そのうえ, 海外亡命中のイラン国王(シャー)に対して病気治療のための渡米が許可されると, イランの対米感情は悪化した. ホメイニ (Ayatollah Rubollah Khomeini, 1900-89) 師の感化を受けた学生や民衆たちがテヘランの米大使館を占拠し, 53人のアメリカ人が人質となり, カーターは窮地に陥った. ブレジンスキーの進言を入れ, ヴァンスの反対を押し切ってまで敢行された80年4月の人質救出作戦も無残な失敗に終わった.

　そのような状況下の1979年12月25日, 8万人のソ連軍が突如としてアフガニスタンに侵攻した. カーターは, ソ連のアフガニスタン侵攻は第二次世界大戦以来の「平和への最大の脅威」だと宣言して, 対ソ強硬政策に転換した.

対抗措置として，穀物と先端技術の禁輸措置に続き，80年のモスクワ・オリンピックのボイコットを決定した．また，CIAはムジャヒディンと呼ばれるアフガニスタン内のイスラーム原理主義者たちに対する軍事支援を開始したが，皮肉にも，こうした勢力のなかから，2001年9月11日の「米国同時多発テロ事件」の首謀者とみられているオサマ・ビン・ラディン（Osama Bin Ladin, 1957-）とアルカイダ[1]の組織は成長してくるのである．カーターはさらに，80年1月24日の一般教書では，「ペルシャ湾地域を支配しようとするいかなる外部勢力の企てに対しても，アメリカ合衆国の死活的利益に対する攻撃であるとみなし，そのような攻撃に対しては，軍事力を含む必要とされるあらゆる手段で反撃する」と述べ，カーター・ドクトリンとして知られる外交原則を発表した．続いて，カーターは大統領決定覚書第59号（PD-59）に署名し，ソ連との核戦争に生き残ることをめざした軍事戦略を打ち出した．それに伴い，国防総省予算は，1976年の1,700億ドルから1981年には1,970億ドルに増大した．こうして，「第二次冷戦」が開始されることになった．

5　レーガン革命と「丘の上の輝ける町」[2]

(1) ニュー・ライトの伸張

1980年大統領選挙でレーガン候補が現職のカーターを破り，共和党が政権を奪還した．レーガンは一般投票で50.1％，選挙人では489人を獲得したの

---

1) アルカイダ（Al-Qaida）　サウジアラビア出身の富豪オサマ・ビン・ラディンが率いるイスラーム原理主義過激派組織．ビン・ラディンは1979年12月のソ連軍アフガニスタン侵攻後，ソ連部隊と戦う同国のイスラーム原理主義者（ムジャヒディン）の闘争に参加し，88年にアルカイダを結成した．89年のアフガニスタンからのソ連軍の撤退にともない，サウジアラビアに帰国したが，その過激な思想と行動のゆえに，サウジアラビア政府により国外追放されたため，その後タリバン政権（アフガニスタン）の庇護の下で，活動の拠点をカンダハルに移した．米政府はこの組織を2001年に発生した9.11テロの首謀者とみなし，同年10月タリバンとアルカイダの拠点の空爆を開始し，40日後タリバン政権の崩壊を導いた．
2) 「丘の上の輝ける町」　「丘の上の町（a city upon a hill）」という表現は1630年，ジョン・ウィンスロップ（John Winthrop）が，約1千名からなるピューリタンの一団を率いてイギリスから新大陸に移住したときに，大西洋を航行するアーベラ号の船上で行った説教の中で使用したもので，アメリカで建設しようとする新しい社会を「丘の上の町」にたとえたことに由来する．それ以来，この表現はアメリカの指導者の演説で，アメリカ独立革命の理念を世界に広めようとする使命感と結びつけて繰り返し使われてきた．

図 7-6
大統領就任パレードでのレーガン大統領

隣はナンシー夫人.
1981 年 1 月 20 日.
http://www.reagan.
utexas.edu/photos/
large/c4911.jpg

に対して，カーターはそれぞれ 40.1%，49 人を獲得したにとどまった（見返しの図参照）．共和党は，下院では多数を制することはできなかったものの，33 議席増となった．上院では 12 議席を増やし，26 年ぶりに多数派となった．レーガンの勝利にはさまざまな要因があったが，国民は何よりも，年率 10% 前後のインフレと 7% の失業率，イランのアメリカ大使館員人質事件に象徴されるようなアメリカの屈辱感と威信の低下，といった現状からの脱出を求めていた．それは，レーガンに投票した者のうち 40% が，「変化の時だ」を理由として挙げたことに示されている．

　80 年選挙で注目されるのは，ニューライトといわれる保守主義勢力の影響力が強まったことだ．彼らは主として，白人下層中産階級，ブルーカラー労働者，ファンダメンタリストといわれる福音主義派の宗教右翼らによって構成され，60 年代リベラリズムの「行き過ぎ」に対する批判者として，60 年代末の保守化の重要な担い手となっていたが，70 年代の政治不安と経済的不満のなかでさらにその存在感を増すようになった．宗教的右派は男女平等権修正 (ERA) 反対，中絶反対，学校でのお祈りの実現など，宗教的確信にもとづく政治行動を展開した．こうした草の根保守派の運動を理論面で支えたのが，保守系シンクタンクである．60 年代から 70 年代初めまでは，ブルッキングス研究所，フォード基金，ロックフェラー基金が資金的に支援する研究がリベラル

な課題の形成に大きな役割をはたしてきた. しかし70年代には, アメリカン・エンタプライズやヘリテージ財団といった保守系シンクタンクが保守派の課題形成の重要な担い手として活動を展開して, リベラルと競争できるまでに成長した. 旧民主党リベラル派から鞍替えした「新保守主義者」もまた, 政治の保守化傾向に合流した. 彼らは, 『コメンタリー』, 『パブリック・インタレスト』といった保守系論壇誌や『ウォール・ストリート・ジャーナル』のような保守系メディアを通して, 保守主義の課題形成に影響力を発揮した.

(2) 「強いアメリカ」の追求と START の調印

　外交政策の分野では, 共和党右派勢力は70年代半ばから反デタントの論陣をはり, 軍備増強と SALT‒II の上院批准反対のための世論啓発活動を開始した. 1976年にニッツェらによって設立された「現在の危険委員会」(Committee on the Present Danger: CPD) など民間の保守派組織は豊富な資金力と効果的なメディア報道に訴えて, 保守派の課題を世論に売り込んでいった. 1976年秋にはまた, CIA長官を務めていたジョージ・ブッシュ (George H. W. Bush, 1924-) の下で, 共和党系右派の反デタント派を結集して対ソ軍事力評価の見直し作業を開始し, 3カ月後に極秘報告書をまとめたが, これはレーガン政権が発足したときに対ソ脅威論の原典となった. この報告は『ニューヨーク・タイムズ』紙に故意にリークされたが, このCIA評価は, それまでGNP比5～6％とみていたソ連の軍事支出の割合を, 一挙に12～13％へと上方修正した. 反デタント派は, ソ連が従来の相互確証破壊戦略から核戦争で勝利する戦略へと軍事戦略を転換したとの観点から, アメリカもソ連の核戦力の増強に対抗して軍備を増強し, 核戦争勝利戦略をめざすべきだ, との主張を展開した.

　レーガン政権の外交・防衛担当者の陣営には, CPDメンバーの多くが政権入りしたほか, 軍産複合体の利益代弁者たちがこぞって参加した. したがって, レーガン政権の担い手たちの対ソ認識はカーター政権のそれとは全く異なっていた. カーター政権は, ソ連のアフガニスタン侵攻によって政策転換を図るまでは, ソ連を攻撃的な意図をもった危険な存在とはみなしておらず, 軍事力を中心に据えた対ソ封じ込め政策には批判的だった. しかし, レーガン政権第一期目の対ソ認識は, レーガン大統領自身が1983年3月3日の演説で, ソ連を

「悪の帝国」と呼んだように，ソ連脅威論のレトリックを強調するものだった．しかも，善悪二元論的な世界観がきわだち，それを武力行使と結びつける傾向が強かった点でも，カーター政権の多元的世界認識とは対照的だった．また，70年代に第三世界で革命政権が次々に出現した状況を捉えて，その原因をソ連の画策と支援に求め，ソ連が米ソデタントの暗黙の了解を破ったと非難したように，ソ連というレンズを通して世界を見る傾向が顕著だった．

　カーター大統領はソ連のアフガニスタン侵攻に対抗するために大幅に軍事予算を増加させていたが，「強いアメリカ」をめざすレーガンは1981年度国防予算をカーター予算よりもさらに14.6％増額し，その後の実質増を7％とする，と発表した．このレーガン大軍拡を正当化するために，ソ連の脅威が強調される必要があった．しかし，SALT-II交渉にあたったヴァンス国務長官によると，戦略バランスがアメリカに不利になったというCPDの主張は，「事実ないしはしっかりとした考えにもとづくものではなく，むしろイデオロギー的なもの」であった．

　レーガン政権は，1950年代から60年代にかけて有していたアメリカのヘゲモニーの復活をめざした．そのために，レーガンは軍拡予算を編成し軍事力強化を図るとともに，「同時多発型戦略」を採用した．この戦略は，西欧や中東湾岸地域でソ連の軍事侵攻が起きた場合には，ソ連が相対的に脆弱なアジア地域でも戦争を展開し，水平的に戦争を拡大することを意図していた．したがって，レーガン政権は同盟諸国に対しては，「共同防衛」のための役割分担と軍備増強を強く求めた．それと同時に，「第二次冷戦」と呼ばれるような米ソ対立の状況を再び創出することによって，手ごわい経済的競争相手となった日欧の同盟諸国をコントロールすることを狙った．ソ連の脅威が高まれば，日欧は安全保障分野で対米依存の度合いを強めざるをえなくなるとの判断からだ．

　その意味で，レーガン政権は核戦力の優位を政治的，外交的強制の手段として活用することも意図していた．それは第三世界にも妥当するとみなされた．パール (Richard N. Perle, 1941-) 国防次官補は，ソ連との核戦争に発展するのを恐れるあまり第三世界の紛争に介入できないような状況が出現するのを回避することの重要性を指摘した．レーガン政権が抱えた「ヴェトナム戦争症候群」の克服という課題の遂行という観点からも，対ソ軍事優位の確保が必要だ

と考えられていた，と言えよう．その他にも，レーガン政権が「強いアメリカ」をスローガンに掲げたのは，軍事力を増強し，世界の警察官として地域紛争にも積極的に介入する意思を国民に示すことで，自信喪失に陥っているアメリカ国民に目標を与え，自信を取り戻させることが必要だと考えたからでもある．

(3) 戦略防衛構想（SDI）と「新デタント」

大軍拡計画のなかでも，レーガンが1983年3月23日に発表した戦略防衛構想（SDI）は，1）敵の「核兵器を無力化し，時代遅れにする手段」の開発，2）当時ジュネーヴで開催中の米ソ戦略兵器削減条約（START）交渉の行き詰まりを打開するための新たな交渉上の梃子を提供する，3）レーガン軍拡に反対する国内の反核運動の高揚に水をさし，議会や世論のあいだに広まっていた軍事費削減要求をかわすため，という狙いを持っていた．1）の点に関しては，核のない世界についてのレーガン的ユートピアニズムを反映していた．レーガンはその好戦的イメージにもかかわらず，核兵器廃絶の必要性については確固たる信念を持っていた[1]．SDIの発表は国内の核凍結運動の鎮静化という点では効果をあげたが，この構想は当初から技術的困難が指摘されており，その当面の狙いは，アメリカのハイテク産業，軍産複合体企業への支援による技術競争力強化にあった．議会技術評価局報告書は，SDIの可能性には疑問を呈したものの，より核心的な問題は「どの技術が花を咲かせるか」だ，と述べている．巨額の資金が軍需産業に投入されることになった．

レーガン軍拡路線は，減税をしながら，同時に1980-84年度の4年間でカーター政権時の国防費を40%も増大させたために，巨額の連邦財政赤字を生みだし，貿易赤字もくわわって，「双子の赤字」を形成した．レーガンは政権二期目に入ると，これ以上の軍拡路線の追求は無理だと考えるようになった．他方，1985年3月にソ連でゴルバチョフ（Mikhail S. Gorbachev, 1931-）政権が誕生し，ペレストロイカ（改革）と「新思考外交」を開始したことは，レーガン政権が「第二次冷戦」から「新デタント」に転換する好機ともなった．ゴルバチョフ大統領はソ連経済が破綻寸前であり，ペレストロイカを進めていくためには，軍縮と米ソ関係の改善は是非とも必要だと考えていた．1985年3月

---

1) Michael Schaller, *Reckoning with Reagan* (Oxford University Press, 1992), p. 173.

図7-7
INF全廃条約に調印するゴルバチョフ書記長とレーガン大統領
1987年12月8日, ホワイトハウス.
http://www.reagan.utexas.edu/photos/large/c44071-15a.gif

からジュネーヴで包括的軍縮交渉のための米ソ首脳会談が始まっていたが, 1986年10月には第二回首脳会談がアイスランドのレイキャヴィクで開催された. その席で, 両首脳は核兵器の大幅削減に関してはほぼ合意に達した. しかし, レーガンがSDIの継続に固執したために, 会談は土壇場で物別れとなった.

射程距離が3,400マイル以下の短・中距離ミサイルの廃棄に関しては, レイキャヴィクで原則合意をみていたこともあり, 1987年12月にワシントンで開催された首脳会談で, 中距離核ミサイル (INF) 全廃条約が調印された. この条約によって廃棄される中距離核ミサイルは, 米ソが保有する全核戦力の8%にすぎなかったが, これまでの軍備管理中心の交渉とは異なり, 史上初の核兵器削減条約として注目に値するものだった. その政治的意義は大きく, 米ソ間の「新デタント」(1985-89年) を軌道に乗せることにつながった. 1990年11月には欧州通常戦力 (CFE) 条約が調印され, 翌91年7月には, 82年以来続けられていた戦略兵器削減条約 (START) の調印にこぎつけたのである.

(4) レーガン・ドクトリン

レーガン政権の第三世界政策は冷戦後のアメリカ外交を理解するうえでも, いくつかの注目すべき特徴を示している. レーガンは1984年8月の共和党大会での大統領候補受諾演説のなかで,「われわれは丘の上の輝ける町であると

いうアメリカの夢を宣言した」，と述べた．さらに，85年の年頭教書のなかで，「われわれの使命は，自由と民主主義を育て，それを守り，そしてこれらの理想を可能なところにならどこにでも伝えることである」と表明し，「自由の戦士たちを援助することは，わが国を防衛することである」，と宣言した．「自由と民主主義」のための右翼ゲリラへの積極的支援を唱えたレーガン演説は，レーガン・ドクトリンと呼ばれるようになるが，これはレーガン政権が第三世界の紛争に積極的に介入する意志を表明したものだ．74年から80年までの時期に，少なくとも14カ国で革命政権が出現したが，第三世界における革命運動の高揚と第三世界の政治的攻勢の背景には，ヴェトナム戦争の後遺症でアメリカが地域紛争に介入することに抵抗する世論がある，とレーガン政権首脳は考えていた．この「ヴェトナム戦争症候群」を克服すべく，83年10月にはグレナダへの軍事侵攻が，そして86年4月にはリビアに対する空爆が敢行された．また，アフガニスタンの反政府ゲリラへの支援をさらに強化し，CIAも作戦に参加した．反政府ゲリラに対する援助額は，ソ連軍が89年2月に撤退するまでに，総額20億ドルに達した．アメリカの政治的信条と武力行使とを結びつける外交を展開するという点で，レーガン外交と9.11後のブッシュ・ジュニア外交との間には連続性が認められる．

　レーガン・ドクトリンにとって最大の試練は，ニカラグアのサンディニスタ政権に対する反革命的介入であった．1979年，サンディニスタ革命勢力はアメリカの支援するソモサ（Anastasio D. Somoza, 1896-1956）独裁政権を打倒し，権力を掌握していたが，レーガン政権は旧ソモサ政権の軍事指導者を中心に構成されたコントラ（Contra）という反政府組織に大々的な支援を開始し，サンディニスタ政権の打倒をめざした．レーガンは81年11月には，コントラの軍事訓練に1,900万ドルの資金を使用する権限をCIAに与える文書に署名した．また，ホンジュラスに大規模な反革命基地を建設し，コントラはこれらの基地から政府軍を攻撃しただけでなく，83年からは約3万の米軍兵士が，さまざまな反政府活動を展開した．レーガンはコントラ反政府ゲリラを「自由の戦士」とたたえた．しかし，サンディニスタ政権はこうしたアメリカの介入と圧力を耐え忍び，84年には，サンディニスタ派の指導者オルテガ（Daniel Ortega Saavedra, 1945-）が選挙で大統領に選ばれた．88年からはサンディニスタ

とコントラとのあいだで和平会談が開始されたが，アメリカの介入によって，81年から87年の内戦を通して，ニカラグア人の死者は4万人にのぼった．

　レーガン政権のニカラグア内戦への介入は，「ヴェトナム戦争症候群」がまだ克服されていないことを示した．国務省の中米専門家たちはサンディニスタ政権との交渉を主張し，米軍部も「第二のヴェトナム化」の不安から直接軍事介入には消極的だった．これに対して，ホワイトハウスと国防総省の文民指導者たちは軍事介入の強化を主張し，83年末，CIAはニカラグアの港湾に機雷を敷設し，さらに石油施設と空港を攻撃する作戦を実施した．このため，世論の強い批判を招き，議会も翌84年にコントラへの軍事援助を禁止した．

　こうした政府内の対立は武器の供給を欲するイラン側の思惑とも重なり，イラン・コントラ事件を引き起こし，レーガンを窮地に陥れた．1979年のイラン革命以降，イランとアメリカとは外交関係が断絶したままであり，80年9月にイラン・イラク戦争（88年8月終結）が勃発すると，アメリカはイラクのフセイン政権に肩入れした．しかし，他方で，この間イランの影響下にあると思われる反米アラブ組織によって，レバノンでアメリカ人が人質として囚われる事件が発生した．ホワイトハウスはこの人質の解放に対する取引として，85年8月から9月にかけて，イスラエルを介して対戦車用ミサイルを含む武器をイランにひそかに売却し，その売却資金が85年から86年にかけてコントラに流用された．86年11月にこの事実が発覚するや，大統領の関与が疑われ，イラン・コントラ事件に発展した．議会はタワー（John Tower, 1925-91）元上院議員を委員長とする調査委員会を設置したが，同委員会が，大統領は議会決定を無視したコントラへの武器援助作戦を知らなかったとの結論を出したことから，レーガンはかろうじてこの危機を乗り切った．

(5) 内政干渉の正当化

　レーガン・ドクトリンは地域紛争への介入の正当化の論理と論拠についても注目される特徴を持っていた．レーガン政権は，一方で，右翼政権のテロや人権侵害には目をつぶりながら，他方で，ニカラグアやキューバなど左翼政権に対しては人権侵害を非難しつづけた．その背景には，CPDのメンバーでもあり，ジョージタウン大学教授から国連大使として政権入りしたジーン・カーク

パトリック（Jeane J. Kirkpatrick, 1926–）に代表されるような見解が，政権内で有力だったという事情がある．カークパトリックは「権威主義」政権と「全体主義」政権を区別する必要性を説いた．前者は自由を抑圧しているが，自国経済を外国資本に開放し，親米的である．他方，後者は共産主義者によって構成され，資本主義を拒絶し，しかもアメリカに敵対的である．カーター政権はそうした区別をすることもなく人権外交の圧力をかけたために，アメリカの国益を損なうことになった，とカークパトリックは批判した．カークパトリックの主張は，レーガン政権の世界秩序形成における優先順位を示している点で興味深い．アメリカのトランスナショナルな資本に市場が開放されていることを政治的自由や人権よりも重視する自由主義帝国の論理が顕著である．

　レーガン・ドクトリンはまた，「民主革命」を後押しするというスローガンの下に，民族自決権や主権を無視することをいとわなかった．この点でも，レーガン政権の世界秩序形成の特徴を浮き彫りにしている．キッシンジャーは，人権は基本的に国内秩序にかかわる問題であり，外交の目標とはなりえない，と考えていた．下院予算委員会の海外活動小委員会でのヴァンス証言（1977年3月14日）に見られるように，カーターの人権外交もまた，国家主権の原則を支持するという姿勢を維持していた．ところが，レーガン政権の場合は，自由，人権，民主化を主権や自決権よりも上位に置くという考えが顕著である．1987年9月国連総会に出席したレーガンは，「地球上の何処であれ，自由は単なる国内問題ではない」，と演説したが，レーガン政権内部の証言によると，「（内政干渉の権利に関する議論の）結論はイエスであった．諸個人の権利のように，権利のなかには，内政不干渉の権利よりももっと根本的なものがあるのだというものだった．……われわれは，民主的な政府を転覆する権利はないが，非民主的な政府に対抗する権利はあるのだ」，というのがレーガン政権内のコンセンサスだった，という．

　自由や民主主義のためには内政干渉も許されるとするレーガン政権の主張は，「デモクラティック・ピース」論に依拠していた．レーガンは1987年9月の国連総会演説のなかで，「自由と民主主義は平和に対する最善の保証である．民主主義諸国は戦争を始めない，ということを歴史は示している」，と述べている．「レーガン革命」はまた，「リベラル・ピース」論にも立脚していた．レー

ガンは87年9月の先の国連総会演説で,市場経済重視のアプローチが繁栄,平和,民主主義実現の真の道である,と強調していたが,続いて88年12月にも,世界中で現在目撃されている「民主革命」は経済についての考え方の変化(市場重視)によって起こった,と繰り返した.「これらの民主主義革命や自由市場革命は,本当は同一の革命」なのであり,それらは「経済的自由と政治的自由の死活的結びつきを基礎としているのだ」,というのがレーガンの信念だった.

このように,レーガン政権の対外政策は,1991年初頭の湾岸戦争以降顕著となる「正義の戦争」論や「デモクラティック・ピース」論,「リベラル・ピース」論につながる考えが認められ,冷戦後のアメリカ外交との連続性を確認することができる.パール (Richard N. Perle) 国防次官補やワインバーガー (Casper Weinberger, 1917–) 国防長官らは,レーガン大統領が政権二期目に入って,対ソ対決路線から「新デタント」路線に転換したことで辞任するが,彼らは9.11テロ後に「対テロ戦争」に着手したブッシュ・ジュニア政権のイラクに対する先制攻撃を強く支持していることにも注目する必要がある.

(6) 福祉国家から「小さな政府」へ

レーガン政権は国際経済の分野で,自由化,グローバル化を推進し,冷戦後に一層加速化するグローバル化の地ならしを行ったが,国内政治の分野では,リベラルな政治改革を敵視し,戦後アメリカの繁栄の基礎となってきた福祉国家体制(『ローズヴェルトの記憶』)に挑戦した.その意味で,「レーガン革命」は,福祉国家体制の危機と自由主義帝国の危機という,アメリカが直面する二重の危機に対する治療法であったと見ることができる.レーガンは国内面では,アメリカ経済と社会福祉制度に関する抜本的な外科手術を施す作業に着手し,「小さな政府」論を唱え,規制緩和,自由化,市場化を積極的に推進した.レーガンの信念は単純かつ明快であった.小さな政府は良い政府である,規制緩和や自由化が持続的繁栄と成長を保証する.そして,アメリカ経済再生のシナリオの重要な施策の一つが大幅減税の実施であったが,レーガン政権の経済・財政政策の知恵袋であったストックマン (David A. Stockman, 1946–) 行政管理・予算局長の告白によると,減税は「高額所得者層の税率を引き下げるため

のトロイの木馬であった」．その結果，所得，富，権力は政府から民間企業へ，労働者から資本家へ，そして貧困者から富裕者へと移転することになった．

6　ベビーブーマーの苦難

(1) リベラリズムへの不満と保守化

1950年代は経済の安定と冷戦下の社会のありようとが直結していたわけではないし，また1960年代は好況がカウンターカルチャーを生み出したわけではない．しかしながら，1970年代に入ってからの不況とインフレーションの昂進とは，おそらくその後の20年間のアメリカ政治と経済，社会の動向にとって決定的な意味をもった．ケネディ＝ジョンソン政権の改革政治が終わり，とくにジョンソンの「偉大な社会」の夢がさめた1970年代初頭，アメリカ国民の多くは1960年代の社会変化をリードしたリベラリズムに対する不満を強めていた．保守派はヒッピーや反戦デモに憤激していたし，白人中産階級の人々は，人種統合のための強制バス通学に敵意をもち，信仰心深いと自認する人々はテレビにおおっぴらにセックス描写が登場したり，学校で性教育が行われることにいらだちを強め，フェミニスト反対派は男女平等権修正に驚愕した．ブルーカラー労働者は気前のよいと見られた福祉支出にうんざりし，「胎児の生きる権利」を擁護する人々は中絶の合法化と闘い，ビジネスマンは規制の強化に反撥していた．そしてやがて，こうした漠然とした反リベラリズムは，1980年には公然たる保守主義へと転化した[1]．

(2) スタグフレーションと個人消費の停滞

ローレン・カウルダーは1950年代の平穏な時代に生まれ，マイホーム，家族，そして安定した中産階級という雰囲気のなかで育った．彼女の父は1950年代後半に，ニュー・ジャージー州郊外プレザントンに，広大な敷地付きのニュー・イングランド・スタイルの住宅を15,000ドルで購入した．これは当時の彼の年収の2倍だったが，復員軍人向けのGI法の恩恵も受けたため，支払

---

[1] Bruce J. Schulman, *The Seventies: The Great Shift in American Culture, Society, and Politics* (The Free Press, 2001), pp. 193-194.

いは困難ではなかった．ところが，1990年にはこの住宅の値段は40万ドルにはね上がっていた．父親は結局この住宅を売却したが，逆に見れば，新規住宅購入者となるローレンのような若い世代にとって，アメリカン・ドリームの象徴であるマイホーム取得が1970年代にははなはだ困難になったことをも意味している[1]．

1年足らずのヨーロッパでの軍務を終えて家族のもとに戻ったジョン・ラインハルトはニュー・ジャージー郊外の，GI用に設計された住宅を11,900ドルで購入した．頭金はわずか1,000ドルでよかった．3人目の子供が生まれたとき，一家は4部屋の住宅に買い換えて移動した．1952年に4人目の子供（ゲリー）が生まれる頃，家族の生活は盤石の基盤の上に乗っているように思われた．ジョンはこう語る．ゲリーが「現在やることすべてが，われわれが同じ年代にやったことに比べてはるかに高価格となった．彼は時代に追いついていかなくてはならないし，それは容易ではない．われわれの頃は家賃が週給を超えないように工面したものだ．それがよい経験則だった．今日，若い人々はそんなことはできない．今日彼らはアパートを保持するのに2週分の給料を支払っている．彼らがかわいそうだと私は思う．今日の若い既婚カップルはわれわれがやったように，11,900ドルで住宅購入などできない．彼らは10万ドル支払わなくてはならない．どこでそれを手に入れるか．むろん，私は財産を相続し，両親からお金をもらうような人々のことを言っているのではない．貯金するために懸命に働いている子供たちのことをさしているのだ．今日クルマ一台がなんと私が買った住宅の値段以上なのだから」[2]．表7-1でわかるように，マイホーム所有率は平均ではさして下がっていないように見えるが，それは戦争直後の政府の政策によって受益した高齢者が所有率を高めている結果で，44歳以下の世代は軒並み所有率を下げている．最初に住宅を取得する年齢（中位数）は1980年代初期には27歳だったが，1991年には35歳に上がった．1973年にベビーブームの最初の年1946年に生まれた人々は27歳だが，彼らの多くはその後数年間で取得者となることができれば幸運だった．だが，1950年代に生

---

1) Katherine S. Newman, *Declining Fortunes: The Withering of the American Dream* (Basic Books, 1993), pp. 1-3.
2) *Ibid.*, 30

まれた人々は若くなればなるほど，きびしい現実に直面する．

プレザントンのような新興郊外住宅地を維持するのは，男性の賃金が上昇しつづけ，マイホームの価格が安定している限りにおいて，そんなに困難ではなかった．だが，1973年前後をさかいに，男性の賃金レートも週給も下が

表7-1 世帯主の年齢別，自宅所有率，1973-90年

(単位：%)

年齢	1973年	1980年	1987年	1990年
25歳未満	23.4	21.3	16.1	15.3
25-29	43.6	43.3	35.9	35.9
30-34	60.2	61.1	53.2	51.5
35-39	68.5	70.8	63.8	63.1
40-44	72.9	74.2	70.6	70.4
45-54	76.1	77.7	75.8	76.1
55-64	75.7	79.3	80.8	80.4
65-74	71.3	75.2	78.1	78.7
75歳以上	67.1	67.8	70.7	71.0
計	64.4	65.6	64.0	64.1

資料：*Declining Fortunes*, p. 30.

りはじめた．他方で，物価は上昇しつづけた．多くの世帯は男性1人で家計を支えることを断念し，女性が働きに出ることで，それまでの生活レベルを維持し，住宅資金を貯金したいと願った．

以上のような状況の経済的背景をざっとみておく必要がある．第二次世界大戦後，アメリカ経済が外見的に順調な経済成長をなしとげることができたのは，いくつかの要因の複合によるものだ．それらは，1) GDPの4～14％ (1950年代)，7.4～9.4％ (1960年代) に達した軍事支出の需要拡大効果，2) 原油や工業原材料などの価格が低位安定していたこと，3) 不況の1930年代，戦争の1940年代につづく戦後の時期に，満たされなかった消費願望が「積み残し需要」となり，一大消費ブームを生み，その後も所得の継続的上昇によって個人消費の伸びがつづいたこと，4) アメリカ経済の貿易依存度が低く，また西ドイツや日本といった，このあとにアメリカ経済の競争的脅威になるような国が復興途上にあって，国際的制約を受けにくかったこと，などによる．

1974年のアメリカ経済は，実質GNPが前年比3％の落ち込み，失業率が9.2％，そしてインフレーションが12％に達するというスタグフレーション (経済停滞＋インフレーション) の状況を呈していた．それまでの経済学は，フィリップス・カーブ (図7-8参照) によって，インフレ率と失業率の間には逆相関の関係があると説明してきた．つまり，不況下で失業率が高いときには，物価上昇率はおさえられ，好況で物価上昇が続くときには，失業率が低くなる．と

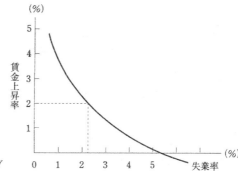

図7-8 フィリップス・カーブ

すれば政策的には，①不況下で多少のインフレーションを覚悟して財政出動等によって失業吸収をはかるか，②逆に物価上昇局面でインフレ抑制を優先して失業者の増大を甘受するかの選択だった．戦後の共和党政権はどちらかといえば②の立場にたち，民主党政権は①の立場をとった．ところが，1970年代に入って，経済全体が不況色を強めても，物価上昇は止まらないという新しい，かつやっかいな局面を迎えた．

これは，オイル・ショックに象徴される産油国とアメリカとの力関係の変化，そしてこれまでの経済成長を支えたメカニズムにかなり根本的な変化が発生したためだ．まず，産業のコスト面では，原油をはじめ，原材料価格が急騰し，それらが元の低位安定に戻ることはなかった．国際的には鉄鋼・自動車など基幹産業でアメリカ産業は競争力を弱め，その分輸入が増加したから，企業はいっそうリストラを進めなくてはならず，失業が増加する原因となった．所得は名目的には増大したが，物価上昇によって購買力は実質的に減少したため，これまでの，所得増加が個人消費の増加に結びつくという好循環はたちきられ，経済成長のエンジンとしての個人消費の寄与度は減少した．

(3) 経済政策の転換へ

以上の実態経済に生じた変化は，経済政策面に大きなインパクトをおよぼした．まず，税収面では，インフレーションによって名目所得が増加するので，累進課税制度のもとでは個人の課税対象所得レンジを人為的に押し上げてしま

ったこと（これをブラケット・クリープという），および所得税とちがって高度に逆進的なために中低所得層に重い社会保障負担の急増という事実がある．他方で，支出面を見ると1960年代の貧困戦争の余波もあり，1970年代には連邦や州地方の福祉予算は増大した．しかもそれは，アメリカの平均的家族が緊縮家計，レイオフ（解雇）の可能性，インフレーション，エネルギー不足と格闘している時に起きた．

　第一次石油ショックがおそった1973年は，多くのベビーブーム世代にとってまさに職歴開始の時点だった．中流アメリカ人は実質所得の伸び悩みと税負担の増大にしだいに不満を募らせていた．激しいインフレーションの下で，土地，建築資材，資金，労働力コストのいずれもが急騰したために住宅建設危機が押し寄せていた．さらに1980年代に入ると，「価格と金利が高騰したために，新しい住宅を買うという伝統的なアメリカの夢を，初めて家を買おうという人々の手の届かないところに追いやった」[1]．彼らの多くはまた連邦や州地方の政府支出の絶えざる増大傾向に疑いの眼を向けはじめていた．結局彼らの多くは，第二次石油ショックの1979年になっても，住宅を購入できなかった．

　こうして1970年代後半の「納税者の叛乱」が準備された．アメリカ経済は1970年代初頭を境として，それまでの平均的実質賃金の増大，所得格差の縮小，貧困人口比率の縮小などの傾向が逆転し，実質賃金の停滞，世帯間所得格差の拡大，貧困人口比率の再増加，低賃金雇用の比率増加などを経験した．1960年代までブルーカラーからたえず上昇してくる人々によって拡大を続けた中産階級部分が縮小しはじめたのである．

　1980年代になると，家族の2人目の稼ぎ手（多くの場合，女性）が就業することを通じて，可処分所得は名目的にふえ，さらにレーガン減税の効果もあり，個人消費が拡大した．他方でアメリカが債務国化し，借金依存比率を高めるにつれて，不可避的に増大する「利子所得」は上流階層の国民所得シェアを高めることとなった．1981年以降に生産性は部分的に回復するが，その果実のほとんどは1960年代までとはちがい賃金に向かわずに，利子支払いやその他の非賃金収入に流れ込んでしまった．

---

  1) Robert C. Yeager, *Losing It: The Economic Fall of the Middle Class* (1980)：丸山勝也他訳『ルージング・イット』（新評論，1981年），49頁．

7 サンベルトとスノーベルト

(1) 地域格差の是正

1970年代にはもう一つ,アメリカ経済の地域的発展の跛行性(はこう)が大きなトピックとなった.オイル・ショック後の経済不況下で,北東部や中西部の製造業地帯を抱えたかつての先進地域の経済停滞が明らかとなり,また南部や西部への人口流入が加速して新しい工業地帯がブームの兆しを示すにつれて,「サンベルト」対「スノーベルト」という形での対比によってアメリカの新たな地域的隆替を表現しようとする見方が定着してくる.もともとカークパトリック・セール(Kirkpatrick Sale)が北緯37度線以南の地域を「サザン・リム」(Southern Rim)と呼んだのが始まりだが,やがて多くの場合,センサス南部にニューメキシコ,アリゾナ,カリフォルニアを加えた地域が「サンベルト」と呼ばれ,ニュー・イングランド9州に大湖州5州(オハイオ,ミシガン,インディアナ,ウィスコンシン,イリノイ)を加えた地域が「スノーベルト」あるいは「フロストベルト」(場合によっては,「ラストベルト」[錆びついた地帯])と呼ばれるようになった.セールが文化面を含める形で語ったサンベルトとスノーベルトの地域的隆替は,やがて連邦予算の地域的配分適正化の問題を絡めた,政治的色彩の濃い「論争」として1970年代後半に活発化した.

スノーベルトの側は下院議員連盟などを母体として活動し,近年の南・西部の経済発展が連邦財政の「不公平分配」によって増強され,東部の経済停滞がそれによって悪化していると主張した.国民1人当りの(財政支出/課税額)比率で見ると,北東部・中西部諸州はおおむね相当規模の「支払超過」,南・西部諸州は逆に「受取超過」となり,1975財政年度には前者は総額で300億ドル,後者は200億ドルに達した.これがスノーベルトの他地域に対する「地域間収支赤字」(balance of payment deficit)の主張である.

これに対してサンベルト,とくに南部の側はノース・カロライナ州リサーチ・トライアングル・パークに本拠をかまえる「南部経済成長政策評議会」(SGPB)の調査研究をもとに反論し,北部に比してなお南部の福祉や社会資本の充実は遅れており,貧困比率も依然高いのだからある程度の受取超過はやむ

をえないこと，また東部からの「資本・労働力の流出」の事実が誇張されていると主張した．カーター政権は78年1-2月に有識者を集めて「均衡のとれた国民経済の発展にかんするホワイトハウスの会議」を開き，この問題についての合意形成をはかり，大部の報告書をまとめた．

　1969年に『共和党優位政治の出現』というタイトルの書物をリチャード・ニクソンに捧げた政治評論家ケヴィン・フィリップス（Kevin Phillips）は，1968年大統領選挙を綿密に分析し，共和党の得票がカリフォルニア，アリゾナ，テキサス，フロリダといった新興サンベルトの成長著しい州と西部や南部の大都市郊外で急増したと指摘した．歴史的には，1960年代までの民主党大統領を支えてきた「ローズヴェルト連合」から下層中産階級の大きな部分がすでに離れつつあった．それは一つには，1960年代までの諸改革によってリベラルの主張（教育，医療への連邦の扶助，公民権，住宅扶助など）が達成され，黒人や貧困者が受益したことによってかえって下層の労働者たちが不満を鬱積させたためである．彼らを自己の陣営に取り込むことによって穏健な保守多数派（イメージ）を形成しようとしたのがニクソンであり，それはある程度成功した．

8　税金をめぐる闘争

(1) カリフォルニア州の減税運動

　宗主国イギリスから植民地防衛の「応分の負担」を求められて，議決権のないところに課税するのは不当だとして，アメリカ独立革命のきっかけをつくった当時から，課税問題はアメリカ人にとってなじみ深い．1970年代後半の課税に対する叛乱はカリフォルニア州で始まった．同州では第二次世界大戦後財産税に対する抗議運動が定期的に起きていた．1966年にはメディアが財産税査定官の不正を暴露したことがきっかけとなり，州政府は財産税を実勢市場価格の25％とする法律を制定した．これにより大多数の企業には大きな減税となったが，個人のマイホーム所有者は猛烈な増税に直面した．それにつづいてロサンゼルスに「納税者連盟」（UOT）や「州自宅所有者連盟」（SHA）が組織され，財産税の撤廃を求めて活動した．納税者連盟を含む初期の運動は税負担を富裕者や企業に転嫁することを目標としており，後の運動とちがって政治的

に保守的ではなかった．しかしながら，1970年代後半になると，インフレの昂進が運動の様相を一変させた．1964-84年間にアメリカの社会保障税負担は8倍となり，財産価値がインフレに伴って急騰したため，同じ小住宅を所有している家族が財産税に2〜3倍もの税金を取られることになり，多くのマイホーム所有者たちは，税金支払い不能によって住宅を喪失することを恐れた．他方で，カリフォルニアをはじめとする多くの州では巨額の予算黒字が発生していた．

財産査定の更新によって猛烈な税額の増大が懸念された1976-77年に税金反対運動はピークを迎え，知事に対する手紙作戦や署名活動が盛んとなった．そして，「自由のための納税者同盟」や「自宅所有者連盟」のような団体が125万人もの署名を集めるキャンペーンを繰り広げるなか，1978年7月に13号提案が投票にかけられることになった．投票日の数週間前にロサンゼルス郡の税査定官が投票後に発効する徴税は，新しい財産税査察によって平均125%も増加することを暴露したこともあり，提案は2対1の差で承認された．その結果，財産税の額はただちに57%も削減され，税率は1975年市場価値の1%に減税された．また，査定額は年に2%以上増額されないこととなり，州税の増額には一般投票で3分の2の賛成を必要とすることとなった．

(2) 運動の全国化と失速

提案は財産税を70億ドル以上減額した．全国平均の150%だった税額は65%に減額され，州は財政黒字を使うことでサービスの低下を防いだ．カリフォルニア州の実験は全米規模の課税に対する叛乱の開始を告げた．1978-81年間に，テネシー，デラウェア，ハワイ，アイダホ，ルイジアナ，ミシガン，ミズーリ，ネヴァダ，サウス・カロライナ，テキサス，ユタ，ワシントンの各州が財政の支出の増加を制限する州憲法修正を承認した．カリフォルニア州はさらに，提案4号によって，州地方支出の増加率をインフレ率と人口増加率を超えないように制限した．37州が財産税を減税し，28州が州所得税をカットした．

1980年11月にマサチューセッツ州は提案21／2号を可決成立させ，財産税を実額の2.5%に減じ，その後の年々の増税額を2.5%以内と定めた．しかし

ながら，これによって公立学校に対する支出がかなり削減された．その後，課税叛乱は勢いを失い，アリゾナ，ネバダ，オレゴン，サウス・ダコタ，ユタでは失敗した．1980年代になると，消費者，納税者，議員は，これまで公的セクターに頼っていた多くのものを民間セクターに求めるようになった．課税に対する叛乱の行き着く先にニューライトの政治的勝利とリベラリズムの後退，保守主義の勝利があった．レーガンはカリフォルニア州の実験の成功を横目に，選挙戦で減税を強調し，やがて政権第1期目にそれを実現させた[1]．

9　フェミニズム運動の多様化

(1) 均等・平等をめざして

　1973年9月20日，かつてのウィンブルドン・テニスのチャンピオン，55歳のボビー・リッグス（Boby Riggs, 1918-95. 彼はまた女性テニス選手に対する無遠慮なこき下ろしでも知られていた）と女性で現役の世界トップ・プレイヤー，ビリー・ジーン・キング（Billie Jean King, 1943-）とが「セックスの闘い」をヒューストンのアストロドームで行い，全米の注目を集めた．試合は6-4, 6-3, 6-3でキングの快勝となって彼女が10万ドルの賞金を獲得したが，この事件はアメリカにおける女性スポーツ選手の拡大にとって分水嶺となった．1971年には女性は男性の選手を応援するチアリーダーに代表されるような脇役であり，学校スポーツ選手総数の7%にすぎなかった．ところが，1978年には女性は高校選手の32%を占めた．1972年の教育法が大きな役割を演じた．1978年から施行されることになっていたこの法律は，連邦が補助するあらゆる教育プログラムにおける性差別を禁止したのである．先のキングの勝利は，この法律に対する学校当局などからの懸念やためらいを一掃した．また，この事件は女性運動が広く文化的領域にも浸透していることをも示した．

　この頃アメリカ史上はじめて，アメリカ女性の半数以上が家庭の外で働いていた．彼女らは仕事を持っただけでなく，キャリアも追求した．動きやすく，冬暖かいスラックスをはく女性がふえた．1970年代に入ると，女性解放運動は，はじめて全国民的な注目を集め，有力なメディアは「ウーマンリブ」につ

---

1) Bruce J. Schulman, *ibid.*, pp. 205-217.

9 フェミニズム運動の多様化

いての詳しい情報を流しはじめた[1]．だがしかし，運動はしだいに分裂を深めた．全米女性機構（NOW）は，女性をアメリカの既存のメインストリーム社会に参画させることに力を入れた．他方で，相対的に若い過激派は，結婚や家族の廃止を叫び，無数の小さな団体やグループを結成した．1971年には全米女性政治コーカス（NWPC）が設立され，募金などを行いながら女性候補の政治進出に努力した．1968年に女性は民主党代議員の13％を占めるにすぎなかったが，4年後には40％を占めた．共和党も，1968-72年間に17％から30％に増加した．

1974年には，女性の教育均等法プログラムが制定され，性役割についてのステレオタイプを批判し，女性の教育機会均等をはかる公立学校に対する連邦補助を増やした．フェミニストたちはレイプ（強姦）についての古い法律の改正を推進し，病院の医療を改善し，救急センターをふやした．また，フェミニストたちは人工妊娠中絶の合法化にも取り組んだ．連邦最高裁は1973年1月に中絶を合法化する判決（ロウ対ウエイド，ドウ対ボルトン）を下したが[2]，それで議論が終わったわけではなく，「女性（母親）による選択尊重」か，「（胎児の）生命尊重」かという形で今日まで論戦はつづいている．

だが，フェミニズム運動の最大の焦点は憲法の「男女平等権修正」（ERA）にかかわるものである．連邦議会は1972年に平等権修正を承認し，各州に批准を要請した．年内に22州が批准し，1977年までに35州が批准したが，憲法修正のために必要な38州の批准は結局できないまま1982年に廃案となった．反フェミニズムのリーダー，フィリス・シュラフリ（Phyllis Schlafly）による反対の論拠は個人の問題を政府にゆだねることによる，連邦政府肥大化への懸念にあった．彼女は「沈黙せる多数派の恋人」というニックネームをもらった．ERAによって，女性に対する法的な保護がなくなるのではないかとの懸念もあった．シュラフリは「おむつや料理が終りのない，繰り返されるルーティンだというのなら，家庭の外の仕事の大半も同様に繰り返しの多い，うんざりする，退屈なものだということを思い出してほしい」と訴えた．

---

1) Sara M. Evans, *Born for Liberty: A History of Women in America* (1989)；小檜山ルイ他訳『アメリカの女性の歴史』（明石書店，1997年），455頁．
2) この判決について詳しくは，荻野美穂『中絶論争とアメリカ社会』（岩波書店，2001年），69頁以下を見よ．

1970年代のフェミニズム運動は二つの会議でピークに達した．一つは，1977年11月にヒューストンで開かれた全米女性会議で，国連の国際婦人年に関連した催しである．代議員が2,000人（うち，35%が非白人），その他の参加者を含めて20,000人が出席した．会議はERAを支持し，連邦政府が教育や企業，政治面で女性の権利と歴史を正しく評価するよう求めた．いま一つは，1980年夏に，分裂開催となったホワイトハウス家族会議である．経営者に対してフレックス・タイム（従業員の事情に応じた労働時間設定）を要求すること，および薬物取り締まりについては合意できたものの，ERAや中絶，政府の社会支出などについては合意が得られず，反フェミニズム派の力量をかえって示すことになった．

10　ミドル・アメリカン・ラディカル

(1) 忘れられた多数派たちの復権

1960年代末頃から保守主義者の側から主張されはじめた「忘れられた多数派」とはどのような内容をさすのか．公民権運動の波がいわば不利益をこうむった立場の人々を問題としたので，「ふつうのひと」が復権する必要があった．黒人でも，ヒッピーでも，左翼ラディカルでも，あるいは貧困者でもない白人の「ミドル・アメリカン・ラディカル」の復権であり，彼らの中心は当初白人の下層中産階級，それと一部重なるブルーカラー労働者だった．この用語は社会学者ドナルド・ウォレン（Donald I. Warren）が1976年に著した書物で用いたものである[1]．1960年代の福祉エンタイトルメント政治の深化は，懸命に働いているにもかかわらず，政府により不公正に重い負担を強いられていると感じる彼ら下層の憤懣をうっ積させた．

ブルーカラー労働者の実質賃金は停滞して，多くの戦闘的ストライキが頻発した．彼らの不満は公民権運動やリベラルのインテリにも向けられた．ブルーカラーはアラバマ州の人種差別主義者ジョージ・ウォーレス知事の支持者の中心だとも言われた．しかし実際には，時給で働くことでホワイトカラーと区別

---

[1] Donald I. Warren, *The Radical Center: Middle Americans and the Politics of Alienation* (University of Nortre Dame Press, 1976).

されるブルーカラー労働者は女性，黒人，スペイン系の割合がふえつつあったし，投票行動でも1968年の大統領選挙で半数は民主党のハンフリーに投票し，ウォーレスに投じたのは15％にすぎなかった．1968年の選挙でさえ，ブルーカラーの多数は民主党候補に投票したと言われている．ただ，彼らの不満や敵意の向けられた先が従来の資本家ではなく，彼らよりははるかに富裕な中産階級の，とくに福祉政治を動かしている専門職エリートだとされる点である．

この，境界線のはっきりしない集団に存在理由を与えて共和党の支持基盤に取り入れようとしたのがニクソンであり，彼は1969年11月に「沈黙せる多数」(silent majority) という言葉を用いて演説を行った．この演説の冒頭でニクソンは「今夜，偉大な沈黙せる多数のわが同胞アメリカ人である皆さんに対して，支持を呼びかけたい．……平和のために団結しよう．また，敗北しないように団結しよう」[1]．ニクソンは沈黙せる多数の中身について，イメージ的に1年前の大統領候補受諾演説のなかで，ヴェトナム戦争で多くのアメリカ人が死んでいるばかりでなく，アメリカの都会においても憎しみあう者どうしが敵対している現実を引き合いに出し，どうすべきなのかと自問したあとでこう述べた．「それは別の声だ．叫びの喧騒（けんそう）の中に聞こえる静かな声だ．それは，一大多数のアメリカ人，忘れられたアメリカ人，叫ばない人々，デモをしない人々の声だ．彼らは善良な人々だ．彼らは上品な人々だ．彼らは働いて，貯蓄し，税金を払い，家族を気づかう．彼らはアメリカの工場で働き，彼らはアメリカの事業を経営し，政府に奉仕する．彼らは自由のために戦った兵士たちのほとんどを送り出す．彼らはアメリカの精神を活性化させる．彼らはアメリカン・ドリームに生命を吹き込む」．

ところが，ウォーターゲート事件に代表される，1970年代半ばにおけるニクソンの失政は，もともとくすぶっていた右翼勢力のニクソン型「穏健派」政治に対する幻滅を本格的なものにし，結局はニューライトと呼ばれることになる攻撃的右翼勢力の台頭を促した．その伏線はすでにアラバマ州知事ジョージ・ウォーレスが1968年大統領選挙にアメリカ独立党を結成して白人下層中産階級やブルーカラー労働者のかなり広汎な参加を引き起こしたことに現れていた．彼らはベトナム反戦運動によってキャンパスの平穏を乱すラディカルな

---

1) Jonathan Aitken, *Nixon: A Life* (National Book Network, 1994), p. 389.

若者たちや，人種平等を求める黒人たちへの反撥を強めていた．

1970年代になると，「文化的」保守主義も登場し，福音主義派の宗教右翼ファンダメンタリストたちが活発な布教と啓蒙の運動に乗り出した．多くの全国的に有名な牧師がテレビの定期的番組を通じて視聴者に語りかけ（「エレクトロニック牧師」），「モラル・マジョリティ財団」や「クリスチャン・ボイス」などの政治団体を数多く組織して，運動の足場を固めた．こうした番組の視聴者は南部，高齢者，女性，そして裕福でない人々に多かった．1970年代に増加した街頭犯罪，10代女性の妊娠の増加と中絶の一般化，ポルノの普及，ホモセクシュアル現象，攻撃的フェミニズム運動の激化は，アメリカの伝統的な家族やコミュニティの価値を危機におとしいれているという認識のもとに，牧師たちは家庭における女性のホームメーカーとしての役割を再認識させ，それによって男性の市場における競争力を強めることができると主張した．伝統的家族とは，「自己犠牲的女性とセルフメイド男性とが共に住んで各々が適切な，補完的役割を果たし，自助努力により，国家による干渉に敵対することを具現化したもの」[1] である．組織的には，従来からの共和党支持層であるアッパークラスをそのまま維持しつつ，反戦運動やフェミニズムに反対するロワーミドルやブルーカラー労働者をどう陣営に組み入れるかという問題だった．この課題は，彼らニューライトがすでに意識的には伝統的家族派と目されていた集団を真の活動家として再結集することによって果たされた．

(2) ミドル・アメリカンのラディカル化

ニューライトのレトリックは，これまではリベラルなインテリと同調する傾向のあったミドル・アメリカンを多数派と意識させることで（すでに多くの経済的課題を「達成」し，文化面に行動の重心を移しつつあった）現状批判的なインテリ階層から引き離し，逆に富裕な資本家・経営者エリートとイメージ的に同調させることで，アメリカ社会の新たな多数派イメージ（モラル・マジョリティ）を創出することに向けられた．こうして郊外化やサンベルトへの移動によって中産階級化しながら仕事，自宅や環境，学校など多くの失うべきものを手に入れ

---

1) William B. Hixson, Jr., *Search for the American Right Wing: An Analysis of the Social Science Record, 1955–1987* (Princeton University Press, 1992), p. 220.

たミドル・アメリカンたちは，これ以上の改革政治に反対するという意味で「小さな政府」論を支持し，「増税」や「ゆきすぎた福祉」に反対し，大統領選挙にさいしては「強いアメリカ」を旗印にする共和党候補のレーガンやブッシュに投票する形でラディカル化した．つまり，1980年大統領選挙においてレーガン陣営を支持した人々は，もともとの共和党支持者である企業家や富裕層のほかに，現状の危機にめざめて，自らの伝統的ライフスタイルを守るという価値観で武装した下層労働者に，宗教右翼が加わった形で，ついにニューディール連合と異なる形で再編された新しい多数派連合だったのである．

他方で当初「発見」されたはずの，ブルーカラー労働者は，一方で非工業化 (deindustrialization) の波の中で斜陽化する鉄鋼・自動車などのかつての基幹産業で資本の攻勢に直面し，他方で新たなマイクロエレクトロニクス化の中で創出される低賃金サービス労働者もまた新たな連邦政府の保護を医療保険，福祉行政など多様な面で必要としているため，両者とも後には伝統的な民主党大統領の支持基盤へと戻っていく．彼らは，イメージが先行して実態よりも膨張して現象している前者，ミドル・アメリカンから排除され，マイノリティ的な位置に押しとどめられた．

11　環境保護運動と政策の新たなうねり

(1) 運動から規制へ

第二次世界大戦後の環境保護運動は，1950年代にコロラド州とユタ州の境界でのダム建設阻止に成果をあげたが，それが直接後の運動に結びつくことはなかった．1949年にオルド・レオポルド (Aldo Leopold, 1887-1948) が刊行した『サンド・カウンティの暦』(*A Sand County Almanac*) が史上はじめて自然を生物や植物の相互関係を通して理解するという，今日で言う生態系 (ecosystem) の考え方を普及させた．環境保全は個々の動物や種の保護でなく，生態系の健全さを維持することを目標にしなくてはならないとレオポルドは主張した．レオポルド自身は1948年に，ウィスコンシン川沿いの森林火災の消火作業中に命を落とした．だが，アメリカ人が人間と動物，食物連鎖の深いつながりを理解するには，1962年のレイチェル・カーソン (Rachel Carson, 1907-64)

による『沈黙の春』(*Silent Spring*)の出現を待たなくてはならなかった．戦中に開発されたDDTに代表される化学薬品の殺虫剤が土壌，水，家畜，そして人間をも汚染する状況に警告を発したこの書物は，戦後アメリカ環境保護運動の導きの糸となった．

カーソンの問題提起に応えるかのように，ケネディ大統領の諮問委員会は1963年5月に「殺虫剤の使用について」という報告書を公表した．1965年2月には，ジョンソン大統領が国土の美しさを再評価するとともに，その美を保全するために，ハイウェイの美化，水・河川や土壌汚染対策，有

図7-9 オルド・レオポルド

http://www.dnr.state.wi.us/org/caer/ce/eek/nature/aldo.htm

害排気物質の規制が必要なことを訴えた[1]．こうして，1960年代後半から1970年代前半にかけては環境保護運動（environmentalism）の最初のピークの時期となった．このことは，1960年代のカウンターカルチャーの思潮と関連している．伝統的なアメリカニズムが成長，競争，豊かさを強調したとすれば，新たなそれは，安定，コミュニティ，そして単純さを強調した．宇宙船アポロが映し出した地球は，その有限性をきわだたせ，環境保護の時代に勢いを加えた．

1965年に大統領の科学諮問委員会の小委員会，環境汚染パネルが報告書を出した．そこには「人間は他の多くの種と世界に共生する一つの種にすぎない」，との表現があり，「汚染軽減の基礎としてわれわれは，環境クオリティ・スタンダードを確立する必要がある」とうたっている[2]．

1965年には連邦水質局，1968年には全米大気汚染規制局が設立された．ニクソンは就任直後の1969年5月，環境クオリティ評議会を創設し，環境のクオリティにかんする市民の諮問委員会をつくった．同年全米環境政策法が制定

---

1) Lyndon B. Johnson, "Beautification," Roderick F. Nash, *American Environmentalism: Readings in Conservation History*, Third ed. (McGraw Hill, 1990), pp. 181–186.
2) President's Science Advisory Committee, "Pollution," in *ibid.*, pp. 196–200.

され，政府の役割をかつての「原生自然の保全者」から「地球，大気，土地，水の保護者」へと再定義した．1970年の年頭教書でニクソンは，次の10年間を環境変革の年とすると宣言し，議会に37項目の検討を依頼した．1970年12月には既存部局からの人員移動を含めて，環境保護局（EPA）が創設された．1970年4月，ニューヨーク市で第1回のアースデイが催された．また，マスキー上院議員らの努力で空気清浄化法が1970年に制定されると，EPAの実施責任は重くなった．EPAと自動車業界は1973年に，1975年モデルから有害排出ガスを85％削減することに合意した．DDTが使用禁止となったのは，1972年である．ほかに，1972年に連邦水質汚染防止法，1973年に絶滅の恐れのある種の保護法，1976年に有毒物質防止法，が制定された．

(2) パワーエリートから「新しいエコロジスト」へ

だが，法律整備や規制の強化と逆行するかのように，国民のあいだの環境保護熱は冷めていった．とくにレーガン政権が環境政策に消極的だったため，たとえば内務長官のジェイムス・ワット（James G. Watt, 1938-）は保護の時計を1世紀も巻き戻したと批判された．EPA長官のアン・バーフォード（Anne M. Burford, 1942-）は，有害廃棄物処理基金の取り扱いについての疑惑により，1983年に辞任に追い込まれた．何よりも，現状に対する批判としてはじまった環境保護運動がロビイストや弁護士，出版人，学者や官僚をかかえる，専門家集団による制度の一部となった．保護論者は政治的場面，裁判所，経済的分析の分野で最適な行動をめざして活動した．

こうした，いわば「パワーエリート」的なあり方に対して批判を提起する人々が現われた．新しい急進派は戦闘的な運動のしかたに特徴があった．それぞれの組織は小さく，したがって数は百ほどもあった．彼ら「新しいエコロジストたち」は，既存の運動が資本主義システムのなかでの改良を行うことで満足していることに批判を提起した．また，これまでの運動の論理が人間中心主義に組み立てられており，自然やあらゆる種それ自体に価値があるとの認識に達していないことも批判した．既存グループがワシントン型の政治に巻き込まれ，ほかのロビーと同じような官僚ゲームを行って，運動にエネルギーを与えてきた大衆から遊離していることも批判した．こうした態度の結果として，運

動が成果をあげることが難しくなっているのだと,彼らは主張した.これらのグループは,闘争現場での非暴力直接行動を基本とするグリーンピース(1971年設立の国際的環境保護団体)のように当局や企業と対決する方法で運動した[1].

12 レーガノミックスとアメリカ社会

(1) 80年代の経済政策がめざしたもの

1980年代は経済政策にとってのコンセンサスがあった時代だった.むろん,この時代も前の時代からの制約条件を負ってスタートしなければならなかった.オイル・ショックに特徴づけられる1970年代はあまりにも激しいインフレーションの時代であり,国民の課税負担も増大しつづけた.イランをはじめとする外国から外交上の辱めを受けて「大国」の威信が揺らいでいた.レーガン政権は軍拡に邁進し,インフレ封じ込めのための金融政策をとり,税制改革を行い,幾多の規制緩和を急ぎ,ドル高を容認した.だが,プラザ合意＝ドル安政策(1985年9月,ニューヨークのプラザホテルで5カ国の財務相が集まり,ドル高是正のために協調介入をすることに合意した)に典型的なように,1985年頃を境にそれまでの政策が見直された.

民主党系のインテリの間から「中産階級の両極分解」論が起きてくるのも1980年代後半のことである.歴史的傾向をレーガンの政策が加速したのだと彼らは論じた.たしかにプロセスは単線的ではない.1970年代以降,サービス経済化,情報産業化がすさまじい勢いで進行し,それらは大量の安価な労働力需要を生み出す反面,鉄鋼,自動車に代表されるような,中位の賃金を稼げる職種が減っていく.この過程はアメリカの地域経済の再編成を伴いつつ進行している.

(2) レーガノミックスとその影響

レーガノミックスは供給の経済学を理論的基礎としたといわれる.インフレーションをおさえることのできない,ケインズ経済学とその政策に対する信頼が1970年代に失墜したためである.そこで,さまざまなサプライサイド経済

---

[1] Kirkpatrick Sale, "Schism in Environmentalism," in *ibid.*, pp. 285–293.

学が登場したのだが，それらの大まかな特徴は以下のようである．①需要要因重視から供給要因の重視への変化．これには，1) 資本形成のインセンティブを見直すことによって，政府の規制やインフレーションの悪影響を明らかにし，投資と貯蓄の誘因を考え直すという意味がある．2) 労働力供給のインセンティブを考え直す．激しいインフレーションによる課税構造の地滑りによって，納税者が大きな不満をいだき，減税論が優勢となった．ブラケット・クリープについては，たとえば，1965 年に 16,000 ドルの課税対象所得を稼いだ既婚カップルは，もしもその所得がインフレ率と同じに増加したとすれば，1980 年には 41,760 ドルになる．彼らの生活レベルは変わらないままである．ところが，彼らの限界税率区分は，28％ から 43％ に増加することになる．

②大きな政府に対する不信感が広がった．これは，財政赤字のマイナス効果理論と重なる．マーティン・フェルドステインの研究によれば，社会保障給付が高レベルだと，個人貯蓄を減らし，国民貯蓄率の著しい減少につながる．こうした理論に裏打ちされて，貧困者扶助，メディケア，一般的に社会保障給付の拡大に反撥する雰囲気が国民の間に醸成された．資本と労働者に対する減税措置が優れていると仮定しても，歳入欠陥が発生しては元も子もないのだが，これについては，ラッファー・カーブの理論が救いの途を示した．つまり，減税をすれば，それによる勤労意欲の増大を通じて，減税分は結局歳入の総計増加となってはねかえる，というのである．

レーガン政権はカーター政権のときから開始されたインフレとの闘いを本格化することで，インフレの押さえ込みに成功した．連邦準備制度理事会 (FRB) 議長ポール・ヴォルカー (Paul A. Volcker, 1927–) のもとで，通貨供給を劇的に削減したのである．カーター政権以来の政府支出の削減と相まって，1980 年には金利は高騰し，金利に敏感な自動車，その関連産業はきびしい不況に見舞われた．プライムレート（市中銀行の最優遇貸出金利）が 20％ にも達した．1981–82 年の不況は 450 万人の新たな失業者を生み出し，中西部の工業地帯は沈み込んだ．

1981–82 年の減税はとくに企業の設備投資控除が有効だった．この間に，法人所得税の連邦税に占めるシェアはしだいに減少し，逆に個人所得税・社会保障負担は増大傾向にあった．すなわち，連邦歳入に占める法人税収入のシェ

アは，1960年の23.2%から，1980年の12.4%へと減少し，個人の税・社会保障負担は，同じ時期に59.9%から77.8%に増大した[1]。

　規制緩和もかなりドラスティックに進められた．すでに1960年代後半から通信，銀行，株式売買，航空輸送などの分野で規制緩和が進んでいたが，1980年代にそれは加速した．航空業界の規制緩和は当初ピープルズ・エクスプレスなどの新規企業を生んだが，やがて既存企業の反撃によって吸収されるか倒産すると，残った企業は猛烈なリストラに走らざるをえなくなった．銀行の規制緩和は悪名高い貯蓄貸付組合（S&L）の不祥事を生んだ．規制緩和はまた，企業の集中合併を促進した．どの業界でも競争が激化したが，1970年代初頭から成熟期の鉄鋼，自動車，工作機械，繊維などの産業部門の非金融資産に対する報酬はきわめて低くなったため，利用可能な現金を製造業に投資するのでなく，金融ベンチャーに投資する傾向が強まった．しかも，連邦の税法によって閉鎖工場の損金額を総利潤から控除できたので，膨大な一時金を取得する大企業があいついだ．こうして経済全体で生産から投機へのシフトが起きて，1983-86年間に12,200の企業が所有者を変えた[2]．そのプロセスで製造業が多くの工場を閉鎖し，「カジノ社会」（賭博場型の社会）と言われるような投機優先の風潮が生まれた．

　金融保険や証券にかかわるサービス労働者が増加することになるが，それらは，ほんのひとにぎりの専門職エリートと多数の単純サービス労働者からなっていて，製造業の基幹労働者のような安定した職と高い賃金を保障はしなかった．

　製造業に組織の基礎を置くことが多かった組織労働の社会的勢力がかつてないほどに弱まり，伝統的な中間的ブルーカラー職種が減少し，それより高い所得層とより低い所得層がふえた．高い職種の中心に位置するのは，これまで見てきた勃興しつつあるハイテク産業を中心に増加しつつある「企業サービス」(business services) 職種である．そのうち最も急速に増加しているのは，コンピューター・プログラマー，オペレーターおよびデータ加工サービスであるが，

---

　1) Thomas Ferguson & Joel Rogers, *Right Turn: The Decline of the Democrats and the Future of American Politics* (Hill & Wang, 1986), p. 101.
　2) Bluestone & Harrison, *The Great U-Turn*, p. 59

それに専門職,事務職,デザイナー,芸術家,保守要員などで1985年に全国で360万人を数える.これに「民間企業に働く非生産的・監督的労働者約1,450万人を加えることで,われわれはアメリカ株式会社の管理的な諸機能を直接的に担当する約1,900万人の人々を得る」[1].1985年の民間総雇用者数は1.1億人だから,これは約17%に当る.むろん上記の職種のすべてが高賃金ではない.1987年の所帯の所得分布では,18.5%が年収5万ドル以上であるから,職種分類と所得分布の両方に重なる階層が今日のアメリカの典型的な「富裕な中産階級」だと考えることができそうである.他方で年収25,000～50,000ドルの中間階層が減っていること,および低所得層が増えていることはすでにブルーストン=ハリソンによって明らかにされたことである.

こうした職種=所得分布の両極化が,消費市場の両極化をも惹起していると推定される.すなわち,「一方の極では,働く貧困者たちの大衆がKマート(現在ではウォルマートの急追で退潮傾向にあるが,かつては安売りスーパーマーケット・チェーンの一つ)や台湾からの輸入品に群がり,他方の極には,(相対的に)『奢侈品や奢侈的サービスのための,旅行やデザイナー衣料の,豪華なレストランや家庭用コンピューター,素敵なスポーツカーのための(相対的に)広汎な市場がある」[2].

(3) レーガノミックスの評価

だが,レーガノミックスをネガティブにばかりとらえるのではバランスを失してしまう.アメリカでは,1962年のケネディ政権のときとレーガン政権のときに大規模な減税を経験している.いずれの場合にもその直後から景気が上向いていることが,何らかのヒントを与えてくれそうだ.まず個人所得税減税の効果を見よう.ケネディ減税では最高税率が91%から70%(1975年)に引き下げられたが,年間所得10万ドル以上層では納税額が13億ドル増加した.また,高額納税者の利子配当所得のシェアは1960年代初頭に比べて激減している.つまり,課税ベースの拡大によってそれまでは圧倒的に利子配当収入に

---

1) Kim Moody, *An Injury to All: The Decline of American Unionism* (Verso, 1988), pp. 207-208.
2) Mike Davis, *Prisoners of the American Dream* (Verso, 1986), p. 218; Moody, *op. cit.*, pp. 208-209.

図 7-10 連邦歳入の増加，1981-91年

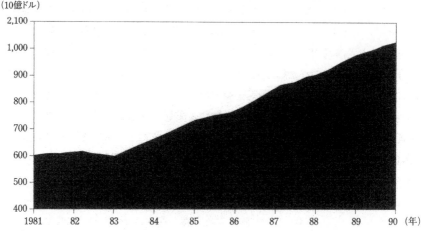

資料：*Economic Report of the President*, 1996. http://www.house.gov/jec/growth/longterm/fig-8.gif

依存していた高額納税者が，自らの労働による所得部分を増加させたのである．最高税率が70％から50％に激減したレーガン減税のときにも，全体の1％を占める最富裕層が減税以前は所得税全体の17.9％をおさめていたが，1982年にはこのシェアは19.3％に上昇し，さらに1985年には22.3％に上昇した．1999年では，クリントン政権による高額所得層に対する増税の効果もあり，36.2％に増加している．こうした変化には，高額所得層（高額に上昇する階層を含む）の労働インセンティブにプラスの変化が起きたことを示しているだろう．

実質固定設備投資は1962-69年にはその前の時期の約2倍の6.1％平均に，1982-89年には2倍弱の4.5％に増加した．この民間投資の増加こそがそれぞれの時期の景気拡大の主要因だった．1980年代には雇用が年平均で2.4％（総数で1,785万人）増加したが，これは減税に対して労働者が労働力供給をふやす形で対応したことを示している．じっさい，この時期には中位の労働者の平均失業期間が短縮した．それによって，家族の中位所得は1970年代とちがって実質で増加しはじめた．もしも増税があれば，逆の動きが起きるだろう．すなわち，労働者はより多くの期間を労働しないで遊んでいようとする可能性が高いのだ．さらに，1980年代は統計的に貯蓄率の下がった時期とされてい

るが，1万ドル～5万ドル層では純資産が19～29％ふえている．年金基金，ミューチャルファンド，株式投資の形でより多くの家族が投資に参加したことが明らかである．1960年代も1980年代も減税後に連邦財政収入は増加した(1980年代については，図7-10参照)．しかしながら前者の時期にはベトナム戦争支出が，後者の時期には軍拡が均衡に向かうべき財政を赤字化してしまったのである．

第 8 章
グローバリゼーション下のアメリカ
1990年代

就任式の宣誓を終え，観衆に手を振るクリントン大統領．右はヒラリー夫人（現・民主党上院議員）．毎日新聞社提供

1 冷戦の終焉とブッシュ政権

(1) 東欧革命とソ連の崩壊

　ジョージ・H. W. ブッシュ（シニア，George H. Bush, 1924–）政権は 1989 年 1 月発足した．同年 5 月のテキサス農業工科大学での演説で，ブッシュは「いまや封じ込めを超えて前進するときである」と述べ，対ソ政策の転換を明らかにした．同年 6 月にポーランドの自主管理労組「連帯」が選挙で圧倒的な勝利を収めたのを皮切りに，東欧の共産主義政権が次々と崩壊し，「東欧革命」が始まった．11 月にはベルリンの壁が崩壊し，12 月には，ブッシュとゴルバチョフ両首脳による会談が地中海に浮かぶマルタ島で開かれた．マルタ会談は戦後 40 年以上におよぶ米ソ対立を地中海の底深く沈めることを宣言した歴史的瞬間であった．これ以降，ブッシュ政権はソ連をリベラルな世界秩序に組み込む努力の一環として，ゴルバチョフの改革を支援することを明らかにした．

　ブッシュ政権はまず，欧州においてドイツ統一，統一ドイツの NATO 残留，そして NATO の維持をめぐる問題に取り組んだ．欧州諸国やソ連の間には，ドイツ統一によって，ドイツが強大な軍事大国になるのではないかという不安にくわえて，ドイツとソ連との接近によって，ドイツが中立化ないしは東方に傾き，その結果 NATO の形骸化が進むのではないか，との不安があった．ゴルバチョフはドイツ統一と NATO 残留には，激しく反対した．ブッシュ政権はそうした状況のもとで，東西両ドイツの統一および統一ドイツの NATO 残留によるドイツの中立化傾向の阻止を最重要課題としながら，しかもそれが，ソ連の安全保障に対する脅威とならないように配慮しなければならなかった．そのため，ブッシュは，NATO の役割を軍事的なものから政治的なものへと変容させることをめざし，さらには，ソ連も参加する全欧州安全保障協力会議 (CSCE) の強化に取り組んだ．1990 年 11 月に CSCE が開催され，11 月 19 日に「不戦宣言」，11 月 21 日に「新しい欧州のためのパリ憲章」が採択された．不戦宣言では，NATO およびワルシャワ条約機構加盟国 22 カ国は「武力による現在の国境の変更を求めることをしない」，とうたい，パリ憲章は「欧州の

1 冷戦の終焉とブッシュ政権　　311

図 8-1
モスクワで米ソ戦略兵器削減条約（START）に調印するブッシュ大統領とゴルバチョフ大統領
http://media.nara.gov
/media/images/29/1/29-
0071a.gif ARC Identifier: 186435

対立と分断の時代は終わった」と宣言した．そして，10月3日に東西両ドイツの統一が実現し，欧州の冷戦は名実ともに終結した．

　ブッシュ政権はその後も，紛争予防や信頼醸成措置の強化を目的として，1991年12月には，NATO諸国と旧ワルシャワ条約機構加盟国で構成する北大西洋理事会（NACC）を創設することに成功した．さらに，同年11月，NATOは新戦略概念を採択したが，それはNATOが冷戦後に取り組むべき新たな課題を提示し，NATOの存在意義を確保することを意図したものだった．これによって，NATOは冷戦後の新たな任務として，対ソ戦略に代わって，旧東欧諸国で生じている民族紛争や大量破壊兵器拡散の阻止などに対処していくことを明らかにした[1]．

(2) 天安門事件とクウェート侵攻

　ブッシュ政権はさらに，欧州以外の地域における問題にも取り組まなくてはならなかった．アジアでは，1989年6月4日，中国における民主化運動を当局が武力鎮圧するという天安門事件が発生し，アメリカ国内世論の中国に対する見方が一転して厳しいものとなった．ブッシュ政権は6月5日，政府・民間による武器輸出の即時停止，両国軍関係者の交流停止，などの制裁措置を発表

---

[1] James M. Goldgeier, *Not Whether But When: The U. S. Decision to Enlarge NATO* (Brookings Institution Press, 1999), pp. 15–18.

した．しかし他方で，米中関係の悪化を避けるために，スコークロフト (Brent Scowcroft, 1925–) 安全保障担当補佐官やイーグルバーガー (Lawrence Eagleburger, 1930–) 国務副長官をひそかに訪中させ，関係改善に踏み切れるよう，民主化運動の逮捕者の釈放などを要請し，実現していった．翌年4月，中国に対する最恵国待遇の更新問題が議会で審議されると，議員たちはその撤回を要求する決議案を提出したが，ブッシュ大統領はこれに拒否権を行使して対抗し，5月24日には最恵国待遇の一年間延長を決定した．ブッシュ政権は，中国が孤立化し，地域の不安定要因となるのは得策ではなく，むしろあらゆるレベルで交流の拡大をはかり，中国を国際システムのなかに組み込んでいくことが必要だ，という方針で対応した．

1990年8月イラクによるクウェート侵攻が起き，ブッシュ政権は対イラク軍事攻撃を検討した．そうなると，国連の安全保障理事会で，アメリカが提出した対イラク武力行使容認決議への中国の賛成を取りつける必要が生じた．中国は武力行使には反対だったが，アメリカ政府の必死の説得が実って，11月29日の安保理決議のさいには棄権に回った．中国はワシントンに恩を売ったかたちとなり，それに応えて，ブッシュ政権は銭其琛外相のワシントン公式訪問に同意し，天安門事件以降続けてきた政府高官レベルの交流停止措置はなし崩し的に解除された．EC諸国や日本なども同調し，西側諸国との関係はほぼ正常化した．これによって，中国は天安門事件以来の孤立からようやく抜け出すことができた．天安門事件以後のブッシュ政権の対中国政策は，ベーカー (James A. Baker III, 1930–) 国務長官に言わせると，「立ち泳ぎ」の状態であった．

(3) 日米関係の転換期

ブッシュ政権期の日米関係もまた，一つの曲がり角にさしかかっていた．1985年に開催された5カ国蔵相・中央銀行総裁会議における「プラザ合意」により，円高・ドル安誘導が打ち出された．また，中曽根康弘 (1918–) 内閣の下で，前川春雄 (1911–89) 元日本銀行総裁を座長とする「国際協調のための経済構造調整研究会」が発足し，86年4月，「前川レポート」を発表した．日本政府も，内需拡大と市場開放のための構造改革に取り組む姿勢を明らかにした．

にもかかわらず，アメリカの対日貿易赤字は一向に減らなかった．くわえて，米ソデタントの進展によって，冷戦の論理にもとづく日米安全保障の重要性が，日米経済摩擦を抑制するというメカニズムは働きにくくなっていた．日本に対する市場開放を求めるアメリカの圧力は日増しに強まり，他方，日本が安全保障で「ただ乗り」しているという極端な意見がワシントンから聞こえてくるようになった．87年には，「日本見直し」論，「日本異質論」の立場からの対日批判がアメリカの論壇やメディアをにぎわし，アメリカの対日貿易赤字が減らないのは，洪水的に輸出をするだけで市場を開放しない日本の特異な行動様式によるものだとの非難が強まった．89年8月7日のビジネス・ウィーク＝ハリス共同世論調査では，将来のアメリカにとって，日ソどちらが脅威かとの問いに対して，ソ連の軍事的脅威は22%，日本の経済的脅威は68%を示すなど，日本を経済的に脅威だとみる人たちが多くなった．

　そうしたなか，先述したイラクによるクウェート侵攻が起こり，それは翌91年1月の多国籍軍によるイラク攻撃に発展し，湾岸戦争が勃発した．この間，中東からの石油輸入依存度の高い日本は「国際貢献」の名の下に，応分の負担を求められ，総額130億ドルの支援を行った．しかし，アメリカ政府はこの貢献に満足しなかったことから，日米双方に強い不満を残した．このときの経験は日本の外交・防衛担当者の脳裏に，ある種のトラウマとして記憶されることになり，その後の日本外交は「湾岸戦争症候群」に陥った．アメリカの軍事作戦のさいにワシントンの要求に過敏に反応するという症状は，9.11テロ後のアメリカの「対テロ戦争」のさいにも発現することになる．

2　ブッシュ政権と湾岸戦争

(1)「新世界秩序」建設の夢

　ソ連という敵が消滅したことから，冷戦終結後のアメリカは外交目標を再定義する必要に迫られた．明確な敵が存在しない状況のもとで外交目標を定義し，優先順位を明確にすることは容易な作業ではなかった．ソ連邦崩壊後，アメリカ外交は少なくとも9.11テロまではそうした状況に置かれていたといえよう．

　ブッシュは大統領に就任すると，自信に満ちた口調で，アメリカの理念がい

まや世界の期待を集めている、と演説した．湾岸戦争はそうしたアメリカの夢を実現し，新しい国際秩序を構築するまたとない機会を提供するものとされた．1990年9月11日，ブッシュ大統領は新世界秩序建設を湾岸戦争の目的の一つだと明言した．『ワシントン・ポスト』紙記者のダン・オーバードーファーは，90年夏から91年3月までの期間に，ブッシュ大統領は「新世界秩序」の用語を少なくとも46回用いた，と述べている．

　ブッシュは，イラクのサダム・フセイン（Saddam Hussein, 1937-）大統領のクウェート侵攻を新世界秩序に対する挑戦だと受けとめた．湾岸戦争時の国防長官で，ジョージ・W. ブッシュ（ジュニア）政権の副大統領であるチェイニー（Richard [Dick] B. Cheney, 1941-）国防長官（当時）もまた，1990年12月30日，米上院軍事委員会の席上，イラクの軍事侵攻を阻止しなければならない理由について，より率直に次のように証言している．大統領の政策の背後にある第一の理由は，さらなる侵略の可能性である．第二の理由は，グローバルな石油供給に対するイラクの支配である．第三の理由は，新世界秩序という観念である．ブッシュ政権にとって，湾岸戦争は世界秩序建設のモデルケースと位置づけられていた．

　ブッシュ大統領による「新世界秩序」は次の三つの原則から構成されていた．第一の原則は，侵略の阻止である．この原則はドイツ・ナチズムに対する宥和政策の失敗，第二次世界大戦の教訓に支えられていただけでなく，冷戦後の世界秩序形成という未来志向にも支えられていた．フセインのクウェート侵攻を見過ごせば，それは冷戦後の秩序形成に悪い先例を残し，冷戦後の世界はさらに不安定化するだろうとの危機感があった．第二の原則は，大国間協調，とりわけ，ソ連との協調による秩序維持への期待であった．第三の原則は，国連の枠組みを基礎とした共同行動であった．共同行動をとる理由は，①コストの分担，②国連の活用により，アメリカが単独主義に陥っているとの批判を回避する，③議会および世論の支持を獲得しやすくする，④多国間の枠組みの形成，の4点であった．③について，ベーカー国務長官は，「議会の支持を取りつけるのは，反サダム・フセインで同盟諸国を結集させるのと同じくらい，大変な仕事だった」，と述懐している．ブッシュ政権の「新世界秩序」は，冷戦後の秩序形成モデルの探求という意味もあった．ブッシュ構想は侵略行為の拒絶，

大国間協調，国連を活用した多国間アプローチ，という三つの原則に立脚していた．イラクの侵略行為は認めないが，といってフセイン体制の転覆による新たな国内秩序の形成までを視野に入れてはいなかった．フセイン体制の転覆をめざした場合には，ソ連，フランス，中国その他多くのアラブ諸国の反対に遭い，大国間協調や多国間協調は崩壊した可能性もある．また，国内世論の支持を得られたかどうかも定かではない．アメリカ単独の武力行使に傾きがちであったブッシュ，スコークロフト，チェイニーらを説得し，多国間協調による事態の解決に重要な役割をはたしたのはベーカー国務長官であった．単独主義の傾向は存在していたが，多国間協調がそれを押さえ込んだ，といえる．

湾岸戦争を契機に再登場するようになった「正義の戦争」論は，望ましい秩序と平和を維持するための軍事力の有効性を是認し，倫理的な基礎にもとづく軍事力の行使の正当性を容認する点で，それまでの戦争違法化の流れとは異なる．そこでは，「敵」は日常的な警察行動の対象として陳腐化され，かつ倫理的秩序に対する脅威とされる．この場合，警察力の行使は，普遍的諸価値によって正当化される．また，それが警察行動だとされるために，行動の対象は理論的には国内秩序の維持に向けられる．さらには，この警察行動は，いかにしばしば発動されようとも，秩序の攪乱者に対する例外措置として正当化される．

(2)「新介入主義者」たち

湾岸戦争を契機に，「新介入主義者」と称されるイデオローグが新たな外交ドクトリンを唱えはじめた．ステファン・ステッドマンは，『フォーリン・アフェアーズ』誌（92/93年号）に寄稿した論文のなかで，その特徴として，内戦は国際安全保障の正当な関心事だという認識と，十字軍的なリベラル国際主義の感情が結びついたものだ，と指摘している．

元来，ウィルソン主義的リベラルは，自決権の尊重という観点から他国の内政に介入することに反対であるか，消極的な立場をとっていた．しかし，冷戦が開始されると，リベラルは社会派リベラルと，冷戦期を通して優勢となった冷戦派リベラルとに分裂した．後者は反共主義を優先し，他国の内政に干渉することを正当化してきた．しかし，冷戦後は，主権と民族自決権とを切り離し，さらに自決権の基礎を民族から人権に置き換えることによって，こうしたリベ

ラル内部の矛盾や緊張は緩和された．そのような経過を経て，「新介入主義者」たちは，主権は国家に属するのではなく，国家内の個人に属すると主張することで，人権の侵害を論拠に他国の内政への干渉を正当化するようになった．

もっとも，すでに指摘したように，湾岸戦争時には，このような考えは適用されなかった．たしかに，湾岸戦争でのブッシュ政権の目的は限定的なものであった．すわなち，フセイン政権の打倒ではなく，イラク軍のクウェートからの撤退による原状回復であり，国家主権の擁護であった．こうした見方に対しては，批判が起こった．「新介入主義者」たちは，湾岸戦争は国際協調と国際的合意にもとづき，国連の枠組みのもとで他国の内政に介入するテストケースだと期待した．次のクリントン政権の下でロシア担当特使や国務副長官を務めることになるタルボット（Strobe Talbott, 1946–）は，国連による他国の内政への介入は，新世界秩序というスローガンに実質的意味を付与するものだったが，ブッシュ大統領は，国家間関係の安定を重視したために，こうした新しい理念をそれ以上追求することはせず，その結果，孤立主義者とウィルソン的国際主義者の双方から批判された，と述べた．

湾岸戦争後もフセイン政権が存続したことで世論は幻滅し，長引く不況とアメリカ経済の先行き不安のゆえに，湾岸戦争の勝利で一時89％の支持率を誇ったブッシュの人気は急激に落ち込んだ．このような国内世論の動向を察知した民主党候補のクリントン（William J. Clinton, 1946–）は92年11月の大統領選挙で，経済問題を最大の争点に選挙戦を展開した．アーカンソー州リトルロックの彼の選挙事務所に掲げられた合言葉は「鍵を握るのは経済だ，間違えちゃいけないよ」というもので，アメリカ経済の再生を訴えた元アーカンソー州知事クリントンが大統領の座を獲得することになった（見返しの図参照）．

3　クリントン政権の「拡大と関与」戦略

(1) ネオ・リベラル国際主義

クリントン政権は「拡大と関与」戦略をとったが，そこで注目されるのは，「デモクラティック・ピース」論や「リベラル・ピース」論である．民主主義国どうしは戦争しないとの主張を展開する論文をドイルが発表したのは83年

3 クリントン政権の「拡大と関与」戦略

だったが[1]，そのような議論がアメリカ国内で広く関心を集めるようになったのは，90年代初頭からである．デモクラティック・ピース論で注目されるのは，彼らが，リベラル国家や民主国家どうしは戦争をしないが，民主主義国は非民主国家や非リベラル国家とは多くの戦争をしてきたことを認めていることだ．さらに，非民主国家

図8-2 就任演説をするクリントン大統領
(1993年)

http://memory.loc.gov/pnp/ppmsc/02800/02863v.jpg

は統治の正統性を持たないとする信念のゆえに，また非リベラル諸国は好戦的で信用できないのだから，逆に，これらの国々に対しては武力行使を辞さないことがよりよい世界を創造する，と考えられている．

こうした主張と論理がクリントン政権の外交戦略の基本理念となっていた．93年9月，ジョンズ・ホプキンス大学で行われた講演のなかで，同政権の安全保障担当補佐官レイク（Anthony Lake, 1939-）は，「拡大戦略」を発表した．レイクによると，この戦略は西側先進諸国を中核とし，その準周辺地域に軍事力を配置し，それに敵対する地域（イラン，イラク，北朝鮮など）の侵略に備え，この敵対地域諸国をも含めた自由主義化，市場民主主義化，民主化を促進するものだ，と説明された．

その後議会に提出された報告書（1994年7月および95年2月の「関与と拡大の国家戦略」，97年5月の「新しい世紀のための国家安全保障戦略」）は，安全保障や平和の問題が国内秩序と密接な関連があるとする立場に立ち，国内体制が民主化し，人権尊重の考えが広まれば，そのような国どうしは戦争をしなくなるだろう，との見方を示した．クリストファー（Warren Christopher, 1925-）国務長官は，こうした考えはクリントン政権の外交の4本柱の一つだったと述べている[2]．経済と同じく，人権，民主主義が戦略的意味合いをもつようになったと

---

1) Michael W. Doyle, "Kant, Liberal Legacies, and Foreign Affairs," *Philosophy and Public Affairs*, pt. 1, 12-3 (Summer 1983), pp. 205-235; pt. 2, 12-4 (Fall 1983), pp. 323-353.

2) 残り三つは安全保障の多次元化の認識，必要な場合の軍事力行使，外交政策に対する世論の支持の強化であった．Warren Christopher, *In the Stream of History* (Stanford University Press,

も指摘されており，そのような観点から介入が正当化される傾向が強まった．しかも，こうしたクリントン政権の対外戦略は，アメリカに本拠を置く多国籍企業の利益を促進するという性格をあわせもっており，その場合の大義名分はグローバル化，自由化であった．このようなクリントン政権の対外政策の理念は，ネオ・リベラル国際主義と呼ばれる．

　クリントン政権下では当初，「積極的多国間主義」が唱えられた．クリントンは，ネオ・リベラル国際主義の観点から，国連の平和維持活動には前ブッシュ政権以上に積極的な姿勢をみせた．それは，トランスナショナルな資本の活動にとって，世界秩序の安定とその維持が不可欠だったからだ．また，経済活動がスムーズに進むためには，国内秩序の安定は不可欠だし，そのためには民主化や人権の促進もまた重要だとみなされたのである．

　こうした観点から，たとえば，国防総省再編の一環として，クリントン大統領はアスピン (Les Aspin, 1938-95) 国防長官に指示し，民主主義・平和維持問題担当国防次官補のポストを新設した．また，オールブライト (Madeleine K. Albright, 1937–) 米国連大使（クリントン政権二期目にクリストファー国務長官の後任となる）は1993年6月，下院外交委員会の国際安全保障・国際機構・人権小委員会での報告のなかで，「積極的多国間主義」の下での国連重視政策を確認し，「アメリカ外交は必然的にマルティラテラルな関与に向かわざるを得ない」，と述べた．「積極的多国間主義」の中心的要素は，「マルティラテラルな関与」と「アメリカのリーダーシップ」であると説明された．

(2) ソマリア派兵と「積極的多国間主義」の後退へ

　しかし，この「積極的多国間主義」は1993年10月3日に起きたソマリア事件で後退を余儀なくされた．ソマリアでの敵対勢力どうしの対立は91年11月には内戦に発展し，ソマリア人口の30％が飢餓に直面した．ブッシュ政権は国連決議にもとづき，92年秋に人道援助支援に目的を限定して米軍を派遣していたが，クリントンは93年8月，約3,000人の後方支援部隊と約1,200人の緊急反応部隊に加えて，約4,000人の特殊部隊を増派し，内戦に直接介入した．事件の起きた日，ソマリアのモガデシオ市街において，米軍部隊はアイディド

1998), pp. 17-19.

派と交戦し，米兵14人が死亡，6日までに16人の戦死者を出した．この事件を契機に，アメリカ国内では，米軍のソマリアからの撤退を求める声が急激に高まり，クリントン大統領は，翌年3月31日までにすべての米軍戦闘部隊を撤収させる，と発表せざるをえなくなった．この経緯は，「ヴェトナム戦争症候群」が依然として，アメリカ外交の制約要因となっていることを示した．

また，政府内では，1993年2月から国連平和維持活動の再検討が開始されていたが，ソマリア事件は政府内の議論に大きな影響を及ぼした．NSC上級スタッフのハルペリン (Morton Halperin, 1938–) がまとめた大統領再検討指令13号 (PRD13) 草案は，国連平和維持活動の「急速な拡大」の支持やアメリカの政治的・財政的・軍事的コミットメントなど，国連平和維持機能の強化とアメリカの積極的参加をめざすものであった．デモクラティック・ピース論の実践が意図されていたといえるだろう．しかし，米軍部，共和党保守派などからこの草案に対する批判が起こり，さらに，ソマリア事件が反対派の勢いを強めた．そうしたことから，94年2月に発表された最終報告は，「平和維持活動はわが国の外交または防衛政策の中心を占めるものではない」としており，積極的多国間主義の後退が示された．

他方で，1992年4月以来続いていたボスニア戦争[1]は，アメリカの調停努力の結果，96年11月オハイオ州デイトンで停戦合意が成立した．ボスニア戦争はNATOの域外紛争への対処能力が試されたケースであり，「デイトン合意」は，NATOの東方拡大をめざすクリントン大統領が反対派を説得するのに役立った．そこで，クリントンは東欧諸国の民主化や96年大統領選挙での**東欧系移民の支持獲得も視野に入れながら，同年10月NATO拡大に本格的に着手した**．ロシアの反撥や懸念を緩和するために97年7月には，NATO・ロシア常設合同理事会の設置についてロシアと合意した．98年4月，アメリカ議会はNATO拡大に関する条約の批准を圧倒的多数で可決した．

---

1) ボスニア戦争　1991年6月にスロベニアとクロアチアが相次いで独立を宣言したのを契機に旧ユーゴスラヴィアで始まった紛争．ボスニア・ヘルツェゴビナでは92年4月にムスリム人とクロアチア人がユーゴからの独立を宣言したため，これに反対したセルビア人勢力が新ユーゴスラヴィアの軍事支援を受けて武力攻撃を開始，3民族間の悲惨な戦争となった．95年8月にはNATO軍による対セルビア人勢力への空爆が開始され，この空爆をテコにしたアメリカの仲介で同年11月に和平合意が成立，12月にパリでボスニア和平協定が調印された．

1998年5月にはユーゴスラヴィア連邦のミロセヴィッチ（Slobodan Milosevic）大統領配下の連邦軍とアルバニア系のコソヴォ人民解放軍（KLA）との間で内戦が激化し，NATOは再び試練に直面した．クリントン大統領はリチャード・ホルブルック（Richard Holbrooke, 1941–）国務次官補を派遣して，調停にあたらせたがうまくいかず，NATO軍は99年3月空爆に踏み切った．域外軍事行動を冷戦後の新たな役割として重視するNATOにとって，セルビア

図8-3 ボスニア戦争（1999年）

共和国へのこの空爆はNATOの存在意義をかけた作戦であり，またクリントン政権のNATO拡大戦略の是非を問うものであった．空爆が国連の許可なく人道的介入の名の下に実施されたため，そうした戦略的意図は隠蔽された．ミロセヴィッチがNATOの要求に全面的に屈服し，空爆は6月に停止された．この間，アメリカ国内で，地上部隊のコソヴォ派遣に根強い反対が存在し，地域紛争を対岸の火事視する国内世論の傾向が続いていることを示した．

4 クリントン政権と東アジア

(1) 地域主義の継承とAPEC

ブッシュ政権は冷戦終結後の世界で，ヘゲモニー復活の道を模索しはじめた．しかし，その方法は，レーガン軍拡の結果としての巨額の連邦財政赤字の教訓を踏まえたものでなければならなかった．ブッシュ政権のヘゲモニー復活戦略はウルグアイ・ラウンド交渉を前進させ，グローバル化を推進することであったが，そのために，アジア太平洋経済協力会議（APEC）を含む地域主義政策が採用された．当然のことながら，ヘゲモニー回復のためのリベラル・プロジ

ェクトは，まず歴史的にアメリカの覇権が確立している西半球から着手された．1990年6月にブッシュは中南米支援構想（EAI）を発表した．同構想はラテン・アメリカ諸国が抱える債務問題への取り組みにくわえて，投資の促進とそのための自由貿易協定の締結から構成されていた．89年にはカナダとの間に自由貿易協定が締結されていたが，91年2月にカナダが，メキシコとアメリカとの自由貿易協定の協議に参加する意思を表明してからは，3者間の自由貿易協定締結に向けた協議に移行し，92年8月には北米自由貿易協定（NAFTA）が締結された．一方，89年にはAPECの発足をみていたが，ブッシュ大統領はAPECへの取り組みを本格化させようとした時点で，ホワイトハウスを去ることになった．

　ブッシュの地域主義路線を継承したクリントン政権は，アジア太平洋を欧州なみに重視する姿勢を打ち出した．クリントンは1993年7月の訪日のさいに，早稲田大学での講演で，「新太平洋共同体」構想を発表した．APECへの同政権の関心の高さは，93年11月のAPECシアトル会議をアメリカが主催したことにも現れている．シアトル会議でクリントンは政治や安全保障問題を協議する首脳会議を提唱し，この政治・安全問題を協議する場はその後も存続することになる．さらに，94年11月のインドネシアのボゴールで開催されたAPECでは，加盟国は2020年までに投資と貿易の自由化を実現するボゴール宣言に同意した．APECをガット・ウルグアイ・ラウンド交渉促進のけん引役とするという，アメリカ政府の意図に沿った宣言でもあった．

　しかし，クリントン政権が推進するリベラルな秩序形成は，1994年末のメキシコのペソ暴落による金融危機やタイのバーツ暴落が引き金となった97年のアジア金融危機に示されるように，自由化やグローバル化の落とし穴の存在を浮き彫りにした．くわえて，アメリカ国内にもグローバル化に対する根強い反対が存在することが以後の経過で判明した．アメリカ議会ではNAFTA批准をめぐって激しい攻防が繰り広げられたが，93年11月11日下院は賛成234，反対200でこれを可決，上院は20日に賛成61，反対38で可決した．とくに，自由化，グローバル化に対する反対は民主党の支持基盤である組織労働者の間に強く，クリントンは共和党議員の支持も獲得することで，ようやく批准を実現した．

NAFTA批准をめぐる政治過程で明らかになったように，アメリカが推進するリベラルな秩序は他にも矛盾をはらんでいた．グローバル化は資本の国境を越えた活動をより一層容易にするが，そのことは同時に，労働者や消費者が，グローバルに活動する資本を国内政治（議会）の場でコントロールすることを困難にする．メキシコで生産された製品がアメリカ国内の安全基準や環境基準に合致したものになっているかどうかを監視することは以前よりも困難となろう．なかでも厄介なのは，人の移動の自由化は，失業への不安，犯罪や麻薬の流入への警戒心を強め，それが移民排斥の動きを生み出す場合もあることだ．1994年11月の中間選挙中にカリフォルニア州では住民投票が行われ，提案187号[1]が成立したことは，反移民と階級的・人種的対立の根深さをうかがわせた．また，フロリダ州マイアミ住民の半数はラティノといわれるヒスパニック系アメリカ人であり，カリフォルニア州では住民5人のうち1人はメキシコ系アメリカ人である．人の国境を越えた移動は州や都市レベルの政治に変容をもたらしている．グローバル化の進展にともない，アメリカ社会もまた，外部要因の影響を受けやすくなっている．クリントンが継承したリベラル・プロジェクトはこうした問題にも取り組んでいかなければならないことを示した．

APECをグローバル化戦略の推進力として利用するというクリントン政権のアジア戦略は，冷戦後のアジアにおける安全保障上の課題への取り組みと並行して進行した．クリントンは，グローバル・ヘゲモニーの回復という究極目標を実現するための最初のステップとして，国内経済の再生を最優先事項と定めた．しかし同時に，経済問題に関する彼のアドバイザーの証言によると，「経済がアメリカのパワーと行動に与える影響についてかなり深い認識をもっていることを立証した」大統領だった，という[2]．アメリカの地域主義政策は経済的性格が強いが，それはヘゲモニー戦略として政治的・戦略的意味を十分

---

1) 提案187号（Proposition 187）　非合法移民の子女が公教育を無料で受けること，および緊急の場合を除き，病院での治療を無料で受けることを禁じるか否かを問うカリフォルニア州の住民投票で，1994年11月8日に行われた投票結果は，賛成59％，反対41％であった．全米の非合法移民340万（推定）中およそ43％が同州に居住しているといわれ，多大な費用を負担しているという州民の不満がこの提案の背景にある．投票結果はアメリカ社会における反移民感情，階級的・人種的対立の根深さを示している．

2) David A. Deese, *The New Politics of American Foreign Policy* (St. Martin's Press, 1994), p. 133.

認識して遂行された．

(2) 日米安保再定義へ

一方，安全保障の分野において，クリントンは，アメリカの世界戦略のなかに日本を組み込むために，冷戦後に漂流しはじめた日米安保をどのように再定義するかという課題と取り組んだ．しかも，この安保再定義の作業は台頭する中国のパワーをどう制御していくかという問題と不可分に結びついていた．安保再定義は1994年11月から開始された．クリントン政権の考えと論理は，東アジアの持続的経済成長はこの地域の平和と安定に依拠している，日米安保は依然としてアメリカのアジア戦略の要であり，日本はこの地域の安定のためにより大きな安全保障上の役割を担うべきだ，というものであった．それゆえ，安保再定義における協議の焦点は，明らかに地域安保にあった．協議はアメリカのイニシアチブの下で行われ，95年2月に東アジア戦略報告（ナイ報告）が完成し，アジア戦略が決定された．これを受けて，日本は橋本龍太郎内閣の下で，95年11月に新「防衛計画の大綱」を閣議決定した．その後，96年4月のクリントン訪日のさいに，日米安全保障共同宣言が発表された．同宣言は，78年に策定された「日米防衛協力の指針」（ガイドライン）の見直しをうたい，97年9月に新ガイドラインが公表された．新ガイドラインは日米防衛協力の実効性を高めることを主眼とし，その中心は周辺有事にあった．続いて，新ガイドライン実施に必要な法制度の整備のために，「周辺事態」関連法案が日本の国会に提出され，それらは99年5月に成立した．

周辺事態関連法の成立に至るまでの安保再定義の過程は，日米安保が本土防衛から地域防衛に力点を移したことを意味し，日米安保の性質を大きく変質させた．くわえて，周辺事態法が朝鮮半島と台湾海峡を対象地域としたために，中国は安保再定義に強く反撥した．日米両国は中国の懸念を緩和するために，「周辺事態」という用語は地理的概念ではなく，紛争の事態の性格を示すものだ，と説明した．結局，これらの法案の成立により，アメリカは「周辺有事」の際に，自衛隊の後方支援を期待できることになっただけでなく，台頭する中国のパワーを制御する手段を与えられた．そのうえ，1990年代に入って，アメリカ経済は10年以上に及ぶ好景気を維持し，巨額の財政赤字も一時は解消

した反面，日本経済は89年から90年にかけて発生したバブルの破綻以降「失われた10年」といわれるような不況を経験してきた．その結果，アメリカは再びヘゲモニーを回復し，この時期には「アメリカの世紀」論が論壇やメディアの関心を呼ぶようになった．

(3) 米中関係の緊張から中国 WTO 加盟へ

　クリントン政権の対日政策は，とくに第一期目において，貿易収支の不均衡や市場開放問題が日米関係の緊張要因となったが，対中国政策においては，人権や民主化が米中関係の緊張要因となった．クリントン政権の対中国「関与」政策は人権と民主化を最恵国待遇の更新とリンクさせるというアプローチをとったが，これは中国の強い反撥を招いた．このためクリントン大統領は，1994年5月になって，人権・民主化と最恵国待遇更新問題を切り離すことを決断した．このことは，過去の多くの政権がそうであったように，アメリカの世界秩序形成において，民主化や人権よりも市場が重視されることを意味した．

　この時期に米中関係の争点として浮上してきたのは台湾問題だった．95年5月22日，クリントン政権は議会の強い要求と妥協する形で李登輝総統の訪米を認めた．この措置は台湾の独立を刺激するものだとして，中国を怒らせた．一方，96年3月23日には台湾の総統選挙が予定されていたが，この選挙期間中，中国は台湾近海で海軍による軍事演習を行った．これを台湾独立派に対する威嚇行動だとみたクリントン大統領は，空母2隻を台湾海峡付近へ派遣し，中国を牽制した．こうした一連の出来事が複雑に重なり，米中関係は天安門事件以来最悪の状況に陥った．中国内ではクリントンの関与政策は封じ込め政策に変わったのではないかとの論調も現れ，アメリカ議会や世論の間には「中国脅威論」が台頭した．

　こうした米中関係の悪化の流れを止めたのが，1997年10月の江沢民国家主席のワシントン訪問，および98年6月のクリントン訪中であった．なかでも注目されるのは，上海での演説のなかで，クリントンが「三つのノー」政策（台湾の独立反対，二つの中国反対，台湾の国際機関への加盟に反対）を再確認したことである．また，クリントン政権は中国の世界貿易機関（WTO）加盟問題での協議を前進させることによって，中国をリベラルな世界秩序に組み込む戦略

4 クリントン政権と東アジア

図8-4　世界に駐留するアメリカの軍隊（2000年）

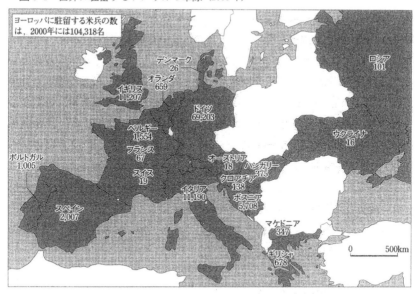

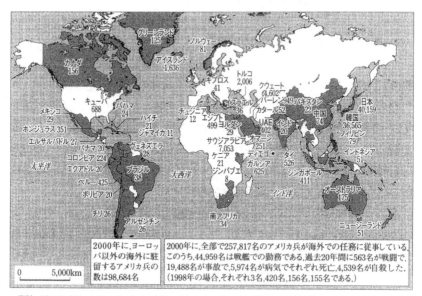

資料：Martin Gilbert, *The Routledge Atlas of American History*, 4th edition (2003), pp. 141-42.

を遂行した．その後，中国系アメリカ人による核弾頭小型化技術「スパイ疑惑」の報道，コソヴォ問題でのNATO軍によるユーゴスラヴィアへの空爆に対する中国の強い非難と，そのような雰囲気の中で起きた中国大使館「誤爆」事件など，99年に入ってもさまざまな障害が発生した．しかし，米中双方ともこれ以上関係が悪化することを回避したいとの思いが強く，交渉を重ねた結果，同年11月15日，両国はついに中国のWTO加盟に関する合意書に署名することになった．その後，アメリカ議会が中国への恒久的正常化貿易関係（PNTR）を認めたことで，G. W. ブッシュ新政権下の2001年12月に中国のWTO加盟が実現することになる．中国のWTO加盟への道筋をつけたことによって，クリントン政権は，リベラルな国際関係にソ連を組み込むことを意図した「最初の秩序再建」計画が米ソ冷戦の発生によって失敗したのとは対照的に，中国をリベラルな世界秩序に組み込むという「第二の秩序再建」のための重要な足がかりを確保したことになる[1]．

5 ブッシュ政権と9.11テロ

(1) 国益追求と単独主義のアメリカへ

ジョージ・W. ブッシュ（ジュニア，George W. Bush, 1946–）政権は，大統領選挙史上まれに見る接戦でクリントン政権副大統領の民主党対立候補アル・ゴア（Albent Gore, 1948–）を破って誕生した．その間，フロリダ州の選挙結果をめぐって連邦最高裁がフロリダ州最高裁の決定を覆す判決に至る約1カ月の混乱が続いた．このような現実を反映して，就任直後のブッシュ大統領への世論の支持率は50%前後でしかなく，外交の分野での経験不足のゆえに，国際政治における指導力に対する不安が指摘されていた．

ブッシュ政権は発足当初から，前民主党政権との違いを強調した．クリントン政権は多国間主義を打ち出したが，ブッシュ新政権の外交政策は多国間主義を弱め，単独行動を際立たせている．これには，政権内部のリアリストの存在

---

1) Hideki Kan, "Japan-United States relations in the postwar years: the dilemma and problems of postwar Japanese diplomacy and their implications for the East Asian Order" in Hugo Dobson and Glenn D. Hook eds., *Japan and Britain in the Contemporary World* (Routledge Curzon, 2003), pp. 62–64.

5 ブッシュ政権と9.11テロ

図 8-5
ライス大統領補佐官（左）とパウエル国務長官（元・統合参謀本部議長）
AP/WWP

が影響している．たとえば，ライス（Condoleezza Rice, 1954-）安全保障担当大統領補佐官は，国益と国際社会の利益との間のバランスをとるというより，むしろアメリカの国益重視の立場に立つ．ライスは『フォーリン・アフェアーズ』誌（2000年1・2月合併号）に寄稿した論文のなかで，アメリカ外交におけるウィルソン主義を明確に否定し，人道的利益とか国際社会の利益ではなく，国益を外交の基準とするべきだ，と主張している．

また，ライスや軍部の影響力の強さを反映して，ブッシュ政権の国際関係についての見方は，地政学的観点がより濃厚である．それは，ブッシュ政権の中国に対する姿勢に示されている．ライスは，アジアにおける敵対的なヘゲモンの出現は阻止しなければならない，と説いているが，中国はアメリカにとって，将来のライバルだとみなされている．このような見方はブッシュ政権首脳に共通しており，2002年度国防報告にも盛り込まれた．

共和党保守派，国防総省（ペンタゴン）それに，「新保守主義者」（ネオコンサーヴァティブ，略称ネオコン）が強い発言力を保持していることもブッシュ政権の特色である．この政権は「超大国アメリカ」という意識を強くもつ．その意味で，92年3月『ニューヨーク・タイムズ』紙にリークされた米国防総省の内部文書「1994～99年会計年度国防計画指針」に示された見解が注目される．

この文書は，チェイニーが指揮し，主としてウォルフォウィッツ（Paul D. Wolfowitz, 1943-）国防次官（当時）の見解を中心にしてまとめられた．その特徴は3点に要約されよう．第一に，冷戦後の世界唯一の大国となったアメリカの政治的・軍事的役割を維持することとし，「西欧，アジアや旧ソ連で，アメリカと競合しうるいかなる大国の台頭をも阻止する」．第二に，「日本とドイツをアメリカ主導の集団安全保障体制に統合し，民主的な『平和の区域を設けるのに成功した』ことを，『冷戦の隠された勝利』と位置づけ，アメリカが北朝鮮，旧ソ連，イラクの核拡散防止のため軍事力を行使することもやむをえない」，と述べている．これは，冷戦期の「封じ込め」戦略がソ連を対象としていただけでなく，日本やドイツにも向けられていたことを示唆するものであり，「ダブル・コンテイメント」（二重封じ込め）を認めている点で注目される．第三に，湾岸戦争でみられたような「連合」(coalition) は暫定的なものであるとみなし，国連中心の集団安全保障体制には疑問を投げかけている．

しかし，この報告はホワイトハウスや国務省からの批判を受けて，修正された．もともとブッシュ・シニア政権の下でも，唯一の超大国論の立場が優勢だったわけではない．修正の内容は，第一に，唯一の超大国を保持するという原案の文言を削除し，協力体制を通じてアメリカの指導的役割の確保をめざす，第二に，日本やドイツを想定した「新たな大国の台頭の阻止」などの表現は，同盟国に対する配慮から削除する，第三に，国連の役割の強化，の3点であった．この修正された中身は湾岸戦争の基本戦略となり，クリントン政権にも継承された．

しかし，ブッシュ新政権の下では，「国防計画指針」に現れた考え方やアプローチがより強くなった．その理由は，上述のペンタゴン文書作成の指揮をとった当時の国防長官チェイニーが新政権の副大統領となり，理論的に大きな役割を果たしたウォルフォウィッツが国防副長官に，さらにチェイニーと30年以上も緊密な関係を維持してきたラムズフェルド（Donald H. Rumsfeld, 1932-）が国防長官にそれぞれ就任したことによる．彼ら共和党保守派やネオコンは，クリントン政権の多国間主義にきわめて批判的であり，彼らの影響力の強さは，日本が議長国となってまとめた京都議定書からの離脱（2001年3月），臨界前核実験の繰り返し（2001年12月，02年2月など），1972年ABM条約の一方的廃

棄の決定（2002年2月），2000年12月に署名した国際刑事裁判所条約からの離脱の決定（02年5月）などに現れている．

(2) 9.11テロがもたらしたもの

くわえて，9.11テロの衝撃はペンタゴンやネオコンの発言力をさらに強め，「国防計画指針」が主張する「超大国アメリカ」論が政権内で優勢になった．たとえば，9.11テロ以後，ハース（Richard N. Haass）国務省政策企画室長の見解はよりタカ派の立場にシフトした．彼は1977年の著書では，「良い悪いは別として，そうした目標はアメリカの手に余ることだ」と述べ，「国防計画指針」にいう「超大国アメリカ」論に批判的だった[1]．しかし，9.11テロ後は，外交政策の重要性が高まったこと，なかでも大量破壊兵器とテロが最優先目標となったことを指摘し，より積極的な介入主義の立場に転換した．ライス大統領補佐官もまた，9.11テロ後，他の大国の間にアメリカと生産的，協調的関係を指向する傾向が見られると指摘し，「有志連合」の構築とアメリカの指導力発揮に自信を示すようになった．

なかでも，原理主義的保守勢力であるネオコンの発言力が強まった．この勢力を代表する「新しいアメリカの世紀のためのプロジェクト」（PNAC, 97年6月設立）はレーガン政権の外交を模範とし，「軍事力と道徳的明快さ」を追求する．彼らはまた，世界を善悪二元論的な対立構図でとらえ，必要ならば軍事力に訴えてでも世界の自由化，民主化などをドミノ現象的に起こすことをめざしている．くわえて，彼らは，国際条約や国際規範，国連などの多国間枠組みに否定的で，単独主義的行動を好む傾向がある．

一方，ワシントンの安全保障論者の間では，1991年の湾岸戦争後，安全保障領域における不安定要因の増大を懸念する声が目立つようになった．クリントン政権下で米中央情報局（CIA）長官に就任したネオコンの同調者ジェームズ・ウールジー（James Woolsey）は90年代初めの公聴会の席で，「あたかも巨大なドラゴン（ソ連）をやっつけたものの，われわれはいまや驚くほど多種多様な，猛毒をもった蛇がうようよとうごめくジャングルに住むことになった感がある．そして，より強い猛毒をもった蛇の一つが，飢餓を武器として用い

---

1) Richard N. Haass, *The Reluctant Sheriff* (The Council on Foreign Relations, 1997), p. 53.

るような輩(やから)である」，と述べた．こうした冷戦後の世界イメージは，外交・安全保障担当者の間に広まりつつあった．こうしたイメージを一般世論に一挙に浸透させるのに，9.11は決定的な役割をはたした．その意味で，ネオコンを代表する論客であるR.ケーガンとW.クリストルが，2000年春の共同執筆論文において，地域紛争や文明諸国の行動規則違反に対しては，「これらのことがあたかもわれわれの玄関先で起きているのと同程度の緊急性をもってわれわれに影響を及ぼすような脅威であるかのように行動する」べきだ，と説いていたことは注目に値する[1]．9.11テロ以前の彼らは，国内世論の外交への関心の低下を憂慮し，当面するアメリカ外交の問題は，「衰退しつつある力，しおれ気味の意志，そして世界におけるわれわれの役割についての混乱」である，と述べていた．彼らの言う「現在の危険」とは，外部からの脅威というよりはむしろ，こうしたアメリカ社会の現状であった．したがって，彼らが力を入れたのは，世論の啓発と動員，およびそれを可能にする外交目標の明確な定義であった．その意味で，彼らにとって，9.11の衝撃は天佑であった．地域紛争がアメリカ本土の安全と結びついていることをアメリカ国民に認識させるのに，9.11はきわめて効果的な役割を果たした．

6　ブッシュ・ドクトリンとアメリカ外交の伝統

(1) ブッシュ・ドクトリンの位置づけ

　ブッシュ・ドクトリンの骨格は，次のように要約されよう．第一に，テロリストのみならず，「テロ支援国家」も軍事攻撃の対象とみなす．しかも，ある国がテロリズムを支援しているか否かの判定はアメリカが下す．第二に，善悪二元論的世界認識を特徴としている．それゆえ，ブッシュ政権の「対テロ戦争」は悪との十字軍的な戦いとして位置づけられる．第三に，伝統的な抑止概念によってはテロリストを効果的に攻撃できないとの考えにもとづき，先制攻撃を正当化した．第四に，アメリカ単独主義の傾向が顕著なことである．何よりも，アメリカの軍事力が「超大国アメリカ」論の基礎として重視される．そ

---

[1] Robert Kagan and William Kristol, "The Present Danger," *The National Interest* (Spring, 2000), p. 64.

れゆえ,第五に,軍事力へのフェティシズムを指摘することができる.彼らのメッセージは,「下手な気を起こさせない」である.

ブッシュ政権の外交はまた,帝国志向が顕著である.これをアメリカ外交の伝統からの逸脱と見るか否かは意見の分かれるところであろう.しかし,単独主義的行動,イデオロギー色の強い外交,軍事力重視の傾向,などはいずれも,アメリカ外交の伝統の一部である.また,ケーガンらネオコンの国際政治認識は,セオドア・ローズヴェルトが西半球への露骨な内政干渉をモンロー・ドクトリンにもとづくアメリカの国際警察活動として正当化したときの秩序認識とそれほど距離はない.彼らは,ローズヴェルトが展開した「棍棒外交」を賞賛し,「文明諸国家による武力介入は世界平和に直接的に寄与するであろう」というローズヴェルトの言葉を引用しているのは単なる偶然ではない.

ケーガンは,パワーの行使に関して,米欧間には立場の違いが大きくなってきていると指摘したうえで,この相違を生み出している根本的原因を,両者間の力の関係が大きく変化したことに求めている.アメリカは,欧州の意向を無視して目的を達成することができるほどのパワーを獲得したという認識である.それゆえ,映画『昼下がりの決闘』を演じたゲーリー・クーパーの保安官役よろしく,アメリカは「町の住人がそれを望んでいるか否かにかかわらず,彼らを守るのだ」,と主張する[1].帝国意識を正当化するドクトリンも現れた.この点に関連して注目されるのは,ハースがブッシュ政権の外交原則として,内政干渉を正当化する,ある種の制限主権論を展開していることだ.ハースは,国家の主権は絶対的なものではなく,一定の条件のもとで制約を受ける,と主張する.「主権は義務を伴う.自国民を虐殺するなかれ.いかなる意味でもテロを支援するなかれ.かりに政府がこれらの義務を履行できないのであれば,政府は主権の保持に伴う通常の利点のいくつかを喪失することになる.その利点のなかには,国家の領域内の出来事には干渉すべきではないという権利も含まれる.アメリカ政府も含めた他の政府は,介入する権利を獲得する.テロの事例に関しては,このような介入の権利は予防的ないしは理由不要の自衛権の獲得につながる.攻撃を受けるかどうかではなく,攻撃を受けるのが時間の問

---

1) Robert Kagan, "Power and Weakness," *Policy Review* (June 2002), http://www.newamericancentury.org/kagan-052002.htm

題だと考える根拠がある場合には，本来的に，そのことを予期して行動をおこすことができる」[1]．

(2) アメリカ外交の流れとブッシュ外交

アメリカの対外行動の中に帝国化を志向するものがあるとしても，それだけではアメリカ外交の伝統を語り尽くしたとはいえない．外交問題評議会上級研究員のウォルター・R. ミードはアメリカ外交の伝統を，ジェファソニアン（ミニマリスト的国際主義），ジャクソニアン（ナショナリスト），ウィルソニアン（リベラル国際主義），ハミルトニアン（経済的国際主義）に分類している．これらの分類方法の評価はひとまず措くとして，本書はアメリカ外交にいくつかの主要な系譜が存在することを示している．また，ミードの議論で注目されるのは，この四つの系譜のいずれかが突出することによって，世界におけるアメリカの役割に関する合意が形成されなかったときにアメリカ外交は危機に陥った，と指摘している点である．このような認識に立って，ミードは過剰介入の危険をさけるために，ジェファソニアンの声（戦争の回避，法や規範の尊重，厳密な国益の定義，なるべく少ない犠牲とコスト，を外交の基準として重視する）にもっと耳を傾けるときだ，と警告する[2]．

世論調査の示すところでは，ブッシュ政権の外交は9.11以後，アメリカ国民の高い支持を得てきたが，そのことはアメリカ外交のアプローチや世界におけるアメリカの役割に関して，国内で合意が形成されていることを必ずしも意味しない．2003年3月に始まった対イラク戦争では，33名から成るリアリストの研究者集団が02年9月26日の『ニューヨーク・タイムズ』紙に戦争反対の意見広告を掲載した．この意見広告名簿には，リアリズムの国際政治理論の大御所ケネス・ウォルツをはじめ，戦略理論の権威トーマス・シリング，安全保障問題の大家アレキサンダー・ジョージ，ハーヴァード大学のステファン・ウォルツ，それにネオコンに影響力をもつシカゴ大学のミアシャイマーも含まれている．S. ウォルツとミアシャイマーは共同執筆論文「不必要な戦争」の

---

1) Nicholas Lemann, "The Next World Order: The Bush Administration may have brand-new doctrine of power," *The New Yorker* (April 1, 2002).
2) Walter R. Meed, *Special Providence* (Alfred A. Knopf, 2002), p. 331 ff.

なかで，フセインが大量破壊兵器を保持すれば，彼の無謀さ，無慈悲さ，侵略性からみてその使用を抑止することは不可能だという先制攻撃論者の主張は，フセインの過去の行動に照らして証明されない．それどころか，アメリカはイラクを効果的に封じ込めることができることを歴史は示している，と主張している．

(3) ジョセフ・ナイの警告

リアリストや安全保障問題専門家からのこうした批判の他にも，多国間協調を重視するマルティラテラリストは，アメリカが強大なパワーを保持するようになったいま，他国の主張により一層注意深く耳を傾けるべきである，と忠告する．クリントン政権の国防次官補を務めたハーヴァード大学のジョセフ・ナイ (Joseph S. Nye, Jr.) もその一人である．

ナイの議論のなかでとくに注目されるのは，アメリカ一極支配というネオコンの国際政治認識との違いである．ネオコンは，現在のアメリカは欧州やアジアの同盟諸国の支援がなくても，アメリカ単独で問題を解決し，世界秩序を形成していくだけのパワーを保持するようになった，と考えている．ラムズフェルド国防長官が2003年3月19日のイラク戦争開始直前にイギリスの支援がなくてもアメリカは困らないという趣旨の発言をしたのも，そうした意識の現れである．しかし，ナイによると，軍事力の次元では一極であっても，経済力の次元で世界は米，欧，日の三極であり，将来的には中国の経済力の台頭も視野に入れなければならない．また，第三の次元（トランスナショナルな関係）では，パワーは拡散しており，政府の統制下にない多くの非国家的行為体の存在を無視できない．9.11はそのことを明確に示した事件であった，という．アメリカは他のいかなる国も挑戦できないほどの強大なパワーを保持するようになったが，テロリズムや大量破壊兵器の不拡散といった問題を解決するためには他国との協調が必要である．ナイはアメリカのパワーが直面するこのようなディレンマを「アメリカのパワーの逆説」と呼び，それゆえ単独主義は挫折する，と警告している[1]．

---

1) Joseph S. Nye, Jr., *The Paradox of American Power* (Oxford University Press, 2002), pp. 39-40.

アメリカ社会にはネオコンの立場とは異なる有力な立場や見解が存在する．ブッシュ・ドクトリンの行方(ゆくえ)について考える場合，誰が大統領になるか，共和党と民主党のいずれが政権党になるか，などの組み合わせによって，ネオコンが影響力を失う可能性もある．ナイの議論はどちらかというと，民主党の外交路線に近い．事実，クリントン民主党政権の外交は多国間協調主義が基調であった．また，冷戦の終結を演じたブッシュ・シニア共和党政権の外交は伝統的な「国益」重視のリアリストの外交であった．

7 世界秩序形成における正統性の問題

(1)「対テロ戦争」——戦争の恒常化

ブッシュ・ドクトリンにもとづく外交はいくつかの深刻な問題を抱えている．それは第一に，「アメリカ合衆国の国家安全保障戦略」報告（2002年9月）にもみられる二つの方針，すなわちグローバル化と安全保障の矛盾が生み出すディレンマである．この報告の第7章は，経済のグローバル化がアメリカの基本戦略であることを確認している．しかし，グローバル化はテロリストのネットワークの拡大と大量破壊兵器の国境を越えた拡散をも伴う．すなわち，グローバル化の時代はまた，「兵力均等化」(force equalizer) 力学のはたらく時代でもある．テロリストが大量破壊兵器を手に入れ，アメリカに対抗することが容易になった．

ブッシュ・ドクトリンはこのような脅威に対して，精密誘導兵器，無人偵察機，情報収集力の強化，などを軸とする先制攻撃戦略で対抗することを明らかにした．しかも，その外交アプローチは単独主義である．このようなやり方でテロと効果的に戦うことが可能だろうか．まず，軍事的解決手段はテロを生み出す根本問題（貧困，抑圧，不正）に真正面から切り込むものではない．それゆえ，ブッシュの「対テロ戦争」は戦争を恒常的なものとし，戦争という非常事態の日常化をもたらすであろう．アメリカの世論がこのような非常時の常態化という状況にいつまで支持を与えつづけるか，大いに疑問である．くわえて，アメリカ単独主義はアメリカ以外の国々の対米支持を難しくするだけでなく，逆により大きな反撥と抵抗を生み出さざるをえない．それゆえ，アメリカ外交

のコスト負担は増大するうえに，ナイが懸念するように，アメリカのソフト・パワーも傷つけられることになる．対イラク戦争の準備段階で，国連安全保障理事会の支持を得られなかったことは，アメリカの戦争目的が正当な根拠に基礎づけられていなかったと批判されたことでもある．フセイン政権と9.11テロの首謀者とみられるアルカイダとのつながりを示す明確な証拠も提示されず，大量破壊兵器も発見されず，しかも国連安保理の新たな決議を得ることもなくフセイン政権の打倒をめざしたことは，世界世論の目には，世界秩序の基礎となっている規範やルールを破壊する行為と映った．

　ブッシュ政権による戦闘行為は，それが「対テロ戦争」に向けられるものであれ，体制転覆を目標とするものであれ，「正義の戦争」として遂行される．それはまた，ロンドン大学のマリー・カルドーのいう「スペクタクル戦争」（見世物的戦争）という特徴ももつ．アメリカ国民にとって，この種の戦争はテレビや映画の中の戦争，すなわち「ヴァーチャル・ウオー」である．しかし，大規模空爆は多くの民間人の死傷者を出す「リアル・ウオー」でもある．この内と外の対照性は，国内世論の支持を得るのには効果的でも，世界の人々にとっては正当性のない戦争である．アメリカ国民の生命がアフガニスタンのタリバンやイラク人の生命より価値があるのだという含意を完全に排除することはできないからである．戦争研究の権威であるオックスフォード大学のマイケル・ハワードは，「対テロ戦争」の名の下に実施されたアフガニスタンへの空爆は，それによって引き起こされる「付随的被害」(collateral damage)のゆえに，「アメリカに対するテロ攻撃の結果アメリカが獲得した，道義的にとてつもなく優越的な立場を減じてしまった」と述べている[1]．

(2) ブッシュ・ドクトリンの行方

　ブッシュ大統領は2003年5月1日，太平洋上の空母エイブラハム・リンカーンの艦上で，イラク戦争の戦闘終結を宣言した．大量破壊兵器疑惑を理由にフセイン政権打倒に踏み切った軍事作戦は3月19日の開戦以来約6週間で事実上終了した．

---

1)　Michael Howard, "What's in a Name?: How to Fight Terrorism," *Foreign Affairs* (Jan/Feb 2002), p. 11.

図 8-6
空母エイブラハム・リンカーン艦上で対イラク戦争戦闘終結演説に向かうブッシュ大統領
http://www.defenselink.mil/daimages/photos/may2003/essays/pi050103b4.jpg

　ブッシュ・ドクトリンの担い手たちは，アフガニスタンに対する「対テロ戦争」や対イラク戦争を，「アメリカの物質的利益と諸原則に合致した国際秩序を保持し，拡大する」という目標の一環として位置づけている．しかし，そうした秩序が何であるかはアメリカ単独で判断でき，それに反抗する国々はアメリカの敵であり，軍事力によって排除されなければならない，と主張する．こうした論理とイデオロギーだけでは，世界世論の支持を獲得することは困難である．「結局のところ，他人は自分の利益が何であるかをわれわれ以上に分かっていると想定せざるをえない」というロバート・タッカーの指摘は正鵠を射ている[1]．チャールズ・メリアム（Charles Merriam）は『政治権力』という書物のなかで，「権力が暴力を用いるとき，権力は最も強いのではなく最も弱いのだ」と述べている．暴力の行使に劣らず重要なのはソフト・パワーである．「振り返ってみれば，観察者は暴力行使以外に，あるいはその周辺に，より苦痛が少なく，しかも犠牲も少ない，より良い方法を発見したかもしれないのである」というメリアムの言葉はブッシュ・ドクトリンの行方を暗示しているように思われる．

---

1) Robert Tucker, "American Power-for What? A Symposium" *Commentary* (January 2000), p. 36.

8 グローバリゼーションと情報技術革命

(1) ネットワークは国境を越える

　1989年11月にベルリンの壁が崩壊してからの十数年間は世界経済，およびアメリカ経済と社会に革命的と言ってもいいような変化が起きた．むろん，歴史は過去のできごとの累積のうえに進んでいくものだから，ほとんどの変化はこれまでの経済史と断絶しているわけではない．むしろ，これまでのさまざまな変化のいくつかのベクトルがここ10年ほどのあいだにきわめて急激な変形をもたらすように作用したのであろうと推察される．1990年代のアメリカ社会に強烈なインパクトを与えた要因は大きく言って二つの方向から考えることができる．

　一つは，グローバリゼーションの進行である．これも歴史的には，1929年大恐慌以降の不況期に世界経済が分断された状態を最下底として，第二次世界大戦後から徐々に進展してきたので，漸進的な歩みとも言えそうだが，近年になって加速したことも事実だ．そのきっかけは，1971年のニクソンによるブレトンウッズ体制の廃棄，変動相場制の開始に求められよう．変動相場制は，通貨の相対的価値が時々刻々変動することによって，通貨自体を国際金融資本家やそのグループ，そして投機家の投資対象にしてしまった．ちょうどその頃から国際金融市場も活発化していた．グローバリゼーションとは，商品サービス，資金，通貨，労働力，情報がこれまでとは比較にならないスピードと規模で地球の隅々まで波及浸透し，たとえば商品サービスの世界市場がこれまで以上に一体化した状態を言う．地理的に考えると，第二次世界大戦後の世界はまず北米と西ヨーロッパが市場統合し，やがてそれにアジアや日本が加わり，社会主義の崩壊によって東ヨーロッパや旧ソ連が，そして近年では中国も加わった結果，取り残された国や地域はかなり限られたものとなった．

　いま一つは，情報テクノロジー (IT) の進展である．コンピューターが単体でさまざまな情報を解析するのみならず，相互にネットワークで結ばれることによって，情報の発信と受信を未曾有の規模に拡大した．企業相互間，企業と消費者のあいだの商取引が，ますます多くインターネットを通じて行われるよ

うになり，情報格差が縮小した．また，企業内部でもローカル・エリア・ネットワーク（LAN）を構築することで，意志決定や伝達をはるかに容易に，スピード化した．コンピューターとそのネットワークが企業の商品在庫の管理や，品質管理，その他に多く用いられるようになると，情報技術関連産業でなくとも，生産性の上昇という果実を獲得できる．アメリカはインターネット発祥の地であり，また他の国や地域に対して貿易や資本取引の自由化を求める立場にあったことから，これらの変化のインパクトも最も早く，最も大きく受けることになった[1]．

(2) ニューエコノミー

ニューエコノミーという用語はすでに1980年代初頭に登場している．それは，当時これまで経済成長をみちびいてきた製造業でなく，サービス経済が牽引する経済のあり方をそう呼んだものだ．経済がサービス産業によってリードされると，これまでよりも成長は遅くなり，物価は上昇し，低賃金職種が増加すると懸念された．今日のようなニューエコノミーという用語の使われ方は1990年代初頭からのものであり，テクノロジーが牽引し，急激に成長する，インフレ率の低い経済のあり方をさしている．こうした使い方を広めたものの一つにマイケル・マンデルが1996年末に『ビジネスウィーク』に載せた「ニューエコノミーの勝利」と題する論文がある[2]．そこで，マンデルは，過去2年間の株式相場上昇の65％は，「ニューエコノミー」がしだいにしっかりと根を下ろしていることの反映であり，企業はますます多くのコンピューターや通信設備に対する投資を続けることで生産性の上昇を確保し，高い利潤を生み出していると述べる．相場を押し上げているいま一つの要因は，グローバル化に伴う世界的なインフレ懸念の後退である．というのも，1970年代や1980年代においては，経済がフル稼働に近づくと，物価が上昇しはじめることが普通だったからである．インフレの恐れがなくなると，連邦準備制度理事会は安心して金利を低く保つことができるから，企業は低利資金を得やすい．

---

1) 以下の叙述は，秋元「ニューエコノミーとアメリカ中産階級」，『歴史と経済』（旧『土地制度史学』）第179号（2003年）において一部分析したものである．

2) Michael J. Mandel, "The Triumph of the New Economy," *Businessweek* (December 30, 1996).

第二次世界大戦後のアメリカでもGDPのわずか数％にすぎなかった輸出入額がいまや26％に増加し，アメリカ企業は製品の販路をこれまでよりはるかに大きな海外市場に求めることができるようになった．

　コンピューターの利用も，1980年代以降はネットワーク化によって，多くの人々にとって必要不可欠のものへと進化した．インターネットという用語が最初に登場したのは，1974年のことだが，当時それは「ネットワークのネットワーク」と表現されていた．1986年には，全米科学財団（NSF）がNSF-NETと称して，5台のスーパーコンピューター・センターの接続を試みた．その後NSFはインターネットを民間に開放するのが最適な政策だと結論し，1995年にNSFNETへの補助金支出をやめた．

　ワールドワイド・ウェッブ（WWW）閲覧用のソフトウェアで先行したネットスケイプ・コミュニケーションズ社は，1994年，官民学協力体制のなかから育った技術者によって創設された．同社はしかし，一つの点でこれまでの起業と違っていた．ベンチャー・キャピタルに依存し，しかも1995年に早くも株式が公開されたのである．その後このネットスケイプ・モデルにならうインターネット関連企業の起業が相ついだ．1999年1月からハイテク株の支配的なナスダック店頭市場の平均株価は急激な上昇を開始し，2000年3月には5,132ポイントに達した．これが年末には2288ポイントまで急下降し，ブームのバブル的性格を暴露した．

(3) クリントン政権の関与

　クリントン政権の情報・コンピューターにかかわる政策的取り組みは，かなり早く，かつ時宜を得たものだった．1993年に全米情報インフラ（NII）整備をめざした「行動計画」を策定し，情報技術が経済，社会，政治にとってもつ意味を評価した．また，「企業，労働，学界，一般国民，政府」の協力によってインフラ整備が可能だと説いた．ただし，これまでの民主党政権と違って，主導権はあくまで民間セクターがにぎるものとした．政府の役割は，その民間セクターのリーダーシップを側面から補完して，必要な法整備や環境整備を行うべきだとした．このときはインターネットという言葉は使われず，「情報スーパーハイウェイ」という用語で，コンピューターを含む情報伝達の多くのメ

表 8-1　IT 生産産業の構成比，1996-2000 年　　　　　　　　　　　（単位：10 億ドル）

	1996 年	1997 年	1998 年	1999 年	2000 年
GDP	7813.2	8318.4	8790.2	9299.2	9963.1
IT 生産計	522.0	566.4	646.9	718.2	796.6
GDP に占めるシェア（%） 内訳（%）	6.7	6.8	7.4	7.7	8.0
ハードウェア	32.8	34.9	32.6	31.4	31.6
ソフトウェア／サービス	25.2	27.2	28.7	29.8	30.8
通信機器	6.2	7.8	7.2	7.2	7.7
通信サービス	35.8	34.1	31.5	31.7	29.9
GDI 変化率に占める IT のシェア（%）	32.0	25.0	29.0	28.0	26.0

資料：*Digital Economy*, 2002, pp. 25, 27; *Statistical Abstract*, 2001, p. 422.

ディアの要素を包含していた．

　インターネットのドメイン名システム（DNS）の交通整理が，政府が関与した分野の一つである．1997 年 7 月，クリントンは商務省に対して，この問題への支援を訴える行政命令を出した．翌年 6 月，商務省はドメイン名登録に関する白書を刊行した．11 月には商務省がすでに設置されていた民間団体，「名称と数字の割り当てに携わるインターネット公社」（ICANN）との協力体制に入った．商務省は，DNS データベースの管理が自然的独占になることはやむを得ないが，名称登録自体は競争的なものであって良いと考えていた．2000 年 3 月，2 年前からこの事業を委託されていた「ネットワークス・ソリューションズ・インターナショナル」（NSI）社が別の企業に買収されたが，連邦政府はその会社にドットオーグ（.org）データベースについては 2002 年 12 月まで，ドットコム（.com）データベースについては 2007 年までの管理を認めた[1]．

　政府は 1996 年にテレコム法（the Telecommunications Act）を制定し，既存の地域電話会社の所有するネットワークへの競争企業の参入促進をはかった．また，地域電話会社が長距離通信市場に参入できるよう障壁をなくした．1992 年のケーブル法の規制の多くを撤廃して，ケーブルテレビ会社に対する規制をゆるめた．また，「E レート」によって学校や図書館のインターネットへのア

---

[1] Pamela Samuelson & Hal R. Varian, "The 'New Economy' and Information Technology Policy," in Jeffrey A. Frankel & Peter R. Orszag, eds., *American Economic Policy in the 1990s* (MIT Press, 2002), p. 384.

クセスを補助することにしたので，1994年にはわずか30％だった公立小学校のアクセスは1998年には80％を超え，今日ではほぼすべての学校がアクセスできるようになっている．1999年に制定された「コミュニケーション秩序法」(Communications Decency Act) は，18歳以下の未成年者に対して「明白に不快な」情報の提供を禁じた．似たような効果をねらった法律に，「児童オンライン保護法」がある．

(4) IT 産業の拡大

商務省の定義では，IT生産産業とは，「インターネットとイーコマースのみならず，経済全体を通じてITが可能にした事業活動とそのプロセスを支援する財貨サービスの生産者」である．具体的には，ハードウェア産業，ソフトウェア／サービス産業，通信機器，通信サービス産業が主な産業群である．それらは2000年にGDPの8％を占めており，実質経済成長に対して26％寄与した（表8-1）．それらがGDPに占めるシェアはこの5年間で6.7％から8％に増加した．また，IT産業の内訳では，ソフトウェアの伸びが著しいことがわかる．

IT産業のインパクトを見るには，IT以外の産業も含めたIT利用による生産性の伸びに注意する必要がある．まず，経済全体で見た生産性上昇率は，1989-95年間の年平均1.02％から1995-2000年の2.48％へと加速した．生産性上昇の復活を示す数字が一般化するにつれて，生産性上昇をめぐる議論もしだいにIT化の寄与を認めるものに変わってきている．商務省報告は，労働者1人当りのIT機器使用の集約度を測り，そのデータをさらに高集約度と低集約度の産業群に分けた．すると，前者の1989-2000年間の生産性上昇率平均は2.95％であるのに対し，後者のそれは0.58％だった．こうして，IT機器高集約産業が生産性上昇の主役だったことが裏づけられた．

しかしながら，生産性計測があくまで労働者1人当りで行われるのだから，雇用の伸びが高ければ生産性上昇は相殺されてしまう．1992年から2000年にかけてITサービスに従事する労働者数は360万人から560万人へと増加した．IT関連の労働者をサービスと機器製造に分けてみると，後者の伸びはゆっくりで，前者の伸びが1990年代後半に加速したことがわかる．たとえば，コン

ピューターの生産はノウハウが蓄積されればされるほど，熟練した少数の労働者で足りることになろうから，産出が増大しつづけても雇用がそれに比例する形で伸びるとは限らない．他方で，ネットワーク・システムの普及につれて，「通信」によって伝達されるものが最初はせいぜいテキスト・ファイルだったものが，バイナリー・ファイルへ，そして画像から，動画へと巨大化すれば，システムに対する負荷も大きくなるから，故障の度合いも増大するだろう．ネットワークやコンピューターのメンテナンスにより多くの熟練したサービス労働者が必要となるし，彼らは高い報酬で迎えられる可能性が高い．ソフトウェア労働者についても同様のことが言える．商務省の報告でも，2000年のIT生産労働者の年収の平均は73,800ドル，全労働者は35,000ドルである．1992年以降の伸びも前者が年率7.4％に対し，後者は4.1％だった．

(5) インターネットの利用

商務省は2002年2月に *A Nation Online* と題する，アメリカ国民がどのようにインターネット利用を拡大しているかについての調査報告書を刊行した．それによると，以下のような事実が判明した．国内のインターネット利用者は現在月に200万人の割合で増加している．2001年9月，人口の54％にあたる1億4,300万人がインターネットを利用している．また，コンピューター利用者は人口の66％にあたる1億7,400万人に達した．コンピューターを使う人の80.6％がインターネットにも接続している．5歳から17歳までの児童の90％にあたる4,800万人がコンピューターを利用している．子供のいない家庭よりも，子供のいる家庭のほうがインターネットにアクセスする率が高い (62％と53％)．

富裕度との関連では，下層の所得階層の人々が急速に追いついているものの，なお年収が高い階層ほどインターネット接続率が高い傾向は同じだ．年収1万5千ドル未満の階層の家計では年率25％の割合でインターネット利用が増加している．人種別では，黒人やヒスパニックの人々のインターネット利用が2000年8月から2001年9月までのあいだに年率でそれぞれ33％と30％増加した．ただ，表8-2をみてわかるように，黒人の約60％，ヒスパニックの68％は未接続である．このなかには，一度はつないだけれども，高すぎるか

表 8-2 コンピューター・ユーザーおよびインターネット利用率, 1997-2001 年　(%)

		コンピューター・ユーザーのシェア		インターネット利用率		年増加率
		1997年10月	2001年9月	1997年10月	2001年9月	1997年10月-2001年9月
人種別	白人	57.5	70.0	25.3	59.9	5.2
	黒人	43.6	55.7	13.2	39.8	6.5
	アジア系等	57.5	71.2	26.4	60.4	5.6
	ヒスパニック	38.0	48.8	11.0	31.6	6.6
家族所得別	15000ドル未満	29.8	37.3	9.2	25.0	5.9
	$15000-$24999	37.4	46.8	11.6	33.4	5.9
	$25000-$34999	49.3	57.7	17.1	44.1	4.1
	$35000-$49999	60.4	70.0	22.8	57.1	3.8
	$50000-$74999	71.7	79.4	32.3	67.3	2.6
	75000ドル以上	80.8	88.0	44.5	78.9	2.2

資料: U. S. Dept. of Commerce, *A Nation Online* (February 2002) pp. 25-27.

ら,あるいは,役に立たない,などの理由で接続をやめた人々も含まれている.居住地別では,都市圏と非都市圏のあいだの格差が急速に解消しつつある.80%の人々はダイヤルアップでインターネットに接続しているが,ブロードバンドの利用も急速に伸びており,2000年8月から2001年9月までのあいだに高速ブロードバンド接続サービスはほぼ2倍に増加し,国民全体の11%,そしてインターネット利用者の20%に達した.およそ2,400万人の被雇用者が仕事でコンピューターを使っているが,彼らは自宅でもコンピューターを用いて働いている.自宅でコンピューターを動かしている人がいる家庭では,家庭でインターネットを使う割合が高い.

　アメリカ人はどのような目的でオンライン接続を楽しんでいるのか.まず,全体の84%の人がEメールを行い,情報取得が67.3%,ニュース等が61.8%,ゲームが42.1%,商品サービス購入が39.1%,医療情報が34.9%,オンライン・バンキングが17.9%,株取引等が8.8%などとなっている.職探しに使っている人々も16.4%いる[1].

---
1)　U. S. Department of Commerce, *A Nation Online: How Americans Are Expanding Their*

9 クリントン政権の福祉見直し政策

(1) 給付と勤労の関係を示す先例として

　クリントン政権は，これまでの民主党政権と異なり，低所得者が慢性的に福祉金の受給に依存している状態をあらため，福祉受給者から労働者への転換を進め，それによって労働が報われる社会をめざそうとした．クリントンは1993年の最初の予算教書で，給与所得税控除（EITC）の大幅な増加を提案した．賃金と EITC と食料スタンプの併用によって4人家族が貧困から抜け出せるようにとの意図からだ．たとえば，2人以上の子供のいる家庭で EITC は収入の40％ で，最大3,800ドルを受け取れるというもので，1992年までの制度のほぼ3倍の金額となった．最低賃金を受け取っている労働者にとっては，これは40％ の収入増加と同じことだった．ただし，家族所得が13,000ドルを超えると，控除額はしだいに減額し，3万ドルを超える所得を受けると控除はゼロとなる．

　1997年には最低賃金も4.25ドルから5.15ドルまで引き上げられた．クリントン大統領は就任早々妻のヒラリー（Hillary R. Clinton, 1947-）を先頭に一般健康保険制度を創設しようと努力したが，失敗に終わった．そこで，クリントン以前から充実がはかられてきた子供の医療保障が一層拡充され，1999年では17歳未満の貧困な児童はすべてカバーされた．

　1996年の「自己責任・労働機会調和法」（PRWORA）の制定によって，母子家庭に与えられていた「被扶養児童世帯扶助」（AFDC）は，「貧困家庭に対する一時支援」（TANF）に切り替えられた．1997年に均衡予算法の規程により，「州児童保険プログラム」（S-CHIP）が，福祉見直しによって低所得家庭の児童が健康保険を失わないように，州と連邦の協力による支出を規定した．アーカンソー州を除いて，家族所得が貧困ラインの133％ 以下の場合には児童健康保険の受給を認めた．また，1997年の納税者救済法は，夫婦子供2人，年収25,000ドルの働く低所得世帯の場合，子供1人当り500ドルを税控除した．これらの結果，1988年に福祉受給から就労することを選択した2人の子持ちの

Use of the Internet（February 2002），p. 31.

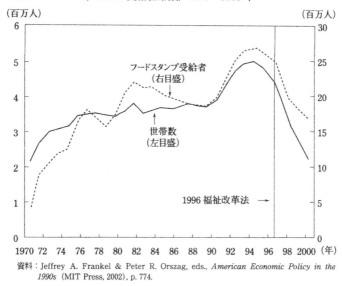

図 8-7　AFDC/TANF 受給世帯数，1970－2001 年

資料：Jeffrey A. Frankel & Peter R. Orszag, eds., *American Economic Policy in the 1990s* (MIT Press, 2002), p. 774.

シングルマザー（年収1万ドル前後）にとって，収入増加はわずか 2,325 ドルだったのに対して，1999 年ではそれが 7,051 ドルに達し，貧困世帯に対して福祉でなく労働選択へのインセンティブを形成した[1]．

　こうした改革の結果，働く意欲を持って福祉を離脱してある程度の収入の道を獲得した世帯は，いわば改革の受益者となり，その場合には，改革前に比べて可処分所得は増加したであろうが，福祉を離脱しても何らかの理由で仕事が見つけられない少数者の場合には，失業したままで，もしもシングルマザーであれば，ボーイフレンドや他の親戚の家庭により多く頼るしかないと想像される．また，就職した場合には，子供のケアや通勤費という，これまでの福祉受給の場合には発生しないコストがかかってくるので，先の可処分所得増加の数字も割り引いて考える必要があるかもしれない．いずれにせよ，クリントン時代の福祉改革は福祉受給者を大量に福祉受給から離脱させて（図 8-7 参照）就職させる結果を生み，折から急速に成長しつつある経済に大量の労働力を供給

---

[1] Rebecca M. Blank & David T. Ellwood, "Poverty and Welfare," in Frankel *et al.* eds., *ibid.*, p. 755.

したと言えよう．それはまた，給付と勤労との微妙な関係についての生きた実例として，多くの他の諸国にとって政策立案にさいして参考とされるべきであろう．

10 アメリカ中産階級の変質

(1) 破産の増加

　1949年にサービスが開始されたクレジットカードは，アメリカの消費者の場合，1995年についに現金支払いを上回るほどに急増した．1996年には彼らはトータルで1兆ドルの財貨サービスをカードで購入した．カード負債の特徴は個々別々の支出（25ドルとか，50ドルとか）は金額が大きくないことである．平均すると，1997年に5,000万家族が1,500ドルを返済している．彼らがカードに付帯している利子を支払っているとすれば，年利18.72ドルだから，平均して281ドルを金利に支払っていることになる．年収階層別では，5万ドル～10万ドルの階層が最も大きく，それ以下でもそれ以上でも低くなる．つまり，消費者負債はすぐれて中産階級的な現象である．

　クレジットカードによる破産も当然のように増加した．破産の一つのタイプは，スライダーと呼ばれるもので，別の債務を支払うために新たにクレジットカードの債務をふやしてしまうことから起きる．いま一つのタイプは，もともと彼らのクレジットカードの債務は重かったが，なんとか返済し続けることができていた場合である．それが，レイオフとか超過勤務の廃止とか，クルマの事故などによって支払い不能になる場合で，クラッシャーと呼ばれる．カリフォルニア州に住む42歳の独身女性の場合，家賃500ドルのアパートに住んで質素な暮らしをしていたが，カードの未払い債務が42,620ドルに達して，自己破産を申請した．彼女は汎用カードを8種類，小売りカードを3種類，ガソリンカードを1種類持っていたが，これはアメリカ人平均よりも2種類多いだけだ[1]．

　アメリカの個人破産件数は1980年代後半から急増し続けている．1985年に

---

1) Teresa A. Sullivan *et al.*, *The Fragile Middle Class: Americans in Debt* (Yale University Press, 2000), p. 112.

は297,885件だった非企業破産件数は，1990年には660,796件，1995年には806,816件，そして2000年には1,240,012件となった．2000年の数字は18歳以上人口1千人に対してじつに6.1人に達した．五つの州の州別調査の数字では，1997年の場合，破産者の所得中央値は全国所得中央値の約半分，貧困線以下の世帯に属する人々が3分の1，全国所得中央値(メディアン)を超える所得の破産者は全体の10%にすぎない．つまり，破産者の所得分布は，全体の分布よりはるかに低い方に偏っている．破産の主たる理由は，破産者の申し立てによると，3分の2（67.5%）が失職や解雇など職に関連するもの，次が離婚などの家族関係（22.1%），過大な医療費など医療関係（19.3%）などとなっている．

　破産者の3分の2がトラブルの原因としてあげている仕事については，まず1980年代に製造業を中心にリストラを行う企業がふえた．しかも以前はレイオフは一時的で遅くとも数年たてば，元の職場に復帰できたのだが，ますます増加する工場閉鎖が原因の場合には景気が回復してももう労働者は恒久的に失職してしまった．リストラの波は，1990年代にはいるとサービス産業に拡大し，卸小売り，保険不動産などの職種で解職される労働者がふえた．1990年代は製造業よりも下層のホワイトカラー職がリストラ対象となった．地理的には，1980年代初頭が製造業ベルトの北東部，中西部で，半ばが石油地帯の南西部，1990年代には軍需関連施設の集中する地域，カリフォルニア州を含む西海岸が失業増加の波をかぶった．

　リストラを行う企業の場合，解雇が行われる数年前から賃金や超過労働カット，そして一時的レイオフを実施している場合が多いので，解雇された労働者の収入減少はやはり数年間におよぶことになり，もともとそれほど家計の状態が良くない世帯の場合，破産申請につながったと見られる．それと，アメリカにおける職の流動化は常雇いフルタイム労働者（約9,500万人）を減らし，パートタイマー（3千万人），オンコール労働者（企業に登録されていて随時雇用される，200万人），個人請負労働者（830万人），人材派遣労働者（300万人），雇用リース会社との契約労働者（230万人），そして請負会社労働者（65万人）などの形での「非正規雇用」が増えている[1]．こうした事情は，アメリカの中産階級労働者からいかに安定的雇用が失われているか，という問題の所在を深刻に証明

---
1) 仲野組子『アメリカの非正規雇用』(青木書店，2000年)，56頁．

している．

(2) ニューエコノミーと中産階級

　ニューエコノミーと呼ばれる時代，労働者や中産階級はどのような状況におかれているだろうか．この点について明晰な説明を与えているのは，ロバート・ライシュである．消費者の財サービス選択の範囲（＝市場）がとてつもなく広がり，競争が激化しているニューエコノミーのもとでは，より良い商品をより安く，より速く提供することを強いられる．オールドエコノミーの時代のように，ある製品が相当の年月消費者の信頼を得ていた，ということはなくなった．すぐれた製品が市場に登場して，ある生産者，売り手がもうけることができるようになると，その情報自体がすぐに他の生産者や売り手に伝わり，別の，しかし似たような製品がすぐに市場に登場すると，最初に製品を市場に登場させた売り手の独占的な利益はすぐに消えてしまうからだ．そうすると，最初の売り手は，さらにコストを削減して同じ製品をより安く売るか，同じ価格でより良い製品を作るか，あるいは，まったく新たな製品を作るか，のどれか（あるいはすべて）を選択しなければならなくなろう．こうしたことに示されるのは，売り手にとっての不安定性と弱さ，そして，競争の激化という現実である．

　競争は労働現場でも激化しているから，これまでの熟練職ブルーカラーのように，長期にわたって比較的安定的な賃金引き上げや職の安定を確保することは難しくなっている．労働者もますますその「市場価値」で支払われている．そこで多くの労働者はレイオフされないように，あるいはされても当面の家計が維持できるように，より長時間働くようになった．労働時間がたえず減少するという歴史的傾向はアメリカの場合 1980 年代初頭で終わりになり，それ以降労働時間は増加しつづけている．いまや平均的な労働者の労働時間は年 2,000 時間に近くなり，とくに女性は労働時間を増やしている．

　この 50 年間，女性の労働参加率は上昇しつづけた（図 8-8 参照）．1950 年には 1,838 万人だったものが，2000 年には 6,561 万人へと上昇し，参加率は 33.9% から 62.2% へと増大した．この間男性の参加率は減少傾向なので，両者の差は縮小しつつある．女性の労働参加の増加は，成長を続ける経済のもとで

図 8-8 男女の労働参加率，1955-2001 年

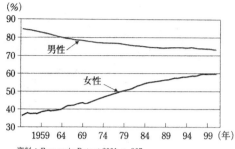

資料：*Economic Report* 2001, p. 367.

女性が家庭外で働くことにとって有利な環境があらわれてきたためでもある．1960 年代から始まった女性の権利を拡大する運動，男女同一賃金への胎動があり，そのために多くの女性が労働参加したいという強力なインセンティブをもつことになった．したがって，女性の多くがパートタイマーからフルタイム労働者へと転換したことが，上記の労働時間の増加を一部は説明できるであろう．男性の専門職や管理職労働者はやはり労働時間を増やしている．

労働時間が増加するもう一つの原因は，世帯としての所得の維持である．女性の労働力化がもっとも急激に進んだのは，不況の 1970 年代においてだった．大恐慌のときと同様，妻や娘たちが夫や父の収入ダウンを補うために働きはじめたと考えられる．これらの全体的な結果は，収入が増加するということ以外に，人々の家族生活をより仕事中心的なものに変えつつある．昔なら，残業の代わりに，「仕事を家に持ち帰る」という言い方がされたものが，「有給労働が人生の残りの時間に入り込んでくる」[1] と言ったほうが正しい．

時間賃金レートは，図 8-9 に示されるとおり，1990 年代前半はほとんど上昇しなかったが，後半になってかなり鋭角の上昇を見せはじめた．これには先に見たような IT 革命による生産性の上昇が大きな役割を演じたと見られる．非農業ビジネス・セクターの人・時間あたり産出（年平均）は 1997 年に前年比 2% 増，1998 年は 2.6% 増，1999 年は 2.4% 増，そして 2000 年は 2.9% 増で

---

[1] Reich, Robert, *The Future of Success: Working and Living in the New Economy* (Vintage 2000)．清家篤訳『勝者の代償』(東洋経済新報社，2002 年)，189 頁．

図 8-9 労働者の時間賃金レートと週賃金，1959－2001 年

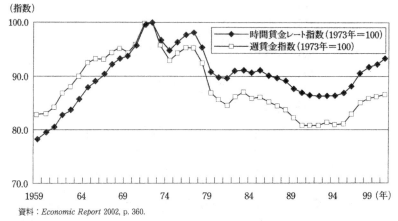

資料：*Economic Report* 2002, p. 360.

ある[1]．それに呼応して週賃金も同じカーブを描いて増加している．ただそれでも，2000 年の時間賃金は実質で見ると，1979 年より低く，週賃金は 1980 年代前半の数字と同じであり，アメリカ経済が 1960－70 年代に獲得したレベルにまで達してはいない．他方で，家族の中位年収は，1993 年を境に上昇に転じており，現在の数字は 1980 年代初頭よりも 20% 程度高い．こうして，時間賃金が 20 年間下がり続けても，家族の実質年収が増加したのは，女性の労働参加，主たる家計維持者の第 2 の収入源（アルバイト）の活用による，働き手と労働時間の増加による．

5 分位区分による所得分配はどうか．これは総家計数全体を五つに分けて，トップからボトムまでを同じ数の家計による 20% ごとのグループに分けて，それぞれが総所得のどのくらいの割合を獲得したかをみた．表 8-3 によると，1967－93 年間は分配が不平等化する傾向が続いていたが，1993－2000 年間はあまり大きなちがいはない．これと同じ傾向は，貧困率，学歴，人種，年齢による所得格差などの数字にも表れている．ただし，1990 年代全体としてみると，最下層のシェアが減り，最上層のシェアが確実に増大している．

次に，近年の中産階級による株式所有の広がりを示すデータがある．全家族では，1989 年に 31.6% だったのが，1998 年には 48.8% に増加し，ほぼ半数

---

1) http://data.bls.gov/servlet/SurveyOutputServlet

表 8-3　5分位区分による家計所得のシェア，1967-2000 年　　（単位：%）

年次	第1分位 (最貧層)	第2分位	第3分位	第4分位	第5分位 (最富裕層)	トップ 5%	ジニ係数
1973	4.2	10.5	17.1	24.6	43.6	16.6	0.397
1981	4.2	10.2	16.8	25.0	43.8	15.6	0.406
1991	3.8	9.6	15.9	24.2	46.5	18.1	0.428
1995	3.7	9.1	15.2	23.3	48.7	21.0	0.450
2000	3.6	8.9	14.9	23.0	49.6	21.9	0.460

資料：http://www.census.gov/hhes/income/histinc/ie3.html

の家族が株式を所有している．その理由は，1) ミューチャル・ファンド（自由度の高い個人向け投資信託）の増大，2) 1990 年代に入ってクリントン政権下で「個人退職貯蓄制度」(IRA) が大幅に拡充され，および 401(k) プラン（確定拠出型年金制度）の普及が進んだ，3) インフレ率の低下と安定が株式投資に伴うリスクを減少させた，などである．現金所得別の内訳では，年収 25,000 ドル以上での伸びが著しい．もともと高い割合を占めていた年収 10 万ドル以上の家族は別として，年収 5 万ドル前後の中産階級的家族に株投資が広がっていることがわかる．

(3) 富の格差

フランク・レヴィは 1980 年代と 1990 年代にはグローバリゼーションと IT 革命が進行し，全体的に賃金が停滞するなかで，とりわけ熟練度の差異による格差と教育歴，学歴による格差が目立つようになったと指摘している．所得格差を示すジニ係数は 1967 年の 0.399 から 1998 年には 0.456 にまで上昇している．この間に「平均的な労働者から企業の株主へのパワー・シフトが起きた」．「規制の撤廃，グローバリゼーション，そしてテクノロジーが典型的な被雇用者の交渉力を弱め，それに対抗する力を行使できる，拮抗力を有する制度は出現していない」[1]．

この点について明瞭なシグナルを送っているのは，ケヴィン・フィリップスである．まず，1990 年代のブームはとてつもない富の蓄積を企業セクターと経営者トップにもたらした．雑誌『フォーブス』が 17 年前に 400 人の最富裕

---

1) Frank Levy, *The New Dollars and Dreams: American Incomes and Economic Change* (Russell Sage, 1998), p. 189.

なアメリカ人の統計をとりだしてから17年，最高額を稼いだ長者の所得は20億ドルから850億ドルに増大した．直近の1982年と比べても名目額で10倍だ．トップ400人の平均資産額は2.3億ドルから260億ドルにふえた．家計数で見たトップ1％の家計の富は1997年にはなんと全家計の40.1％に達し，第二次大戦後の最低，1976年の19.9％のほぼ2倍である．戦前では，やはりバブルが形成された1920年代末，1929年の44.2％がいちばん高く，大恐慌と不況，そして戦争期を経て，20世紀末にようやく元の栄光をトップ家計が取りもどしたと言えなくもない．アメリカ人の富の不平等度を他の諸国と比較すると，先の5分割の中の第5分位，最富裕な20％の所得は，第1分位，最貧困層の11倍で，イギリスの9.6倍，ドイツの5.8倍，そして日本の4.3倍よりもはるかに高く，世界一である[1]．

　トップ1％がその40〜50％を獲得している，キャピタルゲインの課税申告された金額は1980年の746億ドルから1999年の5,070億ドルへとじつに6.8倍の増加を見た．企業そのものが大規模化し，利益を膨らませてきた．1961年，アメリカ最大100社の総資産額は非金融企業全体の22％だったが，2000年には約3分の1となった．巨大企業は「アメリカの」企業であることを必ずしも望んでいない．という意味は，アジアにその80％の労働者をかかえ，アジア地域の免税特権を生かして1999年に子会社が16億ドルの未配当利潤を稼いだシーゲイト・テクノロジーのような企業もある．アメリカ国内でかせいだ利潤だったら，課税額は5.65億ドルになったはずだ．こうした課税逃れのさまざまな方策の結果，1950年に企業が負担した課税額は総利益の26.5％だったものが，2000年には10.2％に減少した．他方で，同じ期間に労働者が負担した社会保障税とメディケア負担額は賃金の6.9％から31.1％に増加した．こうして，アメリカ企業の利潤総額は1980年には2,090億ドルだったものが，2000年には9,300億ドルにはね上がった．アメリカのトップ500社の雇用従業員数は1980年の1,590万人から，1993年の1,150万人へと3分の2近くに激減した．それは，一つには，レイオフが企業利潤増大の鍵だからであった．1960年代には，企業の最高経営責任者（CEO）の報酬は，ブルーカラー労働者

---

1) Phillips, Kevin, *Wealth and Democracy: A Political History of the American Rich* (Broadway Books, 2002), pp. 123–124.

の25倍だった．1988年にはそれが93倍になり，1999年には419倍になった．

(4) クリントンとアメリカ社会

　第二次世界大戦直後から1970年代初頭までは，アメリカ産業，とくに製造業の優位を背景に，社会の経済階層の中間部分がたえず増大し，下層からもブルーカラー労働者が中産階級の仲間入りをする時期であり，貧困層も相対的に減少し，富の格差は縮小した．1970年代はインフレと高い失業率に悩まされたため，中産階級の人々ははじめて「親の代より豊かになれない」可能性に気づかされた．景気調整型の財政政策も実効性が危うくなり，ケインズ型の政策が万能でなくなった．1980年代，レーガノミックスの哲学によって，大減税が実施され，国防予算が増額され，良く言えば「努力した人が報われる」社会，悪く言えば「弱者，貧困者切り捨て」の社会がめざされた．社会は雇用増加に恵まれ，「活気」を取りもどしたかにみえた．しかしながら，レーガン大統領がつぶした航空管制官のストライキが示したように，組織労働は影響力を後退させ，1960年代以来の黒人，学生，女性，マイノリティの運動も「ふつうの人々」の復権の前に押し戻された．

　そして1990年代，クリントンは1970年代，1980年代に両極分解した中産階級の人々をふたたびアメリカ社会の支柱としてよみがえらせることができただろうか．クリントンがそれを目標としてさまざまな政策をとったことはたしかである．ただ彼は，それを伝統的な民主党型の，つまり政府の移転（福祉）支出をふやすようなかたちでは行わなかった．経済のさまざまな規制を撤廃し，貿易をいっそう自由化し，軍事支出を減らして連邦支出も減らし，経済を全体として成長させて，雇用をふやして（失業者を減らし），その結果としてさらには低所得者の福祉依存を減らすように仕向けたのである．先の所得分配の表を1993－2000年に限ってみると，レーガン―ブッシュ（1981－93年）のときほどそれは悪化していない．ジニ係数もクリントン期は.450～.460のあいだを上下しており，.406から.454まで悪化したその前の時期よりも成績がいい．貧困ライン以下の家族の比率は，1993－99年間に，全人種で12.3から9.3％へ減少し，とくに黒人では31.3％から21.3％へと激減した．レーガン―ブッシュ期は，両方の数字ともに1980年代後半に若干改善したが，その後元に戻っ

ている．分配の面からみる限り，クリントン期は経済成長が下層の人々の暮らしの改善に寄与したとみられる．むろん，その背後には，さまざまな問題がひそんでいたことはすでにみた．

　クリントン政権の時代について，もう一つ注記したい点がある．クリントンが実習生とのスキャンダルで辞職に追い込まれそうになっていたとき，最後まで彼を見捨てなかったのは，黒人である．当時，黒人の90％が大統領を支持していた．クリントンが黒人の圧倒的支持を受けることができたのは，黒人たちが彼の政治とそのスタイル，話し方などに，黒人に対する誠実さを真摯に感じたからにほかならない．クリントンは，まずキャビネットの要職に黒人たちを過去のどの大統領よりも多く任命した．彼はサキソフォンを演奏したが，この楽器は，「考えうるなかでもきわめて黒人らしいのであり，ソウルに良く合っていた」．だから，クリントンは「この時代のFDR［フランクリン・ローズヴェルト］なのだ」．「彼は，だれも与えることのできなかったものを黒人の人々に与えた．それは希望だ」．「クリントンは黒人の人々のなかにいるほうがもっとくつろぐ」．クリントンはアメリカ大統領として最初にアフリカに旅行した．「彼はアフリカにある種の敬意をさえはらった最初の大統領だった」．だから，多くの黒人はクリントンが退職後にハーレムに住むことに決めたのには，十分なわけがあると考えた．歴史はアフリカ系アメリカ人ともっとも偉大な関係を築いた，そしてアフリカ系アメリカ人の諸問題にきわめて繊細に気を使う大統領として彼を評価するだろう，と[1]．

　こうして，クリントンは結果的にもっともグローバリゼーションをおしすすめ，ニューエコノミーの波をつくり，それに乗り，経済成長を達成したのだが，アメリカのマイノリティの代表とも言える黒人たちの敬意と親しみを勝ちえたことで，その政策が人間らしさの観点からも評価できる．このように，1990年代のアメリカは，情報テクノロジーとグローバル下のもとで，かつてないような好景気を体験し，それが一部ではマイノリティや下層労働者にも均霑したことは注目していいであろう．

---

[1] DeWayne Wickham, *Bill Clinton and Black America* (Ballantine Books, 2002), pp. 27-42.

終　章
21世紀アメリカと世界のゆくえ

2002年9月11日,「グラウンド・ゼロ」におりたち,テロの犠牲になった家族へ献花する遺族たち.ニューヨークの世界貿易センタービルに対するテロの犠牲者の出身地は約80カ国にのぼった.グローバル化時代を象徴するものであったともいえる.毎日新聞社提供.

(1) 20世紀アメリカの位相

20世紀の初頭，アメリカはほかの工業先進国に伍して工業発展を急速化すると同時に，中南米やフィリピンに帝国主義的進出を加速させ，世界の列強の仲間入りを果たした．第一次世界大戦が終わってみれば，イギリスやその他のヨーロッパ諸国の疲弊は著しく，アメリカはイギリスからヘゲモニーを譲り受けた形になった．だが，両大戦間期，アメリカは国際連盟には参加せず，国際政治へのコミットはいわば「半身」の参加であったし，ヨーロッパ経済復興への協力も民間まかせであった．

その後，第二次世界大戦直前からアメリカ政府内で検討が開始された戦後構想が国際連合，IMF，GATT という形で実現したが，冷戦という副産物を伴いつつであった．1970年代にはアメリカが経済的に停滞し，政治的にも失態が続いたため，世界政治・軍事状況の不安定化をまねいた．1990年代に冷戦が終わると，誰もがより平和な時代の到来を夢見たが，局地紛争は激化した．グローバル化と IT 革命はアメリカの軍事力をもハイテク化し，ピンポイント攻撃に見られるように，効率のよい軍事力行使が可能となった．2001年9月11日の同時多発テロは，アメリカ政府と国民とを恐怖のどん底に陥れ，やがてアメリカによるアフガニスタン軍事攻撃によってタリバン政権が崩壊し，2003年3-5月の対イラク戦争によってフセイン政権が崩壊した．

(2) ヘゲモン・アメリカ

ブッシュ政権の対テロ戦争は，「ホームランドの安全」を最優先にするもので，テロ勢力の動向を分析したうえで安全対策のレベルを決めるというきめ細かいことを新設の国土安全保障省が行っている．その延長線上に，「テロ勢力を支援する国家」あるいは，「大量破壊兵器をアメリカの利害に反する形で使用する可能性のある国家」が敵視の対象となり，アメリカの軍事政策を支持する同盟国と，それに反対しない諸国が配置される．対イラク戦争開始が，国際連合，とくに安全保障理事会の同意を踏まえずに開始されたことは強く批判さ

れなくてはならない．しかしながら，ブッシュ政権のかかる政策は民主党を含むアメリカ議会と国民の多数によって支持されてきたことは，残念ながら事実である．ブッシュは形のうえではアメリカ国内の世論を受けて軍事政策を遂行しており，それが，この問題に対する性急な軍事的解決が間違いだとするフランス，ドイツ，ロシア，中国から厳しい批判を受けた．アメリカの軍事政策を批判する諸国はなにがしか，反戦の世界世論を背景にしていることは注目されてよい．他方で問題なのは，ブッシュ政権がホームランドをあまりにも飛び抜けて重視する（つまりあたかもアメリカ国民とその他の国民とはちがうとでも言いたげな）ために，対テロ戦争で犠牲になる世界の一般市民のことがないがしろにされる点である．

ブッシュ政権の単独行動外交（ユニラテラリズム）は批判されて久しい．京都議定書，国際司法裁判所，対人地雷条約，ソ連との ABM（対弾道ミサイルシステム）条約脱退などなど．それらは，「他国の規範によってアメリカの行動を制約させられたくない」との一言で要約される．この問題の根源には，専一的なヘゲモンであるアメリカ政府を選ぶ権利がアメリカ国民だけにある，という根本矛盾がある．世界の市民は，テロ攻撃に対してのみならず，自分が選んだのでないアメリカ政府が，いつ彼らの自由意志で彼らの選ぶ権利のないどこかの国家や政府に先制攻撃をしてくるかもしれないという不安と恐怖のなかで生きるしかない．

では，ブッシュ政権は全能であろうか．答えは否である．少なくともアメリカが民主主義政治を行う国である以上，「民意」が彼らを支持しなくなる可能性があるのが一つ．2004年の大統領選挙が要（かなめ）になろう．その場合，その帰趨（きすう）を占う鍵は，民主党大統領候補の人気もさることながら，9.11以来，アメリカ国民の多くを捉えている「恐怖の呪縛」から彼らが解放されるかどうかにかかっていよう．いま一つは，対テロ戦争はお金がかかるという点での制約である．9.11以降，クリントン政権の「貯金」を取り崩す形でアメリカは急激に「大きな政府」となってきたため，財政赤字が近い将来これまでの最高に達する可能性も見えてきた．こうなると，公共セクターが民間セクターを侵食する，いつか来た道が再現しないともかぎらない．このうえにさらに相当規模の減税法が制定された．しかも，対テロ戦争にはほとんど終りはないに等しい．第3は，世界世論の動向である．アメリカが自分のやりたいようにやるのだから，

ほかの国の意見は関係ない,という見地は半分の真理を語るにすぎない.ブッシュ大統領はとくに前政権と比較して「動かない大統領」[1] (sitting president) であり,お得意は,テキサス州の牧場への招待と電話会談,と戯画化されるまでになった.これもしかし,反戦世論が沸騰しているヨーロッパに行けば,市民のデモが果敢に繰り広げられるだろうし,と考えると,ブッシュの「動かない」行動様式自体が国際世論への警戒をあらわしているとみられなくもない.彼は外見ほど自由でないかもしれないのだ.

(3) アメリカの変容とその契機

だが,アメリカの行動を批判するためには,われわれの側に一定の視座が必要である.その場合の判断基準はどういうものか.20世紀のアメリカ史を総覧してきたわれわれは,まず,いくつかのヒントを過去の歴史から学ぶことができよう.経済的に考えると,国民1人1人に一定の所得と仕事があれば,最低限の生活保障が得られる.ところが,大恐慌時代まで,アメリカ人は失業を自己責任だと考え,多くの失業者が自殺したり,家を捨てて放浪の旅に出たりした.フランクリン・ローズヴェルトは大量失業が資本主義システムの欠陥から発生するものであることを民衆におしえ,国家の政策領域を拡大し,雇用保障を政府の責任とする方向に一歩を踏み出した.また,老齢者や貧困者への手当の支給もほかの国にならって開始した.1960年代のケネディ,ジョンソン政権は社会保障の領域をさらに拡大した.同じ時期にベトナム戦争のエスカレーションがとめどなく進行したので,真犯人はわからずじまいだが,インフレーションと高失業率という1970年代のアメリカ経済の危機がそれに続いた.クリントン政権による福祉改革は,レーガン政権以来の福祉国家批判を民主党的なオブラートに包んで行ったものである.

以上の経緯をイデオロギー的に捉えるとどうなるか.1930年代はリベラリズムが最高潮に達した時期だったが,それは,多くの在野の民衆運動やインテリの活動によって間接的に支えられていた.1960年代に政治がアメリカ社会

---

1) Adam M. Smith, "Our Sitting President: Bush's lack of foreign travel undermines American diplomacy," *The American Prospect*, Vol. 14 no. 6 (June 1, 2003). http://www.prospect.org/print/V14/6/smith-a.html.

を構成する多くの非主流の国民（マイノリティ，黒人，女性など）に対する権利を拡大する方向に進んだ後，つまり，多元国家リベラリズムとなった後に，保守主義の台頭が起きた．ブッシュ・シニア対クリントンの選挙戦にしても，ブッシュ・ジュニア対ゴアにしてもそれぞれの候補の政策領域はかなりの程度重なっており，政権獲得後クリントンの場合でも民主党流の寛容な政治をかつてのように実現するのは困難だった．民主党と共和党の支持基盤が大きく重なるという現象がだれの目にも明らかで，となれば，レーガンのように外敵（共産主義国家ソ連）に国民の目を向けることが，政治的コンセンサス獲得の有力な手段だということになる．ただし，政治のスタイルとして考えると，レーガン，ブッシュ・シニアからクリントンまでは曲がりなりにも，アメリカの政治的伝統に沿った合意形成型だったのだが，ブッシュ・ジュニアに至って独断専行型に変わった．同時に現在の政治の方向は，あからさまに巨大企業優先である．

　アメリカの外の世界も変わった．冷戦時代なら，アメリカの意向に沿わなければ，「自由世界」そのものが危機に瀕したかもしれない．ヨーロッパは地理的にソ連に近いので，地上攻撃を受ける可能性があった．ところが，アメリカが国内をまとめるのに忙しかったあいだに，ヨーロッパ世界は経済統合の実を着々と深めていった．ついに通貨が2002年1月からユーロに統一された．ヨーロッパ諸国は，それぞれの国家や国民の利害の絡む課題について，交渉によって意見をまとめていくこと，つまり着地点を見出すことに長けてきたのである．ユーロへの加入をためらっているイギリスが今回のイラク攻撃でアメリカと同一歩調をとったことは何かしら象徴的である．ずっとドルに対して弱かったユーロがついに1割以上のユーロ高になった．「有事のドル高」も過去のこととなりつつあるばかりか，ユーロは投資家の信頼をも獲得しつつある．こうしてヘゲモン・アメリカに対するヨーロッパ諸国の相対的地位が高まった．こうしたことは，グローバリゼーションが進行するなかで起きている．

(4) 21世紀のアメリカ，そして日本

　そこで，21世紀のアメリカの政治スタンスとヘゲモンの関連を考えよう．現在のブッシュ政権の外交にみられるように，超大国意識にとらわれ，安易に軍事力を行使し単独主義的振る舞いを続けるようであれば，21世紀アメリカ

主導の世界秩序形成には正統性の観点からますます大きな疑問が投げかけられることになろう．20世紀のアメリカが世界秩序形成において指導力を発揮できたのは，その理念や原則の普遍性にくわえて，なによりもその実現のための手段の行使の仕方と程度がまがりなりに世界世論に受け入れられてきたことによる，とみるべきであろう．ブッシュ政権の国連軽視や自国の都合に合わせて国際規範を破棄するやり方は，国際社会の合意を欠いた秩序形成であり，それはアメリカが世界の範となることをみずから否定することにつながる．

ところで日本の小泉政権は，いち早く対イラク戦争支持を打ち出し，ニューヨーク貿易センターどころではない「グラウンド・ゼロ」（爆心地）の悲惨をいくつも体験させられた被爆国，平和愛好国日本のイメージを国際的にも変えようとしている．たしかに，東アジアの軍事情勢も不安定だが，日本の地理的，歴史的な位置から見ても，片足がアメリカにあったとしても，もう片足はアジアの地域に置いて，自由貿易圏や文化学問の交流を通じてアメリカの政策方向を正すべき位置に日本があることを再認識すべきであろう．また，ブッシュ政権そのものとではなく，民間の企業や大学，NGO，NPOなどを通じた日本とアメリカとの民間の草の根交流を，こういうときこそ，強める必要があろう．そうした努力は，長い間には，両国の相互理解を深めていくに違いない．

クリントン政権期は結果としてアメリカ政府や企業がグローバリゼーションを推進した形となり，貿易や投資の自由化が進み，中国WTO加盟への道筋がつけられたほか，アジア太平洋経済協力会議（APEC）の取り組みにも積極的だった．ところが，ブッシュ政権は対テロ戦争優位の政策体系なので，ホームランドの安全を確保するために，今後ビザの発給などが複雑になり，アメリカへの長期滞在や入国が制限される可能性もある．1990年代アメリカの経済成長が中南米からの移民増加や人口増加に起因するところが大きかったことを考えると，ブッシュ政権の対テロ戦争優先政策はグローバリゼーションを後退させることを通じて，アメリカ経済の成長要因を阻害する可能性もある．もっとも，1990年代におけるグローバリゼーションの進行は世界的な富の格差を拡大することを通じて，開発途上国の人びとの不公平感を強めたから，先進諸国に対するテロ攻撃を容認する雰囲気が彼らのあいだに広まった可能性はある．とすれば，必要なのは，軍事的テロ対策のみならず，先進諸国が後発諸国に対

する経済的，文化的支援をむしろ強化することであろう．日本の積極的参加はこの面で期待されよう．

　他方で，富裕者への減税を繰り返すブッシュ政権の内政は，国民の自立性尊重という錦の御旗のもと，歳入の減った分を医療ケア予算の減額や社会保障費，そして州・地方への補助金の減額で対処しようとの姿勢もみせており，アメリカ型福祉国家は試練の時期を迎えている．このような政治がアメリカ繁栄の屋台骨である中産階級の仕事と賃金と生活を脅かすとき，アメリカ型生活を世界の範とすることで成り立ってきたアメリカのヘゲモンもその中身から崩される運命をたどるのかもしれない．

アメリカ 20 世紀史　文献目録

政治史・外交史

〈全般に関するもの〉

佐々木卓也編『戦後アメリカ外交史』(有斐閣, 2002 年)
　アメリカの外交理念がリベラルな国際政治・経済秩序の構築をめざすものだとする認識枠組みにもとづき記述された通史.

松田武・秋田茂編『ヘゲモニー国家と世界システム』(山川出版社, 2002 年)
　近代世界システムの形成と変容におけるヘゲモニー国家 (オランダ, イギリス, アメリカ) の役割を論じた刺激的な論集. アメリカ外交史家 2 名の論文を含む.

McCormick, Thomas J., *America's Half-Century: American Foreign Policy in the Cold War* (The Johns Hopkins University Press, 1989); 松田武他訳『パクス・アメリカーナの五十年』(東京創元社, 1992 年)
　世界システム論とコーポラティズム論とを接合した斬新な分析枠組みで 20 世紀のアメリカ外交を再解釈している.

Ninkovich, Frank, *The Wilsonian Century: U. S. Foreign Policy since 1900* (The University of Chicago Press, 1999)
　20 世紀のアメリカは近代が生み出した諸問題や課題に取り組んだとし, それをウィルソン的国際主義と捉えて記述した 20 世紀アメリカ外交史.

〈第 1 章〉

高橋章『アメリカ帝国主義成立史の研究』(名古屋大学出版会, 1999 年)
　世紀転換期から 20 世紀初頭のアメリカの帝国主義外交を国内での改革と関連づけて分析し, あわせてアメリカ帝国の特質の解明をめざした研究書.

中嶋啓雄『モンロー・ドクトリンとアメリカ外交の基盤』(ミネルヴァ書房, 2002 年)
　アメリカ外交におけるイデオロギーと現実主義がモンロー宣言にどのように作用したかという観点から, アメリカ外交の思想的基盤を探った研究書.

LaFeber, Walter, *The New Empire: An Interpretation of American Expansion, 1860-1898* (Cornell University Press, 1963)
　19 世紀末に国内問題の解決には海外市場の獲得が必要だとする考えが有力となり, ヨーロッパの植民地主義とは異なる「新たな帝国」の建設をめざすアメリカ社会の動態を活写している.

Williams, William A., *The Tragedy of American Diplomacy* (Del Publishing Co.

Inc., 1972）；有賀貞他訳『アメリカ外交の悲劇』（御茶の水書房，1986年）
「門戸開放」型帝国主義という分析枠組みを使ってアメリカ外交史を記述したアメリカ帝国批判の書で，アメリカ外交史研究に大きな影響を及ぼした.

〈第2章〉

Knock, Thomas J., *To End All Wars : Woodrow Wilson and the Quest for a New World Order* (Princeton University Press, 1992)
国際連盟構想として結実するまでのウィルソンの思想形成過程とウィルソンに影響を及ぼした人たちとの交流を豊富な資料によって綿密に跡づけた研究.

Link, Arthur S., *Wilson the Diplomatist* (The Johns Hopkins University Press, 1957)；菅英輝，松延慶二訳『地球時代の先駆者』（玉川大学出版部，1979年）
ウィルソン研究の第一人者であったリンクによるアルバート・ショー外交史講演を収録したもので，本書は今日までのウィルソン研究に大きな影響を与えた.

Rosenberg, Emily S., *Spreading the American Dream : American Economic Expansion and Cultural Expansion, 1890–1945* (Hill & Wang, 1982)
19世紀末以降のアメリカの膨張主義の担い手としての多様な非国家的行為主体の活動や考えを国家観の変化との関連において記述したユニークな研究.

斎藤眞『アメリカとは何か』（平凡社，1995年）
アメリカ史のなかの具体的題材をてがかりとしてアメリカの全体像に接近しようとする示唆に富む論文集.

〈第3章〉

木村靖二，柴宜弘，長沼秀世『世界の歴史26 世界大戦と現代文化の開幕』（中央公論社，1997年）
第一次世界大戦から1930年代までの政治，文化，経済，外交を平易に記述している.

Cole, Wayne S., *Roosevelt and the Isolationists, 1932–45* (University of Nebraska Press, 1983)
ローズヴェルト政権の外交と孤立主義勢力の関係を論じた古典的大著.

Dallek, Robert, *Franklin D. Roosevelt and American Foreign Policy, 1932–1945* (Oxford University Press, 1979)
ローズヴェルト政権の外交を実証的に分析，記述した研究書で，バンクロフト賞を受賞した.

Kennedy, David M., *Freedom from Fear : The American People in Depression and War, 1929–1945* (Oxford University Press, 1999)
大恐慌の発生から第二次世界大戦までのアメリカの社会，政治，外交を記述した力作.

〈第 4 章〉

Iriye, Akira, *The Cambridge History of American Foreign Relations*, Vol. III [The Globalizing of America, 1913-1945] (Cambridge University Press, 1993)
　　アメリカがグローバル・パワーとしての地位を獲得する過程を概説し，世界におけるアメリカの役割の再定義が行われた戦間期は，世界が「アメリカ化」していく過程でもあったと論じる．

木畑洋一『第二次世界大戦』(吉川弘文館，2001 年)
　　第二次世界大戦を近代から現代への世界史の転換点と位置づけ，ファシズム対反ファシズムというこの戦争の基本的性格を踏まえつつ，その多面的な性格を記述している．

Kolko, Gabriel, *The Politics of War* (Random House, 1968)
　　資本主義どうしの対抗関係，アメリカと第三世界の革命運動との対抗関係の中に米ソ対立を位置づけて記述し，冷戦史研究に論争を巻き起こした話題の書．

Sherwin, Martin J., *A World Destroyed : The Atomic Bomb and the Grand Alliance* (Random House, 1975) ; 加藤幹雄訳『破滅への道』(TBS ブリタニカ，1978 年)
　　原爆投下をめぐる政策決定過程をローズヴェルト政権までさかのぼって解明することによって，トルーマン政権との連続性を強調した研究．

〈第 5 章〉

石田正治『冷戦国家の形成』(三一書房，1993 年)
　　アメリカの反共主義イデオロギーが国家と国民に与えた影響，対ソ冷戦に対する国民の支持をどう形成していったかを分析した冷戦国家体制形成過程の研究．

菅英輝『米ソ冷戦とアメリカのアジア政策』(ミネルヴァ書房，1992 年)
　　米ソ冷戦の起源と封じ込め政策の展開を，アメリカのアジア戦略という地域的文脈の中で考察している．

佐々木卓也『封じ込めの形成と変容』(三嶺書房，1993 年)
　　アメリカの冷戦政策に大きな影響を与えた人物 (ケナン，ニッツェ，アチソン) を中心に封じ込め政策の形成と変容を実証的に跡づけた研究．

西崎文子『アメリカ冷戦政策と国連 1945-1950』(東京大学出版会，1992 年)
　　アメリカの冷戦外交と国連との関係を検討しアメリカ外交の思想的基盤を探ろうとした研究．米ソ対立の激化にともない協調による平和は後退し，力による平和の追求が優勢になったと論じている．

油井大三郎，古田元夫『世界の歴史 28　第二次世界大戦から米ソ対立へ』(中央公論社，1998 年)
　　「戦争の世紀」としての 20 世紀という観点から第二次世界大戦やヴェトナム戦争に力点をおいて記述している．

李鍾元『東アジア冷戦と韓米日関係』(東京大学出版会，1996 年)
　　アイゼンハワー政権期の対韓政策の展開を，日本ファクターとの関連に注目しながら歴史的に

解明している.

〈第 6 章〉

我部政明『沖縄返還とは何だったのか』(日本放送出版協会, 2000 年)
    米軍の沖縄統治や沖縄返還交渉に関する新資料の発見に力を注いできた筆者による,沖縄返還に向けた日米交渉の実証的研究.

松岡完『ベトナム戦争』(中公新書, 2001 年)
    ヴェトナム戦争を米ソ対立,内戦,中越対立,国家建設をめぐる米国とサイゴンとのあつれき,米国内の反戦,東南アジアの地域主義という観点から記述している.

宮里政玄『日米関係と沖縄 1945-1972』(岩波書店, 2000 年)
    沖縄返還にいたる戦後日米関係の実証的分析を通して,戦後日本外交の問題点をも浮き彫りにした研究書.

Kolko, Gabriel, *Anatomy of War: Vietnam, the United States, and the Modern Historical Perspective* (Pantheon Books, 1986);藤本博他訳『ベトナム戦争』(社会思想社, 2001 年)
    アメリカ外交への鋭い批判と分析で知られる著者による体系的,包括的なヴェトナム戦争研究.

〈第 7 章〉

有賀貞編『アメリカ外交と人権』(日本国際問題研究所, 1992 年)
    カーター政権とレーガン政権の人権外交を各国別に分析した論文を収録している.

毛里和子・毛里興三郎『ニクソン訪中機密会談録』(名古屋大学出版会, 2001 年)
    1972 年 2 月のニクソン訪中の際の毛沢東,周恩来との会談記録.巻末の編訳者による解説は有益である.

Melanson, Richard A., *American Foreign Policy since the Vietnam War: The Search for Consensus from Nixon to Clinton* (M. E. Sharpe, 2000)
    ヴェトナム戦争によって外交政策の目標に関する合意が崩壊した後の歴代政権による国際秩序形成と合意形成の模索を記述している.

Smith, Tony, *America's Mission: The United States and the Worldwide Struggle for Democracy in the Twentieth Century* (Princeton University Press, 1994)
    「自由民主主義的国際主義」という用語を使って,アメリカが 20 世紀における自らの使命をどう定義し,理念を世界秩序に反映させようとしたかを記述している.

〈第 8 章〉

Hogan, Michael J., ed., *The Ambiguous Legacy: U. S. Foreign Relations in the "American Century"* (Cambridge University Press, 1999)
    歴史家,政治学者,地域研究者などが冷戦終結後の視点を踏まえて 20 世紀アメリカの功罪を

アメリカ20世紀史　文献目録

多面的に論じている.

菅英輝, G. フック, S. ウェストン編著『アジア太平洋の地域秩序と安全保障』(ミネルヴァ書房, 1999年)
　　冷戦後アジアでも顕著となった地域主義の潮流を踏まえたうえで, アジアと欧米の研究者がそれぞれの視点から日本がはたすべき役割について考察した論文集. アメリカの役割を論じた論考も含む.

五十嵐武士『覇権国アメリカの再編』(東京大学出版会, 2001年)
　　内政・外交に関する論文集. 冷戦期のアメリカを超大国, 冷戦後のアメリカを覇権国として位置づけ, 国際秩序の構築をめざすアメリカを分析している.

藤原帰一『デモクラシーの帝国』(岩波新書, 2002年)
　　デモクラシーという理念を掲げるアメリカに圧倒的軍事力が集中したことによって, この国がデモクラシーを強制する帝国に転化しつつある国際政治の現状を分析している.

経済史・社会史

〈全体にかかわるもの〉

Engerman, Stanley L. & Robert E. Gallman, eds., *The Cambridge Economic History of the United States*, Vol. III [The Twentieth Century] (Cambridge University Press, 2000).
　　ニュー・エコノミック・ヒストリーの立場からのアメリカ経済史の集大成. 3部作の中の第3巻.

Gordon, Lois & Alan Gordon, *American Chronicle: Year By Year through the Twentieth Century* (Yale University Press, 1999).
　　20世紀を1年ごとに大衆社会史的な視点から記録している.

有賀夏紀『アメリカの20世紀 (上)(下)』(中公新書, 2002年)
　　女性史が専門の著者による, 社会史中心の20世紀通史. 消費文化, エスニシティ, マルチカルチュラリズムに重点がある.

Evans, Sara M., *Born for Liberty: A History of Women in America* (The Free Press, 1989); 小檜山ルイ他訳『アメリカの女性の歴史』(明石書店, 1997年)
　　バランスのとれた女性の社会史.

〈第1章〉

Wiebe, Robert H., *Businessmen and Reform: A Study of the Progressive Movement*, (Elephant Paperbacks, 1989)
　　組織形成を通じたエリート経済人の利害を軸に, 彼らと政治家の交渉を絡ませながら革新主義運動を描き出した名著.

Cott, Nancy F., *The Grounding of Modern Feminism* (Yale University Press, 1987)

20世紀フェミニズムの誕生と発展を経済社会の変化，政治の動態と関わらせながら表現力豊かに論じている．

Schlereth, Thomas J., *Victorian America : Transformation in Everyday Life, 1876–1915* (Harper, 1991)
この時代の特徴ある生活の姿をこれ以上生き生きと描いた書物を知らない．

Zunz, Oliver, *Why the American Century?* (The University of Chicago Press, 1998)
知識人エリートや民間企業の技術者，そして第一次大戦後は軍の技術者が加わった新たな制度のマトリックスが，アメリカを大衆消費にもとづいた中産階級の社会に変えたという仮説を提示している．

Skocpol, Theda, *Protecting Soldiers and Mothers : the Political Origins of Social Policy in the United States* (Harvard University Press, 1992)
アメリカの福祉システムの特徴を「母系的」性格に求め，それの淵源を南北戦争後の「退役軍人年金」制度に求めたチャレンジの書．

Jackson, Kenneth T., *Crabgrass Frontier : The Suburbanization of the United States* (Oxford University Press, 1987)
今や古典となった，アメリカ郊外化の社会史．

Sellers, Richard W., *Preserving Nature in the National Parks : A History* (Yale University Press, 1997)
国立公園制度の形成を利害関係者，政治家の交渉を軸にまとめた書物．

Nash, Roderick F., *American Environmentalism : Readings in Conservation History* (McGraw-Hill, 1990)
19世紀末期以降の環境保護にかんする書物や演説などの抜き書き，資料集．

Grover, Kathryn, ed., *Hard at Play : Leisure in America, 1840–1940* (The University of Massachusetts Press, 1992)
敬虔なアメリカ人がレクリェーションやスポーツ，新しい遊びをどう開拓したかについての，興味深い論集．

竹中興慈『シカゴ黒人ゲトー成立の社会史』(明石書店，1995年)
西部と東部を結ぶ都市シカゴに注目し，食肉業の不可欠の労働力として，また都市ゲトーに抱え込まれていく黒人の労働と生活を描いた．

〈第2章〉

Marchand, Roland, *Advertising the American Dream : Making Way for Modernity, 1920–1940* (The University of California Press, 1986)
新聞雑誌の新商品の宣伝広告にアメリカの夢や理想の変遷を読みとる社会文化史．消費に着目した書物の草分け．

Olney, Martha, *Buy Now Pay Later : Advertising. Credit, and Consumer Durables in*

the 1920s (The University of North Carolina Press, 1991)
　　自動車，家電，ピアノなどの割賦販売が急速に普及した1920年代の消費者経済を詳細に論じた．

Horowitz, Daniel, *The Morality of Spending: Attitudes Toward the Consumer Society in America, 1875-1940* (Johns Hopkins University Press, 1985)
　　アメリカ人の消費に対する意識の変化を思想的・実体的に追求した．

Hounshell, David, *From the American System to Mass Production, 1800-1932: Development of Manufacturing Technology in the United States* (Johns Hopkins University Press, 1985); 和田一夫他訳『アメリカン・システムから大量生産へ』(名古屋大学出版会，1998年)
　　大量生産の歴史の古典となった．

樋口映美『アメリカ黒人と北部産業——戦間期における人種意識の形成』(彩流社，1997年)
　　購買力として社会的なパワーを持ちはじめた黒人大衆に注目した．

常松洋『大衆消費社会の登場』(山川出版社，1997年).
　　消費に注目した数少ない社会文化史．

〈第3章〉

Malin, James C., *The Grassland of North America: Prolegomena to Its History With Addenda and Postscript* (Peter Smith Pub., 1967)
　　アメリカ草原地帯の人間と動物と植物の交錯の歴史を学際的に論じる．

秋元英一『ニューディールとアメリカ資本主義：民衆運動史の観点から』(東京大学出版会，1989年)
　　南部と中西部のラディカリズムに着目して，この時代の民衆運動の政治経済的なインパクトを実証した．

秋元英一『世界大恐慌：1929年に何がおこったか』(講談社，1999年)
　　草の根の市民の目線から大恐慌時代をふりかえり，インテリ・エリートの政策論と世論との関連を重視した．

James, Harold, *The End of Globalization: Lessons from the Great Depression* (2001); 高橋裕子訳『グローバリゼーションの終焉』(日本経済新聞社，2002年)
　　IMFの歴史などの著作で知られる筆者が，現代的視点から大恐慌の時代の国際的政治経済関係を再解釈した．

Worster, Donald, *Dust Bowl: The Southern Plains in the 1930s* (Oxford University Press, 1982)
　　1930年代西部の自然のとてつもない脅威，砂嵐の物語．

Brinkley, Alan, *Liberalism and its Discontents* (Harvard University Press, 1998)

アメリカ的なリベラリズムの特性と政治経済とのかかわり，インテリ・エリートの思想と行動を総合的に解釈した．

前川玲子『アメリカ知識人とラディカル・ビジョンの崩壊』(京都大学学術出版会，2003年)

左翼インテリ・エリートとアメリカ共産党との出合いと幻滅を描く．

〈第4章〉

Vatter, Harold G., *The U. S. Economy in World War II* (Columbia University Press, 1985)

第二次世界大戦と経済の関係についての標準的な概説．

上杉忍『二次大戦下の「アメリカ民主主義」――総力戦の中の自由』(講談社，2000年)

主として人種関係史から見た第二次世界大戦下のアメリカ社会の様相．

紀平英作『パクス・アメリカーナへの道』(山川出版社，1996年)

第二次世界大戦からマーシャル・プランに至るまでの国際関係の中でのヘゲモン・アメリカの登場の経緯を綴る．

Sugru, Thomas J., *The Origins of the Urban Crisis* (Princeton University Press, 1996); 川島正樹訳『アメリカの都市危機と「アンダークラス」――自動車都市デトロイトの戦後史』(明石書店，2002年)

リストラと人種差別の結合が，アメリカ都市の貧困をみちびいたとの仮説をデトロイトを例にとり検証した．

〈第5章〉

Vatter, Harold G., *The U. S. Economy in the 1950s : A History* (The University of Chicago Press, 1963)

なかなか類書のない，1950年代アメリカ経済のパフォーマンスを評価した書物．

Halberstam, David, *The Fifties* (Vol. 1) (Vol. 2) (Vol. 3) (1993); 金子宣子訳『ザ・フィフティーズ：1950年代アメリカの光と影 (第1部) (第2部) (第3部)』(新潮OH!文庫，2002年)

かの名著『ベスト＆ブライテスト』で知られるハルバースタムが冷戦下の1950年代アメリカ社会を描ききったノンフィクション．

Levy, Frank, *Dollars and Dreams : The Changing American Income Distribution* (W. W. Norton, 1988).

Levy, Frank, *The New Dollars and Dreams : American Incomes and Economic Change* (The Russell Sage Foundation, 1998)

第二次世界大戦後アメリカの経済成長と所得分配の関係を冷静に分析した書物で，そのバラン

スのとれた解釈には学ぶところが多い.

〈第6章〉

Harrington, Michael, *The Other America: Poverty in the United States*（Simon & Schuster, 1997）；内田満，青山保訳『もう一つのアメリカ：合衆国の貧困』（日本評論社，1965年）
　1960年代貧困戦争開始の要因の一つとなったといわれる画期的な，貧困発見，告発の書.

Friedan, Betty, *The Feminine Mystique*（W. W. Norton, 2001）；三浦冨美子訳『増補，新しい女性の創造』（大和書房，1986年）
　1960年代後半から復活してくるフェミニズム運動の導きの書となった.なお，邦訳は編集したうえでの訳である.

Rorabaugh, W. J., *Berkeley at War: The 1960s*（Oxford University Press, 1990）
　西海岸の学生運動の旗頭となった，カリフォルニア大学バークレイの運動史.

Gitlin, Todd, *The Sixties: Years of Hope Days of Rage*（Bantam Doubleday Dell Pub., 1993）；疋田三良他訳『60年代アメリカ——希望と怒りの日々』（彩流社，1993年）
　回想録の形をとった1960年代ニューレフトの運動史.

Feldstein, Martin ed., *American Economic Policy in the 1980s*（The University of Chicago Press, 1994）
　経済学を専門としない人には難しいが，1980年代の経済政策の評価を語るとき手放せない本.

〈第7章〉

Newman, Katherine S., *Declining Fortunes: The Withering of the American Dream*（Basic Books, 1993）
　たえず成長し続ける経済という神話が崩れた1970年代以降のアメリカで，下層への転落を余儀なくされる中産階級やエリート層の実例にもとづいた考察.

Phillips, Kevin, *Post-conservative America: People, Politics, & Ideology in a Time of Crisis*（Vintage Books, 1983）
　数多いフィリップスの著作の中でも，1970年代の政治的特徴を遺憾なく描き出した著作である.

Schulman, Bruce J., *The Seventies: The Great Shift in American Culture, Society, and Politics*（The Free Press, 2001）
　1970年代をトータルにとらえようとする数少ない試み.

Bluestone, Barry & Bennett Harrison, *The Great U-Turn: Corporate Restructuring and the Polarizing of America*（Basic Books, 1988）
　1973年頃を境にアメリカ経済は所得再分配機能が弱まり，貧困率は上昇し，中産階級の拡大が押し止められた.この様相をレーガノミックス批判を含めて分析した書物.

牧野裕『日米通貨外交の比較分析:ニクソン・ショックからスミソニアン合意まで』(御茶の水書房, 1999年)
　ブレトンウッズ体制の崩壊からやがては変動相場制の形成に至る時期におけるニクソン政権の経済外交政策を日米関係の観点から多角的に分析した.

〈第8章〉

秋元英一編『グローバリゼーションと国民経済の選択』(東京大学出版会, 2001年)
　グローバリゼーションを経済史の文脈から見るとどのようにとらえられるか. とくに, 国民国家, 国民経済とグローバリゼーションとを後発国からの視点をも含め, 解明しようとしている.

Phillips, Kevin, *Wealth and Democracy: A Political History of the American Rich* (Broadway Books, 2002)
　1990年代アメリカの富の分配の極端な不平等化を, 歴史的な位置づけを含めて論じた書物.

Frankel, Jeffrey A. & Peter R. Orszag eds., *American Economic Policy in the 1990s* (MIT Press, 2002)
　まだ, 歴史になりきっていない1990年代アメリカの経済政策のさまざまな側面について学問的に解明している.

Reich, Robert, *The Future of Success: Working and Living in the New Economy* (Vintage 2000); 清家篤訳『勝者の代償』(東洋経済新報社, 2002年)
　ニューエコノミーのもとで, 人間とその行動様式, 労働とそのあり方はどう変わるかを, 非常にわかりやすく説明した書物.

The New York Times, *The Downsizing of America* (The New York Times, 1996); 矢作弘訳『ダウンサイジング　オブ　アメリカ——大量失業に引き裂かれる社会』(日本経済新聞社, 1996年)
　ニューヨーク・タイムズ紙が行った企業による解職とレイオフ, そのインパクトにかんする全国調査とインタビューにもとづく事例分析の集成. 家族とコミュニティの崩壊が語られている. 邦訳は, 原著の第1部のみの翻訳.

Ehrenreich, Barbara, *Nickel and Dimed: Undercover in Low-wage USA* (Granta Books, 2001)
　食堂のウエイトレス, 住宅清掃請負会社の従業員, そして今をときめく全国スーパー, ウォルマートの衣類売り場店員を, 著者が就職面接から, 見習い, そして実体験した貴重な記録. 労働現場の厳しさを別にしても, 時給6—7ドルでは, 現代版「貧困の悪循環」に陥ってしまうという, そのメカニズムを解明した.

アメリカ20世紀史 年表

年次	アメリカ	世界・日本	大統領
1899	9月 第一次門戸開放通牒		マッキンレー（共） 1897〜1901
1900	3月 通貨法（金本位制確立） 7月 第二次門戸開放通牒	6月 義和団戦争	
1901	2月 USスティール創設（モルガンによるカーネギー製鋼会社の買収） 9月 マッキンレー大統領暗殺，T.ローズヴェルト大統領に就任．全米医師会創設 11月 アメリカ社会党結成		W・T・ローズヴェルト（共） 1901・9・6〜09
1902		1月 日英同盟	
1903	2月 エルキンズ法（鉄道会社の差別運賃禁止） 11月 フォード自動車会社創設	11月 パナマ独立宣言	
1904	5月 パナマ運河着工 10月 ニューヨーク市地下鉄開業 12月 ローズヴェルト，年次教書でモンロー・ドクトリンを拡大解釈	2月 日露戦争	
1905	7月 シカゴで世界産業労働者同盟（IWW）結成大会 6月 ヘップバーン法（州間通商委員会に鉄道運賃規制権限付与） 10月 サンフランシスコ市教育委員会，アジア系学童に差別政策	9月 ポーツマス講和会議	
1907	10月 銀行恐慌	7月 日露協約締結	
1908	5月 ローズヴェルト，自然保護会議開く．オルドリッチ・ヴリーランド通貨法（恐慌政策・銀行改革） 12月 フォード，T型車生産開始	2月 日本，対米移民に関する紳士協定	
1909	7月 所得税法（憲法第16修正）		W・H・タフト（共） 09・3・4〜13
1910	ワシントン州，女性参政権認める 8月 T.ローズヴェルト，ニュー・ナショナリズム演説．中国への四カ国借款団に参加	8月 日本，韓国併合	
1911	5月 連邦最高裁，スタンダード石油トラストの解体を判決 アメリカ・タバコ・トラスト解体を判決 メキシコで反ディアス武装行動（メキシコ革命開始）	10月 中国で辛亥革命始まる	

アメリカ20世紀史 年表

1912	1月 マサチューセッツ州ローレンスでIWW指導による繊維労働者スト．議会，8時間労働制を連邦政府被雇用者に拡大 4月 全米商工会議所設立 5月 カリフォルニア州，排日移民法 12月 連邦準備法制定	1月 中華民国成立
1913	1月 ニュージャージー州パターソンでIWW絹織物労働者スト 10月 六ヵ国借款団から撤退	
1914	8月 パナマ運河完成．ウィルソン，中立宣言 10月 クレイトン反トラスト法制定	7月 第一次世界大戦勃発
1915	1月 ニューヨーク州最高裁，同州の労働者災害補償法を支持 2月 映画「国民の創生」上映 5月 ブライアン国務長官「不承認政策」公表	
1916	5月 サントドミンゴに海兵隊上陸 6月 国防法，常備軍，予備役とも拡大 8月 内務省内に国立公園局創設	
1917	1月 ウィルソン，「勝利なき平和」演説 2月 全米女性党創設 4月 アメリカ，ドイツに宣戦 5月 選択的徴兵法	2月 ドイツ，無制限潜水艦作戦再開 11月 ロシア，ボルシェヴィキ革命．日米，石井＝ランシング協定締結
1918	1月 ウィルソン，14ヵ条演説 4月 戦時労働委員会設置 8月 シベリア派兵 12月 連邦最高裁，1916年の児童労働法を違憲と判断	
1919	1月 禁酒法制定（憲法第18修正） 9月 シカゴで50万人，ニューヨークで30万人労働者スト	1月 ヴェルサイユ講和会議開始 6月 ヴェルサイユ講和条約調印
1920	1月 パーマー司法長官，赤狩り開始 8月 女性参政権法（憲法第19修正）．中国に対する日米英仏四国借款団成立． 12月 カリフォルニア州で日本人の土地所有を制限する立法	1月 国際連盟成立 11月 常設国際司法裁判所創設
1921	5月 緊急移民法 南部と中西部でKKK活動が活発化	
1922	2月 ワシントン条約締結 9月 フォードニー＝マッカンバー関税法成立	
1923	8月 ハーディング大統領急死，クーリッジ大統領就任 USスティール，8時間労働日に同意	1月 フランスとベルギー，ルール地方占領
1924	4月 対ドイツ賠償ドーズ案決定	

13・3・4〜21 W・ウィルソン（民）

21・3・4〜23 W・G・ハーディング（共）デ

アメリカ 20 世紀史 年表

	5月 移民割当法(1890年のセンサス統計人口の2%) 7月 革新党結成，ラフォレットを大統領候補に指名		23・8・4〜29 C・クーリッジ (共)
1925		12月 ロカルノ条約調印	
1926	3月 初の大西洋横断電話開通 6月 ニカラグアに海兵隊派遣		
1927	5月 フォード，T型車生産休止，12月にA型車販売開始．リンドバーグ大西洋横断飛行に成功 10月 初の有声映画（トーキー）製作	6月 ジュネーヴ海軍軍縮会議	
1928		8月 ケロッグ＝ブリアン条約（パリ不戦条約）締結	
1929	6月 農産物出荷法 センサス結果に応じて議席再配置を行う法が成立 10月 大恐慌はじまる		29・3・4〜33 H・C・フーヴァー (共)
1930	4月 ロンドン海軍軍縮条約 6月 スムート＝ホーレイ関税法制定		
1931	6月 フーヴァー・モラトリアム(戦債,賠償支払停止)	7月 ドイツ，ダナート銀行倒産（ヨーロッパ金融恐慌） 9月 満州事変．イギリス，金本位制離脱	
1932	1月 スティムソン国務長官，不承認政策を発表 2月 フーヴァー，復興金融公社（RFC）設立 7月 ワシントンでボーナス・マーチ 8月 アイオワ州でミルク・スト 9月 中西部知事会議（農業不況問題を議論）	2月 ジュネーヴ一般軍縮会議 5月 5・15事件 10月 リットン報告書公表	
1933	2-3月 全国銀行恐慌 3-4月 銀行休日,金本位制廃止(ニューディール開始) 5月 農業調整法（AAA），産業再建法（NIRA） 11月 ソ連を承認	6-7月 ロンドン世界経済会議	33・3・4〜45 F・D・ローズヴェルト (民)
1934	1月 金準備法，ドル40％切り下げ 6月 互恵通商協定法 7月 アーカンソー州で南部小作農組合(STFU)結成 ウィスコンシン州でラフォレット兄弟が革新党結成	12月 日本，ワシントン軍縮条約破棄決定	
1935	5月 就業促進局（WPA）設立 7月 ワグナー法（労働者に団結権，団体交渉権，争議権を与える） 8月 社会保障法成立，第一次中立法成立 11月 CIO（のちに産業別組合会議）結成	10月 イタリア，エチオピア侵略	
1936	1月 オハイオ州アクロンのタイヤ工場で座り込みスト 2月 第二次中立法成立	2月 2.26事件 7月 スペイン内戦勃発	

	3月 ミシシッピ州でデルタ協同農場の実験開始 11月 ローズヴェルト，圧倒的な選挙人票差で再選（「ローズヴェルト連合」の形成）	11月 日独防共協定	
1937	5月 第三次中立法成立 7月 再植民局を農場保障局(FSA)に改編，小作農政策 最高裁，ワグナー法，社会保障法など合憲判決 10月 ローズヴェルト恐慌	7月 日中戦争勃発	
1938	4月 ローズヴェルト，支出教書 6月 公正労働基準法制定	11月 近衛首相「東亜新秩序」声明発表	
1939	1月 ローズヴェルト，軍拡予算要請 7月 日米通商航海条約の廃棄通告 10月 中立法改正，連合諸国に援助開始	5月 ノモンハン事件(日ソ軍事衝突) 8月 独ソ不可侵条約調印 9月 ドイツ，ポーランド侵攻，英仏，宣戦布告	
1940	7月 アメリカ政府，航空機用ガソリンと潤滑油の対日禁輸 9月 英米防衛協定調印．アメリカ，中国に1億ドルの借款協定を発表	7月 第二次近衛内閣発足 9月 日本の北部仏印進駐．日独伊三国同盟締結．	
1941	1月 ローズヴェルト「四つの自由」演説 3月 武器貸与法成立 7月 アメリカ在米日本資産凍結 8月 対日石油全面禁輸．ローズヴェルトとチャーチル，大西洋憲章発表． 12月 日本軍，パールハーバー攻撃，太平洋戦争始まる	6月 独ソ戦勃発 7月 日本南部仏印進駐開始	
1942	1月 戦時労働局(WLB)設置．ガソリン配給制開始． 8月 マンハッタン計画始動	1月 連合国共同宣言	
1943	4月 物価凍結の行政命令 6月 スミス・コナリー法制定	11月 カイロ会談．テヘラン会談	
1944	7月 ブレトンウッズ会議	6月 連合軍，ノルマンディー上陸作戦	
1945	4月 ローズヴェルト急死，トルーマン大統領に就任 8月 トルーマン大統領，戦時統制撤廃，自由市場復活など宣言 12月 英米金融協定調印	2月 ヤルタ会談 7月 ポツダム会談 8月 ソ連対日参戦（8日）．原爆投下（6・9日）．日本，ポツダム宣言受諾（14日） 10月 国際連合創設	45・4・12〜53　H・S・トルーマン（民）
1946		3月 チャーチル，鉄のカーテン演説	
1947	3月 トルーマン・ドクトリン演説 6月 欧州復興援助計画（マーシャル・プラン）発表．タフト＝ハートレイ法成立 7月 国家安全保障法成立．ケナン，「封じ込め」政策を提唱． 9月 米州相互援助条約（リオ条約）調印	10月 GATT調印	

アメリカ 20 世紀史 年表

1948	4月 米州機構（OAS）設立	2月 チェコスロヴァキアで政変 6月 ソ連，ベルリン封鎖（第一次ベルリン危機）
1949	8月 国務省「中国白書」発表	4月 北大西洋条約調印 5月 ドイツ連邦共和国（西ドイツ）成立 8月 ソ連原爆実験
1950	2月 ジョセフ・マッカーシーの国防省内共産主義者告発の演説（マッカーシズムの始まり） 4月 NSC-68 5月 全米科学財団（NSF）設立 6月 朝鮮戦争勃発	10月 中国人民義勇軍，朝鮮戦争に参戦
1951	1月 連邦市民防衛局（FDA）創設 9月 サンフランシスコ平和条約調印 11月 アメリカ，水爆実験成功	9月 日米安全保障条約調印（52年4月発効）
1953		8月 ソ連，水爆開発を公表
1954	1月 ダレス国務長官，大量報復戦略を発表 5月 最高裁，共学判決（ブラウン対教育委員会） 7月 ジュネーヴ協定調印，アメリカは調印せず単独宣言を発表 9月 東南アジア条約機構（SEATO）創設	5月 ディエンビエンフーで仏軍大敗 9月 第一次台湾海峡危機 10月 西ドイツ，北大西洋条約機構加盟
1955	12月 アラバマ州モントゴメリーでローザ・パークス，白人にバスの席を譲ることを拒否（→モントゴメリー・バス・ボイコット運動開始）	4月 アジア・アフリカ会議（バンドン） 5月 ワルシャワ条約調印
1956	1月 連邦ハイウェイ補助法（州間道路建設開始） 10月 スエズ戦争（第二次中東戦争）勃発	2月 フルシチョフ，スターリン批判演説 10月 ハンガリー動乱
1957	1月 アイゼンハワー・ドクトリン（中東政策に関する）を発表 9月 アーカンソー州リトルロックの高校で黒人生徒入学．マーティン・ルーサー・キングら「南部キリスト教指導者会議」（SCLC）創設 12月 アメリカ，ICBM実験成功	3月 欧州経済共同体（EEC）条約調印 8月 ソ連，大陸間弾道弾（ICBM）実験に成功 10月 ソ連，人工衛星スプートニク打ち上げ
1958	11月 第二次ベルリン危機（〜61年8月）	8月 第二次台湾海峡危機
1959		1月 キューバ，カストロ政権樹立 9月 フルシチョフ訪米
1960	1月 新日米安保条約調印 2月 ノース・カロライナ州グリーズボロでランチカウンターのシットイン開始 5月 U2機撃墜事件	6月 ハガチー事件，アイゼンハワー訪日中止
1961	3月 ケネディ，「進歩のための同盟」を提唱	1月 キューバと断交

53.1.20〜61 D・D・アイゼンハワー（共）

アメリカ20世紀史 年表

年			大統領
	4月 ピッグズ湾侵攻事件 5月 フリーダムライド運動, アポロ計画発表	8月 東ドイツ, ベルリンの壁構築	F・ケネディ（民） 61.1.20～63
1962	9月 レイチェル・カーソン『沈黙の春』出版 10月 キューバ危機, 通商拡大法成立		
1963	6月 ケネディ, アメリカン大学演説で平和共存を提唱 8月 黒人市民権を求めるワシントン大集会でキング牧師の演説 11月 ケネディ暗殺(22日), ジョンソン大統領就任 ベティ・フリーダン,『女らしさという神話』出版	6月 米ソ, ホットライン協定調印 8月 米英ソ, 部分的核実験禁止条約調印	J・ 63.11.22～69 L・B・ジョンソン（民）
1964	1月 ジョンソン大統領, 貧困に対する闘いを宣言 7月 公民権法制定 6-8月 ミシシッピ州でフリーダムサマー運動 8月 トンキン湾事件発生, トンキン湾決議採択		
1965	2月 北爆開始 8月 投票権法制定 連邦水質局設立	6月 日韓基本条約調印	
1966	ベティ・フリーダンら女性運動家, 全米女性機構（NOW）を結成		
1967	4月 徴兵反対行動開始 6月 米ソ, グラスボロ首脳会談	6月 第三次中東戦争 7月 欧州共同体（EC）発足	
1968	3月 ジョンソン, 大統領選挙不出馬声明 4月 キング牧師暗殺, 全米で黒人暴動 7月 米英ソ, 核不拡散条約（NPT）調印 10月 ジョンソン, 北爆停止 全米大気汚染規制局設立	1月 テト攻勢 8月 ソ連, ワルシャワ条約機構軍チェコスロバキア侵攻 11月 ブレジネフ・ドクトリン発表	
1969	6月 ニクソン・ドクトリン（南ヴェトナムからの段階的撤退）発表 7月 グアム・ドクトリン発表 全米環境政策法制定		69.1.20～74 R・M・ニクソン（共）
1970	4月 カンボジア侵攻 12月 環境保護局（EPA）創設 大気清浄化法制定	12月 沖縄コザ市で米車焼き打ち事件	
1971	8月 ニクソン大統領, 新経済政策, 金＝ドル交換停止を発表 12月 10ヵ国蔵相会議, スミソニアン協定合意	10月 国連総会, 中国招請, 国府（台湾）追放を可決	
1972	2月 ニクソン北京訪問 5月 ニクソン＝ブレジネフ会談, 第一次戦略兵器制限協定（SALT I）調印 6月 ウォーターゲート事件発覚	5月 沖縄の施政権返還 9月 日中国交正常化 12月 東西ドイツ基本条約調印	
1973	1月 ベトナム和平協定調印. 連邦最高裁, 妊娠中絶合憲判決	9月 チリでクーデタ, アジェンデ政権打倒	

アメリカ20世紀史 年表

	6月 賃金物価60日間凍結命令	10月 第四次中東戦争勃発，アラブ産油国，原油価格引上げ（第一次石油ショック）	
1974	8月 ニクソン辞任．フォード，大統領に就任 11月 フォード=ブレジネフ会談（ウラジオストク）		74・8・9〜77 G・R・フォード（共）
1975	4月 サイゴン陥落，ヴェトナム戦争終結 5月 マヤゲス号拿捕事件	7月 全欧州安全保障協力会議（CSCE）開催． 8月 ヘルシンキ宣言調印 11月 第一回先進国首脳会議（サミット）	
1976	2月 ロッキード社による贈賂工作発覚	7月 ロッキード事件に絡み，田中前首相を逮捕	
1977	9月 パナマ運河返還条約調印 11月 ヒューストンで全米女性会議開催		77・1・20〜81 J・E・カーター（民）
1978	1月 均衡のとれた国民経済の発展にかんするホワイトハウス会議開催 9月 カーター，中東和平に関するキャンプ・デーヴィッド合意あっせん	8月 日中平和友好条約調印	
1979	1月 米中国交樹立 4月 台湾関係法成立 6月 米ソ首脳会談，第二次戦略兵器制限条約（SALT II）調印 11月 イラン米大使館人質事件発生 12月 対ソ連，小麦大量売り渡し協定	1月 イラン革命，第二次石油危機 3月 エジプト=イスラエル平和条約調印 12月 ソ連軍，アフガニスタンに侵攻	
1980	1月 カーター・ドクトリン（中東防衛に関して）発表 12月 財政均衡法成立	7月 オリンピック・モスクワ大会，アメリカ，日本，西ドイツなど不参加	
1981	8月 経済再建減税法 11月 レーガン，中距離核戦力（INF）交渉でゼロ・オプションを提案		81・1・20〜89 R・W・レーガン（共）
1982	5月 レーガン，戦略核兵器削減交渉（START）提案 8月 米中共同声明（台湾への武器輸出に関して）	4-6月 フォークランド戦争	
1983	1月 米ソ，中距離核戦力（INF）制限交渉再開 3月 レーガン，「（ソ連）悪の帝国」演説．戦略防衛構想の発表 10月 米軍，グレナダ侵攻	9月 大韓航空機撃墜事件	
1984	4月 レーガン，訪中 11月 ワインバーガー・ドクトリンを発表（米軍介入の条件に関して）	7月 オリンピック・ロサンゼルス大会，ソ連，東欧諸国不参加	
1985	9月 プラザ合意（ドル高政策転換） 12月 均衡予算法（グラム=ラドマン法）成立	10月 ペレストロイカ開始	

1986	9月 税制改革法 10月 (軍縮に関する) レイキャヴィク首脳会談 11月 イラン・コントラ事件発覚	4月 チェルノブイリ原子力発電所事故	
1987	4月 議会でイラン・コントラ事件調査開始 10月 株価暴落 (暗黒の月曜日) 12月 米ソ首脳会談(ワシントン),INF 全廃条約調印		
1988	5月 レーガン訪ソ 8月 包括的通商法 (スーパー 301 条を含む) 成立		
1989	1月 アメリカとカナダ,包括的自由貿易協定調印 12月 米軍, パナマ侵攻. 米ソ首脳会談 (マルタ), 冷戦の終結を宣言	6月 天安門事件 9月 日米構造協議 11月 ベルリンの壁崩壊. アジア太平洋経済協力会議 (APEC) 発足	89・1・20〜93 G・ブッシュ (共)
1990	9月 ブッシュ,「新世界秩序」演説	8月 イラク, クウェート侵攻 10月 東西ドイツ統一 11月 全欧州安全保障協力会議,「不戦宣言」「新しい欧州のためのパリ憲章」採択	
1991	1月 湾岸戦争, 多国籍軍によるイラク攻撃 7月 米ソ首脳会談 (モスクワ), 第一次戦略核兵器削減条約 (START I) 調印	7月 ワルシャワ条約機構解体 11月 NATO, 新戦略概念を採択 12月 欧州連合 (EU) 条約 (マーストリヒト条約) に合意 (92.2.調印). ソ連邦, 消滅を宣言	
1992	8月 北米自由貿易協定(NAFTA)締結, 94.1 発効 12月 ソマリアへ派兵,「希望回復作戦」		
1993	1月 米ロ首脳会談 (モスクワ), START II 調印 3月 ニューヨーク世界貿易センター爆破事件 10月 ソマリア事件, 撤兵へ 11月 連邦支出削減法 12月 GATT ウルグアイ・ラウンド最終協定案採択	1月 EC 統合市場発足 9月 イスラエルとパレスチナ暫定合意 (オスロ合意) 11月 APEC シアトル会議	93・1・20〜2001 W・J・クリントン (民)
1994	3月 米軍, ソマリア撤退 6月 核開発凍結問題でカーター=金日成会談 11月 日米安保「再定義」開始	6月 北朝鮮, 国際原子力機関 (IAEA) 脱退表明 11月 APEC ボゴール会議 12月 メキシコのペソ暴落	
1995	2月 東アジア戦略報告 (ナイ報告) 完成 7月 米, ベトナムと国交正常化	1月 世界貿易機関(WTO)発足 3月 朝鮮半島エネルギー開発機構 (KEDO) 設立 5月 NPT 無期限延長会議, 延長を採択	
1996	2月 テレコム法制定(通信,電話業界の規制撤廃)	3月 中国, 台湾近海で軍事演習	

アメリカ20世紀史 年表

	3月 米軍,空母を台湾海峡付近へ2隻派遣 4月 クリントン大統領訪日,日米安全保障共同宣言発表 8月 自己責任・労働者機会調和法制定	9月 国連総会,包括的核実験禁止条約(CTBT)採択	
1997	8月 予算均衡法,納税者救済法 10月 江沢民訪米. 米中首脳会談	7月 アジア金融危機 9月 新ガイドライン公表 10月 アジア金融危機深刻化 12月 気候変動枠組み条約に関する京都議定書採択	
1998	6月 クリントン訪中,江沢民国家主席と会談 8月 米軍,アフガニスタンとスーダンの「テロ」施設をミサイル攻撃 9月 1998会計年度で連邦財政黒字化 12月 不倫もみ消し疑惑で下院,大統領の弾劾訴追を決議	8月 ロシア通貨危機	
1999	2月 上院,弾劾投票否決で,クリントン大統領の無罪確定 11月 米中,中国のWTO加盟に合意. シアトルのWTO閣僚会議に反対デモ 12月 コミュニケーション秩序法	1月 EU単一通貨「ユーロ」導入 3月 NATO軍,ユーゴ空爆開始 5月 日本,「周辺事態」関連法成立	
2000	10月 オルブライト国務長官,北朝鮮訪問 11-12月 大統領選で共和党ブッシュ,民主党ゴア. 得票数確定せず,最高裁決定によりブッシュ当選 12月 国際刑事裁判所設立条約に調印	9月 シャローン,イスラエル野党党首の聖地訪問,パレスチナの武装闘争本格化	
2001	3月 アメリカ,京都議定書からの離脱表明 9月 9.11テロ,ブッシュ演説(9月21日,ブッシュ・ドクトリンの表明) 10月 米英軍,アフガニスタン攻撃 12月 エンロン,破産法適用申請,ブッシュ大統領,ABM条約脱退を表明	12月 中国,WTO加盟	2001・1・20〜G・W・ブッシュ(共)
2002	1月 ブッシュ,「悪の枢軸」(イラク,イラン,北朝鮮)演説 2月 72年ABM条約の一方的破棄決定 5月 国際刑事裁判所設立条約からの離脱 9月 米国家安全保障戦略報告,「ならず者国家」先制攻撃 10月 議会,イラク攻撃容認決議案採択 11月 米中間選挙で共和党が上下両院で過半数を獲得	1月 アフガニスタン復興支援会議開催(東京) 2月 ブッシュ訪中,江沢民国家主席と会談 9月 小泉首相平譲訪問,金正日総記と会談	
2003	3-5月 米英軍イラク侵攻	1月 北朝鮮,NPT脱退宣言	

事項索引

ア行

悪の帝国　279
アジア・アフリカ会議　194
アジア・モンロー・ドクトリン　104
アジア金融危機　321
アジア太平洋経済協力会議（APEC）　320, 322, 360
新しいアメリカの世紀のためのプロジェクト（PNAC）　329
新しいエコロジストたち　301
新しい欧州のためのパリ憲章　310
新しい女　33
アフガニスタン侵攻（ソ連による）　275, 278, 279
アメリカ・ナショナリズム　7
アメリカ化　33
アメリカ共産党（CPUSA）　206, 255
アメリカ社会党（SPA）　25, 75
アメリカ帝国　194
アメリカ的生活水準　36
アメリカ的生活様式　84
アメリカ的生活レベル　44
アメリカ独自の国際主義　58, 60
アメリカナイゼーション　8
アメリカニズム　76, 84, 182
アメリカの世紀　150, 176, 180, 324
アメリカ労働総同盟（AFL）　26, 89
アメリカ労働立法連盟（AALL）　39
アルカイダ　276, 335
安全保障国家体制　185
イエローストーン　41
イエローストーン公園法　40
石井＝ランシング協定　16, 62
偉大な社会　243, 280
　――建設計画　235
イデオロギー・ポリティクス　181
移民割当法（1924年）　71, 75, 76, 85
イラク戦争　333
イラン・イラク戦争　283
イラン・コントラ事件　283
イラン革命　196, 275, 283
インフレーション　25, 57, 84, 88, 116, 119, 171, 286, 288, 289, 302, 303, 353, 358
インフレ政策　122
ウィルソニアン　332
ウィルソン主義　179, 327
ヴィンセント法案（海軍拡張法案）　148
ウーマンリブ　294
ヴェトナム解放民族戦線　218, 229, 232
ヴェトナム化政策　233, 234, 260
ヴェトナム政策　218
ヴェトナム戦争　228, 231, 232, 260, 263, 269-72, 282
ヴェトナム戦争症候群　271, 279, 283
ヴェトナム和平協定　→パリ和平会議
ヴェルサイユ講和会議　48, 50
ヴェルサイユ条約の批准　54
ウォーターゲート事件　54, 270, 272, 297, 302
ウルグアイ・ラウンド交渉　320
英米金融協定　174
オイル・ショック　289, 291
欧州通常戦力（CFE）条約　281
大きな政府　357
丘の上の輝ける町　277, 281
オレンジ計画　12
『女らしさという神話』　256, 258

カ行

カーター・ドクトリン　276
カーネギー国際平和財団（CEIP）　67
外交問題評議会（CFR）　67
革新主義　7, 8, 20, 27, 39
　――運動　53
　――者　29, 52, 77
　――リベラル　14, 17, 19
革新党　54, 120
学生非暴力協調委員会（SNCC）　245, 247, 250
隔離演説　107
カジノ社会　304
過剰債務状態　116
家庭電化　80
貨幣革命　200
カルタゴの講和　50

事項索引

環境保護運動　300
環境保護局（EPA）　301
韓国併合（日本による）　12
関税と貿易に関する一般協定　（GATT）
　　150, 356
管理された革命　222
企業サービス　304
期待革命　220
北大西洋条約機構（NATO）　185, 188, 193,
　　310, 311, 319, 320, 326
北大西洋理事会（NACC）　311
キャンプ・デービッド合意　274
9・11テロ　276, 313, 326, 329, 330, 335, 356
旧移民　32, 74
九カ国条約　61
キュークラックスクラン（KKK）　75
キューバ危機　223, 226-28
キューバ侵攻計画　216
ギリシャ内戦　183
金解禁　65
緊急移民法　71
禁酒法　75
金準備法　117
金投資法　169
金の二重価格制　233
金本位制　77, 101, 104
金本位法　77
クウェート侵攻（イラクによる）　312-14
組合ラベル運動　44
暮らせる賃金　43
グリーンピース　302
クリフォード覚書　178
クレイトン法　28
クレジットカード　198, 199, 346
グローバリゼーション　337, 351, 354, 356,
　　359, 360
軍産複合体　155, 185, 189, 190
軍事的ケインズ主義　190
ゲイサー報告　190
経済協力局（ECA）　186
経済的権利の章典　148
ケインズ政策　241
ケロッグ=ジョンソン路線　64
ケロッグ=ブリアン条約　58, 68, 96, 98
ケロッグ声明　65
現在の危険委員会（CPD）　278
厳正なる中立　18

原爆外交　177
原爆実験（アメリカ）　177
原爆実験（ソ連）　206
原爆投下　176, 178
言論の自由運動　253
五・四運動　49
5・15事件　100
郊外化　30, 31, 78, 298
工業化　29
恒常的戦争経済　154
公正労働基準法　157
公民権法　247
国際開発銀行　173
国際金融公社（IBC）　9
国際主義　58
国際清算同盟（ICU）　171
国際通貨基金（IMF）　149, 151, 173, 174, 356
国際復興開発銀行（世界銀行，IBRD）　149,
　　151, 173, 174
国際連合　150, 153, 356
国際連盟　48, 49, 51, 55, 98, 104, 153
国際連盟加盟　71
国際連盟構想　52
黒人　244, 252, 255, 256, 353, 354
黒人中産階級　238
国防諮問会議（NDAC）　159
国防総省（ペンタゴン）　185
国立記念物　41
国立公園局（NPS）　41
国連安全保障理事会　151, 153
国連開発の10年　220
国連憲章会議　151
互恵通商協定法　103
コソヴォ人民解放軍（KLA）　320
国家安全保障会議文書 NSC-68　178, 181
国家安全保障法　184
コットン・ピッカー　237
5ドル制　87
コミュニケーション秩序法　341
コミュニティ行動計画　242
孤立主義　58, 59, 107, 108, 112
　──外交　55
コントラ　282
棍棒外交　10, 331

サ　行

再配置（議席の）　90

事項索引

債務者の叛乱　119
産業拡大法案　123
産業再建法（NIRA）　117, 156
産業別組合会議（CIO）　157
サンベルト　291, 298
幸せなハウスワイフ　213
シェアクロッパー　238
ジェファソニアン　332
市街電車の郊外　30
自己責任・労働機会調和法（PRWORA）　344
シットイン　244, 245
シベリア派兵　23
ジャクソニアン　332
シャーマン法　27
州間通商委員会（ICC）　27
州間通商法　27
就業促進局（WPA）　158
十字軍　330
自由主義帝国　195
集団安全保障　52
　──体制　147
集団的自衛権　151
柔軟反応戦略　216
周辺事態関連法　323
14カ条　21, 48, 149
ジュネーヴ一般軍縮会議　98
ジュネーヴ海軍軍縮会議　64
ジュネーヴ軍縮会議　96
証紙紙幣案　119
消費者資本主義　82, 123
勝利なき平和演説　22
上流階級　32, 35
職業訓練隊　242
植民地主義　194, 195, 198, 217
女性クラブ全国連盟　39
女性参政権運動　34, 35, 75
女性参政権党　35
女性の教育均等法プログラム　295
新移民　32, 71, 74
親英中立　18
辛亥革命　14, 15
新介入主義者　315
シンガポール会談　139
人権外交　272, 284
新黒人　86
新思考外交　280

人種平等会議（CORE）　245, 247, 250, 252
新世界秩序　313, 314
新太平洋共同体構想　321
新中産階級　25, 32
新デタント　280, 281, 285
新ホームステッド法　126
新保守主義者（ネオコンサーヴァティブ）　278, 328, 329, 331, 333, 334
進歩党　183
進歩のための同盟　220-22
人民党　24
新四カ国借款団　62
水素爆弾（水爆）開発　187
スエズ戦争　197
スターリニズム　256
スタグフレーション　273
スティムソン・ドクトリン　98
ストなし誓約　160
スノーベルト　291
スプートニク・ショック　189
スペイン内戦　111
スミス＝コナリー法　162
スムート＝ホーレイ関税法　59, 101, 103
正義の戦争論　285, 315
税金反対運動　293
生産管理局（OPM）　160
生産費要求　118
生態系　299
成長のリベラリズム路線　236
勢力均衡型外交　14
世界銀行　→国際復興開発銀行
世界産業労働者同盟（IWW）　25, 75, 89
世界貿易機関（WTO）　324, 360
積極的多国間主義　318
セルマ行進　249
全欧州安全保障協力会議（CSCE）　310
1937-38年の恐慌　157
宣教師外交　18
戦時労働局（WLB）　161
戦争権限法　270
選抜徴兵法　69
1896年の大統領選挙　24
全米医師会（AMA）　26
全米科学財団（NSF）　165, 339
全米革新党　121
全米黒人地位向上協会（NAACP）　211, 235
全米商工会議所　26

事項索引

全米消費者連盟（NCL）　36, 39
全米女性会議　296
全米女性機構（NOW）　295
全米女性参政権協会（NAWSA）　35
全米女性党（NWP）　35
全米製造業者協会（NAM）　26, 89
全米大気汚染規制局　300
全米母親会議　39
戦略兵器削減条約（START）　280, 281
戦略兵器制限交渉（SALT）　261
戦略兵器制限条約（SALT-Ⅰ）　262
戦略兵器制限条約（SALT-Ⅱ）　278, 279
戦略兵器制限条約（SALT-Ⅱ）締結　273
戦略防衛構想（SDI）　280, 281
善隣友好政策　114
相互安全保障局（MSA）　186
相互確証破壊（MAD）　262
ソマリア事件　318, 319
ソンミ虐殺事件　272

タ 行

第2の再建期　210
第一次世界大戦　19, 21, 48, 51, 67, 68
　（——への）アメリカの参戦　18
大移動　85
対イラク戦争　335
大恐慌　68, 78, 96, 156, 204, 212, 337, 349, 352
大恐慌時代　358
第三世界政策　220
大正デモクラシー　63
大西洋憲章　140, 148, 149, 169
対テロ戦争　313, 334
ダイナース・クラブ　198
第二次世界大戦　7, 67, 146
太平洋問題調査会（IPR）　67
大量報復戦略　192, 216
多角的互恵主義　103
男女平等権修正（ERA）　258, 277, 295
弾道弾迎撃ミサイル制限条約（ABM）　262
ダンバートン・オークス会議　150
地域主義　104, 105
小さな政府　56, 66, 285, 299
チェコスロヴァキア危機　113
中央情報局（CIA）　185, 196
中距離核ミサイル（INF）全廃条約　281
中産階級　30, 78, 83, 202, 212, 240, 286, 290, 305, 346, 348, 350, 351, 353, 361

中産階級改革者　240
中産階級家族　205, 206
中産階級の両極分解　302
中道政治　188
中東戦争　255
中南米支援構想（EAI）　321
中立法　108, 111, 114, 136
中立法（第一次）　109
中立法（第四次）　111
朝鮮戦争　206
徴兵反対行動　251
貯蓄貸付組合（S&L）　304
沈黙せる多数　297
積み残し需要　288
強いアメリカ　279, 280, 299
提案第187号　322
ティーチイン　250
帝国主義　2, 3, 6
デイトン合意　319
デタント　227, 261, 262, 273
鉄道の郊外　30
鉄のカーテン　178, 184
テト攻勢　232, 251, 253
デモクラティック・ピース論　18, 284, 316, 317, 319
テレコム法　340
天安門事件　311, 312
ドイツ革命　50
ドイツ再軍備　185, 193
東亜新秩序　137, 145, 153
東欧革命　310
東西ドイツ統一　310
同時多発型戦略　279
投票権法　249
ドーズ案　57
独ソ不可侵条約　142
都市化　23, 29, 73
ドミノ理論　219, 230, 231
トラスト　27
ドル・ギャップ問題　183, 187
トルーマン・ドクトリン　180, 182, 184, 206
ドル外交　56, 66, 68
トレーラー・ハウス　203
トンキン湾事件　229

ナ 行

ナチズム　140

事項索引

南部キリスト教指導者会議 (SCLC)　130,
　244, 246, 249
南部小作農組合 (STFU)　124-127
南部聖職者連盟 (FSC)　129
南部青年牧師会議 (CYCS)　128
南部の宣言　210
南北戦争　23, 37
ニクソン・ショック　261
ニクソン・ドクトリン　260, 266
ニクソン5項目　264, 265
ニクソン訪中　264, 266
黒人ルネサンス　86
日英同盟　12, 15, 16, 61
日ソ中立条約　142
日独伊三国同盟　137-39, 142, 143, 145
日独伊防共協定　111, 137
日独防共協定　107, 137, 142
日米安保再定義　323
日米開戦　136
日米防衛協力の指針（ガイドライン）　323
日露協約　13, 15
日ソ中立条約　143
日中戦争　111, 136
2・26事件　106
日本異質論　313
日本人移民排斥運動　12, 15
日本見直し論　313
ニュー・フロンティア　221
ニューエコノミー　338, 348, 354
ニューディール　149
ニューディール改革　107, 110, 111
ニューディール政策　108
ニューディール立法　101
ニューライト　277, 294, 297, 298
ニュールック戦略　191
ニューレフト　253, 255
農業調整法（AAA）　156
納税者の叛乱　290
農民休日連盟（FHA）　117
農労革新主義　120

ハ 行

パールハーバー攻撃　143, 144, 146
ハーレム・ルネサンス　86
排日土地法　15
ハイランダー民衆学校　128, 212
爆撃作戦（ローリング・サンダー作戦）　230

白人市民評議会　210
爆弾声明　101
覇権主義　274
パックス・アメリカーナ　55, 180
パックス・ブリタニカ　180
パナマ運河　10
パナマ運河条約　274
パネー号事件　112, 136
母親年金　39
ハミルトニアン　332
パリ講和会議　48, 53, 100
パリ不戦条約　58, 67
パリ和平会談　235, 267
ハル・ノート　145
バルバロッサ作戦　142
パレスチナ解放機構（PLO）　269
バンガロー　31
反共十字軍　181
バンコール (bancor)　171
反戦ティーチイン　255
反帝国主義運動　6
反独占法　28
反トラスト法　29
汎米会議　114
東アジア戦略報告（ナイ報告）　323
ビクトリア時代　27
ビクトリア的価値観　82
非工業化　299
ピッグス湾侵攻事件　216
被扶養児童世帯扶助（AFDC）　344
被扶養年金法　38
ヒューズ＝マクマリー路線　64
ビル認可　255
広田外交　105
貧困家庭に対する一時支援（TANF）　344
貧困との闘い　242, 243
貧困の文化　239, 2440
ファシズム　140, 141
ファンダメンタリスト　277, 298
フィリピンの併合　6
封じ込め政策　179
ブエノス・アイレス会議　113
フェミニズム　34, 35, 255, 257, 272, 286, 295,
　296, 298
フォードニー＝マッカンバー関税法　55, 59
武器貸与法　142, 143, 173
不在所有制　122

事項索引　　387

負債デフレーションの理論　116
不承認政策　16
双子の赤字　280
ブッシュ・ドクトリン　330, 334-36
部分的核実験禁止条約　228
ブラウン対教育委員会訴訟（ブラウン判決）　210
ブラケット・クリープ　290, 303
プラザ合意　302, 312
ブラセロ計画　163
ブラックパワー　252
ブラックパンサー党　252
フラッパー　34
フリーダム・サマー運動　248
フリーダム・ライド　245
ブリュッセル会議　112, 113, 136
ブリュッセル条約　176
ブルーカラー労働者　31, 32, 202, 204, 277, 286, 290, 296-98, 353
ブレジネフ・ドクトリン　263
プレッシー対ファーガソン訴訟判決　209
ブレトンウッズ会議　149, 171, 172
ブレトンウッズ体制　337
フロンティア　24, 134
フロンティア学説　16
米州機構（OAS）　224
平常への復帰　54
米西戦争　2-4
米ソデタント　313
平和部隊　221
ヘゲモニー　6
ヘゲモニー国家　60
ベビーブーム世代　253
ベルリンの壁　223
ペレストロイカ　280
『ペンタゴン・ペーパーズ』　229
変動相場制　337
防衛計画の大綱　323
ポーツマス講和会議　12
ポートヒューロン宣言　255
ホームステッド法（1862年）　134
北爆　230, 234, 250
北爆停止　234
北米自由貿易協定（NAFTA）　321
ボゴール宣言　321
ボスニア戦争　319
ポツダム会談　176

ポツダム宣言　178
ポピュリスト　25, 43, 119
ポピュリズム　24, 25, 76
ボルシェヴィキ　22
ボルシェヴィキ革命　20, 21, 70
ボルシェヴィキ帝国主義　49
ボルシェヴィズム　49, 50
ボルシェヴィズムの脅威　98
ホワイト・ラベル・キャンペーン　36
ホワイト案　169
ホワイトカラー労働者　32

マ行

マーシャル・プラン　183-87
前川レポート　312
マクナリー＝ハウゲン法案　91
マッカーシズム　121, 207-208
マッカラン法　208
マルタ会談　310
満州事変　97, 99, 136
満洲諸鉄道中立化計画　13
マンハッタン計画　165
ミサイル・ギャップ　189
ミサイル開発競争　227
三つのノー政策　325
ミドル・アメリカン　260, 298
ミドル・アメリカン・ラディカル　296
南満洲鉄道株式会社　12
未払年金法　37
ミュンヘン会議　113
ミュンヘン危機　113
民主革命　284
民主主義社会をめざす学生組織（SDS）　250, 255
民主主義の兵器廠　139
民族自決　21
無条件降伏　178
メキシコ革命　17
モイニハン報告　249
『もう一つのアメリカ』　240, 241
持株会社　28
モラル・マジョリティ　298
門戸開放　16, 48, 59, 137, 146, 153
門戸開放宣言　4
門戸開放帝国主義　7
モンロー・ドクトリン　10, 104, 182, 331

ヤ 行

ヤルタ会談　151, 177
ヤング案　58
友和会 (FOR)　127
宥和政策　113, 314
雪解け　193
ユニタス　171, 172
四つの自由　141
四カ国借款団　13, 62

ラ 行

ラッファー・カーブ　303
リットン報告　100
リフレーション　116, 156
リベラリズム　18, 20, 23, 52, 53, 68, 286, 294, 358
リベラル　315
リベラル・ピース論　284, 316
リベラル・プロジェクト　147, 149, 150, 152, 153, 320, 322
冷戦　176, 212, 276, 279, 356
レーヴィット・タウン　201
レーガノミックス　302, 305, 353
レーガン・ドクトリン　282, 283
レーガン外交　282
レーガン革命　284
レジャー革命　42
レッセフェール原理　27
連合評議会 (COFO)　248
連邦住宅局 (FHA)　200, 203, 204
　——の融資　202
連邦道路法　77
連邦取引委員会 (FTC)　29
労働者　78
労働者階級　30, 35

労農革新主義　120, 122
ローズヴェルトの系論　11
ローズヴェルト連合　292
ロカルノ条約　58
ロシア革命　19, 22, 48, 53, 61, 89
ロシア革命に対する干渉戦争　22
六カ国借款団　14, 16
ロックフェラー財団　15
炉辺談話　139
ロンドン海軍軍縮会議　96, 106
ロンドン海軍軍縮条約　61, 106
ロンドン世界経済会議　101

ワ 行

ワグナー法　156, 161
ワシントン海軍軍縮会議　97
ワシントン軍縮条約　106
ワシントン行進　247
ワシントン条約　63
ワシントン体制　60-62, 64, 65
忘れられた多数派　296
ワルシャワ条約機構 (WTO)　193, 310, 311
ワルシャワ条約機構軍　226, 262
湾岸戦争　313, 314, 316
湾岸戦争症候群　313

A～Z

ABCD (アメリカ, イギリス, 中国, オランダ) 網　140, 143
B-29　164
DC-3 型　163
IT 革命　349, 351, 356
IT 企業　341
T 型車　76, 92
U ボート　140

人名索引
（研究者は除く）

ア 行

アイゼンハワー, D. D.　180-91, 210, 216, 217
アジェンデ, S.　267, 268
アスピン, L.　318
アダムズ, B.　3
アダムズ, J.　20
アチソン, D. G.　180, 181, 183, 185, 224
天羽英二　105
アムリー, T. R.　122, 123
アラファト, Y.　269
有田八郎　107, 137
イーグルバーガー, L.　312
イーデン, A.　112, 136
イクス, H.　143
犬養毅　65
井上準之助　63, 100
ヴァンス, C.　273, 279
ヴァンデンバーグ, A. H.　180, 183, 186
ウィルソン, C. E.　154
ウィルソン, W.　8, 14-23, 48-56, 68, 70, 71, 81, 120, 142, 147, 149
ウールジー, J.　329
ウエストモーランド, W. C.　233
ヴェブレン, T. B.　122
ウォーレス, G. C.　245, 249, 296, 297
ウォーレス, H. A.　124, 182-184
ヴォルカー, P.　303
ウォルフォウィッツ, P. D.　328
宇垣一成　137
内田康哉　100
王正廷　49
汪兆銘　145
オールブライト, M. K.　318
オッペンハイマー, R.　187, 189
オルテガ, D. O.　282

カ 行

カークパトリック, J. J.　284
カーソン, R.　299, 300
カーター, J.　271-79, 292, 301
カーネギー, A.　67
カーマイケル, S.　252
カストロ, F.　216, 222
カトナ, G.　83
キッシンジャー, H. A.　261, 263-66, 268, 269, 272, 273, 284
ギトリン, T.　250
キャッスル, W. R.　98
キャット, C. C.　35
キング, Jr, M. L.　130, 212, 244, 246-49, 250, 252
クーリッジ, C.　54-58, 64, 66
クラウゼヴィッツ, C.　67
クリール, G.　54
クリストル, W.　330
クリフォード, C. M.　178, 234
グリブコフ, A.　226
クリントン, H. R.　344
クリントン, W. J.　316-24, 329, 333, 334, 339, 344, 353, 354, 357-60
グルー, J. C.　144, 154
クレマンソー, G.　48
クロンカイト, W.　232
ゲイサー, R. E.　190
ケインズ, J. M.　50, 115, 122, 167, 171-74
ケーガン, R.　330, 331
ケスター, H. A.　127-30
ケナン, G. F.　179, 187
ケネディ, J. F.　216-24, 226-28, 231, 236, 240-42, 247, 252, 300, 305, 358
ケネディ, R. F.　246, 252
ケリー, F.　36
ケロッグ, F. B.　58, 63, 64, 68
ゴア, A.　326, 359
顧維鈞　49
江沢民　324
ゴールドウォーター, B.　228, 249
胡適　145
近衛文麿　107, 138, 143
ゴルバチョフ, M. S.　280, 310

サ 行

サイミントン, S.　189
サダト, A.　269, 274

佐藤尚武　107
ジェム, N. D.　217
重光葵　105
周恩来　262, 263, 265, 266
シュノールト, C.　138
シュミット, C.　155
シュラフリ, P.　295
シュワード, W. H　3
シュレシンジャー, Jr., A. M.　221
蒋介石　145
ジョージ, D. L.,　48, 49
ショットウェル, J. T.　67
ジョンソン, L. B.　219, 228–36, 241–43, 249, 252, 300, 358
ジョンソン, N. T.　64
スカルノ, A.　194
スコークロフト, B.　312, 315
スターリン, J. C.　142, 176, 179, 197
スチーブンソン, A.　189
スティムソン, H. L.　16, 68, 96–99, 105, 146
ストックマン, D. A.　285
ストロング, B.　91, 116
ソモサ, A. D.　282

タ 行

ターナー, F. J.　16, 24, 134
ダイ, B.　217
高橋是清　106
タグウェル, R. G.　102
田中義一　64, 65
タフト, W. H.　8, 12–16, 56, 66, 147, 188
タルボット, S.　316
ダレス, J. F.　191–96
タワー, J.　283
団琢磨　100
チェイニー, R. B.　314, 315, 328
チェンバース, W　207
チェンバレン, A. N.　113
チトー, J. B.　194
チャーチル, W. L. S.　140, 145, 153, 169, 178
チュー, N. V.　271
張学良　97
張作霖　97
ツィンメルマン, A.　19
テイラー, F.　88

テイラー, M.　218
ディロン, D.　222
テラー, E.　189
デリアン, P.　272
トイ, X.　234
東郷茂徳　145
東条英機　144
ドーズ, C. D.　57, 66, 71
ドゴール, C.　227, 228
ドブルイニン, A.　261
トマス, N. M.　124, 127
トルーマン　174, 176–78, 180, 183–87, 191–93, 206, 208
トルヒーヨ, R.　222

ナ 行

ナイ, G. P.　109
ナイ, J. S.　333, 334
ナセル, G. A.　194, 197, 268
ニクソン, R.　54, 251, 252, 260–70, 272, 292, 297, 300, 331
ニッツェ, P. H.　190, 226, 278
ネルー, J.　194
ノックス, P. K.　13
野村吉三郎　145

ハ 行

パークス, R.　211
ハース, R. N.　329
ハーディング, W. G.　54–57, 61, 62, 66
パーマー, A. M.　75
バーリ, A. A.　102
パール, R. N.　279, 285
パーレビ, M. R.　196, 269, 275
バーンズ, J. F.　177, 178
ハウス, E.. M.　19
バエズ, J.　251, 254
パッテン, S. N.　79, 83
浜口雄幸　65, 97
林銑十郎　107
ハリマン, W. A.　234
ハリントン, M.　239–41
ハル, C.　101, 102, 104, 105, 111, 114, 145, 146, 150
バルーク, B. M.　178
バルフォア, A. J.　19
バンディ, M.　226

人名索引

ハンフリー, H. 252, 260, 297
ピーク, G. N. 103
ヒス, A. 207
ピットマン, K. 109
ヒトラー, A. 9, 51, 107, 111, 113, 114, 142
ピノチェト, U. A. 268
ヒューズ, C. E. 57, 63, 66
平沼騏一郎 142
広田弘毅 105
ピンチョット, G. 41, 42
フィッシャー, I. 115-17, 119
フィリップス, K. 292
フーヴァー, H. C. 55-57, 59, 66, 68, 78, 81, 96-101, 157
フォード, G. 54
フォード, G. R. 270, 271
フセイン, S. 314-16, 333, 335
ブッシュ, G. H. W. 147, 278, 299, 310-16, 318, 320, 328-34, 353, 359
ブッシュ, G. W. (ジュニア) 282, 285, 314, 326-28, 331, 332, 335, 356-360
ブッシュ, V. 165
ブライアン, W. J. 16, 24
フランコ, F. 111
ブリアン, A. 58
フリーダン, B. 256-58
フルシチョフ, N. 197, 216, 217, 223, 224, 226, 227
ブレジネフ, L. I. 262, 263, 273
ブレジンスキー, Z. 274, 275
ヘイ, J. M. 4, 7, 61
幣原喜重郎 63, 97
ベーカー, J. A. 312, 314
ベギン, M. 274
ヘラー, W. W. 241
ホイーラー, E. 233
ボードマン, M. T. 9
ホメイニ, A. R. 275
ボラー, W. E. 98
ホルブルック, R. 320
ホワイト, H. D. W. 167, 169-74

マ 行

マーシャル, G. C. 179, 180, 183, 185
マクナマラ, R. S. 219, 226, 230, 233
マクマリー, J. V. A. 64
松岡洋右 138, 142, 143

マッカーシー, J. R. 121, 207, 208, 219, 257
マッキンレー, W. 7, 24
マッコーン, J. 226
マハン, A. T. 3, 147
マリノフスキー, M. R. 226
マルコム X 252
マンスフィールド, M. 219
ミロセヴィッチ, S. 320
ミッチェル, H. L. 124, 127
ミッチェル, J. N. 269
ミューア, J. 41, 42
ミリカン, M. F. 221
ムッソリーニ, B. 107, 111, 113
メーリン, J. C. 132-34
メロン, A. 55
モイニハン, D. 249
毛沢東 263
モーガン, Jr. J. P. 58, 66, 96
モーゲンソー, H. 159, 167, 173
モーレイ, R. 102
モサデク, M. 196

ヤ 行

ヤング, O. D. 58, 66

ラ 行

ライス, C. 327
ラディン, O. B. 276
ラフォレット, Jr, R. M. 'Young Bob' 120, 121, 208
ラフォレット, P. F. 'Phill' 120, 121, 123, 208
ラフォレット, R. M. 8, 54, 119, 120
ラムズフェルド, D. H. 328, 333
ラモント, T. W. 63, 66
ランシング, R. 49
ランドルフ, A. P. 209, 247
リーノ, M. 117-19
リットン, V. A. G. R 99
リテリエ, O. 268
李登輝 324
ルース, H. 176
ルート, E. 14, 66
レイク, A. 317
レーガン, R. W. 255, 276-85, 294, 299, 301, 303, 305, 320, 353, 359

レーニン, V. I.　20, 21, 23
レオポルド, A.　299
レストン, J.　217
ロイド, H. D.　43
ローズヴェルト, A. E.　258
ローズヴェルト, F. D.　98, 100-102, 104, 105, 107-114, 117, 120, 121, 136-51, 157, 158, 164, 167, 169, 176, 182, 358
ローズヴェルト, T.　3, 7, 10-15, 41, 66, 79, 312
ローゼンバーグ夫妻　207
ロストウ, W. W.　220, 221
ロックフェラー, J. D.　9
ロッジ, H. C　3

ワ 行

ワインバーガー, C.　285
ワシントン, B. T.　86

[著者紹介]

秋元英一（千葉大学名誉教授，経済学博士）
1943 年生れ
1972 年　東京大学大学院経済学研究科博士課程修了
主要著書
『ニューディールとアメリカ資本主義』（東京大学出版会，1989 年，日米友好基金賞受賞）
『アメリカ経済の歴史　1492-1993 年』（東京大学出版会，1995 年）

菅　英輝（大阪大学大学院文学研究科招聘教授，博士［法学］）
1942 年生れ
1971 年　ポートランド州立大学大学院政治学研究科修士課程修了
1979 年　コネチカット大学大学院史学研究科博士課程単位取得退学
主要著書
『米ソ冷戦とアメリカのアジア政策』（ミネルヴァ書房，1992 年）
『アジア太平洋の地域秩序と安全保障』（編著，ミネルヴァ書房，1999 年）

アメリカ 20 世紀史

2003 年 10 月 24 日　初　版
2004 年 10 月 13 日　第 2 刷

［検印廃止］

著　者　秋元英一・菅　英輝
　　　　あきもとえいいち　かん　ひでき

発行所　財団法人　東京大学出版会
代表者　五味文彦
113-8654　東京都文京区本郷 7-3-1
電話 03-3811-8814・振替 00160-6-59964

印刷所　株式会社理想社
製本所　矢嶋製本株式会社

Ⓒ 2003 Eiichi Akimoto and Hideki Kan
ISBN 4-13-022020-9　Printed in Japan

Ⓡ〈日本複写権センター委託出版物〉
本書の全部または一部を無断で複写複製（コピー）することは，著作権法上での例外を除き，禁じられています．本書からの複写を希望される場合は，日本複写権センター（03-3401-2382）にご連絡ください．

本書はデジタル印刷機を採用しており、品質の経年変化についての充分なデータはありません。そのため高湿下で強い圧力を加えた場合など、色材の癒着・剥落・磨耗等の品質変化の可能性もあります。

アメリカ 20 世紀史

2020 年 9 月 11 日　　発行　　③

著　者　　秋元英一・菅　英輝

発行所　　一般財団法人　東京大学出版会
　　　　　代　表　者　吉見俊哉
　　　　　〒153-0041
　　　　　東京都目黒区駒場4-5-29
　　　　　TEL03-6407-1069　FAX03-6407-1991
　　　　　URL　http://www.utp.or.jp/

印刷・製本　大日本印刷株式会社
　　　　　URL　http://www.dnp.co.jp/

ISBN978-4-13-009140-4
Printed in Japan
本書の無断複製複写（コピー）は、特定の場合を除き、
著作者・出版社の権利侵害になります。

主な大統領選挙の選挙人獲得状況

1912年

- ウィルソン（民主党）
- タフト（共和党）
- セオドア・ローズヴェルト（進歩党）

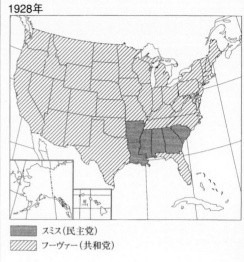

1928年

- スミス（民主党）
- フーヴァー（共和党）

1936年

- フランクリン・ローズヴェルト（民主党）
- ランドン（共和党）

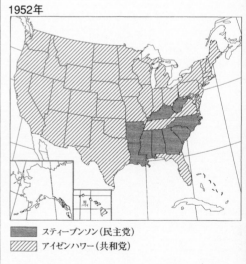

1952年

- スティーブンソン（民主党）
- アイゼンハワー（共和党）